Das Buch

Lebensgefährtin weg, Burnout durch Dauerstress, nicht mehr zu leugnende Anzeichen des Älterwerdens: Der australische Ökologe Adam Baker steckt bis über
beide Ohren in der Midlife-Crisis.

An einem einsamen Strand stößt Adam auf »Selph«, einen übergewichtigen, flap-
sigen Vertreter der Fastfood- und HipHop-Generation, der sich als Adams
»kosmischer Lehrer« vorstellt. Bevor Adam es sich versieht, beginnt seine dramatische Hochgeschwindigkeitsreise zum Sinn des Lebens. Doch sein größtes
Abenteuer ist seine Liebe zu Amber – denn ohne dass er die Frau seines Lebens
wiedergewinnt, bleibt seine eigene Verwandlung unvollkommen.

Der Autor

Michael Roads, gebürtiger Engländer, lebt seit vielen Jahren im Innern des australischen Kontinents, den er allerdings mehrere Monate im Jahr verlässt, um
Vorträge und Seminare in Europa und Amerika zu halten. »Der Junge ohne
Schatten« begründete seinen internationalen Ruhm als einer der großen Erzähler
in der spirituellen Szene, der die seltene Fähigkeit besitzt, tiefes Seelenwissen in
spannende Unterhaltung zu verwandeln.

MICHAEL ROADS

Der Junge ohne
SCHATTEN

Aus dem Englischen
von Christiane Sautter

WILHELM HEYNE VERLAG
MÜNCHEN

Penguin Random House Verlagsgruppe FSC® N001967

12. Auflage

Taschenbucherstausgabe 12/2004
Copyright © 1998 by Michael J. Roads
(Titel der Originalausgabe »Getting There«) .
Copyright © der deutschsprachigen Ausgabe by
Wilhelm Heyne Verlag, München,
in der Penguin Random House Verlagsgruppe GmbH,
Neumarkter Straße 28, 81673 München
Printed in Germany
Umschlaggestaltung: HildenDesign, München
Umschlagmotiv: © Bruce Dale/National Geographic/Getty Images
Herstellung: Helga Schörnig
Satz: Franzis print & media, München
Druck und Bindung: GGP Media GmbH, Pößneck

ISBN 978-3-453-70005-5
www.heyne.de

Für meine geliebte Treenie, meine außergewöhnliche,
wunderbare Frau, die wirklich »erwacht« ist.

Wie ungerecht behandeln sich jene,
die der Sonne den Rücken zuwenden und nichts sehen
als die Schatten, die ihre Körper auf die Erde malen.
KHALIL GIBRAN

Eins

Ich humpelte den Strand entlang. Mein linkes Bein fühlte sich leicht taub an und spielte nicht richtig mit. Schmerz ist ein fieser Kumpan, und meine Laune war dementsprechend, als mein Blick über die Wellen schweifte, die sich sanft im Sand verloren.

Langsam arbeitete ich mich am sonnigen Strand der Sunshine Coast von Queensland vorwärts, während ich bei jedem Schritt tief in den nachgiebigen weißen Sand einsank. Einsam und verlassen, so war mir der Strand am liebsten. Kleine weiße Wellen eilten über das blaue Meer, jede ein Wunder an Vollkommenheit, die eilig ihrer Vorgängerin nachjagte.

Ich liebe die Natur seit langem, und dieser einsame, unverdorbene Strand zog mich immer wieder an. Ich presste die Lippen zusammen, denn der Schmerz durchbohrte mich und erinnerte mich daran, dass Spaziergänge in weichem Sand für mich wohl nicht mehr zu den geeigneten Entspannungstechniken zählten. Heute war einer meiner Trotztage – ein Tag, an dem ich sagte: »Zur Hölle mit allem!«, und dementsprechend handelte.

Ich legte mich in den Sand, um den klopfenden Schmerz zu lindern, und blickte aufs Meer. Ich seufzte tief und dachte an den Unfall, der mich mit diesem ungewollten Erbe belastete. Damals war mir das Ereignis unbedeutend erschienen, ein kleiner Zwischenfall, dem ich kaum Beachtung schenkte. Ich baute einen Schuppen und wollte gerade den Hauptbalken für das Dach einsetzen. Dieser Trägerbalken war schwer, sehr schwer, doch ich war stark und topfit – zu stark, dachte ich, als ich die letzten Jahre an mir vorüberziehen ließ. Ich hatte versucht, den riesigen Balken allein an die richtige Stelle zu schieben, und als es mir gelungen war, hörte ich ein leises Geräusch wie von einem sanften Händeschlag. Eine Bandscheibe in meiner gestreckten, verletzlichen unteren Wirbelsäule riss. Seitdem verfolgte mich der Schmerz auf Schritt und Tritt.

Die Sonne war sehr warm, und ich döste eine Weile vor mich hin. Vielleicht war eine halbe Stunde vergangen. Plötzlich fuhr ich ohne nachzudenken mit einem alarmierenden Gefühl hoch. Wie ein sanfter elektrischer Schlag durchströmte mich ein verrücktes Gefühl, und trotz der Hitze schauderte ich.

Ich war gern allein am Strand und verlor mich in Gedanken und Tagträumereien. Für mich war das Leben ein Geheimnis – ein großes unbegreifliches Unbekanntes, das wir Menschen offenbar mehr schlecht als recht bewältigen. Das Leben besiegt so viele Menschen von uns … Meine Gedanken schlugen gerade einen vertrauten Pfad ein, als ich den toten Fischadler sah. Merkwürdigerweise durchfuhr mich erneut ein Schauder.

Ich wusste sofort, was es war. Ich kenne meine Vögel. Manchmal wird er Seeadler oder Fischhabicht genannt, doch der Fischadler gehört zu einer besonderen Rasse. Er lag wie ein schmutziger, lederfarbener Schal am Wassersaum, und seine Flügel wogten sanft auf den auslaufenden Wellen.

Ich lief die etwa zehn Meter zu ihm hin, kniete nieder und hob ihn auf. Im Tod sah er verloren und mitleiderregend aus. Wahrscheinlich war er seit mindestens vierundzwanzig Stunden tot; seine Pracht war dahin. Nie wieder würde er in stiller Meisterschaft schweben, ein gefallener Held des Himmels, die Lider fest geschlossen über den eingesunkenen Augen, das Brustbein ein scharfer, nasser Keil. Erstaunlicherweise hatten ihn die Krebse noch nicht angefressen, doch ich wusste, dass sie, wenn er zu stinken begänne, rasch angelockt würden.

Ich stand auf, den Fischadler in den Händen. Es waren nicht wirklich seltene Vögel. Ich hatte ihnen oft stundenlang zugesehen, wie sie ihre fliegerischen Kunststücke dazu einsetzten, sich Fische aus den Wellen zu schnappen. Fischadler waren Vögel, die ich bewunderte. Doch dieser hier hatte seine Schönheit verloren, denn er war tot, daran bestand kein Zweifel. Er war so kalt wie das Meer, tropfnass, schlaff und leblos. Ich überlegte, ob ich ihn im Sand begraben sollte, und lachte dann im Stillen über meine morbide, sentimentale Dummheit.

»Kann ich ihn sehen?«

Die Stimme löste mehr als Erschrecken in mir aus. Ich sprang abrupt und heftig auf, stolperte und rüttelte meinen Rücken derart durch, dass ich vor Schmerzen fast der Länge nach hingefallen wäre. Mir lag eine wütende Antwort auf der Zunge, doch ich schluckte sie hinunter, atmete tief durch und versuchte, mich wieder zu fangen. »Äh ... ja, warum nicht?«, grollte ich missgelaunt.

Ein eher dicklicher Jugendlicher stand vor mir, blond, mit rundem, freundlichem Gesicht, und schaute mich aus großen, offenen Augen an. Er wirkte etwas erstaunt; sein pummeliger Körper steckte in schlampigen dunkelgrünen Shorts, und ein schreiend orangefarbenes T-Shirt hing ihm wie ein Sack bis fast zu den Knien.

Als sich unsere Blicke trafen und er nicht auswich, fühlte ich mich unbehaglich. Obwohl er körperlich überhaupt nicht anziehend wirkte, umgab diesen Jungen eine unerklärliche Präsenz, die ich noch nie zuvor bei einem Menschen und schon gar nicht bei einem Jungen erlebt hatte. Das brachte mich einigermaßen aus der Fassung. Jugendliche verhalten sich sonst eher zurückhaltend, weil ihnen die Selbstsicherheit der Erwachsenen fehlt. Doch dieser Junge war anders. Er sah aus wie ein Trottel, aber seine Augen hielten meinem Blick ohne die leiseste Zurückhaltung stand. Diese Augen schienen überhaupt nicht zum Körper zu passen, denn sie blickten klar, hart und durchdringend. Ich fühlte mich, als schaute er durch mich hindurch und in mich hinein.

Meine Arme zuckten, als ich ihm den Fischadler ungeschickt überreichen wollte, und er fiel zwischen uns in den Sand. Er wirkte schlaff und bewegungslos wie ein Lumpen. Keiner von uns machte Anstalten, ihn aufzuheben.

»Nur ein toter Fischadler«, sagte ich, um die Stille zu durchbrechen und mein Unbehagen über das plötzliche und unerwartete Erscheinen des Jungen abzumildern. Wieder durchströmte mich ein schwaches elektrisches Kribbeln und trug noch zu meiner Verwirrung bei.

»Äh ... wie zum Teufel bist du hierher gekommen? Der Strand war leer, als ich den Vogel aufhob ... und plötzlich warst du da!«

»Offensichtlich haben Sie mich übersehen«, antwortete der Junge beruhigend.

Thema beendet! Dieses Gefühl empfand ich bei seinen Worten, und obwohl ich instinktiv wusste, dass ich mich nicht geirrt hatte, fühlte ich mich seltsam machtlos, dagegen anzugehen oder gar mit ihm zu diskutieren.

Lässig bückte sich der Junge und hob den toten Fischadler auf. Er hielt ihn an der Brust, den Kopf nach vorn gerichtet, wie ein Modellflugzeug. Eine Weile blickte er ihn gedankenverloren an, während seine Augen sich, parallel zu seinen inneren, stillen Überlegungen, zu Schlitzen verengten. Zu meinem Ärger sprang er plötzlich auf, rannte den Strand entlang und hielt den Fischadler, dessen Flügel grotesk auf- und niederwippten, hoch über den Kopf.

Obwohl der Junge dick war, rannte er schnell und bewegte sich wie ein schlanker Sprinter über den weißen Sand. Ich war so schockiert über seine Gefühllosigkeit, dass er schon weit weg war, als ich endlich reagieren konnte.

»He! Du Idiot! Komm sofort zurück!«

Zornig lief ich hinter ihm her, und da ich fest entschlossen war, ihn zur Rede zu stellen, gelang mir ein schneller, hinkender Spurt. Der Fischadler mochte tot sein, doch er war immer noch ein Geschöpf der Natur, dem Respekt gebührte.

Statt vor mir wegzurennen, beschrieb der Junge rasch einen

großen Kreis, kam direkt auf mich zu und – mein Begriff von Normalität fand ein jähes, schockierendes Ende.

Mit ungläubig geweiteten Augen beobachtete ich, wie der Junge den Arm zurücknahm und den Fischadler unglaublich hoch in die Luft schleuderte. Mit offenem Mund sah ich, wie der Vogel die Flügel ausbreitete und sich von einem Luftstrom immer höher tragen ließ. Dann stieß er einen Triumphschrei aus.

Meine Wirklichkeit brach in sich zusammen, und ich sank in die Knie, weil meine Beine ob dieser vollkommenen Unmöglichkeit ihren Dienst versagten. Kniend und völlig verblüfft beobachtete ich, wie sich der Fischadler nun wieder zu dem Jungen herabschraubte, dessen ausgestreckte Hand mit der Flügelspitze berührte und dann mit einem Windstoß wieder aufstieg. Ich sah, wie der Fischadler immer höher flog, bis er schließlich im blendenden Sonnenlicht zu verschwinden schien. Ein unfreiwilliges Stöhnen entrang sich mir, während ich mich an meine geistige Unversehrtheit klammerte. Der Junge kam zu mir gelaufen und schaute mich mitfühlend an.

»Ist alles in Ordnung?«, fragte er.

»Wie?«, keuchte ich, »wie?«

Der Junge lächelte, Fältchen bildeten sich um seine Augen, und sein Mund wirkte offen und großzügig. »Warum? Das ist die richtige Frage. Nicht wie.«

Ich starrte ihn benommen an und zwinkerte eulenhaft, während ich mich bemühte, seine Worte zu überdenken. »Warum? Warum zum Teufel sollte mich das Warum interessieren? Wie? Das muss ich wissen.«

Der Junge hockte sich neben mich, lächelte, und jetzt befanden sich unsere Augen auf derselben Höhe. Seine Energie brachte mich durcheinander, denn ich konnte die Kraft fühlen, die von ihm ausging, eine Kraft, die mir völlig unbekannt war.

»Das Wie könnte schwer für dich zu verstehen sein. Das Warum ist wichtig«, insistierte er.

Das merkwürdige surreale Gefühl, das sich seit der Ankunft des Jungen eingestellt hatte, hielt an. Ich spürte, dass ich mich nicht mehr im gewohnten Zeitrahmen befand, denn alles hatte die Beschaffenheit eines unerbittlichen Traums.

»Ich muss schlafen, träumen«, erklärte ich.

Der Junge nickte ernst. »Genau deshalb bin ich hier.«

Ich schaute ihn mit zusammengekniffenen Augen an und gab mir dann einen entschlossenen, harten Schlag auf die Wange. Es tat weh.

»Ich schlafe nicht«, protestierte ich.

»O doch, das tust du«, antwortete der Junge mit amüsiertem Gesichtsausdruck.

Wir hatten uns festgehakt und starrten einander an. Plötzlich begann der Junge zu kichern. Sein Lachen hatte etwas Ansteckendes, oder vielleicht eher etwas Zwingendes. Er angelte mich wie einen Fisch, und ich zitterte und keuchte.

Als ich zu lachen begann, löste sich der Schock über das, was ich gesehen hatte, und allmählich wurde mein Gelächter wirklicher, authentischer. Doch es erstarb rasch, und ich begann still zu weinen. Die Tränen wurden nahezu aus mir herausgepresst, was noch zu meiner Verwirrung beitrug. Ich war schockiert. Was ich gerade gesehen hatte, war einfach zu viel. Tote Vögel fliegen nicht, unter gar keinen Umständen – doch dieser Fischadler hatte es getan!

Meine Bestürzung half mir auch nicht weiter, doch als ich dem Blick des Jungen begegnete, wusste ich, dass er verstand. Verdammt, ich wurde das Gefühl nicht los, dass er diesen emotionalen Ausbruch geradezu provoziert hatte! Als ich mich endlich beruhigt hatte, sah ich ihn an und hielt seinem Blick stand. Ich schaute in tiefblaue Augen, die so alt wirkten, dass sie unmöglich zu diesem jungen Gesicht gehören konnten.

Mit großer Anstrengung brachte ich ein Lächeln zustande. »In Ordnung. Sag mir, warum. Dann, vielleicht, wie. Wer bist du überhaupt?«

Der Junge streckte mir die Hand entgegen. »Ich bin Selph.«

»Sel …! Wie schreibt sich das?«

»S – e – l – p – h.«

Ich schüttelte ihm die Hand. »Selph, und weiter? Oder ist Selph dein Nachname?«

»Nichts weiter. Nur Selph.«

»Das ist blödsinnig. Du musst mehr als einen Namen haben.«

»Warum? Spielt das eine Rolle?«

»Also, du musst Selph irgendwer sein oder irgendwer Selph. Ich möchte es gern wissen.«

»Warum muss ich Selph irgendwer oder sogar Selph überhaupt wer sein? Was stimmt nicht mit Selph?«

Ich war gründlich verwirrt. Dieser Junge war überhaupt nicht zurückhaltend, er hatte nichts von der Achtung, die Jugendliche dem Alter und der Lebenserfahrung eines Erwachsenen für gewöhnlich zollen.

»Gut, wenn du mir nichts verraten willst, ist das deine Sache. Ich heiße Adam.«

Er lächelte wissend. »Ja, ich weiß. Adam Frederick Sebastian Baker, um es genau zu sagen.«

Das verdutzte mich. Ich hatte niemandem jemals meinen vollständigen Namen verraten, außer meiner getrennt von mir lebenden Frau Amber. Meine Schwester Kate und meine Eltern kannten ihn natürlich auch. »Woher weißt du das?«, verlangte ich zu wissen. »Wie kannst du mich kennen? Ich habe dich noch nie gesehen.«

»Meinst du damit, dass ich dich nicht kennen darf?«

Ich stöhnte auf. »Jesus! Kannst du dich auch vernünftig ausdrücken? Um Himmels willen, alles, was du sagst, führt im Kreis herum. Wer zum Teufel bist du?«

»Ich bin dein Lehrer!«

Mein Kiefer sank herab, und ich glotzte ihn an. »Du bist wer?«

Er sprang mit geschmeidiger, unnatürlicher Leichtigkeit auf die Füße und streckte mir die Hand entgegen. »Ich bin dein lange erwarteter Retter«, sagte er spöttisch und verbeugte sich tief vor mir. Ich schlug seine Hand weg. Sprachlos vor Zorn blieb ich sitzen und fluchte vor mich hin.

»Hilft dir das?«, fragte er ernst.

Verwirrt und wütend brüllte ich: »Hau endlich ab und lass mich zufrieden!«

»Möchtest du das wirklich?«, fragte er.

Der herausfordernde, provozierende Ton war verschwunden, und Selph wirkte todernst. Plötzlich war ich mir nicht mehr sicher. Was zum Teufel ging hier vor? Wer war dieses Kind?

»Ich weiß nicht«, stöhnte ich. »Ich bin völlig verwirrt.«

»Und du veranstaltest diesen ganzen Aufruhr nur, weil du dich nicht auf gewohntem Terrain befindest. Entspann dich, Mann. Sei locker. Du siehst ein einfaches Wunder, und zack ... löst du dich auf.«

Er hockte sich vor mich hin und sprach zu mir, als sei ich das Kind und er ein reifer Erwachsener.

»Bitte«, sagte ich schwach, »erzähl mir nur, was zum Teufel hier vor sich geht.«

Er bot mir wieder seine Hand an. »Komm, lass uns am Strand spazieren gehen. Ich erkläre dir alles, und dann kannst du dich entscheiden.«

»Wofür soll ich mich entscheiden?«

Er grinste. »Ich habe es dir noch nicht erklärt.«

Ich seufzte und gab mich geschlagen. Dann ergriff ich Selphs ausgestreckte Hand und erlaubte ihm, mir auf die Füße zu helfen.

»Die erste Hürde ist genommen«, sagte er.

»Was meinst du? Welche Hürde?«

Selph blickte zum Himmel auf, als ob er nach dem Fischadler Ausschau hielte, und schaute mich dann ernst an. »Ich meine, dass du dir nicht gern helfen lässt. Du fühlst dich schnell verletzt. Du magst die Menschen nicht. Du führst dich auf, als sei dein Rückenproblem der Weltuntergang, und du gibst deiner Frau die Schuld dafür, dass sie dich verlassen hat. Und als ob das alles noch nicht reichen würde, tust du …«

»Für wen hältst du dich eigentlich?«, unterbrach ich ihn wütend.

»Ich sagte es bereits.«

»Nein, das stimmt nicht. Du sagtest, dein Name sei Selph. Das sagt mir gar nichts!«

Seine Augen blickten hart und passten nicht zu dem runden, sanften Gesicht.

»Und du spielst gern Spielchen. Du kannst deine eigene Realität nicht ertragen. Du magst dich selbst nicht, oder?«

Ich starrte ihn an, unfähig zu antworten. Ich verstand überhaupt nichts mehr. Dieser fette Junge sprach einfach alles an, was ich an mir hasste. Er schien in mich hineinblicken zu können. Wie? Ich dachte an den toten Fischadler. Wie war es möglich gewesen, dass er ihn hatte fliegen lassen? War es eine Illusion gewesen?

Ich seufzte tief. Das Unbekannte war zu groß. Ich konnte dieses Problem nicht zu Ende denken. Nichts von dem, was er tat oder sagte, passte in meine alltägliche Realität. Was hatte er gesagt? Er sei mein Lehrer! Lächerlich!

Er kam mir nicht entgegen. »Wenn du dich erinnerst, sagte ich dir bereits, wer ich bin, doch das war dir zu hart. Sag du mir lieber, wer ich bin. Vielleicht kannst du das aushalten.«

Ich starrte kläglich in den Sand; die Worte blieben mir im Halse stecken. Wie konnte dieser Junge mein Lehrer sein? Wenn solch ein Mensch in mein Leben treten würde, dann doch sicher nicht in Gestalt eines fetten Jungen!

»Ich kann dich nicht hören«, sagte er mit singender Stimme.

Wut stieg in mir auf, doch ich war mir schmerzlich bewusst, wie unangemessen dieses Gefühl war. Wut hatte sich dauerhaft in meinem Magen niedergelassen, und er schmerzte, wenn ich angespannt oder aufgeregt war. Wie jetzt zum Beispiel.

Ich schluckte hart, und die Worte bröckelten langsam aus meinem Mund.

»Du sagtest, du seist mein Lehrer.«

Er nickte. »Genau das tat ich.«

Schweigend gingen wir fast zwei Kilometer nebeneinander her. Ich war mir seines Schweigens bewusst. Irgendwie war es mehr als Schweigen, es war, als sei er gar nicht da. Ich fühlte mich, als ginge ich neben einem Geist. Trotz seiner augenscheinlichen physischen Anwesenheit hatte ich das deutliche Gefühl, allein zu sein. Mein Verstand reagierte seltsam taub, als ich versuchte, mich mit den Ereignissen auseinander zu setzen. Nichts passte. Die Sache mit dem Fischadler konnte nicht möglich sein, und doch hatte ich sie ganz klar beobachtet. Wie konnte ein Fremder – und dazu noch ein Junge – etwas über Amber und mich wissen? Wir hatten beide nicht über das, was geschehen war, gesprochen. Wie konnte er wissen, dass ich Menschen nicht mochte? Und er wusste von meiner Rückenverletzung! Woher?

Ich blickte aus dem Augenwinkel zu ihm hinüber. Abgesehen von seinen Augen und seinem kraftvollen Energiefeld wirkte er wie jeder andere übergewichtige fünfzehnjährige Junge, ein bisschen plump und formlos in den lächerlich langen Shorts und dem grellen T-Shirt. Und der wollte ein Lehrer sein? Mann, was konnte er mir, einem älteren und erfahrenen Erwachsenen, schon beibringen?

»Wie hast du den Trick mit dem Fischadler gemacht?«, fragte ich.

Selph blieb plötzlich stehen, die Hände in die Hüften gestützt, und starrte mich ärgerlich an. »Warum bestehst du darauf, saublöde Fragen zu stellen, deren Antwort du nicht verstehen würdest, selbst wenn ich sie dir gäbe? Die Frage, die du stellen sollst, ist ›Warum‹!«

In diesem Augenblick wurde mir klar, dass er die Kontrolle hatte. Entweder spielte ich nach seinen Regeln, oder es würde kein Spiel geben. »In Ordnung, du hast gewonnen. Sag mir, *warum* du einen toten Fischadler zum Leben erweckt und ihn zum Fliegen gebracht hast.« Bei dieser Frage kam ich mir wie ein Geistesgestörter vor.

»Ich tat es, um deine Aufmerksamkeit zu gewinnen.«

Ich glotzte ihn an. »Das ist dir verdammt noch mal tatsächlich gelungen! Doch warum?«

Er lächelte entwaffnend. »Weil ich, als dein Lehrer, beschloss, mich dir mit einem spektakulären und nicht zu leugnenden Tusch zu präsentieren.«

Mit offenem Mund gelang es mir, ein paar unzusammenhängende Worte auszuspucken: »Ah ... äh ... aber ... was?«

Sein Gesicht war offen und klar. »Hättest du mir geglaubt, wenn ich einfach zu dir gekommen wäre und dir gesagt hätte, dass ich dein lange erwarteter kosmischer Lehrer sei?«

»Ich bin mir jetzt noch nicht sicher, ob ich dir das glauben soll«, murmelte ich.

»Das ist die Entscheidung, die du treffen musst«, antwortete Selph ernst. »Du hast gerade ein Wunder gesehen, etwas, das normalerweise unmöglich ist. Entweder du akzeptierst mich als deinen Lehrer und wir können beginnen, oder du musst es nur sagen und ich verschwinde.«

»Angenommen, ich würde ...«

»Keine Annahmen, kein Ausweichen«, unterbrach Selph scharf. »Ich möchte entweder ein Ja, ich will mich entwickeln und wachsen und sehne mich nach meiner Wahrheit, oder nein, ich ziehe es vor, zu stagnieren und mich in Selbstmitleid zu baden.«

»Wie alt bist du?«, fragte ich.

»Für wie alt hältst du mich?«

Ich zuckte mit den Achseln. »Für ungefähr fünfzehn.«

»Genau richtig«, grinste er.

Ich erkannte, dass er bei jedem Alter so geantwortet hätte, doch ich konnte nichts dagegen tun. Für einen fünfzehnjährigen Jungen sprach er schroff, kurz und schmerzlich offen. Ich lächelte innerlich. Auf diese Weise ging ich selber mit den meisten Menschen um. Er schlug mich mit meinen eigenen Waffen. Mir kam in den Sinn, wie viele Jahre ich meine Wahrheit gesucht hatte. Fraglos hatte ich mich danach gesehnt, dass ein Lehrer in mein Leben treten würde. Ich hatte mich jahrelang darauf konzentriert ... doch ein fetter Junge? Das ergab keinen Sinn. Und doch *war* da der Fischadler gewesen! Er hatte Recht. Hätte ich das nicht gesehen, ich hätte ihn unter gar keinen Umständen als meinen Lehrer angenommen. Also, was zum Teufel? Was hatte ich zu verlieren? Nichts. Ich konnte mich jederzeit wieder von ihm trennen. Dieses Versprechen würde mich nicht binden. Ich könnte erst mal sehen, wie er sich machte, und wenn er nicht gut war, würde ich ihm sagen, er solle verschwinden, Fischadler hin oder her.

»In Ordnung«, sagte ich gönnerhaft, »ich geb' dir eine Chance.«

Er schaute mir direkt ins Gesicht, und plötzlich war es schwierig, einen fetten Jungen in ihm zu sehen. Die Sonne stand hinter ihm, wodurch seine Züge und die Umrisse seiner Gestalt im Licht verschwammen.

»Das ist mir nicht gut genug«, antwortete er ruhig. »Ich bin dabei, mein Angebot zurückzuziehen.« Seine Stimme hob sich machtvoll, doch er sprach nicht lauter, sondern durchdringend intensiv. »Ich brauche dein totales Einverständnis, nicht weniger. Deine gleichgültige, lässige, arrogante Haltung ist mir nicht gut genug. Ich bin die Antwort auf das Sehnen deiner Seele, und du versuchst es mit Ausprobieren-und-wieder-Fallenlassen!« Er schüttelte den Kopf. »Das reicht noch nicht einmal zur Hälfte!«

Selph wandte sich auf dem Absatz um und entfernte sich von mir.

Ich starrte ihm niedergeschmettert und schuldbewusst nach, als ich plötzlich etwas bemerkte, das mir Schauder den Rücken hinunterjagte: Selph hatte keinen Schatten! Ein rascher Blick versicherte mir, dass sich mein Schatten klar auf dem weißen Sand abzeichnete, doch Selph war schattenlos. In diesem Augenblick wusste ich ohne Zweifel, dass er viel mehr war, als er zu sein schien.

»Warte«, rief ich. »WARTE!« Doch er reagierte nicht. Humpelnd und rufend rannte ich hinter ihm her, doch seltsamerweise entfernte er sich immer weiter von mir. Sosehr ich mich auch beeilte, ich blieb immer mehr zurück – und dann verschwand er.

Ich sank in den Sand, überwältigt von meiner Dummheit. Wie konnte ich ein solcher Idiot sein? Jetzt wusste ich, dass Selph die Wahrheit gesagt hatte. Wie es geschehen war, wusste ich nicht, doch die Jahre meiner Sehnsucht hatten irgendwie einen Lehrer zu mir geführt. Und gerade hatte ich ihn davongejagt! Ungläubig schüttelte ich den Kopf. Ich musste der größte Idiot auf der ganzen Welt sein! Um Gottes willen, er hatte keinen Schatten! Aus irgendeinem Grund brachte diese Tatsache die Entscheidung. Den Fischadler zum Leben zu erwecken war ein phantastisches Wunder, doch keinen Schatten zu haben …! Das verhieß mir Licht, Licht, das über den Schatten hinausging. Und ich hatte ihn abgelehnt!

»O Scheiße! Scheiße!« Ich setzte mich auf und fluchte völlig frustriert vor mich hin, ein wahres Klagelied der Seele. Dass Selph als Lehrer viel von mir fordern würde, war mir klar, doch ich sehnte mich nach seiner Rückkehr. Wer er war, woher er kam oder wie und warum – dies alles spielte keine Rolle mehr, und jetzt war es zu spät! Ich schimpfte mich einen Dummkopf. Mein Gott, wenn irgendjemand einen Lehrer brauchte, dann ich! Ich hatte viel über das Leben nachgedacht und einen Punkt erreicht, an dem mir alles zu beweisen schien, dass uns die wichtigsten Fähigkeiten fehlten, ein natürliches Leben zu führen. Uns ging das tiefe Wissen und die umfassende Einsicht ab, die uns in die Lage versetzen würden, es einfach besser zu machen. Wenn es *eine* Wahrheit gab, kannten wir sie nicht. Die Religionen beteuerten zwar, Bescheid zu wissen, und verbreiteten sich endlos über dieses Thema, doch die Führer dieser Religionen litten unter denselben Sorgen, Ängsten und persönlichen Problemen, mit denen sich die Menschen auf der Straße auseinander setzen mussten. Ihr Leben bot keine Anhaltspunkte dafür, dass sie einen besseren Weg verfolgten. Ich war nicht davon überzeugt, dass das Leben der geistvernebelnde, magenumdrehende, seelenzerstörende Prozess der Vernichtung sein musste, zu dem es geworden war, doch in der alltäglichen Realität schien alles darauf hinzuweisen. Ich hatte noch keine Lösung gefunden, doch ich war mir sicher, dass es irgendwo eine geben musste. Ein Lehrer hätte die Lösung gewusst, und ich hatte ihn einfach abgelehnt. Ich stöhnte vor Elend und Verzweiflung.

Als Berater konnte ich meine Tage innerhalb vernünftiger Grenzen frei planen. Einige Zeit hatte ich auf meine geistige Bildung verwandt und viele Bücher über spirituelle, esoterische und philosophische Themen gelesen, doch sie hatten wenig an meiner Realität verändert. Ich hatte eine Menge Wissen in meinem Kopf gespeichert, doch wenig davon wirkte sich auf meinen Alltag aus. Ich verstand Konzepte wie die »Einheit«, doch nur sehr wenig davon färbte ab auf mich. Worte wie »Ganzheit« zu lesen ist einfach, doch was bedeutete es wirklich? Wie konnten so viele getrennte Dinge, Menschen und die unendliche Vielfalt der Natur überhaupt »eins« sein? Ich kannte die Theorie, und sie begeisterte mich wirklich, doch die dazugehörige Realität blieb fern und uneinnehmbar. Ich hatte versucht, diese Konzepte im Alltagsleben anzuwenden, und musste mich geschlagen geben. Und doch war es das, was ich wollte. Ich wollte inneren Frieden erleben und die wahre Bedeutung des Lebens kennen. Ich wollte es so sehr, dass es wehtat. Und nun, da ein kosmischer Lehrer in mein Leben getreten war, hatte ich ihn und alles, was er mir anbot, abgelehnt.

»O Scheisse! Du Hirnverbrannter, blöder Idiot! Hirnverbrannt! Hirnverbrannt! Hirnverbrannt! Hirnverbrannt!«, brüllte ich verzweifelt in den Seewind.

Zusammengekauert saß ich am Strand, starrte stundenlang auf das Meer und wartete, dass Selph, entgegen jeder Hoffnung, zurückkommen würde. Ich dachte daran, wie er so plötzlich aufgetaucht war, als ich den toten Fischadler gefunden hatte. Genauso schnell war er wieder verschwunden. Es hatte so ausgesehen, als ob er einfach von mir wegliefe, doch obwohl ich sofort hinterherrannte, blieb ich weit hinter ihm zurück. Wer war es? Was war er? Selphs Schattenlosigkeit hatte mich überwältigt, doch als er neben mir hergegangen war, hatte ich mich allein gefühlt. Ein Körper, der lichtdurchlässig zu sein schien! Ich schüttelte den Kopf. Das lag jenseits von allem, was ich verstehen konnte. Das Ganze war bei weitem viel, viel zu hoch für mich. Und Selph war für immer fort.

Immer noch wütend über meine eigene Dummheit erhob ich mich schließlich vom Strand und trat den langen Rückweg zu meinem Auto an. Ich war so in meine Gedanken versunken, dass ich die Schönheit der Natur, die ich sonst so genoss, überhaupt nicht wahrnahm. Normalerweise hätte ich den bunten Austernfischern zugeschaut, die vor mir am Wassersaum entlangeilten und deren leuchtend orangerote Schnäbel nass in der Sonne glänzten, oder ich hätte die Seeschwalben bewundert, die gleich weißen Pfeilen kristallener Eleganz ins Meer tauchten, um mit Fischen aufzutauchen, die sie in den riesigen Schwärmen fingen. Wie im Wind tanzende trockene Blätter rannten kleine Uferschnepfen auf huschenden Beinen über den Sand, doch ich war ihnen gegenüber blind. Glühend betete ich um noch eine einzige Chance, nur noch eine Gelegenheit, um Wiedergutmachung zu leisten!

Als ich meinen grünen Nissan erreichte, wusste ich, dass ich es versaut hatte. Wunder geschehen nur einmal im Leben. Ich hatte die Chance meines Lebens vertan, weil ich nicht in der Lage war, andere Menschen so zu akzeptieren, wie sie sind – wie merkwürdig sie auch sein mochten. Ich biss mir auf die Lippen. Aus genau diesem Grund hatte mich Amber verlassen. Ich hatte immer versucht, sie zu verändern, das konnte ich mir jetzt zum ersten Mal eingestehen. Ich war viel besser darin, Schuld zuzuweisen, als selbst Verantwortung zu übernehmen.

Als ich in meinen Taschen nach dem Autoschlüssel kramte, wurde mein Blick von einem leuchtend orangefarbenen T-Shirt auf dem Rücksitz angezogen. Ich starrte es erstaunt und äußerst entzückt an und bemerkte verlegen, dass mir Tränen in die Augen stiegen. Selph lag dort im Tiefschlaf und schnarchte laut.

Mein Verstand raste, und meine Gedanken überschlugen sich, als ich versuchte, die Autotür zu öffnen. Sie war verschlossen! Ich schluckte nervös, während ich sie ruhig aufschloss. Wie war er hineingekommen? Wie? Wie? Selph war eine einzige große Frage, und ich erkannte, dass ich diese Frage nicht stellen durfte! Er war ein Rätsel. Entweder ich akzeptierte ihn zu seinen Bedingungen, oder er würde einfach gehen. Ein blaues Auge öffnete sich, und Selph schaute mich an.

»Lass uns nach Hause fahren. Ich hab' Hunger.« Er setzte sich auf, öffnete die Tür und kletterte mit einem leisen Seufzer heraus. »Das Auto ist gut zum Schlafen, auch wenn es ein wenig eng ist.«

»Ich dachte, du hättest mich für immer verlassen«, sagte ich. »Es tut mir Leid, dass ich so trotzig war. Warum bist du geblieben?«

»Wenn der Schüler bereit ist ... du kennst die Leier. Du bist bereit, doch du reagierst zu heftig. Ich will jetzt mal etwas klarstellen: Wir spielen nach meinen Spielregeln! Wenn ich noch einmal gehe, dann für immer. Ich bin nicht an dich gebunden, auch nicht daran, dein Lehrer zu sein. Vergiss deine Fragen, denn mir geht es nur um Erfahrungen. Fragen sind intellektuelle Spielchen, und diese funktionieren nach den Regeln der Trennung. Akzeptierst du mich jetzt ohne Vorbehalt, oder soll ich gehen?«

Ich zögerte nicht. »Ich nehme an, und ... ich danke dir.«

Er ließ sich auf den Beifahrersitz fallen und klopfte auf den Fahrersitz. »Gut, Adam, lass uns nach Hause fahren und essen.«

Wir fuhren eine Weile schweigend, doch es gab ein paar Einzelheiten, die ich wissen musste. »Ähm, hast du vor, bei mir zu wohnen?«

»Ja, so ungefähr. Hast du Schwierigkeiten damit?«

»O nein, überhaupt nicht. Das ist vollkommen in Ordnung.«

»He, schau mal«, rief Selph, »da ist ein McDonald's.« Er war sichtlich begeistert. »Lass uns ein paar Hamburger essen.«

Ich öffnete den Mund, um zu protestieren, doch ich schloss ihn gleich wieder. Ich hasste Hamburger, doch wenn er welche wollte, sollte mich das nicht stören.

Ich fuhr von der Hauptstraße ab, und wir fuhren an rosafarbenen Kamelienbüschen vorbei, die die Fahrbahn säumten. Dann parkte ich neben einer Reihe Autos. Kurze Zeit später öffneten sich die automatischen Türen, und wir betraten das laute Restaurant. Ich zuckte zurück. Zu viele Menschen, zu viel Kunststoff, zu viel Krach, und außerdem mochte ich das Essen nicht. Selph litt nicht unter solchen Skrupeln, er stand schon in der Schlange.

»Soll ich für dich bestellen, Adam?«, fragte er.

»Äh, in Ordnung.«

»Zwei, mit allem Drum und Dran«, sagte Selph zu der kleinen Blonden, die seine Bestellung entgegennahm. Er schmatzte erwartungsvoll mit den Lippen.

Ich zog meine Brieftasche, doch Selph scheuchte mich davon. »Du schnappst dir einen Tisch und Stühle. Das hier ist meine Sache!«

In einen Plastikstuhl vor einen Plastiktisch gezwängt, wartete ich auf Selph. Jetzt wirkte er mehr wie ein Zwölfjähriger als wie ein Jugendlicher. Begeistert wartete er auf seinen Hamburger. Ich schüttelte ungläubig den Kopf. Es war verrückt! Das sollte derselbe Mensch sein, der gerade ein Wunder vollbracht hatte – mein Lehrer? War ich einem Schwindler aufgesessen? Ich beobachtete ihn, als er bezahlte und sich zwischen den Tischen hindurchschlängelte, um die Ecke zu erreichen, die ich ausgesucht hatte. Er schien sich tatsächlich zusammenreißen zu müssen, um nicht schon beim Laufen in den Klops zu beißen.

Er klatschte den Hamburger vor mich auf den Tisch und lächelte mich strahlend an: »Hau rein, Adam!«

Ich grunzte unverbindlich und biss ein Stückchen von dem Burger ab. Igitt! Es lag nicht am Essen, denn das war nicht schlecht. Ich mochte einfach keine Hamburger. Und das »Drum und Dran« machte es noch schlimmer.

Selph war offensichtlich glücklich. Er hatte die Hälfte des Hamburgers bereits vertilgt und kaute selig mit voll gestopften Backen. Was ich sah und was ich von ihm wusste, passte einfach nicht zusammen.

»Dir schmeckt's, nicht wahr?«, fragte ich lächelnd.

Er grinste zurück. »Mehr jedenfalls als dir. Sag, warum isst du einen Hamburger mit allem Drum und Dran?«

Er kicherte und bot mir das Bild jungenhafter jugendlicher Unschuld, doch ich hatte das deutliche Gefühl, dass er mir eine Falle stellte. Was sollte ich antworten?

»Ähm, ich esse ihn, um dir Gesellschaft zu leisten.«

»Du hättest mir auch mit einer Tasse Kaffee oder mit einem anderen Gericht Gesellschaft leisten können. Warum hast du dem Hamburger zugestimmt? Du hasst Hamburger, besonders mit Saucen. Erklär mir mal, warum du ihn trotzdem isst!«

»Woher weißt du, dass ich Hamburger hasse?«, staunte ich.

Sein Lächeln war ganz unschuldig. »Ich bin dein Lehrer,

erinnerst du dich? Ich weiß alles über dich. Warum isst du Hamburger?«

Meine Stimmung heizte sich um einige Grade auf. »Wenn du alles über mich weißt, dann sag du mir doch, warum ich Hamburger esse«, grummelte ich wütend.

»Gut. Du isst den Hamburger, um meine Anerkennung zu gewinnen. Du isst den Hamburger, weil ich es tue. Du gibst deine Wirklichkeit für meine auf, selbst wenn meine Wirklichkeit, Hamburger zu mögen, dir nicht passt. Was sagst du dazu?«

Ich schwieg, während ich verzweifelt nach einer plausiblen Ausflucht suchte. Ich schluckte unbehaglich. Das Dumme war, dass er wirklich Recht hatte. Meine Gedanken rasten.

»Das stimmt beinahe, doch ...«

»Es stimmt genau«, unterbrach er mich, »und du weißt es. Du scharrst nach einer Entschuldigung wie eine Henne nach Würmern.« Er grinste gewinnend. »Sei ehrlich. Indem du diesen Hamburger isst, stehst du nicht zu deiner Wahrheit, oder?«

»Nein«, gab ich düster zu.

»Das ist die Lektion«, strahlte er. »Willy Schüttel-den-Speer sagte: ›Doch das Wichtigste von allem ist, dass du wahrhaftig bist zu dir.‹ Das ist leicht gesagt und wird noch leichter übersehen.«

Ich krümmte mich innerlich bei dem Massaker, das er an Shakespeares Namen verübt hatte, musste jedoch zugeben, dass er Recht hatte.

»Du brauchst meine Anerkennung nicht und auch nicht die anderer Menschen. Zolle dir selbst Achtung, indem du zu deiner Wahrheit stehst. Immer!«

Er stopfte das letzte große Stück Hamburger in den Mund. »Das Lehren tiefer Wahrheiten macht ganz schön hungrig«, murmelte er, wobei Zwiebelstückchen und Krümel von seinen Lippen blätterten.

Unbekümmert übersah er meinen angeekelten Gesichtsausdruck und fuhr fort. »Es ekelt dich an, wenn du zusehen musst, wie ich mir Hamburger in den Mund stopfe, und du fällst alle möglichen Urteile. Nicht nur das, sondern es geht dir richtig unter die Haut. Es ärgert dich, es regt dich auf. Kosmische Lehrer tun so etwas nicht, oder? Aber fünfzehn Jahre alte Jungen tun es.«

Grinsend lehnte er sich zurück, wissend, dass der Tomatenketchup, der seine Oberlippe zierte, und sein fettverschmierter Mund mich abstießen.

Ich schluckte meinen Ärger und alle scharfen Entgegnungen, die mir auf der Zunge lagen, hinunter und saß einfach wütend da. Ein paar in der Nähe sitzende Familien starrten zu Selph hinüber, und ich konnte sehen, dass sie sein mangelhaftes Benehmen kommentierten. Das Ganze war mir ziemlich peinlich.

»Adam, das Leben ist ein Hamburger von McDonald's. Im Augenblick ist das Leben genau so. Es ist weder eine kosmische Phantasie noch eine tiefe esoterische Wahrheit. Wir sind hier, und es geht um heute. Verstehst du?«

Ich schüttelte müde den Kopf. »Ehrlich gesagt, nein. Es gibt so etwas wie Anstand und Manieren. Und man kann sie anwenden. Mir beweist es absolut gar nichts, wenn du dir gierig Essen in den Mund stopfst. Was glaubst du, was die Leute um uns herum denken? Du könntest den Kindern ein gutes Beispiel geben.«

Selph seufzte und schüttelte traurig den Kopf. »Manieren lernen die Kinder zu Hause von den Eltern und nicht, indem sie bei McDonald's andere beim Essen betrachten.« Er zeigte mit dem Finger auf die Leute, die ihn heimlich beobachteten. »Was diese Leute denken, ist ihre Sache. Wenn sie mich für meine – ihrer Meinung nach – schlechten Manieren verurteilen, dann sei es so. Das ist deine Lektion, nicht ihre.«

»Das sehe ich anders.«

Selph blickte zur Decke, seufzte und stand auf. Er ging zur Theke und sprach mit der kleinen Blonden. Nach wenigen Minuten kam er zurück, ein Tablett mit zwei Tassen Kaffee und einem weiteren Hamburger in der Hand. Er setzte sich und hielt den Hamburger mit beiden Händen.

»Schau!«, sagte er.

Zu meiner Verblüffung steckte er sich den ganzen Hamburger mit einer einzigen, weichen, leichten Bewegung in den Mund und schluckte ihn auf einmal hinunter. Unmöglich! Doch er tat es. Er presste ihn nicht zusammen, um sein Volumen zu verringern, er steckte sich einfach einen riesigen Hamburger in den Mund und schluckte ihn, ohne zu kauen oder zu beißen. Es war so, als ob man zuschauen würde, wie jemand einen Liter Wasser in ein Halbliterglas füllt.

»Hat dich das wütend gemacht?«, fragte er.

Ich zuckte mit den Achseln. »Ich habe noch nie jemanden gesehen, der so etwas getan hat. Ich wusste noch nicht einmal, dass es möglich ist. Doch in aller Wahrhaftigkeit, nein, es hat mich nicht wütend gemacht.«

»War es dir peinlich?«

»Nein.«

Er strahlte. »Warum nicht? *Das* war gierig.«

Verwirrt schüttelte ich den Kopf. »Ich stimme dir zu, es war furchtbar gierig, doch es hatte nichts Verletzendes. Ich weiß nicht, warum, doch es hat mich nicht wütend gemacht.«

»Ich sage dir den Grund. Diese einfache gierige Tat fand nicht im Kontext deiner Prägung, deiner Erziehung statt. Da sie eigentlich unmöglich ist, konntest du deine Parameter für gutes oder schlechtes Benehmen nicht anwenden, und deshalb hast du nicht reagiert. Du wurdest gezwungen, eine andere Perspektive einzunehmen, aus der deine Urteile noch nicht in Zement gegossen sind.«

»Ja, das ergibt einen Sinn«, nickte ich.

»Deshalb ging es dir mit jener Gier gut, während dir die vertrautere Gier peinlich war. Richtig?«

Ich nickte wieder. »Es klingt verrückt, aber wenn du es so ausdrückst, dann muss ich dir zustimmen.«

»Großartig«, strahlte er. »Überwinde deine alten Parameter. Lass deine Erziehung los. Du brauchst sie nicht. Du musst gieriges Verhalten nicht gutheißen oder mögen, doch du musst eine Ebene erreichen, wo es dich nicht mehr treffen kann. Missbillige es, wenn du willst, doch lass es gleichzeitig los.«

Sein dickliches Gesicht war unschuldig, als er seinen Kaffee schlürfte und es absichtlich so klingen ließ wie ein Schwein am Trog. Dann nahm er meinen Becher und schüttelte die heiße Flüssigkeit, ohne zu schlucken, auf einmal die Kehle hinab.

Ich schüttelte erstaunt den Kopf, und als ich die Blicke der Beobachter an den Nachbartischen erhaschte, grinste ich. Sie wurden rot und schauten schnell in eine andere Richtung, und mein Grinsen wurde noch breiter.

»Ich verstehe, was du meinst«, sagte ich zu Selph.

Er schaute mich fragend an, sein Gesicht wie gewohnt in reinster Unschuld badend. »Können wir gehen?«

Zwei

Selph war schweigsam auf der Heimfahrt und betrachtete die Landschaft offensichtlich mit Freude und Faszination. Ich wohnte nur wenige Kilometer von der Küste entfernt, deshalb war der Weg nicht weit. Wir bogen in meinen Garten ein und legten etwa hundertfünfzig Meter unter dem Baldachin der Bäume zurück, bevor wir das Haus erreichten. Es war ein ziemlich großes Haus mit niedrigem Dach, um den Wirbelstürmen, die in der Regenzeit über unsere subtropische Küste hinwegfegten, keine Angriffsfläche zu bieten.

»Kennst du dich hier aus?«, fragte ich Selph, als wir aus dem Wagen stiegen. »Hast du Gepäck?«

Er warf mir einen schiefen Blick zu, und sein ausdrucksstarkes, rundliches Gesicht zeigte Anerkennung, als er sich umschaute. »Ich kann mir nicht vorstellen, warum oder aus welchem Grund ich mich hier auskennen sollte«, antwortete er. »Und nein, ich habe kein Gepäck. Ich reise einfach.« Er kicherte, als habe er einen Witz gerissen, den nur er verstünde.

»Du scheinst alles über mich zu wissen«, rechtfertigte ich mich, »und ich dachte, das würde den Ort, an dem ich lebe, mit einschließen. Wie hältst du es mit Kleidung und persönlichen Utensilien?«

Er zuckte die Achseln. »Kein Problem. Wenn ich etwas brauche, dann benutze ich deine Sachen. Ich bin sicher, dass dir das nichts ausmacht.«

Ich atmete tief durch, als er mir ins Haus folgte. Worauf ließ ich mich da ein? Ich war mir immer noch nicht ganz sicher, ob er nicht nur ein dicker, ungezogener, sehr geheimnisvoller Lümmel war oder eben doch ein Lehrer aus ... woher auch immer?

Selph umrundete das Schwimmbecken, während ich die Kaffeemaschine in Gang brachte. Sie gurgelte verheißungsvoll, als ich ein gewaltiges Platschen hörte. Das Küchenfenster führte zum Pool hinaus, und ich sah, dass Selph eifrig seine Bahnen zog. Er hatte das furchtbare orangefarbene T-Shirt und seine langen grünen Shorts ausgezogen, doch als er aus dem Wasser stieg, bemerkte ich, dass er Boxershorts trug. Gemäß seinem Stil waren sie weiß und mit rosafarbenen Panthern übersät.

»Möchtest du einen Kaffee?«, rief ich durchs Fenster.

Sein schlaffer Körper wirkte wie der eines ganz normalen Schuljungen.

»Ja bitte, und einen Schokoladenkeks oder drei.«

Wir setzten uns in die Sessel am Pool.

»Du wohnst wunderbar«, meinte Selph. In direktem Kontrast zu seiner Vorstellung bei McDonald's aß er seine Schokoladenkekse so geziert wie ein Aristokrat und trank den Kaffee völlig geräuschlos.

Ich nickte schweigend. Hier war es wunderbar, das stimmte, doch ohne Amber war es leer und verlassen. Nur im Garten fand ich etwas Trost. Amber hatte den Garten gemocht, doch er war immer mein Bereich gewesen. Sie hatte sich um Haus und Büro gekümmert, und alles lief reibungslos, während ich als Berater für ökologische Landwirtschaft arbeitete. Im Garten erholte ich mich, hier tobte ich mich körperlich aus, und ich liebte Fischteiche und Pflanzen. Unser Garten war groß, einige Tausend Quadratmeter, und der Großteil der Fläche war von lichtem Wald bedeckt. Das Grundstück war Teil einer niedrigen Hügelkette, und obwohl überall Bäume wuchsen, war die Aussicht herrlich. Wenn man ins Tal hinunterblickte, bildete der Vorhang grüngrauer Blätter einen sich ständig wandelnden Schutzschirm, durch den man spähen konnte, der jedoch gleichzeitig eine Privatsphäre ermöglichte, die ich so sehr genoss.

Ich seufzte. Es war fast zwei Jahre her, dass Amber mich verlassen hatte, und ich hatte mich nie von dem katastrophalen

Verlust erholt. Zuerst hatte ich ihr die ganze Schuld gegeben, doch dann hatte ich meine Haltung ihr gegenüber leicht verändert, da ich allmählich erkannte, dass mit mir nicht leicht zu leben war. Vielleicht konnte Selph etwas daran ändern. Ich dachte an unsere bizarre Begegnung am Strand und sah vor meinem inneren Auge den wieder zum Leben erweckten Fischadler. Ich nahm an, es war *tatsächlich* passiert. Meine Lippen verzogen sich, als ich gedankenverloren nickte. Ja. Es bestand kein Zweifel. Ich rief mir die darauf folgende Unterhaltung ins Gedächtnis. An einem bestimmten Punkt hatte ich gesagt, ich müsse wohl schlafen oder träumen, und Selph hatte genickt und geantwortet: »Darum bin ich da.« Dann hatte ich mir auf die Wange geschlagen und festgestellt, dass ich wach war. Selph hatte dies strikt verneint und gemeint, es sei nicht richtig, ich schliefe tatsächlich. Ich zog die Stirn in Falten. Was meinte er damit?

Ich schaute ihn an und bemerkte, dass er mich beobachtete. Er lächelte ermutigend. »Ich finde die ganze Situation sehr merkwürdig«, sagte ich. »Ich hätte mir nie träumen lassen, dass ein Lehrer in mein Leben treten würde, ich habe es nicht wirklich erwartet. Und in meinen wildesten Phantasien habe ich mir nicht vorgestellt ...«

»... dass ein fetter Junge auf den Flügeln des Wunders in dein Leben tanzen könnte«, beendete Selph den Satz.

»So in etwa«, fügte ich lahm hinzu.

Wir schwiegen eine Weile. »Wie hast du es gemacht?«, fragte ich vorsichtig.

Er schaute mich ernst an. »Wir alle haben eine Kraft in uns, die wir anzapfen können. Jeder hat sie. Du kannst sie ›Kraft der Wunder‹ nennen. Diese Kraft ist bei mir hoch entwickelt. In dir und in den meisten anderen Menschen schläft sie praktisch. Doch sie *ist* da.«

»Wie kommt es, dass sie in dir so hoch entwickelt ist?«

Er blickte nachdenklich. »Wir wollen uns lieber mit deiner Entwicklung befassen. Wenn du weißt, *wer* du bist, wirst du wissen, wer ich bin – und all diese persönlichen Fragen sind überflüssig.«

»Was meintest du am Strand, als du sagtest, ich würde schlafen? Du hast darauf bestanden!«

Selph schloss die Augen, doch damit schloss er mich nicht aus, sondern es schien, als ziehe er mich zu sich hinein. In diesem Augenblick fühlte ich mich ihm sehr nahe.

»Adam, wie der größte Teil der Menschheit schläfst auch du. Du lebst in einer Art kollektivem Traum, in einem allgemeinen Realitätsbewusstsein, auf das man sich stillschweigend geeinigt hat. Dieser Traum besteht aus den Illusionen der Massen über das Leben. Er ist so mächtig, so hypnotisch, dass du jetzt darum kämpfst, ihn aufrechtzuerhalten, obwohl er dich gefangen hält. Die Grundlage dieses Traums ist die Selbsttäuschung der Massen, und seine Natur ist es, dich zu versklaven.«

Mein Magen fühlte sich hohl und leer an, als er sprach, denn ich wusste, dass er die Wahrheit sagte. Ich wusste das seit Jahren.

»Wie kommen wir heraus aus diesem Traum?«

Er öffnete die Augen, und Zwillingskugeln aus blauem Raum durchdrangen mich minutenlang.

»Der Traum hält die Menschen zwar kollektiv gefangen, doch es gibt keinen gemeinschaftlichen Weg hinaus. Jeder Mensch befindet sich auf einer Reise, und das Ziel ist die Wahrheit. Jede Reise verläuft ganz individuell, und jeder findet seine Wahrheit auf seine eigene Weise.«

»Und wo finde ich diese ... Wahrheit?«

»In dir.«

»Darauf läuft es immer hinaus, nicht wahr?«, seufzte ich. »Keine einfachen kosmischen Rezepte, keine schnellen Lösungen, nur eine innere Suche, die dich fast garantiert zu einem Ausgestoßenen macht, von dem die meisten anderen glauben, dass er am Rande des Wahnsinns lebt.«

Er nickte grinsend. »Jawohl! So ist es immer gewesen. Die meisten, wie du sie nennst, bilden das Herzstück des geltenden Realitätsbewusstseins, und die Wahrheitssucher bedrohen indirekt diesen Status quo. Die wenigen bedrohen die Bequemlichkeit der vielen.«

»Doch die vielen leben gar nicht so bequem«, protestierte ich. »Sie leiden ganz akut an Unbequemlichkeit und kämpfen ständig darum, dass es ihnen besser geht.«

Ein Schatten von Traurigkeit überflog Selphs Gesicht. »Das ist Teil des Paradoxons. Der Traum ist immer unbequem. Er muss es sein, denn er beruht auf Betrug. Die Menschen betrügen sich selbst und kämpfen darum, in diesem Unbehagen zu bleiben, während sie gleichzeitig danach streben, dass es ihnen besser geht. Sie versuchen das zu erreichen, indem sie immer mehr materielle Güter anhäufen. Mehr elektrische Haushaltsgeräte, mehr Autos, mehr Statussymbole: Das sind alles nur Spielzeuge, die den Selbstbetrug füttern.«

»Wir verdienen etwas Besseres«, sagte ich traurig.

»Das tut ihr wirklich, doch zuerst müsst ihr den Betrug durchschauen. Ihr müsst erkennen, dass es nichts bringt, wenn ihr eure Energie investiert, um nirgendwo anzukommen. Jeder Mensch verdient das Beste, was das Leben ihm bieten kann.«

Während ich Selph beim Sprechen zuschaute, wunderte ich mich wieder einmal darüber, wie wenig die weisen Worte und Einsichten, die er von sich gab, mit dem Aussehen eines Jugendlichen zusammenpassten. Doch mir wurde immer klarer, dass er mich täuschte. Was oder wer Selph war, wusste ich nicht, doch sein sichtbares Alter und seine Persönlichkeit waren eine Maske, und ich musste lernen, sie zu übersehen.

»Wer bist du hinter deiner Maske?«, murmelte ich.

»Wer bist *du* hinter deiner Maske?«, entgegnete er.

Ich lächelte traurig. »Darin besteht der Unterschied. Du weißt, wer du bist, und dass die Fassade ein Spiel ist. Ich weiß nicht, wer ich bin, und die Maske tötet mich.«

»Das ist wahrer, als du dir im Moment vorstellen kannst. Wirklich! Deswegen bin ich hier. Ich sagte dir bereits, dass ich die Antwort auf deine inneren Hilferufe bin. Auch das ist wahr. Es ist das Geburtsrecht eines jeden Menschen, im goldenen Schloss des Überflusses auf dem Gipfel des Berges der Schönheit zu leben. Doch was geschieht stattdessen?« Er schaute mich erwartungsvoll an.

Ich zuckte die Achseln. »Ich weiß nicht. Ich denke, wir sind ziemlich faul beim Bergsteigen.«

Er schüttelte den Kopf. »Nein. Es sind nur wenige, die den Aufstieg überhaupt versuchen! Nein, ihr wohnt in einem Rattenloch am Fuße des Berges, und ihr messt euren Erfolg an der Anzahl der Spielzeuge, die ihr sammeln und auf dem engen Raum dort horten könnt. Euer Geburtsrecht ist die Freiheit, und um diesen Mangel auszugleichen, jagt ihr materiellen Reichtümern nach.«

»Und das kann niemals funktionieren«, fügte ich hinzu.

»Niemals«, bestätigte Selph.

»Und das Schlimme ist, dass wir den Berg nicht nur aus dem Blickfeld verloren, sondern sogar vergessen haben, dass er überhaupt existiert.«

»Das fasst es ungefähr zusammen«, nickte er.

＊

Später zeigte ich Selph das Gästezimmer und führte ihn durch das Haus.

»Willkommen in meinem Rattenloch«, sagte ich verächtlich.

Selph schaute mich mit gerunzelter Stirn an. »Du verpackst in dieser Bemerkung Frustration, Selbstverurteilung, Schuld und Selbstmitleid. Sie ehrt dich nicht, doch wenn du sie denkst und aussprichst, wird sie zu deiner Realität.«

»Du hast Recht, doch ich habe entschieden, dass ich dir gegenüber ehrlich bin. Mein Leben ist eine Katastrophe, und ich werde nicht vorgeben, dass alles in Ordnung sei. Meine Ehe ist ein Rattenloch, und meine Beziehung zu meinem Vater hat sich nur geringfügig gebessert. Seltsamerweise verstehe ich mich gut mit meiner Mutter und meiner Schwester Kate.«

»Und wie steht es mit deiner Beziehung zu dir selbst?«

»Noch ein Rattenloch«, jammerte ich verzweifelt.

»Dort beginnt alles«, erklärte Selph. »Wenn du dich selbst achtest, dann achtest du auch alle anderen. Die Selbstachtung ist das Mauerwerk des Schlosses.«

»Ich sollte besser lernen, Steine zu setzen«, bemerkte ich schnodderig.

»Im Gegenteil«, antwortete Selph ernst. »Du kannst das Schloss nicht aus Steinen jedweder Konsistenz bauen. Du baust es, indem du die Steine herausbrichst, die schon gelegt und festzementiert wurden.«

Ich atmete tief ein und ganz langsam wieder aus. »Jesus! Gibt es noch eine Chance für mich? Ich habe mein ganzes Leben damit zugebracht, ein Verließ zu bauen, in dem ich jetzt gefangen bin. Wie komme ich heraus? Was soll ich tun? Ich habe Bücher gelesen und nichts daraus gelernt. Bin ich dumm, oder was?«

»Nicht dumm, Adam, nur geprägt. Deine Überzeugungen formen dein Denken, und deine Gedanken erschaffen dein eigenes besonderes Rattenloch. Wenn du etwas über die Wahrheit liest, befindest du dich auf der Ebene des begrifflichen Denkens, doch wenn du sie *lebst*, erfährst du ihre Realität. Genau das werden wir beide miteinander tun. Wir können natürlich wie heute über bestimmte Themen diskutieren, denn auch das gehört zum Lernprozess, doch es muss alles gelebt werden. Das ist meine Rolle. Ich kann dir Türen öffnen, durch die du vielleicht gehen möchtest.«

Ich war überrascht. Dies war das erste Mal, dass Selph mir einen wirklichen Hinweis gab, was er zu tun vorhatte. Welche Türen? Meinte er Möglichkeiten?

»Ich bin nicht sicher, dass ich verstehe.«

»Das wirst du, wenn die Zeit gekommen ist.«

Das ließ nichts Gutes ahnen. »Ich hoffe, du hast viel Zeit«, sagte ich. »Du könntest für den Rest meines Lebens bei mir bleiben. Es gibt keine Anzeichen dafür, dass ich rasch lerne.«

Selph lächelte. »Du bist nicht gerade glücklich und locker drauf, nicht wahr? Und was die Zeit betrifft ...« Er winkte beschwichtigend mit den Händen und verbeugte sich vor mir. »Der Lehrer weiß, was er tut! Mach dir keine Sorgen.«

Den restlichen Tag über redeten wir nicht mehr viel. Ich stürzte mich in Trübsinn, während Selph mir auszuweichen schien. Unsere Unterhaltung hatte mich erahnen lassen, was ich alles nicht wusste – und wir hatten gerade erst begonnen! Deprimiert hing ich meinen Gedanken nach, ohne etwas dagegen tun zu können.

Obwohl ich langsam einsah, dass Selph mehr war als ein fünfzehnjähriger Junge, war ich doch vollkommen verblüfft, als er am Abend ein unglaublich leckeres dreigängiges Menü zustande brachte. Ich war im Garten und teilte meinen Trübsinn mit den Fischen im Teich. Nicht, dass ich mir sicher gewesen wäre, dass die Fische ihren Anteil Trübsinn wollten, doch wenn mich die Dinge überwältigten, endete ich unweigerlich an meinem Fischteich. Irgendwie schien das zu helfen.

Selphs Stimme schreckte mich auf. »Adam!«

»Was denn?«, rief ich zurück.

»Abendessen!«

»O Gott«, stöhnte ich, »jetzt muss ich für ihn kochen.«

»Ich komme«, schrie ich und krümmte mich bei dem Gedanken, in so deprimierter Stimmung kochen zu müssen. Ich hatte schon wieder genug von der Lehreridee, besonders wenn dies bedeuten würde, dass ich für ihn sorgen und überhaupt nach ihm sehen musste.

Ich roch den Duft, als ich das Haus betrat. Er hatte den Esstisch für drei Personen gedeckt, und ich schaute ihn erstaunt und verwirrt an.

»Du überraschst mich immer wieder. Du kannst kochen?«

»Das musst du entscheiden«, sagte Selph und deutete auf einen Stuhl. Ich setzte mich und betrachtete die drei Gedecke.

»Warum drei? Wir sind nur zwei.«

Eine Weile lang sagte er nichts und teilte eine würzige Suppe aus Tomaten und Kräutern aus. Wir aßen schweigend, tunkten die knusprigen, frisch gerösteten Croutons in die Suppe und knabberten an den weichen Enden. Ich schaute auf das leere Gedeck und versuchte, dessen Sinn zu ergründen. War noch jemand eingeladen? Sicher hätten wir auf diese Person gewartet. War da jemand, den ich nicht sehen konnte? Mit einem so seltsamen Wesen wie Selph in der Nähe konnte man nie wissen!

Nach der Suppe servierte Selph gebackenen Schnapper, einen sehr schmackhaften australischen Fisch, der perfekt zubereitet war. Dazu gab es gedünsteten Brokkoli, junge Karotten und frische Kartoffeln. Zu allem reichte Selph eine ausgezeichnete weiße Petersiliensoße. Ich wusste, dass er die Zutaten aus meiner Tiefkühltruhe genommen hatte, doch es überraschte mich, dass Selphs Kochkünste meine eigenen weit übertrafen.

»Mein Gott, Selph, wo hast du so gut kochen gelernt? Wie viele Talente liegen noch in dir versteckt?« Ich deutete auf das dritte Gedeck. »Und warum hast du einen dritten Teller hingestellt?«

Er lächelte würdevoll und sah alles andere als wie ein fünfzehnjähriger Junge aus. »Mein natürlicher Genius kennt viele Betätigungsfelder, und dies ist nur eines von ihnen. Was den dritten Teller betrifft ...« Er hielt inne und betrachtete das leere Gedeck, als sähe er es zum ersten Mal, »... soll er dem neuen Adam die Ehre geben. Er soll dich an das Potential erinnern, das du sein kannst, ein Potential, das bis heute nicht genährt, nicht gefördert, sondern grundsätzlich ignoriert wurde.«

Er hielt ein großes, schlankes Wasserglas empor und bedeutete mir, es ihm gleichzutun. »Auf dein unbegrenztes Potential!«

Wir tranken ernst auf diesen Toast, und mir wurde bewusst, dass etwas ganz Neues und Seltenes in meinem Leben geschah. Ich war mir nicht sicher, wohin mich dies alles führen würde, doch jedes Urteil, das ich bisher über Selph gefällt hatte, hatte sich als seiner nicht würdig erwiesen. Schließlich erreichte ich den Punkt, an dem ich mich wirklich auf ihn einließ. Ich hatte geglaubt, das schon getan zu haben, doch ich pflegte wie ein launischer Wirbelwind unstet umherzusausen, und es fiel mir schwer, sichere, klare Entscheidungen zu treffen.

Später saß Selph am Schwimmbecken und betrachtete die silberne Mondscheibe über dem stillen Wasser, die zwischen den sanft rauschenden Blättern der Gummibäume aufstieg. Ich stand am offenen Küchenfenster und wusch das Geschirr ab. Selph hatte mir seine Hilfe angeboten, doch nach einem so guten Essen war es das Mindeste, dass ich den Abwasch erledigte. Nebenbei gesagt habe ich auch nichts gegen Geschirrspülen. Es kann ziemlich therapeutisch wirken.

Selph war in Hörweite, und mir war etwas aufgefallen, wozu ich seine Meinung hören wollte. »Du hast das Wort ›Ehre‹ ziemlich häufig verwendet. Du sagst so in etwa, dass ich mir selbst die Ehre nicht erweisen würde, und mir scheint, dass du das für wichtig hältst. Könntest du mir erklären, was du unter Ehre verstehst?«

Er schwieg eine Weile, doch ich fühlte mich wohl damit. Ich wartete zufrieden, denn die Atmosphäre war friedlich und ruhig. Wieder hatte ich die Empfindung, dass Selph nicht ganz hier war, obwohl ich ihn physisch sehen konnte. Ich begann mich an diesen seltsamen Widerspruch zu gewöhnen, obwohl ich ihn nicht verstand. Mein Trübsinn war beim Essen verschwunden, und soweit es mir überhaupt möglich war, erfüllte mich ein innerer Frieden.

Selph rührte sich schließlich, als ob er von einem weit entfernten Ort zurückkehrte. Er streckte sich gähnend. »Was bedeutet Ehre für dich, Adam?«, gab er zurück.

Grinsend darüber, dass er mir die Frage zurückspielte, dachte ich über Ehre nach. »Ich denke, Ehre bedeutet, sein Wort zu halten. Ein bisschen wie bei den Pfadfindern: Ich schwöre bei meiner Ehre, und so weiter.«

Leicht nickend fragte Selph: »Wie ist es mit dem Heiratsversprechen? Geht es dabei auch um Ehre?«

Der Frieden zerbrach, und ich spürte, wie mir das Blut in den Kopf stieg. Verdammt noch mal, ja! Schuldbewusst fiel mir die schluchzende Amber an unserem letzten Abend ein. »Bist du so wütend, Adam, dass du mich oder dich nicht länger ehren kannst?«, hatte sie gefragt – wie treffend! Die Erinnerung trieb mir Tränen in die Augen. Sie hatte so wunderschön und so zerrissen ausgesehen. Sie wusste, dass sie mich verlassen musste. Ich biss mir auf die Lippen, als meine Anspannung stieg. Als ich die Vergangenheit an mir vorüberziehen ließ, musste ich mir machtlos anschauen, wie ich unsere Ehe zerstört hatte – eine Ehe, die ich mehr als alles im Leben gewollt hatte. War in meinen früheren Handlungen, in mir als Ehemann oder in meinem Sein jemals Ehre gewesen? Die Antwort war offensichtlich, doch schwer einzugestehen.

»Ich habe weder unsere Ehe noch Amber geachtet«, flüsterte ich leise mit heiserer Stimme.

»Und heute ist das erste Mal, dass du es dir eingestehst.«

Es stimmte. Warum ich dem jetzt ins Auge sah, wusste ich nicht, doch es stimmte. Ich konnte es nun klar erkennen. Ich hatte mit so viel eigenem Müll zu tun gehabt, dass mich Ambers Unschuld und Fähigkeit zur Freude überwältigten und bedrohten. Unabsichtlich hatte ich versucht, sie in mein Elend hineinzuziehen, statt zu lernen, einen Weg zu ihrer natürlichen Lebensfreude zu finden. Gott! Was war ich für ein Idiot! Jetzt hatte ich alles verloren, meine Ehe und Amber. Das Gefühl in meinem Magen kam zurück, doch es hatte sich verändert. Ich hatte immer den Klumpen gespannter Wut empfunden, doch jetzt fühlte ich die hohle Leere der Verzweiflung.

»Ja«, flüsterte ich heiser. »Dies ist das erste Mal, dass ich es mir anschauen kann. Mein mangelndes Ehrgefühl hat zwei Leben zerstört.«

Ich trocknete den letzten Teller nicht ab und stolperte ins Schlafzimmer. Durchbohrt von Pfeilen ungesühnter Schuld fiel ich auf mein Bett und bestöhnte meine Niederlage. Ich weiß nicht, ob ich Stunden oder nur Minuten so gelegen hatte, bevor ich merkte, dass Selph im Türrahmen stand. Sekundenlang nahm ich einen zeitlos Alten wahr, bevor seine Worte das gewohnte Bild entstehen ließen.

»Der Prozess hat begonnen, Adam. Leere deinen Geist … und schlafe.«

Mein Geist bäumte sich protestierend auf, denn er wollte seinen Schmerz und seine Qual laut hinausschreien, doch es schien mir, als ob die sanfte Decke des Vergessens über mich gebreitet würde, und alles verschwand.

*

Die frühe Morgensonne schien durch mein offenes Fenster und weckte mich um sechs Uhr. Eine gute Zeit, um aufzustehen. Ich lag eine Weile da und dachte über die Offenbarungen der letzten Nacht nach. Die Erinnerung daran, dass ich mir eingestanden hatte, meine Ehe zerstört zu haben, gelang mir leicht. Ich wusste auch noch, dass ich die Realität meines mangelnden Ehrgefühls akzeptiert hatte, doch Schuld und Scham, die ich letzte Nacht so stark empfunden hatte, waren verschwunden.

Ich zog mich langsam an, Khakishorts und ein ärmelloses rotes T-Shirt. Auf dem Weg durch die Eingangshalle warf ich einen Blick durch die offene Tür des Gästezimmers, um zu sehen, ob Selph schon wach war. Da er sich nicht im Zimmer befand, ging ich durch den Raum zu seinem Bett und sah, dass es unbenutzt war. Nachdenklich ging ich in die Küche, um das Frühstück zu bereiten.

Ein Platschen ließ mich aus dem Fenster sehen. Selph badete nackt im Pool. Er sah mich und winkte. »Hallo, Adam. Gut geschlafen?«

»Wie ein Toter«, antwortete ich, »und du?«

»Oh, ich hatte eine tolle Nacht.«

Ich ging hinaus zum Schwimmbecken. Jetzt wurde es interessant! »Und wo hast du so toll geschlafen? Sicher nicht in deinem Bett, das hab' ich gesehen.«

Gelassen lächelte mir Selph zu. »Sagte ich, geschlafen oder im Bett gewesen zu sein?«

Meiner eigenen Schlussfolgerung überführt, versuchte ich, eine Erklärung zu erzwingen. »Aber ... eine tolle Nacht bedeutet doch wohl, dass du gut geschlafen hast.«

Er kicherte prustend, den Mund voller Wasser. »Quatsch! Ich sagte dir, dass ich eine tolle Nacht hatte, und das stimmt. Wo und wie ich sie verbracht habe, geht dich gar nichts an. Wie die Dinge stehen, hast du genug mit deinem eigenen Kram zu tun und musst mich bestimmt nicht kontrollieren.«

Ich schluckte meine Empörung hinunter und entzog mich seinem Gelächter. Das Dumme war, dass er Recht hatte. Ich hatte genug damit zu tun, mit mir selbst Frieden zu schließen. Ich grinste trocken und stellte Wasser für die Hafer- und Gerstenflocken auf den Herd, während ich mein Hirn auf der Suche nach einer plausiblen Erklärung zermarterte.

»Ich nehme an, du isst Haferbrei?«, fragte ich sarkastisch.

»Nur, wenn Gerstenflocken drin sind«, antwortete er.

Mein Kiefer klappte herunter, und ich starrte auf den Topf mit kochendem Wasser. Wie zum Teufel konnte er das wissen? Ich kannte niemanden, der Gerstenflocken in einen Hafermehlbrei rührte. Mensch! Das Geheimnis um Selph vertiefte sich. Er kannte mich tatsächlich. Ich bereitete den Brei zu, nahm ihn vom Herd, und nachdem er eine Weile gequollen war, rief ich Selph.

Wir saßen in der Frühstücksecke der großen Küche und

aßen schweigend, obwohl meine Gedanken alles andere als ruhig waren. Als ich ihm anbot, eine Scheibe selbst gebackenes Brot zu toasten, stimmte er eifrig zu. Während ich den Toaster beobachtete, wagte ich noch eine Frage.

»Selph ... wie konntest du etwas von den Gerstenflocken wissen? Und woher weißt du alles über Amber und mich? Wer bist du? Und woher kommst du?«

Er strich sich Butter auf den Toast, lehnte die Marmelade jedoch ab. Sein blondes Haar fing die schrägen Strahlen der frühen Morgensonne ein, die einen nassen Lichtkranz um seinen Kopf malten. Nachdenklich wandte er sich mir zu.

»So einfach wie möglich ausgedrückt, *kenne* ich dich. Ich will es nicht erklären, denn früher oder später wirst du die Antwort *wissen*. Und erst dann wird es wirklich etwas bedeuten, wenn ich dir sage, wer ich bin und woher ich komme, wenn die Zeit reif ist.«

Ich schüttelte den Kopf. »Ich höre deine Worte, aber ich verstehe nichts von dem, was du sagst.«

Er nickte traurig. »Als wenn ich das nicht wüsste.«

»Ich weiß nicht, wie ich von einem Lehrer lernen soll, den ich nicht verstehe«, sagte ich ernst.

Selph warf den Kopf zurück und lachte wie ein ganz gewöhnliches Kind. »Eins zu null für dich!«, kicherte er.

»Schau, es ist mir ernst. Ich will etwas über die Bedeutung des Lebens lernen. Es war nicht leicht für mich, dich zu akzeptieren. Du kannst jeden Erwachsenen fragen, wie er sich fühlen würde, wenn er ein Kind als Lehrer über das Leben akzeptieren sollte. Es ist lächerlich! Doch wenn ich nicht verstehe, worüber du sprichst ...?« Ich brach ab und zuckte hilflos mit den Schultern.

»Umgehe das Handicap«, sagte Selph, immer noch leise kichernd.

Ich glotzte ihn an. »Welches Handicap?«

»Das Bedürfnis zu verstehen. Das ist dein Handicap.«

Ich stöhnte. »Das ist völlig absurd. Ich verstehe wieder nicht, wovon du sprichst. Wie, bei allen Barmherzigen, kann Verstehen ein Handicap sein?«

»Einfach weil du jetzt dadurch benachteiligt bist, dass du nicht verstehst. Darum ist Verstehen dein Handicap.«

Ich warf die Hände völlig frustriert empor und stürmte wütend hinaus. Ich rutschte nicht aus, ich stolperte auch nicht, doch ohne etwas dagegen tun zu können, fiel ich mit dem Kopf zuerst in den Pool.

»Kühl dich ab, Adam«, rief Selph, als ich prustend auftauchte. Er hatte mich hineingestoßen! Er hatte mich nicht berührt, und doch hatte ich gespürt, wie er mich in den Pool geschubst hatte. Mein Gott! Was für einen Lehrer hatte ich da in mein Leben eingeladen?

Ich kühlte mich tatsächlich ab. Obwohl man gut schwimmen konnte, war das Wasser doch frisch, und nach zehn Minuten war ich durch und durch abgekühlt.

Selph hatte die Kaffeemaschine in Gang gesetzt, und als ich mich umgezogen hatte, setzten wir uns in die Sessel neben dem Pool.

»Du hast mich hineingestoßen, Selph. Ich weiß nicht, wie das möglich ist, wo du doch noch im Haus saßest, aber ich habe ganz bestimmt gefühlt, dass du mich gestoßen hast.«

»Traust du deiner Wahrnehmung?«, fragte er.

Ich dachte sorgfältig darüber nach. »Ja, das tue ich, doch ich möchte mich gern absichern. Du hast mich tatsächlich gestoßen, oder?«

Er nickte. »Das stimmt natürlich, und ich musste ziemlich stark hinlangen. Du standst ungewöhnlich fest auf deinen Füßen. Verstehst du jetzt? Oder kannst du das Ereignis einfach akzeptieren und dich über dein Bedürfnis zu verstehen hinwegsetzen?«

Ich schüttelte bewundernd den Kopf. »Mann! Sind alle kosmischen Lehrer so trickreich wie du? Ich glaube, ich habe endlich verstanden. Man kann einige Dinge nicht an alltäglichen Standards messen, obwohl sich unser Verständnis hauptsächlich darauf gründet! Das Bedürfnis zu verstehen ist eine Gewohnheit. Es mag vernünftig und nach allen normalen Standards auch angemessen sein, die Funktionsweise eines Automotors zu begreifen, doch wenn man versucht, Erfahrungen zu verstehen, die nicht mit dem allgemeinen Realitätsbewusstsein übereinstimmen, dann handelt man aus reiner Gewohnheit.«

Selph lächelte, und sein offenes Gesicht zeigte Freude.

»Das ist ein Teil der Geschichte, und du hast ihn gut ausgedrückt. Hör mir jetzt genau zu, und versuche nicht zu verstehen, denn ich will dir erklären, was noch dazugehört. Verstehen gründet sich auf den Verstand. Der Verstand muss verstehen. Doch der Verstand bezieht sich immer entweder auf die Vergangenheit oder auf die Zukunft. Der Verstand ist *nie* in der Gegenwart. Doch in diesem Augenblick IST die Freiheit. Es ist ein Zustand unerklärbaren Friedens und Glücks.«

Er hielt inne, um mir Zeit zu geben. »Hör zu. Weil sich der Verstand nie im Augenblick befindet, entziehen sich Freude und Frieden zwar unserem Verstehen, doch nicht unserem Erleben. Ein Meister sprach vor zweitausend Jahren von dem Frieden, der ›über alle Vernunft‹ hinausgeht. Er wusste, dass Frieden erfahren, aber nicht verstanden werden kann. Frieden ist kein Futter für den Verstand, er ist Nahrung für die Seele. Doch solange du die Bedeutung des Lebens verstehen willst und musst, wird sich dir diese Nahrung entziehen. Erlebe das Geheimnis des Lebens, meditiere es, doch lass nicht zu, dass du von dem gewohnten Bedürfnis zu verstehen versklavt wirst, denn es ist nicht angemessen, die größere Wirklichkeit verstehen zu wollen.« Er machte eine Pause. »Da ist noch mehr.«

»Warte.« Ich saß mit geschlossenen Augen da und versuchte, das Gehörte aufzunehmen. »Genug«, sagte ich leise. »Lass es für den Moment gut sein.«

Ganz subtil veränderte sich mein Gefühl, als Selph mich verließ, und auch das verstand ich nicht. Doch ich fühlte es, und ich wusste, dass ich dem Gefühl vertrauen konnte. Dies alles war neu für mich. Als ich dasaß und meinen Gefühlen nachhing, ohne nach einer intellektuellen Erklärung zu forschen, empfand ich eine neue Leichtigkeit und einen ungeahnten Frieden. Vertrauen! Ich musste mir ohne Erklärung vertrauen. Wie viel von meinem Bedürfnis zu verstehen gründete sich darauf, dass ich mir selbst nicht traute? Das Verstehen bewahrte mich irgendwie davor, mich mit meinem Selbstvertrauen auseinander setzen zu müssen. Für mich war Verstehen zur Bedingung dafür geworden, ob ich etwas akzeptierte oder nicht. Doch um eine Erfahrung zu akzeptieren, bedurfte es eigentlich weder des Verständnisses noch der Beweise. Eigentlich reichte die Erfahrung. Ich musste mir und der Erfahrung nur vertrauen, ohne zu erklären oder zu verstehen.

Ich saß ziemlich lange im Sessel am Pool und nährte sanft das neue Reich der Kontemplation. Jetzt konnte ich Selph ohne jede Erklärung akzeptieren, und ich wusste, dass es in Ordnung war. Die Ungereimtheit, dass ein offensichtlich Jugendlicher mich die tieferen Dinge des Lebens lehrte, war immer noch eine riesige Herausforderung für mich und unterschied sich ungeheuerlich von allem, was für normal gehalten wurde. Doch ich vermutete, dass es wohl auf diese Weise genau richtig für mich war. Ich wusste nicht sicher, warum es so sein musste, doch so war es eben! Entweder vertraute ich der Situation oder nicht. Ich dachte eine Weile darüber nach, bis ich überrascht herausfand, dass ich és war, dem ich vertrauen und den ich annehmen musste, und nicht Selph. Mir ging auf, dass dies zum ersten Mal in meinem Leben möglich war. Ich hoffte, dass ich auf dieses Vertrauen würde zurückgreifen können, wenn ich es brauchte.

Ich rief nach Selph und verbrachte die nächsten zehn Minuten damit, ihn zu suchen, doch er schien verschwunden zu sein. Mir ging auf, dass ich, wenn ich mit einem Freund über ihn sprechen würde, keinen einzigen auch noch so winzigen Beweis für seine Anwesenheit in meinem Hause hatte. Wohin war er verschwunden? Und wenn wir schon dabei waren, woher ist er gekommen? Ich zuckte mit den Schultern. Vergiss es, Adam!

Ich schnappte mir einen Stift und Papier und schrieb ihm rasch eine Notiz, um ihm mitzuteilen, dass ich mit meinen Eltern verabredet war und sie besuchen würde, und dass ich erst spät am nächsten Tag zurückkäme. Ich notierte sogar die Telefonnummer, unter der er mich erreichen konnte, obwohl ich annahm, dass dies das Letzte war, was er brauchte. Ich spürte, dass selbst die Notiz unnötig war, doch ich schrieb sie trotzdem.

Mein Übernachtungskoffer war immer gepackt, und so konnte ich mich innerhalb von wenigen Minuten auf den Weg machen. Ich ließ den Motor meines Nissans an und fuhr in Richtung Busch. Alles, was in Australien weiter von Städten, Vorstädten und Ansiedlungen entfernt liegt, wird Busch genannt. Eigentlich befindet sich der Busch im Landesinneren und ist von unzähligen Fliegen bevölkert, deren einzige Lebensaufgabe darin zu bestehen scheint, sich in dicken Trauben um die Augen und den Mund argloser Durchreisender zu versammeln. Doch die Australier nennen jeden abgelegenen Ort mit oder ohne Bäume einfach Buschland.

Ich fuhr in den Randbezirk einer Bergkette, der Great Divides. Natürlich wurde auch dieser Bezirk »Buschland« genannt und erstreckte sich über einen niedrigen, ausgewachsenen Gebirgszug, der den Küstenstreifen mit seiner sanften, üppigen, leichten Vegetation von den riesigen heißen Wüsten im Inland trennte, wo menschliches Durchhaltevermögen gefragt war. Der Name »Outback« oder Hinterland, manchmal auch »Rücken des Jenseits« genannt, beschreibt die Gebiete im Inneren des Landes sehr treffend. Es war in diesen rauen Gebieten nicht ungewöhnlich, dass ein Kind drei oder sogar fünf Jahre alt wurde, ohne jemals einen Tropfen Regen gesehen zu haben. Dort war es so heiß, dass ein Mensch innerhalb von Stunden an völliger Austrocknung sterben konnte, also kein Ort, den man unvorbereitet bereiste. Neben einer erstaunlich großen Anzahl von Säugetieren, Vögeln und Reptilien war dieses riesige Gebiet die Heimat des großen, flugunfähigen Emus sowie großer Herden Känguruhs, und dort, wo mehr Büsche wuchsen, lebte das untersetzte Bergkänguruh, der robuste Cousin des Känguruhs, in Scharen.

Doch dorthin wollte ich nicht. Ich strebte dem Viehland entgegen, das landeinwärts vom Küstenstreifen lag. Verglichen mit der Küste, wo ich lebte, war es dort trocken, doch trotzdem viel grüner, und der durchschnittliche Niederschlag war viel höher als im riesigen Gebiet des Hinterlands. Das heißt, unter normalen Bedingungen war es grüner, doch eine außergewöhnlich lange Dürre verwüstete weite Regionen dieses eigentlich fruchtbaren Lands, und als ich weiterfuhr, registrierte ich erschrocken, wie ausgedörrt es bereits war. Hier starben Kühe und Schafe zu Tausenden, ihre von der Sonne getrockneten Kadaver stille Zeugen der unversöhnlichen Umwelt. Die Bedingungen waren so feindlich, dass sogar die Känguruhs starben. Eingelullt in die falsche Sicherheit großer Stauseen, die den rarsten und kostbarsten Rohstoff des Inlands horteten – Wasser –, hatten sich die zähen Känguruhs wie nie zuvor vermehrt. Doch alle mussten trinken, um zu überleben. Jetzt war das Wasser verschwunden, verdampft in der sengenden Hitze. Die Wasserlöcher waren durch einen rissigen Belag getrockneten Schlamms verschlossen und hinterließen den verzweifelten, sterbenden Tieren, die von ihnen abhingen, einen grausamen Sumpf aus Leid und Elend.

Vater, ein intuitiver, erfahrener Farmer, hatte die meisten Herden verkauft, bevor die Dürre sich wirklich ausbreitete, und nur den Kern seiner Braford-Zucht behalten. Er liebte sein Vieh, und ich wusste, dass ihn die Dürre hart traf. Doch das galt auch für viele andere Farmer. Es war nicht nur einfach die

Dürre, die das Elend verursachte. Zusehen zu müssen, wie die lebenslange Hoffnung auf das Züchten des besten Viehs langsam dahinstarb – verdurstete –, ließ die Farmer schier verzweifeln. Und niemand hatte die Macht, es zu verhindern.

Ich musste fast vier Stunden lang ohne Pause ziemlich schnell fahren, um »Freds Einsiedelei« zu erreichen. Mein Vater, Fred Baker, lebte sehr zurückgezogen, und sein Land trug schon lange den Namen seines Besitzers. Wenn man es hätte lesen können, hätte ein termitenzerfressenes, umgestürztes Schild nahe dem Eingang in verblichenen Lettern verkündet, dieses Land hieße »Glendale«, doch wenn überhaupt, wussten dies nur wenige, und es war ihnen außerdem egal.

Als ich der staubigen, kurvigen Straße durch das ausgedörrte Land etwa einen Kilometer lang gefolgt war, registrierte ich erschrocken, wie rasch das Ökosystem der Farm zusammenbrach. Ich fühlte Bitterkeit. Nach einer wüsten Diskussion über die richtige Art, eine Farm zu führen, hatte Vater mir gesagt, ich solle mich von seinem Eigentum scheren, womit er unsere kurze, turbulente Partnerschaft beendete. Als ich mich jetzt umsah, bewies mir die Umwelt, dass ich mit meiner ganzheitlichen Sicht Recht hatte, doch ich wusste sicher, dass Fred Baker nie und nimmer zugeben würde, dass er sich geirrt hätte.

Die letzten fünfzig Meter führten durch Mutters Garten. Mit einem starken Zaun versehen, bildete er eine winzige Oase frei von Kühen und Schafen. Doch selbst hier hatte die Dürre gewütet, und die normalerweisen grünen, irgendwie selbstbewussten und herausfordernden Rasenflächen waren jetzt braun, verdorrt und wirkten traurig. Alles Wasser, das sie erübrigen konnte, reservierte Mutter für ihre Rosenbeete, ihren ganzen Stolz. Als ich langsam an den Rosen vorbeifuhr, kurbelte ich das Fenster herunter und stellte die Klimaanlage ab. Der Duft der kühlen Abendluft war ein natürliches Tonikum. Ich staunte immer wieder darüber, dass Vater Mutters Leidenschaft für Rosen zuließ und sogar förderte. Es passte so gar nicht zu ihm.

Ich parkte vor dem großen Holzhaus. Typisch für den älteren Queensland-Stil, war es von weißen Veranden umgeben und hatte ein hohes, steiles Dach. Dadurch waren die Räume sehr hoch, und die heiße Luft konnte aufsteigen und sich verteilen. In der Vergangenheit hatte sich dieses System als nicht so erfolgreich erwiesen, doch durch die modernen Isolationsmethoden – kombiniert mit Ventilatoren, die die heiße Luft ansaugten – funktionierte es jetzt ausgezeichnet.

Meine Mutter war schon aus dem Haus geeilt, um mich zu begrüßen, bevor ich aus dem Wagen klettern konnte. Sie war eine schlanke, grauhaarige, freundliche Frau, doch sie sah müde aus, und ich wusste, dass die Hitze ihren Tribut forderte. Sie war eine Plaudertasche, und nachdem ich sie umarmt und geküsst hatte, redete sie pausenlos und erzählte mir die letzten Neuigkeiten über das Leben auf der Farm.

»Myrtle«, rief eine Stimme aus dem Haus; Vater war so fordernd wie immer. »Hast du den Kessel aufgesetzt?«

»Kannst du das nicht selbst, Vater?«, rief ich zurück.

»He, he. Lass mal, mein Lieber. Du kennst doch deinen Vater, wenn er müde ist! Ich werde den Kessel aufsetzen.«

»Ja, schon okay«, brummte ich, »okay, okay.«

Ich schluckte meinen Ärger hinunter und folgte Mutter in die große, luftige Küche. Obwohl meine Eltern die langen, dunklen Winterabende im Wohnzimmer verbrachten, war die Küche das Zentrum des Hauses – der Ort von Entscheidungen, die Bühne der meisten Dramen, der Mittelpunkt häuslicher Aktivitäten … und Diskussionen!

Vater saß an dem langen tasmanischen Schwarzholztisch, die Ellenbogen auf dem fleckigen weichen Holz, und betrachtete mich von oben bis unten.

»Brauchst du etwas, oder erfüllst du deine sozialen Pflichten?«

Hilflos schaute ich Mutter an und schüttelte den Kopf in spöttischem Erstaunen: »Welch eine Begrüßung!«

Meine Stimme wurde tief und rau, als ich versuchte, meinen Zorn zu beherrschen. Ich wandte mich ihm zu und funkelte ihn wütend an. »Ich pflegte hier zu leben, erinnerst du dich? Ich bin dein Sohn. Du bist mein Vater. Söhne kommen vorbei, um ihre geliebten Eltern von Zeit zu Zeit zu besuchen, ohne etwas zu wollen oder zu brauchen. Oder ist das für dich schon zu schwer zu verstehen?«

Mein Ausbruch blieb nicht ohne Wirkung, denn Vater lief vor Wut rot an, doch er sagte kein Wort. Ich stöhnte. Das bedeutete, dass er mich durch kaltes Schweigen strafen würde. In solchen Augenblicken war ich froh, dass Mutter eine Plaudertasche war, denn sie füllte die peinliche Stille mit Wortschwällen, die ausgleichend wirken sollten, während Vater und ich uns immer wieder finster ansahen.

Ich hatte versucht, nicht auf Vater zu reagieren, ich hatte es wirklich versucht, doch es war geschehen, bevor ich auch nur damit beginnen konnte, diesen Wunsch umzusetzen. Ich war froh, dass Selph nicht dabei war, denn ich hatte das Gefühl, dass er nicht Vater, sondern mich getadelt hätte.

Zu Mittag aßen wir Salat aus Mutters gemischten, selbst eingelegten Gemüsen, Mango Chutney und kaltes Fleisch. All das zauberte sie aus dem riesigen Kühlschrank, der den Raum bestimmte. So rau es draußen auch sein mochte, im Haus meiner Eltern konnte man gutes Essen im Überfluss genießen. Nicht, dass man ihnen das angesehen hätte. Größer als Mutter, war Vater ebenso schlank und geschmeidig wie sie, ein starker Mann, fast unermüdlich zu körperlicher Arbeit fähig. Er war ein grimmiger, mürrischer, grauhaariger Mann, der über fast nichts lachen konnte. Obwohl er in seinem Innersten nicht gefühllos war, lagen diese Gefühle so tief verborgen, dass man fast meinen konnte, er habe keine. Alles in allem war Vater ein kluger, komplizierter Mann, der in der Gemeinde großen Respekt genoss und so gut wie keine engen Freunde hatte. Er trank nicht und machte auch keine Besuche. Er war ein Einzelgänger, doch ich vermutete, dass er diese Rolle nicht wirklich gewählt hatte. Er war das Opfer seiner selbst und seiner Lebensumstände, gefangen und isoliert von anderen Menschen.

Mutter war genau das Gegenteil. Sie war nett, freundlich und offen. Sie kannte jeden im gesamten Distrikt, und die meisten kannten sie. Wenn sie einen anlächelte, sorgten ihre warmen braunen Augen dafür, dass man sich als etwas ganz Besonderes fühlte, und man wusste, dass man ihr wirklich etwas bedeutete. Autos voller Kinder mit leuchtenden Augen und lächelnden Eltern schienen unaufhörlich vor unserem Haus vorzufahren, doch immer war es Mutter, die sie besuchten. Mit ernstem Gesichtsausdruck zog es Vater immer wieder zu seiner Arbeit, und er ließ sich nie auf die Besucher ein, obwohl er interessierter war, als er zugeben wollte.

Wie ihre Beziehung funktionierte, war mir ein Rätsel, doch ich wusste, dass sie sich wirklich liebten. Vielleicht reichte ihnen das. Ich hatte auch geglaubt, dass Liebe einem Ehepaar genügen sollte, doch bei Amber und mir war das nicht der Fall gewesen. Ich glaube, dass Mutter überdurchschnittlich tolerant ist. Doch ich will fair bleiben: Wie schwierig Vater auch sein mag, er tut es nicht mit Absicht, er ist einfach so. Das Schlimme ist, dass mir diese Erkenntnis nicht hilft, wenn wir uns streiten. Der einzige Mensch außerhalb der Familie, der ihn jemals erreicht und einen Weg zu seinem Herzen gefunden hatte, war Amber. Als Amber mich verließ, war Vater wütend vor Schmerz. Damals begriff ich, dass er Amber geliebt hatte wie eine zweite Tochter. Er tobte und beschuldigte mich noch mehr, als ich ihn beschuldigte. Ich schauderte, wenn ich nur daran dachte. Gott, war das eine Katastrophe gewesen! Doch es wurde offensichtlich, dass er mir nie verziehen hatte, denn ich hatte ihm einen der wenigen Menschen weggenommen, den er liebte und dem er sich verbunden fühlte, und, was am wichtigsten für ihn war, dem er es auch zeigen konnte. Vater kam gut mit meiner Schwester Kate aus. Mit vierunddreißig war sie einige Jahre älter als ich und von ihrem Wesen her ebenfalls sehr tolerant. Ich vermute, dass sie die gesamte in den Genen zur Verfügung stehende Toleranz geerbt hatte, denn ich schien in diesem Bereich eher zu kurz gekommen zu sein.

Die Leute sagen, dass Vater und ich uns sehr ähnlich sind, doch das kann ich verdammt noch mal nicht finden. Ich glaube, wir sind Lichtjahre voneinander entfernt! Kate kann gut mit Menschen umgehen. Offensichtlich hatte sie, abgesehen von der Toleranz, auch das von Mutter geerbt. Sie ist eine attraktive, lockere Brünette und hat viele, viele Freunde. Vor kurzem hatte sie einen aus Europa eingewanderten Arzt namens Bruno Strickland geheiratet und lebte mit ihm in Brisbane. Zur großen Freude von Mutter, und ich nehme an, auch von Vater, erwarteten sie in etwa sieben Monaten ihr erstes Baby. Um ehrlich zu sein, konnte auch ich es kaum erwarten, Onkel Adam zu werden!

Das Essen verlief gemütlich, und ich lauschte aufmerksam Mutters Geplapper über Kate und Bruno. Ich mochte Bruno, und Vater akzeptierte ihn. Vielleicht würde er ihn eines Tages sogar mögen. Ich versuchte, Vater in das Gespräch einzubeziehen, und hoffte, er würde unseren Krach vergessen, doch er blieb zurückhaltend und brummte nur einsilbige Antworten. Ich seufzte. Das war nichts Neues.

Die Dürre war das wichtigste Thema, und schließlich ließ sich auch Vater erweichen. Er erzählte von den Nachbarn, die zu Beginn der Dürre, als er so viel Vieh verkaufte, über seine Bedenken gespottet hatten. »Wir ham seit über fünfzehn Jahrn keine Lange mehr gehabt, Fred. Warum glaubst 'n du, dass die so schlimm wird? Es dauert zu lang, gutes Vieh zu zücht'n, und wir wern nich verkaufn. Wart man lieber ab, sonst tut's dir noch Leid.«

Ich beobachtete Vater, als er die Geschichte erzählte. »›Unterschätzt das Klima nicht‹«, sagte ich ihnen. ›Ganz gleich, was wir tun und wie gut unser Zuchtvieh ist, wir sind den Launen des Klimas gnadenlos ausgeliefert. Es kann uns zu Gewinnern oder Verlierern machen.‹«

»Sie lachten mich aus«, sagte er leise. »Sie meinten, ich sei ein sauertöpfischer alter Pessimist.« Er wirkte niedergeschlagen. »Vielleicht bin ich das wirklich, doch ich hatte Recht mit der Dürre. Ich hatte von Anfang an ein ganz schlechtes Gefühl.«

Jetzt, drei Jahre später, waren sie es, denen es Leid tat. Vater genoss den Triumph nicht. Es schmerzte ihn genauso wie sie, wenn er sah, wie ihr Vieh langsam zu wandernden stolpernden Skeletten verkam. Weil die Dürre so lange dauerte, gingen die Heuvorräte, das Korn und andere Arten von Zusatzfutter zur Neige. Wir alle wussten, wenn diese Dürre endlich zu Ende ging, würden viele Farmer finanziell ruiniert und von der Bildfläche verschwunden sein. Es würde ihnen nichts anderes übrig bleiben, als ihr Land, ihre Häuser und damit ihre Lebensart zu verkaufen, und wahrscheinlich würden sie trotzdem tief verschuldet bleiben. Wir schwiegen eine Weile und empfanden Mitleid für die Männer und Frauen des Landes.

Ich nahm alles Feingefühl, das ich aufbringen konnte, zusammen und legte vorsichtig eine Hand auf Vaters Schulter.

»Vater, würdest du mit mir zusammen Joes Farm besuchen? Die Dürre ist auch für ihn schlimm, doch bitte, komm doch einfach und schau dir den Unterschied an.«

Lange saß Vater schweigend da, und ich glaubte, dass er endlich nachgeben würde, doch nein. Er schüttelte meine Hand ab und stand auf.

»Ich kann nicht den ganzen Abend hier sitzen. Morgen ist wieder ein arbeitsreicher Tag.«

Ich ließ mich seufzend zurücksinken. Was hatte ich erwartet? »Gute Nacht, Vater. Bis morgen.«

Mutter richtete ihre sanften braunen Augen auf mich. »Wie geht es Joe und Joyce? Ich habe sie ewig nicht mehr gesehen.«

Die nächste Stunde beschrieb ich Mutter die Lage auf deren Farm, wobei ich mich bemühte, nicht zu übertreiben. Joe und

Joyce Steadman waren meine ersten Klienten gewesen, als ich vor mehr als vier Jahren begonnen hatte, Farmer in ökologischem Landbau zu beraten. Sie hatten die Idee von Anfang an gemocht und mir großzügig gestattet, auf ihrem Land zu experimentieren, wenn ich einmal unsicher war. Außerdem hatten sie alle Veränderungen, die ich empfohlen hatte, ausgeführt. Obwohl sie fast zweihundert Kilometer von Mutters und Vaters Farm entfernt wohnten, waren die landschaftlichen Bedingungen sehr ähnlich, der jährliche Niederschlag fast identisch. Wir hatten rasch Freundschaft geschlossen, und obwohl mir an Kindern nie viel lag, freute ich mich an ihren. Mattie, mit fünfzehn Jahren die Älteste, war ein ernstes, verantwortungsvolles Mädchen, gefolgt von drei Jungen, dem zehnjährigen John, dem siebenjährigen Jimmy und dem Jüngsten, dem vierjährigen rothaarigen Liam.

Langsam, den Widerstand der äußerst konservativen Farmer im Nacken, hatte ich die Anzahl meiner Klienten gesteigert. Die meisten waren jünger und offener gegenüber Veränderungen, doch es gab auch einige ältere Farmer, die mir eine Chance gaben, da die Fruchtbarkeit ihres Landes ständig nachgelassen hatte.

Ich liebte die Arbeit vom ersten Tag an. Die Prinzipien der ökologischen Landwirtschaft waren einfach: den Boden anreichern und den ausgelaugten Humus nachfüllen. Die Fruchtbarkeit gründete sich auf die Verwendung natürlicher Düngemittel. Wir verwandten keine Chemikalien, und wir brauchten sie auch nicht. Im Allgemeinen dauerte es drei Jahre, bis sich das Ökosystem angepasst hatte, doch die Ergebnisse waren ausnahmslos positiv. Wenn der Boden gesund und lebendig ist, sind auch die darauf wachsenden Pflanzen gesund, und die Tiere, die sie fressen, ebenso – so wirkt die Natur.

Die meisten meiner Klienten besaßen Grasland, doch jetzt waren ein paar dazugekommen, die Getreide anbauten. Als ich bei Joe und Joyce begann, gestalteten wir das Gelände um und verwandelten alles tiefer liegende Land in Wasserauffangbecken. Zuvor hatte es dort Drainagen gegeben, wodurch das sich dort sammelnde Wasser vergeudet wurde. Wo es möglich war, hatten wir die Teiche mit Bächen verbunden, so dass die Farm buchstäblich von Wasser umgeben war. Erst letzte Woche hatte ich einige Tage bei meinen Lieblingsklienten verbracht, und Joe war begeistert über den Unterschied zwischen seiner Farm und den umliegenden Höfen. Wie so viele Innovatoren waren auch Joe und Joyce anfangs belächelt worden, doch jetzt schickten sie mir mehr Klienten, als ich annehmen konnte. Mutter hörte mir zu, ohne mich zu unterbrechen, lächelte stolz und freute sich an meiner offensichtlichen Begeisterung.

»Glaubst du, dass sich Vater jemals der ökologischen Landwirtschaft zuwenden könnte?«

Mutter schürzte die Lippen und blickte nachdenklich. »Ich weiß nicht, mein Lieber, ich weiß es einfach nicht. Er ist stur, aber er ist nicht dumm. *Wenn* du es schaffst, dass er sich Joes Farm ansieht, wer weiß, was dann geschieht.«

Ich grinste sie an und umarmte sie. »Das wäre das fetteste ›Wenn‹ der Welt!«

Wir beschlossen, zu Bett zu gehen. Ein Zimmer im Haus stand immer für mich bereit, und so dauerte es nicht lange, bis ich im Bett lag und durch das Schlafzimmerfenster die Sterne am klaren Nachthimmel betrachtete. Mein letzter zusammenhängender Gedanke war: »Ich wünschte, es würde regnen«, und dann schlief ich ein.

Den nächsten Morgen verbrachte ich mit Vater. Er führte mich über sein Land, um mir die Zerstörung zu zeigen, die die Dürre an den Weiden angerichtet hatte. Ich vermied es sorgfältig, Joes und Joyces Farm zu erwähnen, und sprach über nichts, was man auch nur entfernt mit ökologischer Landwirtschaft in Zusammenhang bringen könnte. Wir genossen die Zeit miteinander und schafften es, den ganzen Morgen weder zu diskutieren noch zu streiten.

Am frühen Nachmittag fuhr ich wieder. Mutter winkte zum Abschied, während Vater sich ernst im Hintergrund hielt, unfähig, so etwas fertig zu bringen, wie die Hand zu einem Abschiedsgruß zu erheben.

Beim Fahren dachte ich traurig darüber nach, wie sorgfältig wir alle es vermieden hatten, über Amber zu sprechen. Meine Gedanken schwelgten in Erinnerungen, und immer wieder dachte ich an sie, doch gleichzeitig war ich hellwach und klar, weil ich mir der Gefahr, am Steuer einzuschlafen, nur zu bewusst war.

Als ich den Donkey Creek erreichte, fuhr ich sehr langsam über die alte Holzbrücke. Sie spannte sich fast zehn Meter über den tiefen, felsigen Fluss, und ich hielt fast an, um zu erspähen, ob er noch Wasser führte. Grün und aufgebläht bildeten die letzten Wasserreste große, stehende Tümpel. Bestürzt runzelte ich die Stirn, denn ich hatte noch nie erlebt, dass dieser Fluss kurz vor dem Austrocknen war. Diese Straße war sehr einsam und der Verkehr auf der engen Brücke so geregelt, dass nur ein Fahrzeug in einer Richtung fahren durfte. Als ich, bereit, die Geschwindigkeit zu erhöhen, wieder auf die Straße schaute, sah ich voller Entsetzen einen riesigen Lastwagen direkt vor mir ... ein furchtbarer Schmerz ... dann Dunkelheit.

Drei

Es schien, dass ich schon lange gewandert war, ohne jedoch irgendwo anzukommen. Um mich herum war ein matt silberfarbener Tunnel, und obwohl ich keine Ahnung hatte, wie ich hierher gekommen war, wusste ich, dass ich das Licht erreichen musste, das ich in gewisser Entfernung vor mir sah. Wenn ich zurückschaute, dehnte sich der Tunnel endlos weit und endete in finsterer Dunkelheit. Ich konzentrierte mich nur darauf, das Licht zu erreichen, diese wunderbare weiße Kraft, die so viel versprechend und hoffnungsvoll strahlte.

Ich ging mit raschen Schritten weiter, bis das Licht so hell wurde, dass der Tunnel in leuchtendem Silber glänzte. Die Intensität meiner Sehnsucht nach dem Licht übertraf alles, was ich je zuvor empfunden hatte. Ich fühlte die pulsierende Energie um mich herum. Ich lächelte, denn ich spürte in dem Licht ein Versprechen von solcher Tiefe, dass ich kaum erwarten konnte, es zu erreichen. Die Sehnsucht trieb mich einfach an, so rasch wie möglich ins Licht zu gelangen.

Ich begann zu rennen, und meine Füße berührten kaum den Boden, doch als ich dabei keinen Schmerz empfand, versuchte ich ganz vage zu verstehen, welch Unerklärliches mir gerade geschah. Alles schien unklar, verloren und eingehüllt in Ungewissheit.

Ich rannte schneller, immer schneller, ohne dass sich dadurch mein Abstand zum Licht schneller verringerte. Ganz plötzlich hielt ich an und ging jetzt langsamer. Es erstaunte mich nicht wirklich, dass ich mich dem Licht in derselben Geschwindigkeit näherte wie zuvor. Verblüfft stand ich still und starrte in das helle Strahlen. Ich spürte Fragen, doch sie waren zu weit entfernt, um sie zu stellen, zu fern, um wirklich wichtig zu sein. Wichtig war nur, dass ich das Licht erreichte.

Das Licht war geheimnisvoll, denn es leuchtete heller als die Sonne, und doch konnte ich ohne Augenbrennen oder gar Schmerzen hineinsehen. Obwohl es außerordentlich intensiv war, blendete es nicht.

Und je näher ich ihm kam, umso stärker spürte ich die überwältigende Liebe – nicht einfach Liebe, sondern allumfassende, erhebende, transzendente LIEBE. Ich wusste, ohne dass ich verstand, warum ich wusste, dass das Licht und die Liebe eins waren. Vielleicht war das Licht eine sichtbare, nach außen strömende Ausdrucksform der LIEBE. Vielleicht war es all das und mehr, ich wusste es nicht. Ich wusste nur, dass ich mehr als alles in meinem Leben dieses Licht erreichen wollte. Und so lief ich weiter.

Ich war schon sehr, sehr nahe herangekommen, als Selph mir plötzlich aus dem Licht entgegentrat. Wie aus dem Nichts tauchte er vor mir auf, als hätte das Licht ihn ausgespuckt. Ich hielt an und schnappte erstaunt nach Luft.

Er trug immer noch das grässliche orangefarbene T-Shirt und die langen schlabberigen grünen Shorts und schaute mir in die Augen. Dann grinste er, und es war das gewinnende Grinsen, mit dem er seine freundlichen Neckereien einzuleiten pflegte.

»Hallo, Adam.«

Ich war sprachlos und schüttelte verwundert den Kopf.

»Wohin gehst du?«

Ich öffnete den Mund, um zu antworten, doch ich zögerte, verloren in aufwogender Unsicherheit. »Ähm, ich bin nicht sicher. Ich glaube, ins Licht.«

Er sah mich einfach nur an.

»Wo bin ich, Selph? Und was ist dieses Licht? Und wie bist du hierher gekommen?«

Er trat neben mich und legte den Arm beiläufig um meine Schultern. Jetzt betrachteten wir das Licht gemeinsam.

»Siehst du diese Tür?«

Ich hielt den Atem an. Jetzt, wo er sie erwähnte, konnte ich die Tür sehen. Es schien, dass das Licht hinter der Tür war, obwohl sie es natürlich nicht zurückhalten konnte. Das Licht schien die Tür fast zu verschlingen, so hell und machtvoll leuchtete es. »Ich habe diese Tür noch nicht bemerkt«, sagte ich. »Das Licht ist so hell, dass alles andere überstrahlt wird.«

Selph nickte. »Sicher, es ist hell.«

Ich zog bei dem Versuch, das Geschehen zu begreifen, die Stirn in Falten.

»Wo bin ich, Selph?«

»Adam, du stehst auf der Schwelle zwischen der physischen und nichtphysischen Realität. Du befindest dich genau zwischen Leben und Tod, zwischen der körperlichen und der nichtkörperlichen Wirklichkeit.«

Es dämmerte mir. »Mein Gott! Meinst du, ich bin tot?«

Er wies nickend mit dem Kinn zur Tür. »Wenn du dort hindurchgehst, dann ist es so. Oder wenigstens ist es das, was die Menschen ›Tod‹ nennen.«

»Willst du damit sagen, dass der Tod ein Schritt ins Licht ist? In meiner Religion hat mich nichts darauf vorbereitet.«

»Du musst den Tod erfahren, um seine Wahrheit zu erkennen. Die wenigen Erleuchteten wissen das, doch für die meisten Menschen ist der Tod ein ganz individueller Fahrschein ohne Rückkehr.«

»Meinst du damit, dass man durch diese Tür gehen und willentlich zurückkehren kann, wenn man den Tod kennt?«

»Ja, ich meine damit, dass man die Wahrheit des Todes wirklich *kennen* muss. Das ist nicht dasselbe, wie den Tod einfach zu erfahren, denn das kannst du tun und trotzdem unbewusst bleiben.«

»Ich will genau dort hin«, sagte ich entschlossen. »Ich weiß einfach, dass auf der anderen Seite der Tür etwas ganz Besonderes ist.«

»Da hast du Recht«, nickte er, »genau so ist es.«

»Und das ist wirklich der Tod?«, fragte ich ungläubig.

»Nur deine Angst hat dir vorgespielt, dass der Tod etwas Schlechtes sei.«

»Selph, was geht hier vor? Ich fühle mich so lebendig wie schon lange nicht mehr. Wo ist dieser Ort? Wie bin ich hierher gekommen? Und wo kommst du her?«

Der Arm um meine Schulter drehte mich mit Bestimmtheit herum, und ich sah ein kleines Kaffeehaus direkt neben dem Silbertunnel.

»Das war gerade noch nicht da«, keuchte ich.

Selph nickte nachdenklich. »Ja, das stimmt, doch es ist ein guter Ort, um ein wenig zu plaudern, denn ich möchte dir ein paar Dinge zeigen, die dich interessieren könnten. Komm.«

Er führte mich zu einem kleinen Holztisch, um den herum einige bequem gepolsterte Stühle standen. Leise schnalzte er mit den Fingern, und ein lächelndes Mädchen in einem schicken, grauweiß gemusterten Kleid kam, um unsere Bestellung aufzunehmen.

»Was möchten Sie?«, fragte es mich.

»Zwei Cappuccino, bitte«, antwortete ich automatisch.

Als das Mädchen weggegangen war, fragte ich Selph: »Wie kommt dieses Kaffeehaus hierher?«

»Ich habe es gewollt.«

Das Mädchen kam zurück, und bevor ich darüber nachdenken konnte, was ich erwidern sollte, stellte es zwei große Becher schaumbedeckten Cappuccino vor uns auf den Tisch. Selph nahm seinen Becher und trank einen großen Schluck. Als er ihn wieder abstellte, bemerkte ich, dass er immer noch voll war und schaumbedeckt dampfte.

Selph grinste. »Er ist bodenlos!«

Ich war nicht wirklich durstig, doch als ich meinen Cappuccino probierte, schmeckte er unglaublich aromatisch und lecker.

»Toll! Das ist der beste Kaffee, den ich je getrunken habe.«

»Jawohl, ein himmlisches Gebräu«, kicherte Selph.

Es war völlig verrückt, aus einem Becher Kaffee zu trinken, der nicht leerer wurde und heiß und schaumbedeckt blieb.

Selph deutete auf die Wand des Kaffeehauses. »Da ist die Antwort auf einige deiner Fragen. Lehn dich zurück, entspanne dich und nimm alles in dich auf.«

Durch einen Wink wurde die weiße Wand zu einer großen Kinoleinwand, und ich erlebte den persönlichsten Horrorfilm, den ich je gesehen hatte.

Ich sah, wie ich meinen grünen Nissan über die hohe, enge Brücke über den Donkey Creek steuerte. Ich sah, wie ich durch das herabgekurbelte Fenster schaute, um tief unten die letzten Wassertümpel im Fluss zu begutachten. Ich pflegte das trotz der Dürre immer wieder zu tun, weil ich Bäche und Flüsse einfach liebe. Ich sah, wie ein riesiger, mit kostbarem Heu für die dürregeplagten Farmer beladener Lastwagen von der Gegenseite auf die Brücke fuhr, wobei der Fahrer das rote Licht, das ihm die Einfahrt auf die Brücke verbot, vollkommen übersah.

Und ich sah mit Entsetzen, wie der Fahrer des Lastwagens verzweifelt zu bremsen versuchte. Doch es war viel zu spät, und er donnerte in meinen Nissan. Der flog in die Luft, durchschlug das Geländer der Brücke, als wenn es aus Zunderholz bestünde, und überschlug sich zweimal, bevor er mit einem splitternden Krachen zehn Meter tiefer im Flussbett aufschlug.

Der Lastwagen raste indes quer über die Brücke und zerschlug ebenfalls einen Teil des Holzgeländers, bevor er endlich bebend zum Stehen kam, wobei ein Viertel des Gefährts über dem Abgrund schwebte.

Der Ausschnitt auf der Leinwand veränderte sich und zeigte das Innere des Nissans. Ich begann zu weinen, denn ich sah mich zerschmettert und verdreht hinter dem Lenkrad kauern. Blut floss in einem breiten roten Strom aus meinem Mund, und ich sah, dass sich das Lenkrad in meinen Brustkasten gebohrt hatte. Meine Beine, Arme und Schultern … alles schien falsch platziert und gebrochen zu sein.

Ich weinte vor Schock und Entsetzen und erinnerte mich plötzlich an den letzten furchtbaren Augenblick. »Du hast Unrecht, Selph. Ich muss tot sein. Niemand kann so etwas überleben.«

Ich spürte, dass in diesem Augenblick Mitgefühl und Liebe von Selph ausgingen. Er wies mit dem Kinn zur Wand.

Ich schaute wieder hin, und der Film lief weiter.

Der Lastwagenfahrer taumelte bleich und zitternd aus seiner Kabine. Er blickte hinunter in das Flussbett, fluchte, drehte sich um und rannte los. Einen Augenblick lang wollte Ärger in mir aufsteigen, doch plötzlich wurde mir klar, was er tat. Das winzige Dörfchen Donkey Creek Bend lag etwa fünf Kilometer entfernt an der staubigen Schotterstraße. Zu seiner Ehrenrettung sei gesagt, dass er rannte, als sei der Leibhaftige hinter ihm her, und nicht eher innehielt, bis er schwitzend und immer noch tief erschüttert bei der einzigen Tankstelle des Ortes ankam.

Nachdem er seine Geschichte herausgekeucht hatte, schien das ganze Dorf schlagartig aktiv zu werden. Mir wurde klar, dass mein Auto nicht das erste war, das an dieser Stelle abstürzte, und plötzlich wusste ich, dass bisher niemand den tiefen Sturz überlebt hatte.

»Wie kann ich dort sein und hier?«

Selph schürzte die Lippen, während er bedachtsam seine Worte wählte. »Du – das eigentliche Du – ist hier, lebendig und bewusst. Das Körperliche war bereits tot und liegt nun im Krankenhaus in Brisbane in tiefem Koma. Man erwartet nicht, dass es weiterlebt. Du hast beide Beine, beide Arme und das Becken mehrfach gebrochen. Deine linke Hüfte ist zerschmettert, und auch beide Schultern sind gebrochen. Milz und Leber sind gerissen, die Nieren gequetscht, und es gibt einige weitere innere Verletzungen. Du hast viele sehr schlimme Verletzungen. Du wurdest fast skalpiert, und eine Hand wurde fast abgetrennt. Ein Auge ist zerschnitten, die Nase zerschmettert, acht Rippen gebrochen, deine Lunge wurde punktiert, und du hast sehr viel Blut verloren.« Er sah ernst aus. »Unglücklicherweise wurde auch deine Wirbelsäule verletzt. Einige Wirbel sind gebrochen, und dein gesamter Körper ist stark geprellt. Es ist ein Segen, dass die Wirbelsäule nicht gebrochen ist.«

Ohne es verhindern zu können, weinte ich lange. Schließlich nahm ich die Papierserviette vom Tisch, putzte mir die Nase und wischte mir die Augen. Doch als ich es tat, bemerkte ich, dass ich einer Gewohnheit folgte. Ich war vom Weinen nicht so verschnupft, wie ich es sonst war, wenn ich mich in meinem Körper befand. Ich hielt meine Hände hoch und betrachtete sie eindringlich.

»Ich sehe so aus wie immer, nur dass ich mich leichter und viel energiegeladener fühle. Wie kann ich lebendig sein ... und tot?«

»Ich habe dir bereits erklärt, dass du nicht tot bist. Wenn du jetzt oder irgendwann einmal stirbst, dann wirst du für eine Weile so weiterexistieren.«

»Und dann? Und wie bist du überhaupt hierher gekommen?«

»Die Realität ist für mich nicht so starr wie für die meisten Menschen. Ich kann zwischen den Welten wandern, jenseits der linearen Welt reisen und Wunder wirken. Ich lebe eine höhere Wahrheit. Was geschehen wird, wenn du stirbst, ist jetzt nicht wichtig. Denn im Augenblick musst du eine Entscheidung treffen.«

»Welche Entscheidung?«

»Über Leben oder Tod. Wirst du um das physische Leben kämpfen, oder wirst du es aufgeben und den Körper dem Tod überantworten? Das Ende von Adam Frederick Sebastian Baker. Das ist die wichtigste Entscheidung deines Lebens!«

»Was rätst du mir?«

»Ich glaube, *du* musst entscheiden. Schließlich ist es dein Leben.«

Ich nahm meinen vollen, dampfenden Becher mit dem schaumbedeckten Cappuccino hoch und trank nachdenklich einen kleinen Schluck. »Sind alle Kaffeehäuser hier drüben so gut?«

Selph grinste mich an. »Wir sind nicht ›hier drüben‹. Du kannst den Ort ›Raststätte zwischen den Wirklichkeiten‹ nennen. Wenn du deine Entscheidung getroffen hast, wird sich alles verändern. Dieses Kaffeehaus ist meine kreative Wirklichkeit, speziell auf dich zugeschnitten, doch schon sehr bald wirst du deine eigene Wirklichkeit erschaffen müssen.«

»Leidet mein physischer Körper furchtbare Schmerzen?«, fragte ich zögernd. Ich wollte es eigentlich nicht wirklich wissen.

Selphs Blick traf den meinen. »Schlimmer als alles, was du dir vorstellen kannst«, antwortete er ernst.

Ich empfand eine betäubende Furcht. »O Gott! Mit zwei gebrochenen Beinen und einem zerschmetterten Körper kann ich den Rest meines Lebens ein Krüppel sein!«

»Es ist deine Wirklichkeit«, sagte Selph sanft und freundlich. »Wie du mit diesem Körper lebst, bestimmst du.«

»Wenn ich ein Krüppel bin, dann bin ich einer«, protestierte ich. »Ich kann das nicht einfach dadurch verändern, dass ich es anders haben will.«

»Adam, warum bin ich in dein Leben getreten?«

Ich blickte ihn nachdenklich an und überlegte, was mit dem Fünfzehnjährigen geschehen war. Er wirkte alterslos und strahlte wie durch ein inneres Licht.

»Du sagtest, dass die Zeit für mich gekommen sei.«

»Und warum glaubst du, dass genau jener Zeitpunkt richtig war?«

Ich starrte ihn fassungslos an, als mir dämmerte, worauf er hinauswollte. »Wusstest du, dass es geschehen würde?«, keuchte ich protestierend. »Das kann nicht sein. Du hättest mich nie so leiden lassen, wenn du es vorher gewusst hättest. Du hättest mich doch gewarnt ...« Ich schluchzte die Worte hinunter, denn ich sah Bedauern in seinem Gesicht.

»Hättest du nicht?«, fragte ich.

»Es ist dein Leben, Adam, und dein Leben ist deine Schöpfung. Das innerste Du ist ein unsterbliches Lichtwesen, das ist bei jedem Menschen so, und die physische Welt ist ein Ort, an dem wir die Lektionen der Manifestation lernen. Du magst Dramen. Wenn du nicht mindestens verletzt oder entsetzt bist, achtest du nicht darauf, was geschieht, und lernst nichts. Diesmal hast du dir in typisch dramatischer Weise ein großes Lernprogramm vorgenommen. Tatsächlich hast du es vielleicht übertrieben. Es ist ungeachtet dessen, was du willst, noch nicht sicher, dass dein physischer Körper überlebt.«

Einer plötzlichen Eingebung folgend fragte ich: »Könntest du in diesem Körper überleben?«

Er nickte. »Ja. Ich könnte ihn heilen.«

»Na also, dann kannst du mich ja heilen«, sagte ich glücklich. »Du kannst für mich dasselbe tun wie für den Fischadler. Das wird unser Problem lösen, und wir können mit den Lektionen fortfahren.«

Selph schüttelte traurig den Kopf. »Das kann ich nicht tun. Der ...«

»Was soll das heißen, du kannst es nicht?«, unterbrach ich ihn. »Wenn du ein Wunder an einem Vogel tun kannst, dann tue dasselbe für mich!«

Er stützte die Ellenbogen auf den Tisch, sein Kinn ruhte auf den Handrücken. Selph schaute mich ernst an, und seine Augen waren so intensiv, dass es mir war, als schaute ich durch die Augäpfel in den endlosen blauen Himmel.

»In Ordnung, ich formuliere es anders. Ich werde es nicht tun. Der Fischadler drückte die Natur in einer bestimmten, festgelegten Weise aus, und diesen Prozess habe ich nicht gestört.

Im Gegensatz dazu erschaffst du deine eigene, einzigartige Realität und drückst sie aus. Wenn ich dich einfach heilte, würde ich deine Kreativität unmittelbar verletzen.«

»Kein Problem«, rief ich, »ich gebe dir die Erlaubnis.«

Selph betrachtete mich mit altersloser Geduld und fuhr fort: »So geht es nicht. Du möchtest, dass ich dich rette, und in gewisser Weise würde ich das auch am liebsten tun. Doch wenn ich es täte, würde ich dich missachten.«

Ich schüttelte verzweifelt den Kopf. »Und was ist mit Jesus? Er heilte Menschen, ohne sie um Erlaubnis zu bitten. Er erweckte die Toten zu neuem Leben. Wurden sie dadurch etwa missachtet?« Ich strahlte triumphierend.

»Du hast Unrecht«, sagte Selph sanft. »Jeder Mensch, den der Meister heilte, willigte als Seele ein, und selbst dann heilte er ihn nicht. Er ermöglichte es den Menschen, sich selbst zu heilen. Er erweckte niemanden vom Tod, doch mit Erlaubnis der Seele ermöglichte er es einigen wenigen Menschen, ihre Unsterblichkeit noch einmal durch ihren physischen Körper auszudrücken. Er wusste, dass der Tod ein Betrüger ist.«

»Ich habe dir aber die Erlaubnis gegeben«, insistierte ich.

Er lächelte mitleidig. »Ich höre zwei Botschaften. Ich höre Adam, die Person, die mich darum bittet, ihren physischen Körper zu heilen, und ich höre die Seele, die du bist, die mir gebietet, mich zurückzuhalten, während du dich entscheidest, ob du ins Licht gehen oder in den schmerzenden physischen Körper zurückkehren willst.«

»Verdammt, du machst es einem nicht gerade leicht!«, grollte ich.

»Im Gegenteil«, antwortete Selph ruhig und mit großem Mitgefühl. »*Du* bist es, der es sich nicht leicht macht. Adam, deine Lektionen setzen sich nicht erst dann weiter fort, wenn dieser Akt beendet ist. Das hier ist die Fortsetzung deiner Lektionen! Du bist genau mittendrin, und ob du physisch lebst oder stirbst, deine Lektionen werden weitergehen.«

Ich schlürfte den einzigartigen Kaffee und versuchte zu scherzen: »Kann ich, wenn ich zurückgehe, die Bauanleitung für diese bodenlosen Kaffeebecher haben? Ich könnte damit ein Vermögen machen.«

Es war ein schwacher Versuch, und keiner von uns lächelte. Spontan stand ich auf und verließ das Kaffeehaus. Ich wollte überprüfen, ob das Licht immer noch am Ende des seltsamen Tunnels leuchtete, durch den ich hierher gekommen war.

Das Licht pulsierte noch stärker als zuvor, und sobald ich es anschaute, fühlte ich mich unwiderstehlich von ihm angezogen. Ich warf einen Seitenblick auf Selph: »Ich habe mich entschieden. Ich gehe ins Licht.«

»Bist du sicher? Sobald du in diesem Licht bist, geht es mit Adam zu Ende. Dein wahres Sein wird fortbestehen, doch was die körperliche Realität betrifft, ist es aus für Adam.«

Verwirrt schaute ich ihm in die Augen. »Wer bin ich in Wahrheit?«

»Ich kam, um dir zu helfen, das herauszufinden.«

»Wenn ich ins Licht gehe, wirst du mir dann immer noch helfen?«

»Nein. Aber andere werden es tun.«

»Und wenn ich in den Körper zurückgehe, wirst du mir dann helfen?«

»Ich werde dir helfen, dir selbst zu helfen.«

Ich blickte ins Licht, und ich schwöre, dass es mir zuwinkte, so verlockend war es. »Ich spüre, dass das Licht mich ruft. Ich glaube, dass ich mich mit ihm vereinen sollte.«

»Das ist so, weil dein physischer Körper wieder durch eine Krise geht. Sobald du eine wirklich wahrhaftige, bewusste Entscheidung getroffen hast, wird er, gemäß deiner Wahl, entweder leben oder sterben.«

»Sagst du damit, dass ich entscheiden kann, ob ich lebe oder sterbe?«

»Nein. Dein wirkliches Ich stirbt niemals. Ich sage damit,

dass jeder Mensch den Augenblick wählt, wann er seinen physischen Körper loslässt. Dein spiritueller Körper existiert weiter.«

Ich winkte mit den Armen. »Und ist das ein spiritueller Körper?«

Selph nickte. »Es ist ein Lichtkörper. Wie du wahrscheinlich weißt, besteht sogar dein physischer Körper aus Licht, doch er hat die Dichte, die für eine physische Manifestation nötig ist. Dein spiritueller Körper besteht aus einer anderen Dimension des Lichts.«

»Es wäre ganz schön dumm, in einen Körper zurückzukehren, der Schmerzen leidet, wenn ich so weiterexistieren kann.«

Selph nickte. »Ist das deine Entscheidung?«

Ich runzelte die Stirn und blickte zurück zum Kaffeehaus. »Ich weiß es wirklich nicht. Das Licht zieht mich sehr stark an, dort ist einfach so viel Liebe, doch wenn ich mich mit ihm verbinde, bedeutet das, dass ich mein körperliches Leben verlasse, und das empfinde ich wie ein Versagen. Ich habe mir nie träumen lassen, dass man mit einer Entscheidung wie dieser hier konfrontiert werden könnte. Es wäre viel leichter, wenn ich gleich tot gewesen wäre! Dann hätte ich meine Wahl getroffen.«

»Adam, das ist deine Realität. Du hast sie so geschaffen. Das ist dein Drama, deine Wahl. Damit wir uns klar verstehen: Es geht hier nicht um die Wahl zwischen Leben und Tod. Das wirkliche Du ist zeitlos und unsterblich. Hier geht es um den Zeitplan und die Richtung. Dein Potential verfügt über viele Möglichkeitsmuster. Eines davon ist, dass du in den Körper zurückkehrst und an der Erfahrung wächst, die du geschaffen hast. Ein anderes ist, deinen Körper aufzugeben und dieses Potential zu verlieren, um ein neues Potential in einem anderen Leben in einer anderen Zeit zu erschaffen.«

»Ist denn Reinkarnation eine Tatsache?«

»Nur insofern, als dein wirkliches Ich immer neue Identitäten und Lektionen auf der physischen Ebene annimmt. Du stirbst nicht und wirst dann wiedergeboren. Der, der du bist, wurde nicht geboren und kann deshalb auch nicht sterben.«

Ich seufzte. »Ich weiß nicht, was ich tun soll. Ich weiß es einfach nicht. Ich mag meinen Körper nicht verlassen, doch es schaudert mich, wenn ich an all das Leid und die Schmerzen denke. Was …?«

Ein Windstoß wirbelte mich herum und zog mich dem Licht entgegen. Meine Füße berührten kaum noch den Boden, und ich kam dem Licht immer näher. »Selph! Was passiert?«

»Dein physischer Körper versagt, und bald wird eine Notoperation stattfinden. Es scheint, als ob du deine Wahl getroffen hättest.«

»Nein. Noch nicht! Hetz mich nicht!«

Selph nahm meinen Arm und führte mich weg von dem überwältigenden Einfluss des Lichts zurück in das kleine Kaffeehaus.

»Du musst dich beeilen, Adam, du hast nicht mehr viel Zeit. Schau ein letztes Mal auf dein physisches Ich, und dann entscheide.«

Ich schlürfte wieder das herrliche Gebräu und schaute an die Wand, die noch einmal zur Kinoleinwand wurde. Ich sah ein Zimmer, in dem mein von oben bis unten verbundener Körper lag. Zahlreiche Schläuche steckten in meinem Mund, den Nasenlöchern und den Armen. Doch was mich so heftig traf, war gar nicht der Anblick meines Körpers – es war die Tatsache, dass Amber sich über mich beugte.

Ihr kastanienbraunes Haar umwogte ihren Kopf in Wellen von dunklem Gold. Sie hielt ihr Gesicht dicht über das meine und flüsterte: »Adam, komm zurück. Bitte, bitte stirb nicht. Ich liebe dich, Adam. Ich liebe dich, mein Liebling. Ich habe dich immer geliebt und werde dich immer lieben. Komm zurück, Adam, und wir lösen unsere Schwierigkeiten. Adam, liebster Adam, ich habe dich nie um eine Scheidung gebeten, weil ich niemals aufhörte, dich zu lieben. Adam, bitte stirb nicht.«

Leise und verzweifelt sprach sie mit sanfter Stimme auf mich ein, während ich die Szene schockiert und gleichzeitig verwundert betrachtete. »Mein Gott, ich hatte keine Ahnung«, murmelte ich.

»Das überrascht mich nicht«, erwiderte Selph. »Was Menschen betrifft, hast du oft ein dickes Brett vor dem Kopf. Amber hat dich immer geliebt. Um ehrlich zu sein, gehört ihre Liebe für dich zu der Gleichung, die mich in dein Leben rief.«

Ich starrte ihn alarmiert an. »Was meinst du damit?«

»Vergiss es«, sagte Selph kurz. »Entscheide dich jetzt, oder die Entscheidung ist getroffen.«

Eine Krankenschwester hatte das Zimmer betreten, schaute auf den elektronischen Überwachungsmonitor über meinem Bett und rief nach Hilfe. Eine schluchzende Amber wurde weggeführt und die Notoperation eingeleitet.

Ich starrte Amber, die von Kummer geschüttelt wurde, sehnsüchtig an. Was würde ich dafür geben, wenn ich noch eine Chance mit ihr erhielte. Sie war mein Leben!

»Ich gehe zurück«, sagte ich impulsiv. »Ich entscheide mich, meine physische Realität fortzusetzen.«

Vier

Wie viel Zeit verging, werde ich nie erfahren, doch es kam der Augenblick, da eine Welle furchtbaren Schmerzes mich wie eine hämmernde Dampfwalze erfasste, und ich stöhnte laut. Einen kurzen, furchtbaren Augenblick lang war ich bei Bewusstsein, während unglaubliche Schmerzen jeden Teil meines Körpers zerrissen.

Amber sprang auf die Füße und rannte aus dem Zimmer.

»Er ist wach! Er ist wach!«, schrie sie aufgeregt. »Er wird leben, ich weiß es einfach.«

Als ihre Worte verklangen, spürte ich, wie mir alles entglitt, und glücklich tauchte ich zurück ins Vergessen.

Als ich das nächste Mal das physische Bewusstsein erlangte, versuchte ich, die Augen zu öffnen. Das erwies sich als schwierig, denn mein Kopf und mein linkes Auge waren mit Bandagen umwickelt. Mein rechtes Auge öffnete sich jedoch, und ich schaute mich um, ohne mich bewegen zu können. Einige Minuten lang war alles verschwommen, doch als es mir allmählich gelang, klar zu sehen, war ich fast erstaunt, das weinende Gesicht meiner Mutter zu erblicken. Sie sah älter aus, hagerer als sonst, und sie beobachtete mich atemlos und vorsichtig überrascht.

»Adam? Adam?« Ihre Stimme klang gedämpft und fragend. »Kannst du mich hören? Kannst du mich sehen? O Gott, Adam, bitte sprich mit mir!«

Ich versuchte, ein paar Worte aus meinem Mund zu zwingen, doch es gelang mir nicht. Als ich einatmete, um zu sprechen, traf mich der Schmerz in der Brust wie tausend Glassplitter, und ich stöhnte leise.

Ich hörte, wie sie mich noch einmal rief, bevor mir alles erneut entglitt. Ich schätzte das Vergessen. Es war tief, friedlich

71

und schmerzfrei. Wenn Zeit verstrich, war ich mir ihrer nicht bewusst. Ich lebte halb bewusst, zerrissen von Schmerz, dem ich immer wieder entfloh. Innerlich wusste ich, dass ich mich immer noch auf der Schwelle zwischen Leben und Tod aufhielt, doch ich wusste ebenso, dass ich mich entschieden hatte und leben würde. Es gab Augenblicke, in denen ich mich danach sehnte, mit dem Licht zu verschmelzen, doch es war nicht mehr da. Die Körperlichkeit, ihre Schmerzen, ihr Leid und ihr Verlust überwältigten mich vollständig.

In gewissen Momenten war ich mir vage bewusst, dass ich auf eine Operation vorbereitet wurde, doch ob oder wann ich die Narkose erhielt, entging mir. Ich glitt so leicht zwischen Bewusstsein und Bewusstlosigkeit hin und her, dass ich keine Ahnung hatte, ob dies künstlich herbeigeführt wurde oder nicht.

Als ich mir einmal das Bewusstsein erkämpfte, war ich sicher, dass sich mein gesundes Auge öffnete, denn ich konnte den Raum sehen, in dem ich lag. Doch dann war ich mir nicht mehr so sicher, denn plötzlich sah ich eine leuchtende Gestalt aus sehr hellem goldenem Licht direkt neben meinem Bett. Sie war vielleicht zwei- oder dreimal so groß wie ein Mensch, und ich hatte das äußerst seltsame Gefühl, dass ich ein Recht auf sie hatte. Ich bemühte mich lange zu verstehen, was ich da sah, doch als ich das Bewusstsein verlor, verblasste die Gestalt.

Als ich wacher wurde, verwandelte sich mein linkes Auge langsam, aber sicher in geschmolzenes Feuer, und in einem Delirium von Schmerz überlegte ich, ob es sich seinen Weg durch meinen Schädel brennen würde. Als sich der Schmerz in meiner Brust und meinem Auge mit den Schmerzen in meinen Gliedern mischte, gab ich diesen Gedanken jedoch auf, und mir war es, als entschwebte ich an einen fernen Ort. Verglichen mit dieser erbarmungslosen Qual war das, was ich zuvor Rückenschmerzen genannt hatte, nicht mehr als ein bloßes Zwicken, eine leichte Unannehmlichkeit.

Ich hatte keine Ahnung, wie viel Zeit verstrich, denn ich wechselte immer wieder zwischen einer furchtbaren Bewusstheit und einer gesegneten Bewusstlosigkeit hin und her. Ich wusste nur, dass ich mich auf das Leben konzentrieren musste, wenn ich überleben wollte. Oft verstand ich nicht, warum ich leben sollte, doch dann erinnerte ich mich unweigerlich an Amber, und damit fiel mir wieder ein, warum ich mich für das Leben entschieden hatte. Wenn ich klar war, übte ich, mir ihr Gesicht vorzustellen, so, wie ich es gesehen hatte, als sie neben meinem Bett weinte.

Noch einmal sah ich in einem Augenblick der Klarheit die golden glänzende Präsenz neben meinem Bett, und wieder schien es mir, dass ich sie beanspruchen, dass ich sie erkennen sollte, doch wie zuvor entglitt mir alles, während ich darum kämpfte, deren Bedeutung zu erfassen.

Der Schmerz in meinem linken Arm ging langsam, aber sicher zurück, und es half mir ungemein, auch nur eine Schmerzquelle zu verlieren.

Eines Tages hörte ich Stimmen, unzusammenhängend und fern.

»Ich halte es nicht mehr ... Er war ... Koma, seit fast ... Monat. Armer Vater ... völlig verzweifelt.«

Ich hing diesen Worten nach. Da lag irgendjemand im Koma, jemand, den Vater kannte. Ich überlegte, wer das sein konnte, und hoffte, dass er nicht verletzt sei. Verletzt! Ich war verletzt. O Gott! Sie meinten mich! Einen Monat! Gott! Vater sorgte sich um mich! Völlig verzweifelt? Wegen mir? Quatsch! Ich bedeutete ihm gar nichts. Doch wusste ich das wirklich? Mit einem Mal ging mir auf, dass er mir nur seine Maske bot, hinter der er sich und seine wahren Gefühle versteckte.

Das Bewusstsein kam schnell und sanft, so als ob ich mit einer Achterbahn durch eine steile Kurve aus dichtem, dickem Nebel hinaus ins helle Sonnenlicht raste.

»Er fokussiert!«

Bei diesen Worten ging die Sonne aus, und plötzlich erkannte ich ganz klar, dass jemand mir mit der Taschenlampe ins rechte Auge geleuchtet hatte.

»Natürlich tue ich das«, murmelte ich um die Schläuche in meinem Mund herum.

»ADAM! O Gott, Adam.«

Der Schrei, der meine Worte begrüßte, hallte durch meinen Kopf und verursachte mir plötzlich Übelkeit. Ich kniff mein Auge fest zu.

»Sprechen Sie leise, Mrs Baker, bitte. Er hat Sie gehört. Ich habe das Gefühl, dass es ihm wehtat. Nur sehr selten überleben Menschen so schwere Verletzungen, und Ruhe ist absolut lebenswichtig.«

Das schien wirklich ein sehr scharfsinniger Arzt zu sein. Trotz der Schmerzen erkannte ich, dass ich in guten Händen war.

Seine Stimme, kaum lauter als ein Wispern, hörte ich ganz klar, und ich wusste, dass er sehr nah an meinem Ohr sprach.

»Entspannen Sie sich, Adam, und hören Sie mir zu. Sie lagen in einem tiefen Koma. Ich weiß, dass Sie schwerste Schmerzen hatten, doch wenn ich Ihnen irgendwelche Schmerzmittel gegeben hätte, wären Sie gestorben. Haben Sie jetzt Schmerzen? Zwinkern Sie mit dem rechten Auge, wenn es so ist.«

Eine enorme Erleichterung überflutete mich. Ich hatte so schlimme Schmerzen, dass ich nicht wusste, wie ich überleben sollte, und dies alles konnte jetzt beendet werden. Ein kleiner Einstich mit der Nadel – und schmerzfreier Frieden erwartete mich.

Doch auf den Fersen dieser Erleichterung folgte eine klare, durchdringende Erkenntnis: Damit hatte alles angefangen! Selph hatte mir gesagt, dass wir alle unsere eigene Realität erschaffen. Er hatte mir gesagt, dass diese Realität genau jetzt stattfinde, nicht erst dann, wenn Schmerz und Leid beendet sind. Drogen könnten mir eine schmerzlose Realität bescheren; andererseits war es vielleicht möglich, meinen eigenen Weg durch den

Schmerz und aus ihm herauszufinden und dadurch meine Realität selbst zu erschaffen, eine Realität ohne diese Qualen.

Während ich nachdachte, wurde mir völlig klar, dass ich genau hier beginnen musste, und nicht da, wo es mir gut ging. Es hatte in dem Augenblick begonnen, indem ich mich für das Leben entschieden hatte. Ich war jetzt nicht verkrüppelter als vorher, bevor der Lastwagen in mich hineingefahren war, mein Körper zeigte es nur klarer. Ich wusste, dass Selph mir helfen würde, doch ich musste mir auch selbst helfen.

»Adam, können Sie mich hören? Zwinkern Sie, wenn Sie Schmerzen haben.«

Ich hielt mein rechtes Auge geschlossen, als eine neue Welle des Schmerzes durch mein linkes Auge wogte, während in meinem Brustkasten ein Kampfhund nagte und biss.

»Ich bin nicht sicher, was in ihm vorgeht, Mrs Baker. Ich weiß, dass er bei Bewusstsein ist, doch er hat mir nicht geantwortet. Ich kann nicht glauben, dass er keine schlimmen Schmerzen hat, doch ich könnte mich nur schwer dazu durchringen, diesem Mann Schmerzmittel zu geben.«

»Tun Sie, was Sie für richtig halten, Doktor.«

»Ich danke Ihnen, Mrs Baker. Als Sie mich als Arzt für Ihren Sohn auswählten, taten Sie das, weil Sie wussten, dass ich unkonventionell arbeite. Sie ließen sich von der Abneigung Ihres Sohnes gegen orthodoxe Landwirtschaft und Schulmedizin leiten. Wahrscheinlich bezahlt er jetzt den Preis des Schmerzes, doch das ist nicht notwendigerweise etwas Schlechtes. Kommen Sie, wir müssen Adam schlafen lassen. In Anbetracht dieser neuen Entwicklung müssen wir uns unterhalten.«

Ich spürte eher, dass sie den Raum verließen, als dass ich es hörte, doch ich war zufrieden, denn ich wusste mich in guten Händen. Ich kniff die Augen vor Schmerzen zusammen und sann darüber nach, worauf ich mich da eingelassen hatte.

*

Ich schlief und ich träumte, dessen war ich mir sicher. Obwohl ich die Schmerzen spürte, waren sie nur ein fernes Murmeln, das sich in der Schönheit und Ruhe eines Flusses verlor. Mit geradezu erschreckender Klarheit hörte ich den jubilierenden Gesang der Vögel, und neben mir hüllte sich ein Baum in duftende rosafarbene Blüten. Ich wusste, dass ich schlief, denn dies alles passte nicht in meine normale Wirklichkeit. Es war realer, kraftvoller und überfrachtete meine Sinne mit solchen ausdrucksstarken, reichen Eindrücken, wie ich es noch nie zuvor erlebt hatte. Um ehrlich zu sein, hätte es der Traum von Disney sein können, denn er war so übertrieben gezeichnet, dass er fast komisch wirkte.

Der Fluss war zum Beispiel so klar und glitzernd, als ob er angestrahlt würde, während die Bäume unter der überwältigenden Pracht der farbigen Blüten fast verschwanden. Es war einfach zu real, um realistisch zu sein! Und der Gesang der Vögel war mit Sicherheit von Disney! Zweifelsohne war dies ein Traum, und ich mochte ihn.

Ich lief am Ufer des Flusses entlang, beobachtete die Wirbel, die die Fische beim Auftauchen aus den tiefen, ruhigen Becken verursachten, lauschte dem Glucksen des Wassers, wenn es über die Steine hüpfte, und badete beim Laufen im warmen, sanften Sonnenlicht – euphorisches Zeug eben, der Stoff, aus dem die besten Träume sind! Trotzdem war ich erstaunt, als ich vor mir etwas entdeckte, das wie eine riesige Blase aussah, die sich quer über den gesamten Fluss erstreckte.

Als ich dort angekommen war, blieb ich stehen. Zögernd streckte ich die Hand aus, um die zarte Blase zu berühren. Ich hatte erwartet, dass sie platzen würde, doch als meine Finger über ihre elastische Oberfläche strichen, spürte ich, dass sie widerstandsfähig und flexibel war. Alle Farben des Regenbogens wirbelten in wunderschönen Tanzfiguren über ihre Haut.

Ich legte die Hand flach auf die Blase und drückte fest zu, um ihre Haltbarkeit zu prüfen, doch zu meiner Überraschung glitt meine Hand einfach hindurch. Ich geriet aus dem Gleichgewicht, stolperte vorwärts, und rasch folgte der Rest meines Körpers der Hand.

Ich befand mich jetzt in der Blase.

Grinsend dachte ich daran, wie die Affen sich oft selbst in brenzlige Situationen bringen, weil sie ihrer unbändigen Neugierde nachgeben. War dies hier etwas anderes? Wenn ich in einer Falle war, dann war ich selbst hineingetappt. Doch ich fühlte mich nicht gefangen. Ich fühlte mich lebendiger und stärker als je zuvor. Spontan ging ich in die Mitte der Kugel und war damit in der Mitte des Flusses. Diese Blase war wirklich eine wundersame Sphäre, denn als ich auf transparentem, vielfarbigem Licht gleichsam übers Wasser ging, blieb ich seltsamerweise trotzdem immer auf der gleichen Höhe.

Es war eben wirklich Traumzeug. Ich stand in der Kugel mitten auf dem Fluss. Fische blitzten silbrig unter meinen Füßen auf; das Wasser war nur durch die Haut der Blase von mir getrennt. Ich schaute verwundert und fasziniert. Dies war der schönste und klarste Traum, den ich je erlebt hatte.

»Ich bin froh, dass es dir gefällt.«

Ich hatte keine Ahnung, wie Selph es geschafft hatte, in meinem Traum aufzutauchen, doch er war nicht nur in meinem Traum, sondern mit mir in der Blase.

»Menschenskind! Wie kommst du denn hierher?«

Er ignorierte meine Frage und deutete auf den Fluss und die große Blase. »Ganz schön gut, was?«

Misstrauisch geworden, fragte ich ihn: »Ähm, ist das dein Traum oder meiner?«

Selph ließ sich mit gekreuzten Beinen nieder und bedeutete mir, mich auch zu setzen. Im Schneidersitz schmerzten für gewöhnlich meine Kniegelenke, deshalb zögerte ich. Doch da fiel mir ein, dass ich träumte, und probierte es einfach aus. Toll. Es ging leicht und bequem.

»Dies hier ist weniger ein Traum als eine gemeinsam geteilte Realität«, begann Selph. »Körperlich schläfst du, doch auf einer nichtkörperlichen Ebene bist du voll bewusst und hellwach. Ich möchte dich lehren, wie du in diese Realität gelangen kannst, wenn du körperlich wach bist. Bei ...«

»Aber warum denn?«, unterbrach ich ihn.

Er blickte mich tadelnd an. »Unterbrich mich nicht! Rein körperlich steckst du in beträchtlichen Schwierigkeiten, und ich weiß, dass dir dein Arzt keine Medikamente gegen die Schmerzen gegeben hat. Das ist kein Zufall. Es ist eine von dir geschaffene Realität.«

»Ich weiß. Ich habe es entschieden, als ich bei Bewusstsein war.«

»Adam, du verstehst noch immer nicht. Deine Realität plante, dass deine Mutter einen Arzt wählte, der dir auch dann keine Schmerzmittel gab, als du bewusstlos warst und dich nicht entscheiden konntest.«

»Sagst du damit, dass ich meine Realität erschaffe, selbst wenn ich nicht weiß, dass ich das tue?«

»Du hast es! Jeden lebendigen, atmenden Augenblick deines Lebens erschaffst du deine Wirklichkeit. Alle Menschen tun dies in jedem Moment, und üblicherweise wissen sie nichts von dem kreativen Prozess, mit dem sie beschäftigt sind.«

»Habe ich den Unfall und die Schmerzen ... selbst geschaffen?«

Selph nickte mitfühlend. »Absolut richtig. Doch wenn du das Leben so betrachtest, gibt es keine Unfälle. Es gibt nur Ziele. Dein Ziel ist offensichtlich ... Drama. Dramen fesseln deine Aufmerksamkeit. Ein beabsichtigter Unfall mit furchtbaren Verletzungen und all den Schmerzen ist ein kraftvolles Drama.«

»Wenn ich dir das glauben wollte, müsste ich akzeptieren, dass ich verrückt bin.«

»Nein, Adam, nicht verrückt, nur konditioniert. Seit Äonen ist die Menschheit so sehr von Schmerz und Leid geprägt, dass sie eine ernste und schlimme Abhängigkeit entwickelt hat.«

»Ich hoffe, dass das nicht wahr ist.«

»Es tut mir Leid, doch ich versichere dir, dass es so ist. Weißt du, was geschieht, wenn du einen so genannten Unfall hast? Du suchst nach einer Person oder einem Umstand, dem du die Schuld geben kannst. Indem du entweder der Situation oder der Person die Schuld gibst, bist du persönlich nicht verantwortlich. Dies verlängert das Leiden und zementiert weiterhin deine Prägung. Und so geht es immer weiter.«

»Kann man dieser Prägung entkommen?«

»Natürlich. Indem du für jeden so genannten Unfall, in den du verwickelt bist, die Verantwortung übernimmst, und, ohne zu urteilen, die *Gedanken* und *Ereignisse* untersuchst, die dazu geführt haben, wirst du unweigerlich den Grund in dir finden. Du kannst dann damit beginnen, die selbstzerstörerischen Gedanken und Verhaltensmuster zu korrigieren, die zu deinem Absturz führten.«

»Doch in meinem Fall ist der Lastwagen in mich hineingefahren. Ich trage keine Verantwortung für das, was der Lastwagenfahrer tat. Es war sein Fehler. Er trägt die Schuld. Wie soll ich diese Realität erschaffen haben?«

»Adam, niemand kann dir etwas tun, ohne deine innere Erlaubnis zu besitzen. Diese Erlaubnis wird immer auf Seelenebene erteilt, wo die Lektionen aller beteiligten Menschen aufeinander abgestimmt werden, für jeden in der ihm gemäßen Weise. Du weißt bewusst oder intellektuell nichts von dieser geheimen Abmachung, doch sie existiert, immer.«

»Selbst im Krieg?«

»Besonders im Krieg.«

»Das verstehe ich nicht. Wie kann man geheime Abmachungen mit so vielen verschiedenen Menschen treffen?«

»Weil niemand außerhalb von dir existiert. Derjenige, der du bist, enthält Alles-was-Ist.«

»Das verstehe ich nicht.«

»Ich weiß. Deshalb bin ich gerade jetzt in dein Leben getreten. Wenn du es weißt, dann bist du zu dem erwacht, der du eigentlich bist.«

»Aber warum wissen das nicht alle Menschen? Wenn du Recht hast, weshalb gehen wir dann nicht alle so mit dem Leben und mit Unfällen um, damit wir diesem sich wiederholenden Kreislauf entkommen?«

»Weil es so viel einfacher ist, anderen die Schuld zu geben.«

»Ja, und wir beschuldigen ja nicht immer nur die anderen«, sagte ich düster. »Wir beschuldigen uns selbst.«

»Was genauso destruktiv ist, wie jemand anderen zu beschuldigen. Urteilen und Beschuldigen ist nicht gerade intelligent.«

Er lächelte mich strahlend an. »Bist du bereit, die Verantwortung für die missliche Lage, in der du dich befindest, zu übernehmen?«

Ich nickte, von tiefer Gewissheit erfüllt. Doch mich quälte noch eine pedantische Frage. »Woher weiß ich, dass das, was du sagst, wahr ist?«

Er schaute mich nachdenklich an. »Es gibt viele Möglichkeiten oder keine, das hängt von dir ab. Suche in deinem Herzen statt in deinem Verstand. Wenn dein Herz bei dem, was ich gesagt habe, in Resonanz geht, dann weißt du, dass ich die Wahrheit sage. Wenn du nichts spürst, bist du entweder nicht bereit für diese Wahrheit, oder du bist von deinen eigenen tieferen Gefühlen abgeschnitten.

Eine andere Möglichkeit wäre Vertrauen. Vertraust du mir oder nicht? Wenn du mir nicht vertraust, dann wirst du merken, dass du dir selbst auch nicht wirklich vertraust und dies auch nie getan hast. Außerdem kannst du beschließen, nichts von dem, was ich sage, zu glauben.«

Ich fühlte mich glücklich mit dieser Antwort, weil sie mir den Raum ließ, ihm nicht zu glauben. Doch ich glaubte ihm. Es ergab alles so viel Sinn.

»Ich habe kein wirkliches Problem damit. Ich habe dich

akzeptiert, als du mich am Strand verlassen hast, und mein Herz *weiß*, dass du die Wahrheit sagst. Da bin ich mir wirklich sicher.«

Selph grinste jungenhaft und deutete in den Fluss. Zusammen saßen wir mit gekreuzten Beinen in der Blase aus reinstem Gespinst und beobachteten einen großen Leopardenaal, dick wie mein Arm, der sich mühelos durch das Flussbett schlängelte. Die blühenden Bäume säumten ein Ufer des Wasserwegs, während auf der anderen Seite unzählige Blumen gediehen. Über dem Fluss schwebend zu sitzen, erzeugte ein seltsames, gespenstisches Gefühl, doch im Traum war mir das angenehm. Die Klarheit meiner Umgebung war von einer glitzernden, unverdorbenen Reinheit.

»Dieser Traum scheint mir realer als mein Alltagsleben.«

Selph nickte langsam, als ob er nachdächte. Selbst in meinem Traum trug er das furchtbare orangefarbene T-Shirt und die grünen Shorts, doch er sah längst nicht mehr so jung aus. Er wirkte jetzt vielleicht wie zwanzig und war von einer beunruhigenden Aura der Autorität umgeben.

»Schau mich an«, sagte er.

Als ich ihm in die Augen blickte, schien seine Macht noch zu wachsen.

»Wie ich dir schon sagte, habe ich dich in diese Realität geführt, damit ich dich lehren kann, wie du sie aus eigenen Kräften erschaffst. Hier befindest du dich jenseits deiner Schmerzen. Schmerz ist eine gelernte Reaktion. Reaktionen haben zwei Hauptausdrucksformen: Zuerst wird in der Gegenwart ein Reflex ausgelöst, und dann wird ein Programm aus der Vergangenheit aktiviert. Reflexe sind dazu gedacht, dich aus der Gefahrenzone zu bringen, doch durch Prägung erlernte Reaktionen bringen dich unweigerlich hinein. Schmerz ist ein gutes Beispiel. Schmerz ist eine Reaktion, Liebe ist eine Antwort. Und mit Liebe meine ich LIEBE, nicht Lust oder Sexualität. Du kannst lernen, dem Augenblick zu antworten, indem du dich an einen Ort begibst, wo Schmerz keine Realität ist. Dies …«

»Wie kann ich das lernen?«

»Indem du den Mund hältst und die Ohren öffnest.«

»Gut, gut.«

»Der Schlüssel zur Antwort ist deshalb – was?«

»Ah … mmh … Liebe?«

»Ja, Adam, LIEBE. Liebe dich selbst.«

»Darin bin ich nicht sehr gut.«

»Erzähl mir mehr davon!«

»In Ordnung, es tut mir Leid, ich habe dich schon wieder unterbrochen.«

Selph lächelte gutmütig und nickte. »Ja, ich weiß. Du fühlst wahrscheinlich die Berufung, deinem Lehrer alles über Geduld beizubringen. Lass uns einfach fortfahren. Du musst begreifen, dass dieser ›Traum‹, wie du ihn immer noch nennst, meiner Regie untersteht. Es gibt hier keine Ablenkungen, deshalb ist deine Konzentration gesteigert. Irgendeine letzte Frage?«

»Was meinst du mit … letzte? Werde ich sterben oder so etwas Ähnliches?«

Selph seufzte tief. »Nein, Adam, du wirst nicht sterben. Ich meinte damit, ob wir fortfahren können, ohne durch weitere Fragen unterbrochen zu werden?«

»Oh. Äh … keine Fragen.«

»Gut, schließe die Augen und entspanne dich.«

Ich tat, wie mir geheißen, und fühlte mich sehr entspannt.

»Visualisiere einen Regenbogen. Du kannst jede Farbe ganz klar und deutlich erkennen. Betritt nun den Regenbogen und beginne mit der Farbe Rot. Sieh, fühle und erlebe rot. Fühle, wie dich das Rot durchströmt.«

Mit geschlossenen Augen konnte ich ihm mühelos folgen.

»Tritt nun in die Farbe Orange, und spüre, wie dich das Orange durchströmt und sich mit dir verbindet … Als Nächstes begib dich ins Gelb, und verbinde dich mit … Begib dich ins

Grün, erfahre grün ... Jetzt blau ... purpur ... und schließlich violett.

Verlasse nun den Regenbogen, und du wirst eine Treppe mit einundzwanzig Stufen vor dir sehen. Steige langsam die Stufen hinab, beginne mit einundzwanzig, und zähle rückwärts bis eins. Wenn du unten angekommen bist, wirst du dich am Ufer dieses Flusses wiederfinden. Geh eine Weile den Fluss entlang, betrachte die Bäume, das Wasser und die Vögel. Spüre den Frieden. Vor dir schwebt die große, transparente Blase, die den Fluss überspannt. Geh hinein bis zur Mitte. Setz dich mit gekreuzten Beinen nieder, und entspanne dich.

Dies ist ein besonderer Ort der Heilung und des Friedens. Während du die Treppen hinuntersteigst, die dich hierher führen, lässt du alle Probleme, Sorgen und Schmerzen hinter dir. Wenn du bereit bist, wird ein Heilungsengel zu dir kommen, und durch seine bloße Gegenwart wird sich deine Heilung beschleunigen. In dieser Blase über dem Fluss entspannst du dich einfach, du kannst den Fluss mit geöffneten oder geschlossenen Augen beobachten, was immer dir angemessen erscheint.

Wenn du nach zwanzig oder dreißig Minuten bereit bist, läufst du zur Treppe zurück und steigst die Stufen hinauf, wobei du von eins bis einundzwanzig zählst. Dann geht es wieder durch den Regenbogen, durch jede einzelne Farbe, diesmal aber in umgekehrter Reihenfolge. Wenn du den Regenbogen verlässt, bist du wieder in deinem normalen Leben, doch du behältst diesen ruhigen, friedlichen, gesammelten Zustand bei. Bleib, so lange du kannst, in der Ruhe deines Herzens, statt mit einem Satz sofort wieder in das Geplapper deines Kopfes zu springen.«

Obwohl ich alles gehört hatte, konzentrierte ich mich vor allem auf die Blase. Ich öffnete die Augen, um den Fluss zu betrachten, und das war eine sehr kraftvolle Erfahrung. Ich bemerkte, dass ich meinen Blick nicht auf das Wasser fixieren konnte, denn es floss rasch unter der feinen Sphäre hindurch, und eine Weile lang verwirrte mich das. Doch als ich langsam das Bedürfnis, meine Augen auf irgendwas zu richten, losließ, fand ich heraus, dass ich auf merkwürdige Weise den ganzen Fluss sah und nicht nur den einen Teil, auf den ich mich zuvor konzentriert hatte.

Es schien, dass ich für einen zeitlosen Augenblick über dem Fluss und jenseits des Flusses geschwebt war, als ich mir allmählich wieder Selphs und meiner bewusst wurde. Mit einem sanften Seufzer schaute ich ihn an. »Das war wunderbar.«

»Ich möchte, dass du das wiederholst, wenn du bei vollem Bewusstsein im Krankenhausbett liegst. Wenn die Schmerzen zu schlimm werden, dann lass sie hinter dir. Antworte auf den Augenblick, indem du eine Realität des Friedens und der Heilung erschaffst. Das ist viel angemessener und außerdem wirklich möglich.«

Ich schwieg eine Weile und lauschte dem Protest, der sich in meinem Verstand zu regen begann. »Doch die Schmerzen sind wirklich fürchterlich. Sie umklammern meine Aufmerksamkeit und erfüllen den Augenblick mit Qual. Wie soll ich sie hinter mir lassen?«

»Es ist gewiss nicht einfach«, sagte Selph mitfühlend, »doch es ist möglich. Wenn du dich dem Schmerz entgegenstellst, konzentrierst du dich auf ihn, und je mehr du dich darauf konzentrierst, umso anfälliger wirst du. Es ist ein Teufelskreis. Schmerzmittel durchbrechen ihn, doch sie hinterlassen eine Abhängigkeit.«

»Ist das falsch?«

»Natürlich nicht. Es ist deine Entscheidung. Erinnere dich daran, worüber wir früher gesprochen haben: Du erschaffst deine eigene Realität. Doch wenn du aus reiner Gewohnheit ständig eine Realität des Schmerzes erschaffst, hast du einen Grund dafür und verfolgst ein Ziel damit. Indem du den Schmerz hinter dir lässt, erfährst du etwas über den Grund.

Dies ermöglicht dir, dein Muster, Schmerzen zu erschaffen, ebenfalls hinter dir zu lassen. Machen wir uns nichts vor! Wenn man grundsätzlich nur durch Schmerz und Leid persönlich wachsen kann, gehört das nicht unbedingt zu den Spitzenleistungen der Intelligenz, oder?«

»Nein, aber ganz genau so mache ich es«, sagte ich düster.

»Sicher, doch es gibt keinen Grund, warum du diesen Unfall nicht in eine steile Wachstumskurve verwandeln und von der Erfahrung profitieren solltest. Auf der Seelenebene hast du dir das Ereignis aus diesem Grund erschaffen. Das ist deine dramatische Methode inneren Wachstums.«

»Menschenskind! Wenn ich nur lernen könnte, so etwas nicht zu wiederholen, dann wäre schon viel gewonnen. Was geschieht jetzt?«

»Ich werde dich für eine Weile verlassen.«

»Wirst du mich im Krankenhaus besuchen?«

»Natürlich!«

»Kann ich dich rufen, falls ich dich brauchen sollte?«

»Vertrau mir Adam. Ich werde da sein.«

So unmittelbar, wie er erschienen war, verschwand Selph aus der Blase. Ich vermisste ihn augenblicklich. Fragen stiegen in meinem Verstand auf wie ein Schwarm krächzender, lärmender Vögel, und für eine lange Weile wurde ich von ihrem anhaltenden Gekreische fast überwältigt.

Ich schloss die Augen und fand den Frieden und die tiefe Stille wieder, die ich vor wenigen Minuten noch erlebt hatte. Mit geöffneten Augen schaute ich in den Fluss, ohne mich auf eine bestimmte Stelle zu konzentrieren und ohne etwas zu sehen. Ich entglitt in eine geheimnisvolle Dimension des Friedens.

Fünf

Aaaaddaaaammmm. Adam. Aaaddaammm!«

Die Stimme war tief und melodiös, weich und schwungvoll, und ich wusste, dass sie zu Amber gehörte. Ich hatte immer gesagt, dass ich ihre Stimme jederzeit erkennen würde, und das stimmte.

So dumm es klingen mag, begegnete ich Ambers Stimme, bevor ich sie kennen lernte. Ich hatte mich mit einem Mädchen namens Jenny unverbindlich in einem Restaurant verabredet. Wir waren gute Freunde, doch dieses Treffen lief gar nicht gut. Sie redete die ganze Zeit über eine Freundin, die sich die Haare in der falschen Farbe hatte färben lassen. Sie hatte Erdbeerblond verlangt, was immer das auch sein mochte, und durch irgendwelche Umstände hatte sie danach rote Haare.

Jenny erging sich in ausufernden Einzelheiten über diese lächerliche Angelegenheit, und ich hatte einfach abgeschaltet, so dass mir die genauen Umstände völlig entgingen. Ich langweilte mich, meine Aufmerksamkeit wanderte gleichgültig durch das Restaurant, und schließlich blieb sie bei den Bildern an der Wand hängen, die einheimische Künstler dort ausgestellt hatten. Verschiedene Restaurants boten ihre Räume als Ausstellungsfläche an, und dies gab den Künstlern die Chance, erste Verkäufe zu tätigen, wobei sie natürlich hofften, eines Tages als große Talente entdeckt zu werden.

Dort hörte ich Ambers Stimme. Leise, doch nicht schwach, zog sie meine Aufmerksamkeit an und führte mich mit Leichtigkeit zu ihrer Quelle. Mehr als alles andere sprach mich diese melodiöse Klangfarbe an, jedes Wort sang ein Lied, als ob alles Poesie wäre und nur in dieser Weise ausgedrückt werden könnte. Unglücklicherweise saß die Frau, der die Stimme gehörte, direkt hinter mir, so dass es unmöglich war, sie zu sehen, ohne mich in meinem Sessel umzudrehen.

Ohne mich zu schämen, belauschte ich die Unterhaltung. Aus den Gesprächsfetzen erfuhr ich, dass sie die Malerin dreier Bilder war und hoffte, eines davon bald an den Besitzer des Restaurants verkaufen zu können. Ich ließ absichtlich mein Messer fallen, damit ich mich nach ihr umdrehen konnte, doch die Sessel hatten sich gegen mich verschworen, denn sie hatten sehr hohe Lehnen. Ich konnte nur den oberen Teil ihres Kopfes sehen, und ich musste lächeln, denn obwohl ihr Haar nicht wirklich rot war, hatte es einen herrlich kastanienbraunen Ton.

»Das ist nicht lustig, Adam. Gail geht es wirklich furchtbar. Sie sagt, dass der Salon schwört, die Farbe sei erdbeerblond, doch in Wirklichkeit ist es total rot.«

Ich seufzte müde und versuchte, Konversation zu machen. »Es interessiert mich überhaupt nicht, was Gail denkt. Wo ist denn eigentlich das Problem? Es wird entweder herauswachsen oder sich herauswaschen. Was soll's?«

»Oh, Adam! Was ist denn in dich gefahren? Du hast mir überhaupt nicht zugehört. Du interessierst dich nur für dich selbst und deine blöde ökologische Landwirtschaft.«

Das saß. Von diesem Zeitpunkt an ging unser Gespräch nur noch bergab – und das ziemlich schnell. Jenny und ich trennten uns verärgert, und ich sah sie nie wieder. Sie rief eine Woche später an, um sich wieder und wieder für ihr Verhalten zu entschuldigen. Ich sagte ihr, dass dazu kein Anlass bestehe und dass sie wahrscheinlich Recht hatte, doch so sei ich eben. Sie versuchte, eine Verabredung aus mir herauszukitzeln, doch obwohl ich sie mochte, ließ ich mich nicht darauf ein.

Am nächsten Tag ging ich wieder in das Restaurant und betrachtete die Bilder. Sorgfältig betrachtete ich sie und schaute, welcher Name dreimal vorkam. Fünf Künstler hatten nur eines, viele hatten mehrere Bilder gemalt; und zwei Namen, beide weiblich, tauchten dreimal auf. Sandra Hoskings und

Amber Collins. Die Bilder von Hoskings zeigten ausgezeichnete Stillleben, während Collins die australische Natur malte. Obwohl ich mich mit Kunst nicht auskannte, dachte ich mir, dass Collins' Arbeiten zwar die technische Brillanz von Hoskings' Bildern fehlte, doch war sie besser darin, Stimmungen zu vermitteln.

Ich folgte meinem Gefühl und entschied, dass Amber Collins die Malerin sein musste, die ich treffen wollte. Nur meine Intuition gab diesem Gefühl Recht, doch in meinem Beruf war ich meiner Intuition oft gefolgt, und sie hatte mich nie im Stich gelassen.

Ich sagte dem Restaurantbesitzer, dass ich an dem Bild mit dem Vogel interessiert sei, doch zuerst wolle ich die Malerin treffen. Begeistert arrangierte er einen Termin für mich mit Amber.

Zwei Tage später, auf dem Weg zum Restaurant, war ich nervös. Es war ausgemacht, dass Amber und ich zusammen zu Mittag essen und währenddessen über ihre Bilder sprechen würden. Ich war erstaunt, dass sie schon wartend am Tisch saß.

Großartig! Sie hatte kastanienbraunes Haar. Ich hatte richtig geraten.

Ich setzte mich und stellte mich vor, nervös wie ein Schuljunge bei seinem ersten Rendezvous. Amber sah hinreißend aus! Ich wusste, sie musste verheiratet sein oder einen oder Dutzende fester Freunde haben. Sie konnte nicht frei sein. Zu dem kastanienbraunen Haar hatte sie eine klassisch helle Haut und wundervolle grüne Augen. Ich wollte nichts mehr, als in ihrer wunderbaren Schönheit schwelgen.

»Ich hörte, dass Sie an meinen Bildern interessiert sind«, sagte sie ernst, nachdem wir uns vorgestellt hatten.

»Ähm ... oh, ja!«

Sie schaute amüsiert. »Welches meinen Sie?«

Himmel, war sie entzückend. »Oh, welches Sie möchten.«

»Aber welches mögen Sie, Mr Baker?«

»Mr Baker! Bitte nennen Sie mich Adam.«

»Natürlich, Adam.«

»Äh … ist es Fräulein oder Frau Collins?«

Sie wirkte zurückhaltend. »Fräulein, aber nennen Sie mich doch Amber.«

»Oh, gern, sehr gern.«

»Also, welches Bild hat Ihre Aufmerksamkeit erregt?«

Sie war so schön, so schön! »Ähm, Ihre Stimme.«

Amber sah verblüfft aus, wodurch sie noch schöner wirkte.

»Ich bitte um Entschuldigung, Adam. Sprechen wir über dasselbe Thema?«

»Oh! Äh … das mit dem Vogel.«

»Was meinten Sie mit meiner Stimme?«

Da ich noch nie gut lügen konnte, erzählte ich ihr die ganze Geschichte, begann mit dem Essen, zu dem ich mich mit Jenny verabredete hatte, wie ich dann ihre faszinierende Stimme gehört, ihren Namen aufgespürt und dieses Mittagessen arrangiert hatte. Doch ich wollte tatsächlich das Bild mit dem Vogel kaufen, weil das Gefühl in dieser Arbeit so stark war, dass es mich fesselte. Und rein zufällig ging es mir genauso mit Amber.

Sie hörte meine Geschichte mit großen Augen an, und ohne dass sie sich verstellt hätte, spiegelte ihr Gesicht offensichtliche Freude.

»Bitte, wie alt sind Sie? Haben Sie einen festen Freund?«, endete ich. Ich hielt den Atem an.

Sie warf lachend den Kopf zurück, und ihr Haar umspielte ihren Kopf in kastanienbraunen Wellen. »Ich bin vierundzwanzig und habe seit sechs Monaten keinen festen Freund. Ich hatte einen Partner, und wir lebten kurze Zeit zusammen, doch es hat nicht funktioniert. Er war ein wirklich netter Typ, doch sehr konfus. Und in letzter Zeit lässt mir mein Leben keine Zeit mehr für Männer. Ich möchte mich ernsthaft um meine Malerei kümmern.«

Sie war also drei Jahre jünger als ich und frei. »Wenn du in deinem Leben Zeit für mich findest, helfe ich dir, dich so ernsthaft um deine Malerei zu kümmern, wie du möchtest. Was immer du willst, will ich auch.« Mein Herz hämmerte, als ich begierig auf ihre Antwort wartete.

Sie schaute mich belustigt an. »Du machst aus deinem Herzen keine Mördergrube.« Sie wirkte nachdenklich, und ihre Augen erforschten ernst mein Gesicht. »In Ordnung. Ich bin bereit, mich mit dir zu treffen, und wir werden sehen, wohin uns das führt. Bist du damit einverstanden?«

»Ob ich damit einverstanden bin? Natürlich bin ich das. Und ich werde alles dafür tun, dass du es niemals bereust.«

Doch sie musste es bereut haben. Wir heirateten drei Monate später, und ich ließ sie im Stich. Ohne Zweifel bereute sie es, mich geheiratet zu haben, denn sie verließ mich nach drei Jahren. Und das war nun bereits zwei einsame, schmerzhafte Jahre her.

Bei dem Gedanken daran seufzte ich und hörte wieder ihre sanfte, bittende Stimme.

»Adam. Aaaadaaammmm. Bitte wach auf, Adam.«

Ich öffnete mein gesundes Auge und schaute sie hungrig an. Gott! Hatte ich sie vermisst! »Meinst du wirklich, was du gesagt hast?«, flüsterte ich bebend.

Verblüfft näherte Amber ihr Gesicht dem meinen. »Ich verstehe nicht. Was habe ich gesagt?«

So klar wie in Marmor gemeißelt, hatte sich mir jedes ihrer Worte ins Gedächtnis gegraben. »Du sagtest: ›Ich liebe dich, Adam. Bitte komm zurück, und wir werden unsere Probleme lösen.‹ Du sagtest, dass du nie aufgehört hättest, mich zu lieben.« Ich hielt inne und holte langsam und zitternd Atem. Gott, tat das weh. »Darum bin ich zurückgekommen.«

Tränen liefen ihr die Wangen herab, und ich beobachtete sie fasziniert. Ich traute mich nicht, ihr in die Augen zu blicken, weil ich befürchtete, dort nur Mitleid zu entdecken oder erkennen zu müssen, dass ihre gefühlvollen Worte von damals jetzt nicht mehr stimmten.

Sie atmete tief durch und schob ihr Kinn nach vorn, eine mir so vertraute und geliebte Angewohnheit. »Adam, schau mich an!«

Ich fürchtete mich zu sehr, in ihre ausdrucksvollen Augen zu sehen, und so wartete ich, bis sie kurz wegschaute, sah ihr ins Gesicht und betrachtete die anmutigen Linien ihres markanten und doch feinen Profils.

»Adam, bitte sieh mich an!«

Mein gesundes Auge wagte zögernd den Blickkontakt.

»Jedes Wort, das ich gesagt habe, meine ich auch so, Adam. Ich habe dich nicht verlassen, weil ich dich nicht mehr liebe. Ich verließ dich, weil es mir unmöglich war, mit dir zusammenzuleben. Ich möchte wirklich, dass wir es noch einmal versuchen.«

Ich schluckte, gefangen zwischen Schmerz und Freude. »Als wir uns zum ersten Mal trafen, versprach ich dir, dass du es nicht bereuen würdest, doch ich bin sicher, dass du genau das getan hast.« Ich schloss meine Augen, um ihrem Protest zu entgehen. »Bitte, hör mich zu Ende an.« Ich schaute sie mit all der Liebe an, die ich für sie empfand, und fuhr fort: »Wenn du mich wieder in dein Leben aufnimmst, dann verspreche ich dir feierlich, dass du es diesmal wirklich nie mehr bereuen wirst.«

Meine Gefühle erstickten mich fast, und ich hustete, um wieder zu Atem zu kommen. Der Schmerz, der wie ein Messer durch meine Brust fuhr, überraschte mich, und als ich darum kämpfte, trotz der Qual wieder atmen zu können, glitt ich zurück in die Dunkelheit.

*

Meine Augen öffneten sich, und ich keuchte leicht. Beide Augen waren nun offen, und ich konnte auch durch das linke Auge sehen. Es fühlte sich klebrig an, und die Sicht war verschwommen, doch ich konnte sehen! Vor mir auf einem Stahlhocker saß einer der größten Männer, die mir je begegnet waren. Er war riesig!

Rasch schloss ich die Augen, denn ich glaubte zu halluzinieren. Vorsichtig öffnete ich sie wieder und spähte hinaus. Der Riese grinste mich an. Er trug einen weißen Kittel, der Mühe hatte, seine breiten Hüften zu umspannen, und ein ungebändigter Schopf schwarzen Haars krönte ein zerfurchtes Gesicht, das hinter einem dichten Bart zum Vorschein kam. Seine Augen waren dunkelbraun und blickten sehr freundlich.

»Hallo! Mein Name ist Pete Morrow. Ich bin der Arzt, der versucht hat, Sie am Leben zu halten. Wir haben die Schlacht gewonnen. Sicher liegt noch ein weiter Weg vor uns, doch wir werden es schaffen.«

Trotz meiner Schmerzen musste ich lächeln. Seine Stimme klang wie die eines Kindes, so sanft und ruhig, dass sie überhaupt nicht zu seiner sonstigen Erscheinung passte. Ich mochte ihn auf Anhieb.

Ich nickte leicht. »Ja, ich weiß, aber ich kann nicht sagen, dass ich mich freue, Sie unter diesen Umständen zu treffen.«

»Können Sie mit dem linken Auge sehen?«

»Ja, obwohl alles ein bisschen verschwommen ist.«

Er schaute zufrieden und erleichtert. »Wunderbar.« Dann runzelte er die Stirn. »Tut das Auge weh?«

»Anfangs fühlte es sich an wie ein Feuerball, doch jetzt ist es in Ordnung.«

Er nickte. »Und der Rest von Ihnen? Haben Sie schlimme Schmerzen?«

»Das können Sie wohl sagen.«

»Ich habe den Eindruck, dass Sie bewusst auf Schmerzmittel verzichten. Warum? Ich kann Ihnen die Schmerzen auch ohne harte Medikamente erleichtern.«

Es gab keine Möglichkeit, ihm alles zu erklären, doch als ich nach einer zufrieden stellenden Antwort suchte, entschloss ich mich, so nah wie möglich an der Wahrheit zu bleiben.

»Ich möchte selbst einen Weg finden, den Schmerz zu überwinden.«

»In Ordnung, aber warum?«

Ich schaute ihn hilflos an, denn ich wusste nicht, was ich antworten sollte. »Es ist wichtig für mich«, sagte ich lahm.

Er war verblüfft. »Gut. Ich verstehe es nicht, aber ich akzeptiere Ihre Entscheidung nur so lange, wie der Schmerz sich nicht als Hindernis erweist. Es klingt vielleicht verrückt, doch der Schmerz war eine Zeit lang sicher ein positiver Faktor, der Sie am Leben hielt; doch je weiter wir fortschreiten, umso negativer wirkt er sich aus, denn er schwächt Ihre Energie. Wenn das so weitergeht, müssen wir beide noch einmal darüber reden, und ich lasse mich dann nur schwer überzeugen!«

»Wie lange bin ich schon hier, Doktor?«

»Ich heiße Pete. Fast sechs Wochen.«

Sechs Wochen. Jesus! »Wo bin ich, äh, Pete?«

Er grinste. »Dies ist das Whitehills Hospital, eine private Klinik in einem Vorort von Brisbane. Und ich bin der radikale, alternative Arzt, den Ihre Mutter für Sie ausgesucht hat.« Seine Zähne, die durch den schwarzen Bart glänzten, wirkten sehr weiß. »Ich glaube, sie hat mir mehr über Sie erzählt, als Sie selbst über sich wissen.«

Ich zuckte mit den Achseln und stöhnte vor Schmerz. »So ist meine Mutter. Bitte, wie steht es um mich?«

Er schürzte die Lippen und blickte auf mich herab. »Ich weiß kaum, wo ich anfangen soll. Ehrlich gesagt ist es ein verdammtes Wunder, dass Sie überhaupt leben. Sie hätten sich sehen sollen, als der Krankenwagen Sie brachte!«

»Das hab' ich.« Zu spät, die Worte waren heraus, bevor ich sie zurückhalten konnte. Vielleicht würde er sie ignorieren.

Er starrte mich an, öffnete den Mund, um zu protestieren, und schloss ihn wieder. Nach ein paar Sekunden nickte er. »Wissen Sie, vielleicht haben Sie das wirklich. Eines Tages möchte ich mit Ihnen darüber reden.«

Er schwieg und hing einige Minuten seinen Gedanken nach.

»Sagen Sie es mir«, beharrte ich.

»Um ehrlich zu sein, steht es sowohl gut als auch nicht so gut um Sie. Ihre inneren Organe erholen sich prima. Tatsächlich ist ›außerordentlich gut‹ nicht zu viel gesagt, und ich hatte befürchtet, dass sie uns am meisten Sorgen machen würden. Wir operierten Sie dreimal, um den Schaden zu beheben, der erstaunlicherweise viel weniger schlimm war als befürchtet. Die Prellungen waren massiv, doch Sie haben kein Organ verloren.« Er zögerte und runzelte die Stirn.

»Aber?«

»Das Ausmaß Ihrer Schmerzen beunruhigt mich. Selbst wenn Sie bewusstlos sind, kann ich die Stärke des Schmerzes ziemlich genau feststellen, indem ich Ihre Pupillen untersuche, oder besser gesagt, die Pupille Ihres rechten Auges. Ihr linkes Auge ist wirklich ein Wunder. Ganz erstaunlich!« Seine Begeisterung wuchs, und seine Stimme wurde tiefer. »Tatsächlich war es so stark verletzt, dass ich eine Weile ernsthaft überlegte, ob wir es entfernen sollten. Doch es ist nicht nur geheilt, sondern es hat sich tatsächlich regeneriert. Jetzt, wo ich die Bestätigung habe, dass Sie sehen, bin ich entzückt!«

»Sagen Sie mir, was nicht so gut ist.«

Er zögerte, offensichtlich nicht sicher, was er mir sagen sollte.

»Vielleicht ist es zu früh, das alles zu besprechen, denn Sie haben eine ganze Reihe von Verletzungen.«

Ich war ärgerlich. Dies war mein Körper, und ich hatte ein Recht, alles darüber zu erfahren. »Pete, wenn Sie mein Doktor bleiben wollen, dann sollten wir uns besser richtig verstehen. Wenn ich sage, dass ich es wissen will, dann ist es genau das, was ich meine.«

Um ihn ein wenig zu erschüttern, dachte ich an die Liste der Verletzungen, die Selph abgespult hatte. »Als ich hierher kam, hatte ich mehrere Brüche an Armen und Beinen. Mein Becken und beide Schultern waren gebrochen, die linke Hüfte zerschmettert. Acht Rippen waren ebenfalls gebrochen und die

Lunge perforiert. Milz und Leber waren gerissen, und es gab noch andere innere Verletzungen. Mein linkes Auge lag offen, ich war fast skalpiert und meine linke Hand nahezu abgerissen. Jetzt, fast sechs Wochen später, scheint es mir ganz vernünftig, dass ich einen Bericht über meine Fortschritte erhalte.«

Ich bekam ihn nicht. Vielleicht hatte ich zu viel Energie in meine Worte gelegt, denn ein Feuer flackerte in und um meine Lunge auf, und als ich hustend nach Luft schnappte, glitt ich ganz leicht die rutschige Rampe in die Dunkelheit des Vergessens hinab.

*

Als ich die Augen wieder öffnete, saß Pete auf dem Stuhl mir gegenüber, als wenn nur wenige Sekunden verstrichen wären.

»Sie sind ein verwirrender Mann«, sagte er milde.

»Oh, warum?«

»Grundsätzlich haben nur Ihre Mutter und Ihre ... äh, Frau Zeit hier mit Ihnen verbracht. Nachdem Sie unser letztes Gespräch so abrupt beendet hatten, machte ich mich zum Idioten, indem ich die beiden anrief und ihnen vorwarf, Ihnen das volle Ausmaß Ihrer Verletzungen verraten zu haben – zu einem Zeitpunkt, der sicher nicht sinnvoll war.« Er grinste schüchtern. »Ich bin vielleicht groß, doch die beiden Damen reduzierten mich mit deutlichen Worten auf das Maß eines kleinen Jungen. Also, Adam, woher zum Teufel wussten Sie Bescheid?«

»Äh ... ich habe es geraten.«

»Jawohl, und ich glaube an Märchen!«

»Das ist schön, ich freue mich für Sie. Wie lange ist es her, dass ich eingeschlafen bin?«

»Sie haben wirklich geschlafen – tief und friedlich einen halben Tag lang. Also reden Sie endlich.«

»Wie wär's mit einem Handel? Sie geben mir einen genauen Bericht über meinen Zustand, und ich sage Ihnen alles, was ich weiß.«

Pete seufzte melodramatisch. »Jesus! Warum werde ich mit Patienten wie Ihnen gestraft? Aber gut: Ihre Hüfte wurde ersetzt, und das ging gut, obwohl Sie Übung und Bewegung bräuchten. Die verschiedenen Brüche heilen, doch sehr langsam. Ich bin mir ziemlich sicher, dass sie für Ihre Schmerzen verantwortlich sind. Wie ich bereits sagte, haben Sie Ihr Auge nicht verloren, sondern das Unmögliche ist geschehen. Ihre punktierten Lungen bereiten Ihnen noch viel Mühe, doch …«

»Sagen Sie mir alles«, murmelte ich.

»… doch Milz, Leber und Nieren sind gut geheilt. Auch die Schnitte sind außerordentlich gut verheilt, und Ihr Skalp sitzt wieder fest. Die fast abgerissene Hand reagierte gut auf die Mikrochirurgie, doch Sie müssten bestimmte Übungen machen, um Daumen und Finger wieder besser bewegen zu können. Zuerst machte ich mir Sorgen um Ihr Rückgrat, doch die Röntgenbilder zeigen, dass es ohne Schwierigkeiten heilen wird, obwohl wir Ihnen natürlich ein spezielles Korsett verpasst haben. Ich sage deshalb speziell, weil Sie so viele Verletzungen hatten, dass wir Ihnen dieses Korsett anlegen mussten, um Ihre Wirbelsäule zu schützen, während die anderen Teile Ihres Körpers zugänglich bleiben mussten, um sie behandeln zu können.«

Erst jetzt begriff ich, wie verbunden, eingegipst und unbeweglich ich war. Mein Kopf und der Oberkörper waren verbunden, und meine Glieder lagen in Gips. Die linke Hand war auf eine gepolsterte Unterlage geklebt, beide Arme lagerten in Schienen, und die Beine hingen an Trägern wenige Zentimeter über dem Bett. Alles in allem fühlte ich mich, als hätte ich einen Ringkampf mit einem Elefanten verloren, der jetzt auf meinem Brustkasten saß.

Mit Freude bemerkte ich eine große Vase mit Blumen auf dem Nachttisch, und erstaunt sah ich meinen liebsten Ficusbonsai auf einem kleinen Tischchen daneben. Das war mit Sicherheit ein Gruß von Amber.

»Wann kann ich wieder laufen?« Es war nur halb ein Witz! Pete sah sehr ernst aus. »Das ist das Problem! Die Brüche heilen sehr langsam. Sie sind nicht entzündet, doch sie machen nicht die Fortschritte, die sie sollten. Offen gesagt bin ich verblüfft. Die meisten meiner Kollegen würden empfehlen, dass ich Sie mit Antibiotika vollpumpe, ›für alle Fälle‹, doch das geht gegen alles, woran ich glaube.«

»Da bin ich Ihrer Meinung«, bekräftigte ich glühend.

»Richtig, Adam. Ich habe Ihnen alles gesagt, jetzt sind Sie an der Reihe. Wie ist es möglich, dass Sie Ihre Verletzungen bereits bis in alle Einzelheiten kannten?«

Ich hatte mir bereits eine Strategie ausgedacht, stöhnte auf und sackte zusammen in etwas, das wie Bewusstlosigkeit wirken sollte.

Sekunden später wurde mein rechtes Augenlid geöffnet, und Pete schaute mich an. »Keine schlechte Vorstellung, Adam, wirklich nicht, doch Sie unterschätzen mich. Ich warte.«

»Sie werden mir nicht glauben, wenn ich es Ihnen erzähle.«

»Wagen Sie einen Versuch, vielleicht sind Sie überrascht.«

»Oder Sie«, gab ich zurück.

»Ich warte immer noch.«

Ich seufzte sehr leise. Ich und mein großes Mundwerk! »Gut, Sie wollen die Wahrheit, ich werde sie Ihnen erzählen. Sie wissen wahrscheinlich, dass mein Wagen von einem Lastwagen gerammt wurde, und als das Auto von der Brücke über den Donkey Creek stürzte, verlor ich das Bewusstsein. Als Nächstes fand ich mich in einem langen Tunnel wieder und lief einem weit entfernten strahlenden Licht entgegen. Ich wusste nicht, wie ich dorthin gekommen war, doch das schien auch nicht wichtig zu sein. Wichtig war nur, das Licht zu erreichen. Als ich näher kam, traf ich einen … äh, einen Engel, der – das werden Sie nie glauben – ein Kaffeehaus manifestierte und mich dorthin einlud. Der Kaffee war …«

Petes dicke Augenbrauen hoben sich in ungläubigen Bogen, und er platzte dazwischen: »He, Sie sollen mich nicht veräppeln!«

»Ich sagte schon, dass Sie mir nicht glauben würden. Ich bekam einen bodenlosen Becher voll des besten Cappuccino, den ich je getrunken habe. Ganz gleich, wie viel ich trank, blieb der Becher voll, heiß und schaumbedeckt. Dann schnippte der, äh, Engel mit den Fingern, und die Wand wurde zu einer Kinoleinwand. Wir sahen meinen Unfall gemeinsam an, von dem Augenblick an, als mich der Lastwagen rammte, bis zur Ankunft im Krankenhaus.«

»Ich habe gesagt, dass ich an Märchen glaube, oder? Wie erfuhren Sie von all Ihren Verletzungen?«

»Der, äh, Engel sagte es mir.«

»Warum?«

»Weil ich eine Wahl treffen musste.«

»Was für eine Wahl?«

»Wenn ich mich für das Licht entschieden hätte, wäre mir der Weg zurück in meinen Körper versperrt gewesen. Ich wäre gestorben. Wenn ich jedoch wählte, körperlich lebendig zu bleiben, dann würde ich einen verletzten Körper reparieren und viele Schmerzen erleiden müssen.«

Pete schüttelte voller Erstaunen den Kopf. »Ich muss bescheuert sein, doch nach einer Geschichte wie Ihrer hier glaube ich Ihnen. War der Tod sehr furchterregend?«

»Im Gegenteil. Das Licht war voller Liebe. Ich wusste, dass der Tod nicht das Ende bedeutete. Die Rückkehr in meinen Körper war die furchterregende Variante.«

»Aber ... wenn es keinen Tod gibt, warum haben Sie sich für den Körper und all die Schmerzen entschieden?«

»Als ich auf die Kinoleinwand blickte, sah ich Amber, die mir sagte, dass sie mich liebte. Sie sagte, sie würde unserer Ehe eine neue Chance geben, wenn ich zurückkäme.«

»Und das taten Sie?«

»Ja.«

»Ist das bei Gott die Wahrheit? Sie nehmen mich doch nicht hoch?«

»Sie können mir wirklich glauben. Es ist eine zusammenge-fasste Version dessen, was passiert ist.«

»Wahnsinn! Mir wurde von einigen Nahtoderfahrungen be-richtet, doch keine klang so klar und sicher wie Ihre.«

In diesem Augenblick kam mir eine kraftvolle Einsicht. »Ich habe keine Nahtoderfahrung beschrieben, es war eine Nah-lebenserfahrung. Niemals in all den Jahren war ich der wahren Essenz des Lebens so nahe. Die Rückkehr in diesen Körper fühlte sich viel mehr wie eine Nahtoderfahrung an. Pete, ich habe vor, daraus zu lernen und zu leben. Ich meine … wirklich leben!«

Pete wirkte nachdenklich. »Ja, ich beginne zu begreifen, was Sie meinen.« Er legte die Stirn in tiefe Falten, als er sich in sei-ne Gedanken verlor. »Ich muss verrückt sein, doch ich glaube Ihnen. Was wir wirklich über Leben und Tod wissen, passt nicht so richtig zusammen.« Er grinste. »Dieser Bereich ist nicht gerade leicht zu ergründen. Menschen, die gestorben sind, haben nichts dazu zu sagen, während diejenigen, die dem Tod einen kurzen Besuch abstatteten, sehr unterschiedliche Geschichten erzählen. Doch das, was für sehr viele Menschen zu gelten scheint, ist das Licht. Die meisten dieser Menschen sehen irgendein Licht.« Er seufzte. »Also haben Sie sich tat-sächlich entschieden, in den Körper zurückzukehren?«

»Ja.«

»Und jetzt? Keine Lichter mehr oder andere Phänomene?«

Ich zögerte. Da war das golden glänzende Licht gewesen. Und Selph! Er war mit Sicherheit ein Phänomen! Doch das war nur meine Angelegenheit und stand noch nicht zur Diskussion.

»Nein, nicht wirklich.«

»Sie klingen unsicher.«

»Eines Tages können wir über mehr reden, doch bestimmt nicht heute.«

Mein Ton ließ keinen Zweifel, dass es fürs Erste genug war, und Pete drang nicht weiter in mich. Wir plauderten noch eine Weile über die Übungen, die ich auch im aufgehängten Zustand machen sollte, und dann ging er.

*

Der nächste Tag wurde ein harter Tag. Ich erwachte aus einem furchtbaren Traum, in dem mir ein Glied nach dem anderen abgehackt wurde. Als man zuerst meine Arme und dann meine Beine abhackte, verspürte ich ziemlich wenig Angst. Panik überkam mich, als mir gesagt wurde, um wirklich frei zu sein, müsse auch der Kopf fallen. Ich begann zu kämpfen und wälzte meinen Rumpf weg von der finsteren, undeutlichen Figur, die die riesige Axt schwang. Doch wieder krachte die Axt herunter, traf mich in der Taille und spaltete mich in zwei Teile. Es blutete nicht, und ich fühlte auch keinen Schmerz, doch als die Axt über meinem Hals schwebte, presste die Panik einen Schrei aus meiner Kehle, von dem ich aufwachte.

Die Laken waren schweißnass, und ein fauler, ranziger Geruch entstieg dem Bett. Der Schmerz wütete in meiner Brust, während meine Glieder und die Hüfte sich anfühlten, als ob sie in unregelmäßigen Abständen von Messern getroffen würden. Mir war bewusst, dass ich all dies wahnsinnigerweise selbst gewählt hatte, und so beschloss ich, Selphs Anweisungen zu folgen.

Doch es funktionierte nicht. Ich schloss die Augen und konzentrierte mich auf die Farbe Rot. Die Farbe war leicht zu finden, denn jeder Schmerzanfall wurde von roten Blitzen hinter meinen Augenlidern begleitet. Als ich zu Orange und dann zu Gelb übergehen wollte, stülpte sich immer wieder Rot über diese Farben. Rot, rot, rot. Ich versuchte Grün und Blau, doch es kam noch mehr Rot. Je entschlossener ich versuchte, das Rot hinter mir zu lassen, umso mehr beherrschte es meine Sinne. Ich versuchte, den Schmerz zu ignorieren, doch meine Gedanken fanden ein Muster in der klopfenden, stechenden Qual und folgten dem Zeitmaß ihrer grausamen Rhythmen. Je verbissener ich versuchte, mich nicht auf den Schmerz zu konzentrieren, umso deutlicher wurde mir mein Leiden.

Dieser schlimme Tag verstrich sehr langsam. Weder Amber noch meine Mutter besuchten mich, und andere Freunde durften noch nicht zu mir. Ich wusste, dass Kate und Bruno oft da gewesen waren, doch da hatte ich im Koma gelegen. Ich versuchte, mich mit Pete zu unterhalten, doch er war beschäftigt, und wegen der anhaltenden Schmerzen hatte ich ohnehin schlechte Laune.

Das Einzige, was zu helfen schien, war Schlafen. Ich schlief regelmäßig ein, während ich versuchte, in den meditativen Zustand zu gelangen, und wenigstens half das etwas. Seit ich aus dem Koma erwacht war, war ich ziemlich optimistisch und meist gut gelaunt gewesen, doch jetzt rächten sich Verzweiflung und Elend dafür, dass ich sie vernachlässigt hatte.

Als meine nassen, mit Schweißflecken übersäten Laken abends zum dritten Mal an diesem Tag gewechselt wurden, kam Pete mit den beiden Krankenschwestern. Er nahm kein Blatt vor den Mund.

»Gut, Adam«, sagte er energisch, »nennen Sie mir einen guten Grund, warum ich Ihnen kein Schmerzmittel geben soll.«

»Weil es mein Körper ist«, grollte ich.

Einen Augenblick lang war er verblüfft. Es war ein guter Grund!

»Das mag so sein«, gab er zurück, »doch Ihr Körper wurde in meine Obhut gegeben. Sie haben ihn schlimm zugerichtet, und ich habe ihn wieder zusammengeflickt. Ihre Sturheit hilft uns überhaupt nicht. Dieser Dauerschmerz macht Sie fertig, und das werde ich nicht zulassen.«

Es war offensichtlich angesagt, kleine Brötchen zu backen. »Bitte, Pete, geben Sie mir noch einen Tag. Wenn ich den

Schmerz in den nächsten vierundzwanzig Stunden nicht überwinden kann, dann werde ich natürliche Schmerzmittel akzeptieren.«

Pete stöhnte. »Herrgott noch mal! Weitere vierundzwanzig Stunden in Ihrem gegenwärtigen Schmerzstress werden Sie in Ihrem Heilungsprozess ernsthaft zurückwerfen. Wie wäre es mit Akupunktur? Dagegen können Sie doch nichts haben.«

Durch die Aufregung waren die Schmerzen so schlimm, dass rote Blitze über Petes weißen Kittel tanzten. »Nein«, keuchte ich, »geben Sir mir noch einen Tag. Bitte!«

Wütend drehte sich Pete um und stampfte aus dem Zimmer. »Dann soll er verdammt noch mal leiden. Jesus Christus! Warum bin ich nicht Tierarzt geworden? Warum kümmere ich mich um bescheuerte Leute? Warum lasse ich mich auf ...«

Er grollte noch lange, nachdem er das Zimmer verlassen hatte, während die beiden Schwestern ihm schweigend folgten. Im letzten Augenblick drehte sich eine der beiden zu mir um: »Keine Sorge, er wird es verkraften.« Sie lächelte mich ermutigend an und eilte dann fort, denn der Ruf »SCHWESTER!« schallte durch den Korridor. Wenn Pete wütend war, hatte er eine sehr laute Stimme.

All meine selbstgefällige Sicherheit, den Schmerz zu besiegen, war verflogen. Heute war der erste Tag, an dem ich ständig bei Bewusstsein war, und statt dem Schmerz in die Bewusstlosigkeit zu entgleiten, musste ich mich mit ihm auseinander setzen. Doch ich schaffte es nicht. Verzagt überlegte ich, was mit Selph geschehen war. Wo lebte er? Wo war er? Selbst das Denken fiel mir schwer. Wellen von Schmerz überwältigten mich, zerschmetterten meine Energiereserven, und allmählich erkannte ich, dass ich zum ersten Mal nicht länger die Kraft hatte, ihnen standzuhalten. Die Flutwellen des Schmerzes rissen die Wände, ja die Substanz meines Seins nieder wie eine Sandburg am Strand. Irgendwo tief in mir erkannte ich, dass die Angst die letzten Gefechtstürme meiner Verteidigung umheulte, doch ich biss die Zähne zusammen, schlug zurück und bekämpfte den Schmerz mit allem, was ich noch hatte. Irgendwann während meines Kampfes ums Überleben schlief ich ein.

Ich erwachte, weil eine Hand meine Wange berührte. Die Berührung war sanft, doch ich spürte, dass Energie aus den Fingern strömte, so als ob jeder Finger eine eigene Kraftquelle in sich trüge. Erschrocken keuchte ich nach Luft und riss die Augen auf.

Es war sehr dunkel, und ich wusste, dass niemand im Zimmer sein sollte. Ein Blick auf das erleuchtete Zifferblatt meines Reiseweckers zeigte, dass es zwei Uhr morgens war.

Als ich richtig wach war, dämmerte mir plötzlich, wer bei mir war. Nur ein Mensch machte sich seine Regeln selbst, ohne sich um die Realität aller anderen zu kümmern.

»Selph?«

»Hallo, Adam. Ich höre, es geht dir nicht so gut.«

Von ihm war nicht mehr zu sehen als ein dunkler menschlicher Umriss vor dem schwarzen Hintergrund. »Wie konnte ich nur so blöd sein, hierher zurückzuwollen! Und wer hat mir weisgemacht, dass ich den Schmerz kontrollieren könnte. Mein Gott! Wenn Schmerz eine gelernte Reaktion ist, dann befinde ich mich seit sechs Wochen in den Fängen des gelernten Stimulus. Ich bin nicht sicher, ob ich noch viel mehr verkrafte!«

»Hmmm. Wenigstens ist dein Humor noch funktionsfähig. Vielleicht solltest du das Schmerzmittel nehmen, das dir Doktor Morrow angeboten hat.«

»Das ist kein Humor, ich bin im Delirium. Ich muss es sein. Wie zum Teufel kannst du mir raten, Schmerzmittel zu nehmen, nachdem du mir beigebracht hast, dass ich meine eigene Realität erschaffe? Ich will so etwas hier nie mehr wiederholen, und wenn das bedeutet, dass ich die Lektionen dieses Unfalls mit allen von mir erschaffenen Schmerzen lernen muss, dann werde ich das tun. Das heißt, angenommen, du hast Recht.«

»Oh, ich habe Recht. Ich habe immer Recht.«

»Manchmal gehst du mir wirklich auf die Nerven!«

Selph lachte. »Wer geht hier wem auf die Nerven? Ich sicher niemandem. Mal im Ernst, Adam, ich bin hergekommen, um dir zu helfen. Du hast tonnenweise Mut, und das ist gut. Niemand lernt seine Wahrheit ohne Mut und Einsatzbereitschaft kennen. Du hast bewiesen, dass du beides hast. Lass uns also ...«

»Bist du wirklich hier?«, unterbrach ich. »Oder träume ich, dass ich glaube, wach zu sein?«

»Ich bin hier, Adam, und du bist physisch wach.«

»Wie bist du hier hereingekommen? Oh, tut mir Leid, dumme Frage. Du hast deine eigenen Regeln.«

»Adam, hör auf zu fragen. Entspann dich und hör zu. Erinnerst du dich daran, wie wir uns bei dem Licht im Tunnel getroffen haben? Erinnerst du dich, wie sehr dich das Licht angezogen hat?«

»Ja, ganz deutlich.«

»Und erinnerst du dich, dass du nicht in deinem physischen Körper warst? Weißt du noch, dass ich zu dir als zu deinem wirklichen Selbst sprach?«

»Ja, natürlich, ich erinnere mich an alles.«

»Das Licht zog dich deshalb so sehr an, weil dein wirkliches Ich aus Licht besteht. Das ist grundsätzlich bei allen Menschen so. Licht zieht Licht an. Im Licht existierst du ohne physischen Körper, und deine Wirklichkeit ist genauso kraftvoll und real wie dein gegenwärtiges Alltagsleben. Verstanden?«

»Jawohl! Ich komme mit, doch was meinst du damit?«

»Ganz einfach. Ich bringe dir bei, wie du in dein wirkliches Selbst eintauchen und zu der Sphäre der Stille über dem Fluss zurückkehren kannst. Wenn du diese Sphäre betrittst, wirst du nicht mehr schmerzhaft reagieren müssen, sondern heilend antworten können. Du kannst es schaffen.«

»Aber Selph, das hast du mir doch schon gezeigt! Ich habe

es den ganzen Tag versucht und es eben nicht geschafft. Der Schmerz ist so erbarmungslos, er besiegt mich!«

»Wie ist er jetzt?«

»Er hat sich verändert. Statt Messer in meine Glieder und meine Brust zu stoßen, schlägt jetzt ein Schmiedehammer auf mich ein und zermalmt mich in klopfender Qual. Es tut so weh, Selph, so weh!«

Er bewegte sich, und seine schemenhafte Umrisse rückten näher zu mir heran. Dann schwieg er eine ziemlich lange Zeit.

»Stimmt was nicht?«, fragte ich.

Er seufzte bedauernd. »Ich war versucht, deine Schmerzen zu lindern, doch ich weiß, dass es dir auf Dauer nicht dienen würde. Glaubst du mir, wenn ich dir sage, dass ich dein Leiden genauso fühle? Natürlich nicht körperlich, doch dein Leiden ist reinstes Unbehagen für mich.«

Mir fiel keine Antwort ein. Obwohl ich es nicht verstand, wusste ich irgendwie, dass es stimmte.

»Also, diesmal gehen wir tiefer auf die Einzelheiten ein, und deshalb werden wir eine machtvollere Realität erschaffen. Bevor wir beginnen, gibt es ein paar Punkte, die ich hervorheben möchte. Erstens: Wenn ich sage, ›stell dir vor, visualisiere‹, dann möchte ich, dass du dies als aktiver Teilnehmer tust. Mit anderen Worten, visualisiere, dass du selbst beteiligt bist und handelst. Beobachte dich nicht auf dem Monitor deines Geistes, als ob du im Kino einen Film ansiehst. Du bist der Schauspieler und nicht der Zuschauer. Verstehst du, was ich damit meine?«

»Sicher.«

»Zweitens: Du spielst hier kein Spiel und erlebst auch keine Phantasiereise. Du wirst deine eigene Realität erschaffen und erweitern. Deine Erlebnisse sind real, so real wie eine physische Wirklichkeit, die es ist, verletzt und leidend im Bett zu liegen. So widersinnig es klingen mag, ist es gut, dass du gerade jetzt Schmerzen hast, denn du bist voll bewusst und wach und wirst dich über den Schmerz hinaus in eine umfassendere Realität begeben. Und du wirst es selbst bewirken. Sei dir darüber ganz klar. Ich werde dich führen, doch du selbst dehnst deine Wirklichkeit aus und lässt es geschehen.«

»Kann das jeder tun?«

»Natürlich! Warum?«

»Ich überlege gerade, ob es nur gegen Schmerzen hilft.«

»Du lieber Himmel, nein. Die Übung, die ich mit dir machen werde, ist ein Weg in einen anderen Bewusstseinszustand. Jeder kann so sein Bewusstsein erweitern.«

»Ich kann es kaum erwarten.«

»Schließ zuerst die Augen, und entspann deinen Körper, besonders den Kopf, den Kiefer und die Kehle. Unter normalen Umständen hätte ich dir empfohlen, lieber in einem bequemen Sessel zu sitzen, als zu liegen, weil es vor allem darum geht, dass du während der gesamten Übung wach und bewusst bleibst. Doch in deinem Fall geben wir uns mit dem Bett zufrieden.

Richte deinen Fokus nun auf deinen Körper und auf deine Identität. Spür den Schmerz in deinem Körper, und werde dir bewusst, wie machtvoll sich deine Identität mit ihm verbindet. Jetzt ...«

»Es tut mir Leid, wenn ich unterbreche, doch was meinst du genau mit ›richte deinen Fokus auf‹ ...?«

»Damit meine ich, dass du deinen Verstand, dein Bewusstsein und deine Aufmerksamkeit vollständig auf einen Punkt, einen Fokus, richtest. Wenn du an irgendetwas denkst, bist du nicht fokussiert. Fokussiert sein bedeutet, dass du mit deiner Aufmerksamkeit vollständig in diesem Augenblick in der Gegenwart bist. Verstanden?«

»Ja, danke, doch das ist knifflig.«

»Natürlich ist es knifflig, und darum sind so wenige Menschen jemals fokussiert. Die meisten von ihnen leben in einem Zustand der Verwirrung, der so sehr Teil ihres Alltagslebens ist, dass sie es noch nicht einmal merken. Fokussiertheit ist jedoch möglich. Sie entsteht durch innere Disziplin und Übung.

Doch lass uns fortfahren. Nachdem du deine Aufmerksamkeit auf deinen physischen Körper und deine Identität gerichtet hast, möchte ich, dass du sie nun auf dein wirkliches Ich lenkst. Stell dir zu diesem Zweck einen Lichtkörper vor, der deinen physischen Körper umgibt. Er kann die Form eines Eis oder eine menschliche Form haben. Die Form spielt letztlich keine Rolle, solange dieser Lichtkörper deinen physischen Körper umhüllt.«

Er schwieg einige Minuten, während ich einen Lichtkörper visualisierte, der meinen physischen Körper einhüllte. Es war nicht so schwer, wie ich gedacht hatte. Im Gegenteil fühlte ich mich fast in etwas hineingezogen, das vollkommen natürlich war.

»Gut, lass nun den Fokus auf deine Identität und deinen Körper los, und richte deine Sinne auf dein Selbst – das wirkliche Du – im Lichtkörper. Jetzt bist du dir deines wirklichen Selbst als Lichtwesen bewusst. Konzentriere dich darauf. Visualisiere es. Erschaffe es ganz stark mit deiner Vorstellungskraft.«

Wieder hielt er inne, während ich fortfuhr, das Bild zu entwickeln, zu stärken und zu erhalten.

»Vor dir erscheint ein Regenbogen; seine Farben sind schimmernd und einladend. Tritt als Lichtwesen weg von deiner physischen Identität – sie wird vollkommen sicher sein –, und betritt den Regenbogen. Betritt die Farbe Rot. Wenn du im Rot bist, lass alle körperlichen Spannungen los, die noch in dir sein mögen. Du bist ein Lichtwesen, und das Rot durchflutet dich mühelos. Erfahre die Farbe mit deinem Geschmack, deinem Tastsinn, deinem Seh- und Geruchssinn, ja selbst mit deinem Gehör. Sei mit dem Rot.«

Selph wartete vielleicht eine Minute lang, während ich Rot erlebte. Ich spürte, wie die roten Feuerflammen an mir leckten, und ich fühlte den Schmerz. »Jetzt betrittst du Orange. Lass alle Sorgen oder Ängste los, und erlaube dem Orange, dich zu durchfluten und sie fortzuwaschen. Erfahre Orange in vollem Ausmaß.«

Wieder verging eine stille Minute, während der ich mich im Orange entspannte. Ich fand versteckte Angstnester, die Furcht, dass mich das Rot verfolgen würde, doch als ich sie gefunden hatte, visualisierte ich orangenes Licht, das mich in einer leuchtenden Flut durchströmte, bis ich gesättigt war.

»Gehe jetzt ins Gelb, und lass alle Gedanken los, die noch an dir hängen und dich ablenken könnten. Tränke dein Lichtwesen mit der vollkommenen Erfahrung von Gelb.«

Wieder schwieg er eine Minute, während ich mich ins Gelb begab. Ich war mir der Schmerzen immer noch bewusst, doch sie fühlten sich nicht mehr so an, als gehörten sie zu meiner Gegenwart. Sie spielten sich mehr im Hintergrund ab und hatten ihre Herrschaft über mich verloren. Zuweilen zuckten rote Blitze durch das Gelb, ohne jedoch die klare Farbe zu verfälschen.

»Tritt nun ins Grün, fühle, wie der Friede und die Ruhe der Natur dich durchströmen, während du dich dem Grün hingibst. Erfahre Grün mit all deinen Sinnen ... und mit noch mehr.«

Grün war leichter. Obwohl ich mich in einem Regenbogen befand, stellte ich mir meinen Lichtkörper auf einer grünen Wiese vor, und wie ein Kind wälzte ich mich unablässig darauf herum.

»Begib dich jetzt ins Blau, wo dich ein Ozean der Liebe erwartet. Erlebe Blau mit jedem Teil deines Wesens.«

Wieder verging eine Minute, in der ich das Blau erforschte. Ich schwamm in einem blauen Meer, umgeben von Delphinen. Ich erschrak leicht, weil ich sie mir nicht vorgestellt hatte, und doch waren sie hier bei mir. Einen Augenblick lang hätte ich mich fast in Überlegungen verloren, »wie« das geschehen konnte, dann ließ ich los und gab mich dem Zauber des Blaus hin.

»Als Nächstes umhüllt dich das spirituelle Streben des Purpurs und hebt dich in einen feineren Bewusstseinszustand empor, während du diese Farbe erforschst und erlebst.«

Die Minute im purpurnen Licht war so machtvoll, dass ich zu einem purpurnen Lichtwesen wurde.

»Tritt nun in die Farbe Violett, wo du auf die reine Harmonik der Harmonie eingestellt wirst. Erfahre Violett.«

Ein Gefühl von Frieden und Segen durchflutete mich, gefolgt von Wellen innerer Stärke, von der ich nicht gewusst hatte, dass ich sie besaß. Ich wurde wieder zum Kind und pflückte Veilchen unter den Reineclaudenbäumen im Obstgarten meiner Großtante. Bestürzt fiel mir ein, dass ich keine Großtante hatte, die einen Obstgarten besaß, doch das Bild blieb kristallklar und konzentriert. Wieder gab ich mich den Bildern hin, ohne sie unbedingt verstehen zu müssen. Und ich fühlte tatsächlich eine perfekte Harmonie.

»Geh nun zur Farbe Rosa, fühle dich vollkommen in die Heilkraft des Rosas ein.«

Mein Rosa war ein sanftes Rosenrot, denn ich stand vor einem Beet voller duftender Rosen. Ich spürte, wie die Farbe meine Lichtglieder durchströmte, und ganz schwach dämmerte mir, dass sich dies auch auf meinen physischen Körper auswirken würde. Wohlbefinden durchströmte mich.

»Tritt nun in klares weißes Licht. Lass alle Farben sich zu der allumfassenden Farbe Weiß verbinden. Erlebe die Reinheit von Weiß.«

Der Regenbogen war verschwunden, und ich stand in einem Strahl weißen Lichts, der in mich einströmte und mich durchflutete. Ich fühlte mich erhoben, gereinigt, vital und ganz.

»Wenn du jetzt den Regenbogen verlässt, siehst du vor dir eine Treppe mit weißen Stufen, die dich hinunter auf tiefere Ebenen deines Seins führen. Am Fuße der Treppe erwartet dich ein einladendes Licht. Du gehst langsam die Stufen hinunter und beginnst bei einundzwanzig ... zwanzig ... neunzehn ... achtzehn ... siebzehn ... sechzehn ... fünfzehn ... vierzehn ... dreizehn ... zwölf ... elf ... zehn ... neun ... acht ... sieben ... sechs ... fünf ... vier ... drei ... zwei ... eins. Wenn du die letzte Stufe hinter dir gelassen hast, befindest du dich am Ufer eines Flusses. Nimm dir Zeit, diesen Fluss und das üppige Leben an seinen Ufern zu betrachten. Nimm dir Zeit. Erfahre es.«

Meine Treppenstufen waren sehr breit und aus weißem Marmor. Ich war nicht in Eile und ging langsam hinunter, obwohl ich mich danach sehnte, wieder am Fluss zu sein. Als ich die letzte Stufe erreicht hatte, sah ich den Fluss, doch er war in dichten weißen Nebel gehüllt. Ich verließ die Treppe, der Nebel löste sich auf, und dort war er wieder, der Fluss aus dem Disneyfilm. Warum er in den Superlativen eines Zeichentrickfilms erschien, wusste ich nicht, doch der überwältigende Reichtum an Blumen und Vögeln war mir sehr willkommen. Ich fühlte mich sicher und getragen.

Ich lief am Ufer entlang und hielt Ausschau nach der Sphäre der Stille, doch ich konnte sie nirgends sehen. Reumütig bemerkte ich, dass ich zu rasch vorwärts eilte, und so lenkte ich meine Aufmerksamkeit wieder auf den Fluss. Als ich das Wasser beobachtete, wie es über die Steine hüpfte, bemerkte ich, dass es gar nicht mehr wie ein Zeichentrickfilm wirkte. Der Fluss war real, das Wasser klar und glitzernd wie an einem sonnigen Tag. Am Ufer flitzten Eichhörnchen spielend durch das intensive Grün, während Hasen und Igel sich in der üppigen Vegetation versteckten. Eines war sicher: Dies war kein australischer Fluss, und doch hatte ich das Gefühl, ihn seit ewigen Zeiten zu kennen.

Eine Weile saß ich am Ufer und ließ meine Füße in das herrliche kühle Wasser baumeln. Welch wunderschöner, idyllischer Ort! Die Lieder der vielen verschiedenen Vögeln verbanden sich zu einem einzigen harmonischen Breitspektrumton, den man mit nichts vergleichen konnte. Dieser Ort war realer als das Alltagsleben, vollständiger, ganzheitlicher. Er vereinte Neues mit Vertrautem und erschuf eine vollkommen andere Wirklichkeit. Nichts hier stimmte mit der normalen Realität überein. Hier galten entweder neue Regeln oder keine Regeln, denn dieser Ort unterstand nicht den Gesetzen der Materie. Ich folgte dem Fluss noch eine ganze Weile und vertiefte mich in die lebendige Natur.

Da ich mich so sehr auf den Fluss konzentrierte, stieß ich fast mit der Sphäre zusammen. Die riesige Blase überspannte den Fluss, umgeben von der schon vertrauten Aura kristallener Reinheit. Diesmal ging ich vorsichtig hinein und spürte ihre flexible Stärke, als sie mich bereitwillig in ihr Inneres einließ.

Zum ersten Mal konzentrierte ich mich nun auf mein physisches Ich. Ich lag vollkommen wach im Krankenhausbett und bemerkte das entfernte Murmeln von Schmerzen in meinem physischen Körper, doch der Schmerz hielt mich nicht länger gefangen.

Heiter lief ich in die Mitte des Flusses und ließ mich dort mit gekreuzten Beinen nieder. Nur durch die Haut der Blase vom Wasser getrennt, schaute ich in die Tiefe, ohne mich auf etwas Bestimmtes zu konzentrieren. Ich weiß nicht, wie viel Zeit oder ob überhaupt Zeit verstrich, doch allmählich entzog sich das Wasser jeder Definition, dehnte sich ... und dehnte sich ... wurde ... nichts ... und ... alles.

Irgendwo in der Tiefe meines Bewusstseins spürte ich eine heilende Energie, die durch meinen Lichtkörper vibrierte und in jedem Atom und Molekül meines physischen Körpers prickelte. Aus weiter Ferne fühlte ich, wie der Schmerz einen Höhepunkt erreichte, so als ob er die Heilung verhindern wollte, und dann nahm ich wahr, wie er aufgab ... überwältigt, zermalmt und zerstört. In der Tiefe meiner Seele wusste ich, dass meine Sucht nach Leiden, die Äonen lang überlebt hatte, vernichtet war. Und ich erkannte das große Paradoxon der Wahrheit, dass diese Sucht von meinem inneren Aufgeben besiegt worden war.

Sechs

Selph saß neben mir in der Sphäre der Stille. Er strahlte anerkennend.

»Sehr gut. Du bist tief getaucht.«

Ich nickte langsam und schloss die Augen. Ich fühlte mich, als sei ich eins gewesen mit einem riesigen Ozean, und jetzt versuchte ich mich wieder daran zu gewöhnen, dass ich nur ein einziger Tropfen war. Logischerweise hätte ich mich kleiner fühlen müssen, doch stattdessen fühlte ich mich erweitert.

Ich öffnete die Augen und schaute Selph an, dessen intensive blaue Augen meinen Blick erwiderten. Er beschrieb mit den Armen einen Kreis, um die Sphäre anzudeuten. »Du kannst hier bleiben, solange du dich gut fühlst, doch wenn du gehst, versichere dich, dass du die Sphäre mit einem Gefühl der Liebe und Dankbarkeit für das Geschenk, das du erhalten hast, verlässt. Gehe die Stufen von eins bis einundzwanzig hoch und dann in umgekehrter Reihenfolge durch den Regenbogen. Begib dich als Lichtwesen zurück zu deinem physischen Körper und lasse das eigentliche Ich, das sich jetzt im Lichtkörper befindet, zurück in deine physische Identität gleiten. Versuche nicht, den Weg abzukürzen, indem du direkt von der Sphäre in deinen Körper zurückkehrst. Damit würdest du dem Prozess allmählich die Kraft entziehen.«

Den Blick immer noch auf Selph gerichtet, versuchte ich, das Mysterium zu ergründen, welches er darstellte. Wie konnte er zusammen mit mir hier in dieser Sphäre sein? War dies eine Zwei-Personen-Realität? Und wie konnte er so leicht zwischen der physischen und der nichtphysischen Realität wechseln? Fragen hatte ich viele, doch es mangelte mir an Antworten.

»Selph, wenn jeder von uns seine eigene Realität erschafft,

wie kommt es, dass du und ich, dass wir beide zusammen in dieser Sphäre sind? Ich habe dich weder eingeladen noch mitgebracht. Versteh mich nicht falsch«, fügte ich rasch hinzu, »es ist großartig, dass du hier bist, aber wie bist du hergekommen?«

»Ich antworte mit einer Metapher, die erklären, aber nicht verletzen soll. Der Schmetterling weiß um die Raupe und ihre Fähigkeiten, doch die Raupe weiß nichts vom Schmetterling und seinen Qualitäten. In der Natur ist die Raupe biologisch programmiert, ein Schmetterling zu werden. Das ist ihr Schicksal. Obwohl die Menschen dazu bestimmt sind, *bewusst* Wesen des Lichts zu werden, gibt es dafür kein festgesetztes biologisches Programm: nur den freien Willen, Entscheidungen und Konzentration. Die Übung, mit der du gerade beschäftigt bist, beinhaltet all diese Qualitäten.«

Er lächelte freundlich, vielleicht sogar etwas frech, und sein aufdringliches T-Shirt wirkte so grässlich wie immer. »Ich werde dich jetzt verlassen, doch vorher möchte ich dich noch an etwas erinnern. Dies ist eine machtvolle Übung, und sie wird einen Prozess in Gang setzen. Jedes Mal, wenn du in die Sphäre zurückkehrst, wird sich dieser Prozess vertiefen. Die Auswirkungen werden auch dein Alltagsleben betreffen. Um diese zu verstärken, konzentriere dich auf Ruhe, Frieden, Zentriertheit und Heiterkeit, wenn du die Übung beendest. Werde dir dieser Gefühle bewusst und halte sie, solange du kannst. Erobere dir diese Gefühle und drücke sie in deinem Alltagsleben aus. Das ist nicht einfach, doch es wird dazu beitragen, deine Realität zu erweitern.«

»Ja, das will ich tun. Es macht Sinn. Etwas verwirrt mich jedoch: Ist die Sphäre der Stille jedem zugänglich?«

»Natürlich! Warum? Willst du die Exklusivrechte?«

»Nein! Darum geht es mir nicht. Ich dachte bloß gerade, dass es furchtbar voll werden wird, wenn Massen von Menschen sie alle gleichzeitig nutzen wollen.«

Selphs kicherndes Gelächter klang in der Sphäre so laut und real wie in der physischen Wirklichkeit. Eine Weile lang gluckerte und prustete er seinen Spaß hinaus und brach in immer neue Lachsalven aus, wenn es gerade so schien, als habe er sich endlich wieder in der Gewalt. Genau wie ein Kind!

»Ich will verflucht sein, wenn ich den Witz verstehe!«

Darüber lachte er so, dass ich verstummte.

»Adam«, kicherte er schließlich, »wenn eine Million Menschen gleichzeitig mit dir hier wären, wärst du trotzdem der Einzige, und die Sphäre wäre so klar und rein wie jetzt. Dies ist kein physischer Ort, und er gehorcht keinem physischen Gesetz.«

»Das verstehe ich nicht.«

»Nein, das tust du nicht. Du tippst gerade mal an die äußersten Grenzen der größeren Realität. Diese Realität ist multidimensional. Jedoch ist das im Augenblick nicht wichtig. Ich gehe jetzt.«

»Wann werde ich dich wiedersehen?«, fragte ich hastig.

»Wenn die Zeit reif ist. Tschüs!«

Und er verschwand einfach so. Er verblasste nicht oder ging weg, sondern hörte einfach auf zu sein.

Ich blieb noch eine Weile, ließ die Fragen los, die er wieder in mir ausgelöst hatte, und konzentrierte mich auf die Heiterkeit, die mich erfüllte. Liebe und Dankbarkeit stiegen ganz leicht in mir auf, und ich teilte sie mit der Sphäre und dem Fluss. Ich konnte ganz klar fühlen, dass sie angenommen wurden, als ob es sich dabei um einen natürlichen gegenseitigen Austausch von Energie handelte. Danach stand ich auf und durchschritt die durchsichtige Haut der Sphäre.

Ich war nur kurze Zeit am Ufer entlanggelaufen, als die weiße Marmortreppe auftauchte. Ich stieg sie langsam eine Stufe nach der anderen empor. Der Regenbogen war ein strahlendes Halbrund, doch fehlten ihm der weiße Strahl und das rosafarbene Band, durch die ich zuvor gekommen war. Ich lief in einem Tempo, das mir natürlich erschien, durch die einzelnen Farben, ohne mich zu beeilen oder übermäßig aufzuhalten. Als ich den Regenbogen verlassen hatte, ging ich hinüber zu meinem physischen Körper, der im Krankenhausbett lag. Meine Identität war wach und wusste alles, was geschehen war. In meinem Lichtkörper umhüllte und umarmte ich meinen physischen Körper und lenkte meinen Fokus zurück auf meine physische Identität.

Ich lag noch eine Weile wach und schaute ins Halbdunkel meines Zimmers. In gewisser Weise fühlte ich mich, als sei ich eine Ewigkeit unterwegs gewesen, doch ein Blick auf die Uhr offenbarte mir, dass nur fünfundvierzig Minuten der normalen Zeit verstrichen waren. Zögernd konzentrierte ich mich auf meinen Körper, doch außer einem dumpfen, leichten Dauerklopfen war alles in Ordnung.

Ich schloss die Augen und fiel in einen tiefen, friedlichen Schlaf.

Am nächsten Morgen begann mein erster richtig guter Tag. Als ich erwachte, erinnerte ich mich sofort an meine meditative nächtliche Reise und suche in meiner Seele nach Frieden und Heiterkeit. Zu meiner Überraschung fand ich beides rasch und richtete meine volle Aufmerksamkeit zehn Minuten lang auf diese Gefühle. Alle Anzeichen schwerer Schmerzen wichen allmählich zurück, nicht, weil ich sie durch meine Kraft bezwang, sondern weil ich mich einfach an einem anderen Ort meines Seins entspannte.

»Gut, gut, gut. Ich weiß nicht, was Sie getan haben, aber Sie haben gute Arbeit geleistet. Sie sehen aus wie ein anderer Mensch, übrigens ein viel fröhlicher.« Der Koloss von einem Mann, Doktor Pete, beugte sich über mich und schaute mir in die Augen, wobei er mir mit einer kleinen Taschenlampe in die Pupillen leuchtete.

Er streckte sich, nachdem er einige Minuten vor sich hin gegrummelt hatte, und betrachtete mich in belustigtem Erstaunen. »Ich weiß einfach nicht, was ich von Ihnen halten soll. Gestern litten Sie an den schlimmsten Schmerzen, und heute scheinen diese so gering wie nie zuvor zu sein. Warum? Haben Sie etwas Schlaues angestellt, oder ist es einfach so passiert? Soll das heißen, dass Sie es geschafft haben, wunschgemäß über Ihren Schmerz hinauszuwachsen?«

Ich nickte und antwortete schnoddrig: »In gewisser Weise ja. Mein Engel besuchte mich mitten in der Nacht und lehrte mich, was ich zu tun habe.« Ich hielt inne, erschrocken darüber, was ich gerade so gedankenlos gesagt hatte. Mein Gott! Selph ... ein Engel? Natürlich, warum nicht? Es passte perfekt. Dann zögerte ich. Nein, es fühlte sich falsch an. Irgendwie wusste ich, dass er kein Engel war. Ich wusste nicht, warum, doch das war nicht die Antwort. Was oder wer Selph war, verblüffte mich, doch ich war mir sicher, dass er kein Engel sein konnte. In gewisser Weise wünschte ich mir, er wäre einer. Es würde Sinn machen und alles erklären, doch ich fühlte instinktiv, dass hier noch ein viel tieferes Mysterium verborgen lag, und ich war seiner Lösung noch nicht einmal nahe.

Mein Gesicht musste meine Gedanken und die damit verbundenen Gefühle gespiegelt haben, denn plötzlich bemerkte ich Petes Stimme, die vor Besorgnis ganz tief klang.

»Ist alles in Ordnung, Adam?«

Ich grinste ihn an: »So gut wie nie seit meinem NTE. Ich bin ganz sicher auf dem Weg der Besserung.«

»NTE?«

»Nahtoderlebnis.«

»Hab ich die Chance auf eine Antwort, wenn ich frage, was und wie Sie es gemacht haben?«

»Ja, natürlich, ich sage es Ihnen.« Und das tat ich, obwohl ich es ziemlich kurz zusammenfasste.

»Ich bin beeindruckt. Können Sie anderen Menschen beibringen, wie diese Reise funktioniert?«

»Es spricht nichts dagegen. Doch sie müssen es *wirklich* lernen wollen. Die Übung betrifft vor allem das Leben. Die schmerzlindernde Wirkung ist ein Nebeneffekt.«

»Und würde die Übung auch bei Stress helfen?«

»Sicher. Schmerz ist Stress, doch mentaler oder emotionaler Stress kann genauso gelindert werden. Denken Sie jedoch daran, was ich gesagt habe: Eigentlich geht es darum, das Bewusstsein zu erweitern.«

Pete blieb eine Stunde bei mir, um verschiedene Tests durchzuführen. Er befragte mich – oder soll ich sagen, verhörte mich – zu den Schmerzen jeder einzelnen Verletzung, und jede Antwort, die ich gab, wurde an meinem Körper überprüft. Seine Untersuchung war gründlich und erschöpfend. Die meiste Zeit über wiederholte er leise pfeifend einen tonlosen Refrain.

Schließlich lehnte er sich zurück und schaute mich an, die Hände in die breiten, gut gepolsterten Hüften gestützt. »Es ist verdammt noch mal völlig unmöglich! Sie haben in den letzten zwölf Stunden mehr Fortschritte gemacht als in den beiden letzten Wochen.« Er schüttelte verblüfft den Kopf. »Wir haben hier Psychologen, die bestimmten Patienten Meditationstechniken beibringen, und wir erzielen gute Ergebnisse, deshalb ist mir so etwas nicht ganz unbekannt, doch ich habe noch nie eine so rasche und bemerkenswerte Besserung gesehen wie bei Ihnen! Ich bin überzeugt, dass in Ihrem Falle mehr passiert ist als Meditation.«

»Dem stimme ich zu. Es hat mit dem richtigen Zeitpunkt und persönlichem Einsatz zu tun.«

Pete runzelte die Stirn und sah aus wie ein riesiger, unglücklicher Bernhardiner.

»Ich verstehe das einfach nicht! Es gibt eine Menge Dinge, die ich mit Ihnen besprechen möchte, doch im Augenblick habe ich keine Zeit. Ich will deshalb mit dem Nächstliegenden fortfahren. Wir werden alle Träger abhängen, alle Schläuche entfernen und Ihnen die Möglichkeit geben, sich so viel wie möglich sanft – und ich meine *sanft* – zu bewegen und zu strecken.« Er hielt inne und dachte nach. »O ja, und ungefähr eine Tonne dieser Bandagen kann ebenfalls verschwinden, angefangen mit dem Kopf.« Er strahlte ein sehr zufriedenes, offenes Lächeln. »Wie klingt das alles?«

»Wie ein verdammter Hoffnungsschimmer«, grinste ich.

»Es tut mir Leid, aber das Rückenkorsett muss noch eine ganze Weile bleiben.«

»Oh, das geht in Ordnung.«

»Glauben Sie, dass Sie Besucher ertragen können?«

»Und wie! Familie und Freunde sind genau das, was ich gerade brauche!«

»Wir wollen nicht übertreiben, doch Ihre Mutter und Amber haben beide gestern angerufen, weil sie Sie sehen möchten. Ich habe es nicht erlaubt, doch ich könnte ihnen sagen, dass es Ihnen wieder gut geht. Endlich!«

Er lächelte breit und wandte sich zum Gehen. »Doktor«, rief ich, »ich möchte nur, dass Sie wissen, dass ich wirklich schätze, was Sie für mich tun. Ich könnte nicht in besseren Händen sein!«

Äußerst verlegen und doch sehr erfreut murmelte Pete so etwas wie, dass er nur seine Arbeit täte, und ging.

Innerhalb von fünfzehn Minuten befreiten mich zwei Krankenschwestern von allen medizinischen Geräten, und danach wuschen sie mich, was sowohl angenehm als auch sehr nötig war. Zum ersten Mal bemerkte ich die Schwestern, die mich betreuten, wirklich, ich roch ihr Parfüm und war fähig, mich mit ihnen zu unterhalten. Es war einfach großartig! »Ich werde versuchen, nicht mehr so viel zu schwitzen«, versprach ich lächelnd.

Sie grinsten. »Sie haben das Bett öfter nass gemacht als ein Baby. Und es hat nicht besser gerochen.«

Welch Freude, von allen Schläuchen und medizinischen Utensilien befreit zu sein, sich ungehindert von Bändern und Gurten dehnen und räkeln zu können! Die Gipsverbände und das Rückenkorsett setzten mir immer noch fühlbare Grenzen, doch ich war nicht mehr auf eine bestimmte Lage beschränkt. Ich erlebte einige schlimme Momente, als ich mein Räkeln übertrieb und der Schmerz sich wie eine spitze Nadel warnend in meine Wirbelsäule grub. Statt gegen ihn anzukämpfen, entspannte ich mich und suchte nach Ruhe und Frieden, um wieder Stille und Heilung zu spüren. Meine Entspannung ging so tief, dass ich erschrak, als ich plötzlich die Stimme meiner Mutter hörte.

»Oh, Adam, endlich!«

Ich warf einen Blick auf die Uhr. Mein Gott! Ich hatte mich fast anderthalb Stunden entspannt. »Mutter«, rief ich, »wie bist du so schnell hergekommen? Und … Vater!«

Zum ersten Mal in meinem Leben umarmte mich Vater ungeschickt, wobei er still weinte. Ich wusste nicht, was ich tun oder sagen sollte, doch es fühlte sich wunderbar an. Ich konnte ihn nicht umarmen, der Gips verhinderte dies, doch als er sich aufrichtete, rief ich mit heiserer Stimme: »Vater, komm doch noch einmal her«, und bedeutete ihm, dass er mir den Kopf zu einem vertraulichen Flüstern zuneigen sollte.

Er tat es, und ich küsste ihn. Zum ersten Mal in meinem Leben!

Vater wurde rot, und vielleicht ging es mir genauso, doch wir beide schauten sehr zufrieden, wenn auch leicht belustigt.

Mutter weinte bei diesem Anblick, und um ihre Verwirrung zu überwinden, begann sie in ihrer gewohnten Geschwindigkeit zu reden.

»Oh, Adam, endlich geht es dir besser. Du hast uns solche Sorgen gemacht! Die arme Amber war außer sich vor Angst. Uns allen ging es so. Und dein armer Vater kann sich seit Wochen nicht mehr auf die Arbeit auf der Farm konzentrieren. Schau ihn an: Er ist nur noch Haut und Knochen! Die Sorge hat uns alle aufgezehrt.«

»Wie seid ihr so schnell hergekommen?«, hakte ich nach.

»Wir sind gestern angekommen und haben in einem Motel übernachtet. Wir möchten einige Tage bleiben.«

»Wie ist das Wetter?« Die Frage schien banal, doch wenn Menschen auf dem Land leben, wird das Leben buchstäblich vom Wetter bestimmt.

»Kein Tropfen Regen! Es ist furchtbar, kein einziger Tropfen. Du meine Güte! Ich weiß nicht, was wir tun sollen, wenn es noch länger so weitergeht. Viele Farmer müssen ihr Land verlassen, sie müssen es aufgeben! Es ist schrecklich!«

Ich sah Vater an und fragte: »Wie steht es auf unserer Farm, Vater? Wirst du durchhalten?«

Er seufzte. »Wir sind jetzt im dritten Jahr ohne Regen. Der Gedanke an ein weiteres Jahr bricht mir das Herz, doch ich habe das Gefühl, dass es noch lange nicht zu Ende ist.« Obwohl das Thema deprimierend war, befand sich Vater auf vertrautem Boden, und er erholte sich rasch von seinem emotionalen Ausbruch. Doch er hatte noch mehr zu sagen. »Ich ... ich weiß nicht, wie ich es richtig sagen soll, doch ich will es versuchen.« Er hielt inne und schluckte, und in seine offensichtliche Verlegenheit mischte sich ein entschlossener Gesichtsausdruck.

»Ich, äh ... mich hat dein Unfall stärker erschüttert, als ich es mir hätte träumen lassen. Der Gedanke, dass du tot sein oder im Sterben liegen könntest, verfolgte mich. Ich weiß, ich bin ein schwieriger, missmutiger alter Knochen, und ich werde mich wahrscheinlich nicht mehr groß ändern, doch ich muss dir sagen, dass ich dich vermisst habe. Seit du und ich damals im Streit auseinander gegangen sind, habe ich dich vermisst. Ich weiß nicht, warum ich dir das nicht sagen konnte, doch ich habe die Worte nicht gefunden. Es ging einfach alles schief.« Er atmete heftig ein, seine Augen füllten sich mit Tränen, und er putzte sich langsam die Nase, als ob er seinen letzten Mut zusammennehmen müsste. Er schaute mich an, und sein Mund öffnete sich einige Male, bis er endlich herausbrachte: »Ich möchte, dass du das weißt ... Ich liebe dich, mein Sohn.«

Ich weinte, Mutter weinte und Vater weinte, da trat Amber ruhig ins Zimmer. Als wir sie bemerkten, wollte sie es gerade wieder verlassen und sagte leise und entschuldigend: »Ich warte draußen.«

»Nein! Geh nicht«, rief ich. »Bitte, ich will, dass du hier bleibst!«

Ich schluckte den Gefühlsklumpen in meinem Hals herunter, denn ich hatte ebenfalls etwas zu sagen, etwas, von dem ich wusste, dass es zu meiner Heilung gehörte. Und ich musste es *jetzt* sagen. Ich schaute Vater in die Augen und sagte: »Vater, ich liebe dich. Wir haben uns jahrelang gestritten, doch du bist immer mein Vater geblieben, und ich habe nie aufgehört, sehr stolz auf dich zu sein.«

Ich wusste sofort, dass ich die richtigen Worte gefunden hatte. Vater mochte keine emotionalen Ausbrüche oder gefühlstriefenden Worte. Er musste wissen, dass er gebraucht wurde, dass ich ihn nie abgelehnt hatte und stolz auf ihn war.

Vater sah aus, als habe ihn ein Esel getreten – und er mochte das Gefühl –, doch dann trat er aus dem Rampenlicht. Er hatte in diesen wenigen Minuten mehr Gefühle gezeigt als in den vielen, vielen Jahren zuvor. Er musste sich wirklich erholen!

Ich sah Amber an und winkte sie zu mir. Als sie bei mir war und ihr Gesicht und ihre Lippen mich berührten, wurde mir plötzlich alles zu viel. Ich brach in Tränen aus und weinte wie ein Kleinkind.

Und wie eine liebevolle Mutter tröstete mich Amber. »Gut, gut, weine nur, mein Liebling. Es wird alles gut werden. Es ist gut, ich liebe dich.« Ihre Hände streichelten mein Gesicht und kühlten meine heiße Stirn. Ihr süßer, frischer Atem mischte sich mit meinem weniger süßen, und ihre Lippen streiften über mein Gesicht, als sie sanft meinen Mund, meine Nase, die Augenlider und Wangen küsste.

Vater lehnte an der Wand, und als er sah, dass wir uns wiedergefunden hatten, liefen Freudentränen seine gefurchten

Wangen hinab. Er hatte sich nach Amber gesehnt. Mutter ließ ihrer Freude freien Lauf, und ihr Taschentuch sauste in seltsamen Kurven zwischen ihrer Nase und ihren Augen auf und ab.

Amber richtete sich auf, wirbelte herum, schnappte sich Mutter und umarmte sie genau in dem Augenblick, in dem auch ihr die Tränen kamen. Nach einer langen tränenreichen Umarmung ging sie zu Vater und winkte Mutter, auch dieses Wiedersehen mit ihr zu teilen. Die Tränen flossen reichlich, als Pete hereinkam und einen kleinen hoch bepackten Instrumentenwagen vor sich herschob.

»Mein Gott! Hier fließt mehr Wasser als unten in den Waschräumen. Ich habe Ihnen eine Kanne Kaffee gebracht, denn ich dachte, Sie könnten sie vielleicht brauchen. Wie Sie wissen, bin ich sehr stolz auf Adam. Er befindet sich jetzt auf dem Weg einer, wie ich hoffe, raschen und problemlosen Heilung.«

Er gab jedem außer mir einen Becher Kaffee, nahm sich auch selbst einen, und grinste breit, als das Schniefen langsam verstummte. Er hob seinen Becher und rief: »Auf Adam und seine Rückkehr zu guter Gesundheit. Möge er rasch wiederhergestellt sein!«

Ich glotzte auf Petes Becher, dessen Farbe, Muster und Form meinem bodenlosen Kaffeebecher bis in jede Einzelheit glich. Doch einen Unterschied gab es natürlich: Pete trank seinen in großen Schlucken leer. Hatte Selph damals diesen Augenblick vorausgesehen, als er das Kaffeehaus erschuf? Hatte er den bodenlosen Bechern absichtlich dieses ungewöhnliche Muster gegeben? Mein Gott! Die Folgen waren nicht auszudenken! Ich betrachtete meine Familie, die Menschen, die ich liebte, und überlegte, ob oder wann ich ihnen von Selph erzählen sollte. Ohne über Vater urteilen zu wollen, wusste ich, dass er so etwas nie verstehen würde. Bei Mutter bestünde schon eher die Möglichkeit, und Amber hätte überhaupt keine Probleme damit. Wenn es sich richtig anfühlte, würde ich ihr von Selph erzählen.

Pete blieb nicht lange, doch ich war ihm dankbar, dass er genau zum richtigen Zeitpunkt erschienen war. Zwar war unsere emotionale Befreiung längst überfällig gewesen, doch jetzt war Lachen angesagt, und unser Geist flog mit den Flügeln neuer Freude. Wie seltsam! Wenn ich diesen Unfall nicht gehabt hätte, wären Vater und ich immer noch in den anstrengenden Verteidigungsrollen gefangen gewesen, die uns beide für so lange Zeit getrennt hatten. Ich dachte wieder an Selphs Worte: Jeder von uns erschafft in jedem Augenblick seine eigene Realität. Sich dieser permanenten Manifestationen bewusst zu sein und das zu erschaffen, was uns und unsere Lieben am meisten erhebt, müsste das eigentliche Ziel aller Menschen sein.

Drei Stunden vergingen wie im Fluge. Amber hielt die ganze Zeit über meine Hand, und Mutter und Vater saßen an meinem Bett. Wir sprachen über vieles, und alles trug zur Heilung der Familie bei, doch zu meinem Ärger spürte ich, wie die gezackten Messer des Schmerzes langsam stärker zustießen, während die Müdigkeit immer mehr an mir zerrte.

Petes Zeitempfinden war unbestechlich. Gerade als Amber sich besorgt über mein wachsendes Unwohlsein äußerte, steckte er den Kopf zur Tür herein. Er warf einen kurzen Blick auf mich und rief: »Es ist Zeit, meine Herrschaften! Der Patient ist erschöpft.«

Vater drückte meine gesunde Hand und blickte mich liebevoll an, während Mutter und Amber mir einen Abschiedskuss gaben. »Keine weiteren Besuche vor morgen, Leute«, tönte Pete und führte sie rasch hinaus.

Wenige Minuten später kam er zurück, und seine sanfte, kindliche Stimme drückte Besorgnis aus: »Wie fühlen Sie sich?«

Ich lächelte schwach, selbst erstaunt über meine tiefe Müdigkeit. »So als ob ich gerade hundert Meilen gelaufen wäre.« Dann grinste ich ihn an. »Wo wir schon dabei sind: Ich müsste eine Reise machen. Ich wäre Ihnen dankbar, wenn Sie dafür sorgen könnten, dass ich in der nächsten Stunde nicht gestört werde.«

Pete nickte verstehend. »Garantiert, Adam. Tun Sie, was immer Sie tun müssen, um gesund zu werden.«

Die Tür schloss sich hinter ihm, und ich schloss die Augen. Ich wollte zuerst etwas schlafen und die Reise anschließend machen, wenn ich mich frischer fühlte, doch trotz meiner Erschöpfung schienen die Schmerzen stark genug zu sein, um mich wach zu halten.

Ich entspannte mich und begann, mein wirkliches Ich in den Lichtkörper zu projizieren. Ich ging ganz leicht durch die Farben, doch obwohl ich sie sehr deutlich spürte, wurde ich von einem nagenden, anhaltenden, ungewollten Schmerz begleitet. Er riss mich fast aus der Übung, doch stur machte ich weiter und entspannte mich noch tiefer. Als ich das Rosa betrat, hatte ich das Gefühl, für immer bleiben zu wollen. Aus einem mir unbekannten Grund drang das Rosa tief in mich ein und beruhigte und linderte den Schmerz mehr als alle anderen Farben zusammen. Ich blieb eine ganze Weile dort, bevor ich schließlich die Treppe hinunterging, am Ufer des Flusses entlangspazierte und in die Sphäre der Stille trat.

Wieder setzte ich mich mit gekreuzten Beinen auf die transparente Haut der Blase mitten über dem Fluss. Und wieder ließ ich zu, dass mein Fokus mit dem Wasser verschwamm und sich an nichts heftete … sich erweiterte … immer weiter wurde. Kurz bevor ich den Fokus vollständig verlor, war ich mir für den Bruchteil eines Augenblicks einer Gegenwart ganz in meiner Nähe bewusst. Ich fühlte, wie eine Energie der Heilung meinen Lichtkörper durchflutete und in meinen physischen Körper im Bett strömte … und dann verlor sich alles im … Nichts.

Einige Zeit später dehnte ich meine Liebe und Dankbarkeit auf den Fluss, die Sphäre und die Gegenwart aus, bevor ich langsam, ohne etwas auszulassen, auf dem Weg zurückkehrte, den

Selph mir gezeigt hatte. Als ich mein Bewusstsein wieder auf meinen physischen Körper richtete, blieb mir gerade noch Zeit zu bemerken, dass der Schmerz nur noch ein leises Gemurmel im Hintergrund war, bevor ich in tiefen, erholsamen Schlaf fiel.

∗

Eine Woche verging, und obwohl ich immer wieder unter zahlreichen tief gehenden Schmerzen litt, war das Schlimmste vorbei. Ich machte die innere Reise täglich – Pete sorgte dafür –, denn jetzt hatte ich das Stadium erreicht, in dem mich die Krankengymnasten nicht mehr in Ruhe ließen.

Finger wurden gehoben, geknetet und gedreht, Arme und Schultern sanft bewegt und meine Beine täglich energisch massiert, um mich auf den Augenblick vorzubereiten, da ich mit dem Laufen beginnen sollte. Wenn ich sagte, »energisch massiert«, dann muss man das jedoch im Kontext betrachten. Für mich fühlte es sich energisch an, doch ein gesunder Sechsjähriger hätte die Prozedur wahrscheinlich verschlafen. Ich aber schwitzte und stöhnte, als meine schwachen, aus der Form geratenen Glieder ihren Protest bekundeten. Die künstliche Hüfte machte Probleme und verlangsamte den Prozess, doch sie schmerzte alles in allem nicht mehr als die Brüche. Meine Nase war wieder heil, die massive Schwellung abgeklungen, und ich konnte wieder durch sie atmen. Die Hand, die mikrochirurgisch gerettet worden war, schien grundsätzlich wieder in Ordnung zu sein; sie wurde am energischsten und gründlichsten bearbeitet.

Pete zufolge waren alle inneren Organe sowie die inneren und äußeren Verletzungen und Abschürfungen lange verheilt. Selbst die punktierte Lunge und die vielen Brüche waren wieder in Ordnung. Auch mein Rücken gesundete, als ob der Zeitverzögerungsschalter ausgeknipst worden wäre. Ich wusste, dass genau dies geschehen war!

Darüber wollte ich unbedingt mit Selph sprechen. Wenn ich meine eigene Realität erschuf, hatte ich dann tatsächlich meine Heilung verzögert? War es so, weil ich den Schmerz bewusst überwinden wollte, statt meine Gesundung unter Beruhigungs- und Schmerzmitteln abzuwarten? Als ich die Fragen klar formuliert hatte, wusste ich auch bereits die Antwort. In beiden Fällen lautete sie »ja«. Wenn ich in einem komatösen oder beruhigten Zustand gesund geworden wäre, hätte mein Unfall seine Bedeutung verloren.

Mutter und Vater fuhren sehr erleichtert nach Hause, und Vater war wieder fähig, sich auf die durch die Dürre verursachten Probleme auf der Farm zu konzentrieren. Kate und Bruno besuchten mich einige Male, und Bruno erzählte mir, dass seine Beziehung zu Vater sich in der letzten Zeit bemerkenswert verbessert habe. Ohne Zweifel hatte mein Scharmützel mit dem Tod bei meinem Vater einiges zum Besseren gewendet.

Sosehr ich meine Familie liebte, war es doch Amber, nach der ich mich sehnte. Wenn sie durch die Tür trat, erhellte sich mein Zimmer. Selbst die Physiotherapeuten ließen von mir ab, wenn Amber mich besuchte.

»Halten Sie ihn in Bewegung, Mrs Baker«, pflegten sie verschwörerisch grinsend mit wissendem Blick zu sagen, und dann verließen sie uns, und wir vertieften uns ineinander. Und das ist gar nicht so einfach, wenn man in Schienen und Gips verpackt ist. Doch, bei Gott, ich versuchte es trotzdem!

Die Tage vergingen rasch, und ich überlegte oft, ob mich Selph einmal ganz normal besuchen würde, doch er tat es nicht. Ich hatte ihn seit jenem verbotenen Besuch am frühen Morgen, bei dem er mich die Reise gelehrt hatte und dann in die Sphäre aufgetaucht war, nicht mehr gesehen. Oft sandte ich ihm stille mentale Botschaften, in denen ich ihm vorschlug, zu mir zu kommen, doch ich vermutete, dass er die Zeit nicht für reif hielt. Sobald ich wieder klar denken konnte, hatte ich

Amber gebeten, dafür zu sorgen, dass meine Pflanzen und Bonsais zu Hause gegossen wurden. Im Rückblick betrachtet war dies eigentlich lächerlich, denn wahrscheinlich waren sie in den vorangegangenen Wochen, in denen sich niemand um sie gekümmert hatte, ohnehin alle eingegangen. Seltsamerweise war dies nicht der Fall. Amber war bald nach meinem Unfall in mein Haus gefahren, um zu sehen, ob alles in Ordnung war, und hatte bemerkt, dass offensichtlich jemand für das Haus und die Pflanzen sorgte. Obwohl sie einige Male vorbeikam, um herauszufinden, wer dies tat, traf sie niemals jemanden an. Sie hatte die Nachbarn, Mutter und Kate gefragt und wunderte sich, dass niemand von ihnen diese Aufgabe übernommen zu haben schien. Damals hatte sie sich entschlossen, dieses Thema aufzuschieben, bis es mir besser ging.

Jetzt, wo meine Gesundung rasche Fortschritte machte und ich außer Gefahr war, entschied sie, dass die Zeit gekommen war, das Geheimnis der gegossenen Pflanzen zu lüften. Verwundert berichtete sie mir in allen Einzelheiten, was geschehen war.

»Jedes Mal, wenn ich deine Pflanzen gießen wollte, waren sie ohne Ausnahme bereits versorgt. Schließlich kümmerte ich mich nicht mehr darum. Ich meine, was geht hier eigentlich vor? Gibt es jemand anderen in deinem Leben?«, fragte sie, und ihre Augenbrauen hoben sich zögernd, unsicher und in gespieltem Ernst.

Mein Zögern schien mich zu belasten.

»Es stimmt also?« Ihre Augen flammten vor Zorn, blickten kurz darauf verletzt, und ihr Gesicht spiegelte ihre Bestürzung. »Aber warum hast du mir nichts davon gesagt?« Selbst ihre Stimme klang gekränkt.

Ich seufzte tief, denn ich wusste, dass die Zeit der Erklärung gekommen war, obwohl ich gehofft hatte, das Ganze hinausschieben zu können, bis ich wieder zu Hause war.

»Amber, mein Liebling, es gibt keine andere Frau in meinem

Leben. Du warst immer die Einzige für mich. Da ist jedoch wirklich eine andere Person, wenn ... er überhaupt so etwas ist.«

So gab ich ihr einen ziemlich genauen Bericht über meine Begegnung mit Selph sowie die darauf folgenden Ereignisse und schloss mit seinem letzten Auftauchen hier im Krankenhaus. Mit großen Augen hörte sie zu, ohne zu unterbrechen, wobei sie immer wieder erstaunt oder belustigt den Kopf schüttelte.

Als ich geendet hatte, schaute ich sie erwartungsvoll an.

Sie schürzte die Lippen und kniff die Augen zusammen. »Erwartest du wirklich, dass ich so eine Geschichte glaube?«

Ich wusste, dass sie es tat. »Natürlich!«

»Ich denke, dass du etwas ganz Besonderes sein musst, wenn es dir gelingt, so jemanden in dein Leben zu ziehen«, sagte sie ernst.

»Das meine ich nicht. Ich bin nicht spezieller als alle anderen. Es geht um meine innere Sehnsucht, die besteht, solange ich denken kann. Ich habe immer gewusst, dass ein umfassendes, wirklich wichtiges Wissen für die Menschheit bereitsteht, doch nur sehr wenig Menschen sind damit in Kontakt. Der Großteil meiner Schwierigkeiten mit dir beruhte auf der ungeheuren Unzufriedenheit, die ich dem Leben gegenüber empfand – ohne es zu verstehen und ohne zu wissen, wie ich das Ganze lösen sollte. So wurde ich launisch und vorwurfsvoll und beschuldigte andere Menschen für das, was ich tief in meinem Inneren als meine eigenen Fehler und meine Unvollkommenheit erkannte.«

Ich nahm Ambers Hände und seufzte: »In dir fand ich eine Unschuld, die mich fast wahnsinnig machte. Du scheinst dieser ›wichtigen Einsicht‹ so nahe zu sein, dass ich mich kleiner fühlte. Nicht, dass dies dein Fehler gewesen wäre«, fügte ich hastig hinzu. »Ich weiß jetzt, dass ich auf dich reagierte und versuchte, dich durch Beschuldigungen und Angriffe auf meinen eigenen elenden Status zu erniedrigen. Auf eine ganz verzerrte Weise wollte ich, dass es mir dadurch mit mir besser ginge. Natürlich geschah genau das Gegenteil. Ich fühlte mich kleiner, immer ängstlicher und unglücklicher.« Ich lächelte traurig.

Amber küsste mich auf die Lippen und fuhr mir sanft durchs Haar.

»Nach allem, was ich gehört habe, habe ich nicht den mindesten Zweifel, dass du und ich von jetzt an glücklich zusammenleben werden. Wenn Selph für diese Einsichten verantwortlich ist, und dafür, dass du sie dir ohne Schuldgefühle anschauen kannst, dann will ich ihn treffen. Ich bin bereit für einen solchen Lehrer.«

»Ähm, obwohl ich die Idee gut finde, kann es sein, dass Selph nicht zustimmt. Er wählte mich aus, genauso wie ich ihn auswählte, und der richtige Zeitpunkt war absolut entscheidend. Das sagte er von Anfang an, doch erst jetzt erkenne ich, wie Recht er hatte. Der Zeitpunkt war perfekt. Ich war bereit, auch wenn es mir nicht bewusst war!«

»Was meinst du genau mit ›der richtige Zeitpunkt‹?«

Ich betrachtete sie nachdenklich und versuchte, die passenden Worte zu finden. »Also, die Sehnsucht war schon lange da, doch ich musste vollkommen bereit sein, um den richtigen Zeitpunkt zu erschaffen. Offensichtlich kam alles zusammen. Wie ich dir sagte, wusste Selph, dass ich einen Unfall haben würde und dass ich mich zwischen dem Leben in meinem zertrümmerten Körper und einem nichtphysischen Leben entscheiden musste. Für den Tod kann man sich nicht entscheiden. Und er wusste, dass du ein Teil der Gleichung warst. Als ich dich neben meinem Bett stehen sah und du mir sagtest, du liebtest mich und wir hätten eine Chance, da wusste ich, dass ich bei dir sein wollte. Doch sosehr ich dich liebe – das muss ich dir beichten –, wenn es bedeutet hätte, dass Selph nicht länger mein Lehrer geblieben wäre, dann hätte ich mich entschieden, den Körper aufzugeben. Hätte er es von mir verlangt, ich hätte mich, so schrecklich es klingen mag, gegen dich und mein physisches Leben entschieden, um weiter mit ihm zusammenzuarbeiten. Ich selbst war darüber entsetzt, doch da es so ist, glaube ich, dass es zeigt, wie bereit ich bin, endlich herauszufinden, wer ich wirklich bin. Ich hoffe, ich habe dich nicht verletzt«, fügte ich besorgt hinzu. »Ich möchte dir gegenüber einfach ehrlich sein. Doch ich muss hinzufügen, dass meine Angst, in einen so schmerzenden Körper zurückzukehren, durch die Aussicht gelindert wurde, mit dir und Selph zusammen weiterzuleben. Das war ein Segen.«

Amber schaute zu Boden und lächelte. »Es ist in Ordnung. Ich bin wirklich nicht verletzt, obwohl ich zugeben muss, dass ich überwältigt bin. Du bist nicht mehr derselbe Adam, den ich geheiratet und mit dem ich drei Jahre zusammengelebt habe.«

»Das würdest du auch nicht wollen«, fügte ich trocken hinzu.

Mit diesem Kommentar endete unser Gespräch, denn wir hatten uns zwei Jahre lang nicht mehr geküsst und einiges nachzuholen.

✳

Der Tag, den ich gefürchtet und nach dem ich mich gleichzeitig gesehnt hatte, war endlich angebrochen. Jetzt ging es endlich los! Die Physiotherapeuten sagten mir, dass ich es nun sei, der sie von diesem Tag an besuchen würde. Sie kämen ab sofort nicht mehr zu mir. Welche Herausforderung!

Vor einigen Tagen waren in Vorbereitung auf diesen Tag die Gipsverbände entfernt und durch bequemere, viel dünnere und leichtere Schienen ersetzt worden. Selbst mein Korsett wurde ausgetauscht und gab mir jetzt einen wesentlich flexibleren Halt.

Pete pfiff ein übliches tonloses Lied, als er mich im Rollstuhl zum Fitnesscenter schob.

»Mensch, was für ein Gewirr von Fluren es hier gibt!«, staunte ich.

»Ja, und es wäre besser, wenn Sie den Weg rasch lernten. Ich habe Besseres zu tun, als Sie herumzuschieben.«

»Quatsch! Der einzige Grund, warum Sie hier sind, ist, damit Sie lachen können, wenn ich auf die Nase falle.«

»Hmmm. Das ist ein schöner, ausgesprochen positiver Gedanke«, neckte er mich.

»Sie haben Recht. Ich versuche, nicht zu fallen.«

»Jawohl! Ich schlage vor, dass Sie dies mit äußerster Anstrengung verfolgen. Ich weiß nicht, ob ich Sie noch einmal zusammenflicken kann.«

Durch unsere flapsige Unterhaltung versuchten wir die Spannung zu überspielen, die wir beide empfanden. Ich wusste, dass Pete fast so nervös war wie ich. In Wahrheit hatte ich Angst. Der Gedanke, zu fallen, genügte, um meine Nerven bis aufs Äußerste zu spannen, weil ich unbewusst den Schmerz erwartete. Jeder hatte mich so ermutigt, und ich hatte seit Wochen auf diesen Tag gewartet, doch jetzt war ich aufgeregt und ängstlich.

Die Flügeltür stand weit offen, und wir betraten einen sehr großen Raum, der mit einer verwirrenden Auswahl an Bodybuilding-Geräten ausgestattet war. Viele Geräte waren mir bekannt, doch die Mehrzahl der Apparate hatte ich noch nie gesehen, und ich konnte ihre Funktion nur erraten.

Zwei Mitglieder des Teams kamen, um uns zu begrüßen. Sie waren beide Mitte dreißig, und sowohl der Mann als auch die Frau wirkten superfit. Beide waren blond mit ähnlichen, freundlichen Gesichtszügen und ähnlich athletischem Körperbau, wodurch sie wie Zwillinge wirkten. Sie trugen die gleichen ärmellosen weißen Trikots sowie hellblau-weiß gestreifte Shorts und lächelten mich ermutigend an.

»Hallo, Adam. Mein Name ist Jim, und das ist meine Zwillingsschwester Mandy. Wir werden beide mit Ihnen arbeiten und Sie wieder auf die Füße bringen. Beide haben wir Ihren Fall in allen Einzelheiten studiert und eine Reihe von Übungen ausgewählt, die Ihre Kraft und Ihre Beweglichkeit vorsichtig wiederherstellen sollen.«

Ich nickte und lächelte sie an. »Ich hoffe, dass ich das schaffe. Ich habe wirklich keine Ahnung, was ich kann und ob ich überhaupt schon Laufen lernen soll.«

Mandy lächelte, und ihre Zähne waren weißer als weiß. »Machen Sie sich keine Sorgen. Zuerst werden wir eine Reihe Tests durchführen, um festzustellen, wozu Sie momentan fähig sind. Das ist unser Ausgangspunkt. Sagen Sie, wie fühlen Sie sich?«

»Meinen Sie seelisch?«

»Ja.«

Ich dachte ernsthaft nach. »Allgemein gesprochen, fühle ich mich optimistisch in Bezug auf meine Zukunft, obwohl ich meine schlechten Tage habe. Ich habe akzeptiert, was mir passiert ist, und ich möchte wieder stark und mobil werden.«

»Dies wird mit Sicherheit der schmerzhafteste und schwierigste Teil Ihres Genesungsprozesses sein. Sind Sie darauf vorbereitet?«

»Ja, natürlich.«

Und so begann es.

Sieben

Wie wenig hatte ich gewusst. Ich hatte nur *geglaubt*, vorbereitet zu sein. Die Wirklichkeit erwies sich als ganz anders. Es tat so weh, dass es Zeiten gab, in denen mich tiefe Verzweiflung überwältigte. Ich merkte schnell, dass dieser Raum kein Fitnesscenter war, wie ich zuerst angenommen hatte. Er war eine Folterkammer, und man erwartete von mir, dass ich meine Qualen bereitwillig auf mich nahm.

In über drei Wochen waren mir nicht mehr als ein paar wenige wackelige Schritte zwischen den Barrenstangen gelungen. Mandy sagte mir immer wieder, dass ich zu viel erwarte, doch ich war bitter enttäuscht über meine elende Vorstellung. Meine Schwäche erschreckte mich. Der starke, physisch sehr kräftige Mann von einst hatte sich in einen zitternden, bebenden Schwächling verwandelt, und diese Demütigung trieb mir die Tränen in die Augen.

Ich schwitzte so stark, dass sich Pete über meinen Konditionsverlust zu sorgen begann. Meine Glieder sollten sich dort, wo es eigentlich von ihnen zu erwarten war, beugen und biegen, doch als hätten sie einen eigenen Willen, blieben sie zittrig, starr und unnachgiebig. Ich erfuhr in diesen drei Wochen mehr über die tatsächliche Schädigung meines Körpers als während der gesamten Zeit, die ich im Bett verbracht hatte. Selphs Aufzählung meiner Verletzungen war das eine, doch als ich versuchte, meine Glieder zu bewegen und wieder mobil zu werden, zeigte sich, wozu die Verletzungen geführt hatten: Mein Körper war eine Katastrophe, ein zertrümmertes menschliches Wrack.

Doch zu meiner Verteidigung sei gesagt, dass ich durchhielt. Jeden Tag erduldete ich die Tortur und unterwarf mich dem quälenden Regime, das mich vor Erschöpfung zittern ließ. Jim und Mandy verfolgten die Prozedur mitleidlos und entwickelten immer neue, kraftraubende Übungen. Ich war mir sicher, dass sie schon mit einem Lächeln auf dem Gesicht geboren wurden. Eine Weile lang glaubte ich insgeheim, sie würden selbst dann noch lächeln, wenn sie weinten. Doch darin irrte ich mich.

Wie es geschah, weiß ich nicht genau, doch ich hatte schon fast zwanzig Minuten lang damit gekämpft, ein widerwilliges Bein nach dem anderen zwischen den Barrenstangen vorwärts zu schieben. Ich drehte mich zur Seite und griff nach dem dicht neben mir stehenden Sicherheitsgitter, an dem ich mich entspannen konnte. Dieses Gitter war im Grunde sehr stabil, doch ich zitterte so stark vor Schmerz und Erschöpfung, dass ich ungeschickt stolperte und – eigentlich war das völlig unmöglich – mit dem Kopf zuerst darüber hinausschoss.

Als wenn ein Käfer zwischen zwei riesigen Ziegelsteinen zerquetscht würde, explodierte der Schmerz in meiner Wirbelsäule und steigerte sich zu einem Crescendo roter Qual. Ich kann nicht sagen, ob ich auf dem Boden aufschlug. Mir schien es vielmehr, als schwebte ich eine Weile in der Luft, umklammert von einem unvorstellbaren Leidenskampf. Ich fühlte mich merkwürdig körperlos und sah Mandy unter mir, die neben meinem gestürzten Körper kniete. Sie hielt meinen Kopf in ihrem Schoß, und Tränen strömten ihr die Wangen hinab. Voller Fürsorge und Mitgefühl wiegte sie mich sanft und flüsterte leise Worte des Trostes. Wieder sah ich den großen, undeutlichen goldenen Schimmer einer seltsamen himmlischen Präsenz, die ich schon kannte, und wieder beugte sie sich über meinen Körper. Machtvoller als je zuvor fühlte ich das Bedürfnis, sie zu beanspruchen oder zu erkennen, eins mit ihr zu werden, und dann … ?

Für einen langen zeitlosen Augenblick schien ich in einer Zeitlupenbewegung gefangen, dann nahm die Geschwindigkeit rasant zu, alles begann sich zu drehen und einen langen, dunklen, spiralförmigen Trichter zu bilden … Ich fiel hinein.

Doch eigentlich hatte ich weniger das Gefühl, in diese sich drehende Spirale zu *fallen*. Es fühlte sich mehr so an, als wenn ich mich in furchtbarer Freiwilligkeit von ihr ansaugen ließe. Wie ein Fallschirmspringer bei seinem ersten Flug rotierte ich, während ich fiel, unfähig, mich aufzurichten oder meinen Körper zu kontrollieren. Ich wollte schreien, doch ich vermochte es nicht, meinem Mund einen Ton zu entlocken, obwohl ich ihn auf- und zuklappte wie ein Fisch auf dem Trockenen. Zuerst fiel ich mit scheinbar hoher Geschwindigkeit, doch allmählich wurde ich langsamer und immer langsamer, bis ich schließlich spürte, dass meine Füße festen Boden berührten.

✳

Ich landete leichtfüßig mit gebeugten Knien und grinste meine Verlobte an.

»Siehst du? Ich bin in Bestform! Ich werde hinabklettern und sie zurückholen, und bevor du nachdenken kannst, bin ich schon wieder da.«

Elizabeth schüttelte energisch den Kopf, und ihre Stimme klang verzweifelt: »NEIN! Das ist viel zu gefährlich. Die dumme Tasche ist überhaupt nicht wichtig. Wenn du dort hinunterkletterst, werde ich schrecklich zornig!« Sie blickte finster, und ihre schwarzen Augenbrauen trafen sich fast in der Mitte, so besorgt und wütend war sie. »Du solltest wirklich vernünftiger sein, James.«

Lachend spähte ich über den Rand der Klippe. Dort, keine fünfzehn Meter unter mir, lag Elizabeths Tasche eingeklemmt in einer kleinen Felsspalte. Wir hatten aufs Meer hinausgeblickt und die Möwen beobachtet, die einem Schwarm winziger Fische folgten. Elizabeth hielt ihre Tasche in der Hand, doch plötzlich hatte sie auf einen großen Seeadler gezeigt, der wie ein Pfeil durch die herabstoßenden Möwen schoss und tief in einen Fischschwarm tauchte. Dabei war ihr die Tasche aus den Fingern geglitten, und obwohl sie mit einem scharfen Schrei nach vorn sprang, um die Tasche aufzufangen, war es zu spät gewesen, und sie fiel die Klippe hinab. Elizabeth schaute mich verzweifelt an. »Verflucht! Da waren fünf Pfund drin. Die sind jetzt verloren. Ich hoffe, dass Vater nicht zu wütend auf mich sein wird.«

Ich atmete tief ein und dann lange aus. Bei allen Heiligen! Woher hatte sie so viel Geld? Ich wusste, dass sie aus einer reichen Familie stammte, doch fünf Pfund in ihrer Tasche? Fünf Pfund waren verdammt viel Geld. Ich musste etwa fünf Monate hart arbeiten, um fünf Pfund zu verdienen. Ich konnte nicht einfach weggehen und so viel Geld nur fünfzehn Meter unter mir zurücklassen.

Vorsichtig spähte ich die Klippe hinab und stellte fest, dass sie so zerklüftet war, dass sie Händen und Füßen leicht Halt bieten würde. Andererseits fiel die Klippe senkrecht etwa dreißig Meter tief ab, bevor sie auf den goldenen Sand des Strandes traf, und das war weniger gut. Frost und Eis hatten der Klippe zahlreiche Steine entrissen, die ich unten verstreut auf dem Strand liegen sah.

Elizabeths Proteste überhörend, knöpfte ich meine dicke Kordjacke auf und zog sie aus. Meine Kniebundhose war um Hüften und Gesäß bequem weit, doch an den Beinen eng geschnitten. Da sie direkt unter den Knien geknöpft war, würde sie mir nicht die Sicht auf die Vorsprünge versperren, auf die ich meine Füße stellen konnte. Die Stiefel waren ideal, aus kräftigem, aber weichem Leder gemacht und über den Knöcheln geknöpft; sie boten mir die ideale Unterstützung. Weil es recht warm war, zog ich auch mein dickes, enges Oberhemd aus und behielt nur das warme, weichere Unterhemd an. Ich war gut in Form, stark und bestens vorbereitet.

Elizabeth verlegte sich jetzt aufs Bitten, denn sie hatte wirklich Angst um mich.

»Bitte, James, bitte, mein Lieber, denk noch einmal darüber nach! Das Geld spielt doch keine Rolle. Vater wird mich ein paar Minuten lang mit unhöflichen Ausdrücken bewerfen, doch dann wird er die Sache einfach vergessen.« Ihre Augen weiteten sich plötzlich, denn sie hatte eine Idee. »Wir können mit ein paar Männern vom Gut und einem langen Seil zurückkehren, um die Tasche zu holen. O James, gib's zu, das ist das Vernünftigste!«

Ich wusste, dass sie Recht hatte, doch wenn man einundzwanzig ist und die Chance sieht, seine körperliche Kraft und seine Fähigkeiten unter Beweis zu stellen, handelt man nicht immer vorsichtig, ganz zu schweigen davon, dass man sich überlegt, wie etwas am vernünftigsten getan werden könnte. Wir standen nebeneinander an dieser einsamen Klippe, und der Wind war klebrig vom Salz, das er dem weiten Ozean gestohlen hatte. Ich fühlte mich Elizabeth so nahe und liebte sie so sehr, dass ich mich vor ihr beweisen wollte, wenngleich ich wusste, dass sie das nie verstehen würde.

Ihre Familie war viel reicher als die meine, und obwohl weder ihre Eltern noch ihre Geschwister jemals angedeutet hatten, dass ihnen dies missfiel, störte es mich trotzdem. Ich wollte, nein, ich musste mich beweisen, und diese verlorene Tasche gab mir die perfekte Gelegenheit.

Ohne mich weiter zu erklären, schwang ich mich über den Rand der Klippe und ertastete mir vorsichtig den Weg nach unten. Zu meiner Überraschung war es zuerst lächerlich einfach, und ich stieß einen erleichterten Seufzer aus, weil es so viele Möglichkeiten gab, Hände und Füße zu setzen. In wenigen Augenblicken hatte ich die Hälfte des Weges zur Tasche zurückgelegt, und ich lächelte bei dem Gedanken daran, wie Elizabeth mich bei meiner Rückkehr begrüßen würde. Sie war ein sinnliches Mädchen mit einem gesunden Appetit auf Sex. Sie würde ihre Dankbarkeit dort oben auf dieser einsamen Klippe äußerst genüsslich zum Ausdruck bringen.

So kam ich eine ganze Weile mühelos voran, doch plötzlich wurde es viel schwieriger. Ich befand mich jetzt nur noch fünf Meter über der Tasche, doch es gab kaum noch Vorsprünge, an denen ich mich festhalten konnte. Die nächsten zehn Minuten schwitzte ich, während ich versuchte, Meter für Meter abzusteigen. Zusätzlich machten sich jetzt meine Hände und Füße bemerkbar, denn ich war einfach nicht geübt darin, mein gesamtes Gewicht den Fingern einer Hand und den Zehen eines Fußes zu überlassen, wenn ich mich streckte, um mit der anderen Hand den nächsten Halt zu ertasten.

Nur noch knapp zwei Meter, dann hatte ich es geschafft. Elizabeths Stimme klang äußerst besorgt: »O James, bitte sei vorsichtig!«

Ich erreichte die Tasche, ergriff sie und wollte sie gerade in meine Hosentasche stopfen, als die Welt unter mir wegbrach. Der Felsbrocken, auf dem ich stand, brach einfach ab, und mit einem entsetzten Schrei stürzte ich die restlichen fünfzehn Meter hinunter und schlug mit dem Rücken flach auf dem Sand auf.

Leicht betäubt lag ich in dem weichen, nachgiebigen Sand und konnte mein Glück kaum fassen. Ich lebte! Sicher, mein unteres Rückgrat schmerzte, doch ich war lebendig. Oben auf der Klippe direkt über mir spähte Elizabeth herunter, einen Schrei eingefroren auf ihrem blassen Gesicht.

Ich versuchte, auf die Füße zu kommen. Meine Arme bewegten sich ohne Schwierigkeiten, und auch die Schultern konnte ich schmerzfrei bewegen, doch ich hatte keine Kontrolle über meine Hüften und Beine. Sie waren gelähmt!

Ich ließ mich zurück in den Sand fallen und stöhnte. Bei allen Heiligen! Ich war verkrüppelt. Ich versuchte, die rechte Hand unter den Rücken zu schieben, doch ich traf auf einen Stein, nicht größer als mein Stiefel. Ich kniff die Augen zu, unfähig, einen verzweifelten Schrei zu unterdrücken, der sich meiner Kehle entrang: »Oh, lieber Gott, nein. Bitte, Gott, nicht verkrüppelt!« Ich blickte auf und sah Elizabeth, die zu mir herabschaute, ihr blasses Gesicht eine Maske aus Schrecken und Mitgefühl. Dann verschwand es plötzlich. Ich bäumte mich auf und warf mich bei dem Versuch, mich aufzurichten, im Sand hin und her. Doch der dumpfe Schmerz in meiner Wirbelsäule wurde immer stärker, und mit einem verzweifelten Stöhnen gab ich auf.

Niemals in meinem kurzen Leben hatte ich mich so hilflos gefühlt. Ich hatte meine Kraft und meine körperlichen Fähigkeiten immer als selbstverständlich hingenommen, und jetzt konnte ich noch nicht einmal aufstehen. Voller Angst und Verzweiflung weinte ich vielleicht zehn Minuten lang, als mich das sanfte Rascheln unzähliger Sandkörner aufschreckte, ein Geräusch, das mich schaudern ließ. Die Flut kam!

Ich drehte den Kopf, um herauszufinden, wie nahe sie bereits war. O Gott! Die erhöhte Lage, die ich vom hinteren Strand aus hatte, ließ mich erkennen, dass die Wellen nur noch drei Meter von mir entfernt waren, und sie krochen erbarmungslos näher. Ich wusste, ohne hinschauen zu müssen, dass die Flut bis zur Klippe reichte, und auf ihrem höchsten Stand würde sie diese einige Meter unter Wasser setzen.

Mein Schicksal schien besiegelt. Ohne Zweifel war Elizabeth losgelaufen, um Hilfe zu holen, doch wenn nicht ein Wunder geschah, würde das Stunden dauern. Ich schätzte, dass mir noch dreißig bis fünfundvierzig Minuten blieben. Ich reagierte völlig kopflos und warf mich in blinder Panik wie ein gestrandeter Fisch im Sand hin und her, ohne mich auch nur einen Zentimeter fortzubewegen, bis schließlich das Denken wieder einsetzte. Ich erkannte, dass ich auf dem Rücken keine Chance hatte. Wenn ich in dem weichen Sand vorwärts kommen wollte, musste ich mich irgendwie umdrehen. Ich war völlig erstaunt, dass dieses normalerweise so einfache Manöver so schwierig sein konnte. Die nächsten Minuten versuchte ich vergeblich, meinen Körper umzudrehen. Ich verdrehte die Schultern in jede Richtung, doch ohne Erfolg. Ein unbarmherziges Gewicht schien auf meinem Unterkörper zu lasten und ihn gnadenlos in den Sand zu pressen.

Die Wellen kamen näher, ihr Rauschen war schon dicht bei mir. Mit absoluter Sicherheit würden sie sich immer höher den Strand hinauflecken; der Sand, auf dem ich lag, wurde langsam nass. Ich musste etwas tun. Neben meiner rechten Hand bemerkte ich einen großen Stein, und mir kam die Idee, ihn als Hebel zu benutzen. Ich krümmte mich, und es gelang mir, einige Zentimeter zu ihm hinzurutschen, bis ich den Felsbrocken mit ungeheurer Anstrengung zu fassen bekam. Mit ihm als Anker zog ich mit aller Kraft, und endlich schaffte ich es, mich auf die andere Seite zu wälzen.

Am liebsten hätte ich meinen gequälten Körper ausgeruht, denn der Schmerz tanzte krampfartig in meinem Rückgrat, doch ich hatte keine Zeit. Die ersten kleinen Vorboten der Wellen erreichten mich, leckten sanft an mir und erfüllten mich mit furchtbarer Angst.

Ich zwang beide Arme unter die Brust und begann, kraft meiner Unterarme der Klippe entgegenzukriechen. Dort, wo die steile Felswand auf den Strand traf, versprach ein vorspringender Stein ein Fünkchen Hoffnung.

Trotz dumpfer Schmerzen und heftiger Stiche im Rückgrat gelang es mir, vorwärts zu kriechen, ohne meine Arme zu verletzen, und tapfer schob ich mich mit den Wellen um die Wette der Klippe entgegen. Wir kamen gleichzeitig an, und das Wasser half tatsächlich mit, indem es mich dem vorspringenden Stein entgegenhob. Ich konnte nur beten, dass der höchste Teil dieses Felsens über dem Höchststand der Flut bleiben würde.

Mit grimmiger Ausdauer zog ich mich an dem Gestein hoch, und eine Blutspur zeigte mein Vorwärtskommen an. Muscheln bedeckten in dicken Schichten die niedrigeren Vorsprünge der Klippe, und als ich mich über sie schob, schnitten sie mir wie

Rasiermesser ins Fleisch. Ich zog mich immer weiter hoch, bis ich den höchsten Punkt des Felsens erreicht hatte. Hier überwältigten mich Schmerzen und Qualen, und mit einem tiefen Seufzer verlor ich das Bewusstsein.

Beträchtlich später erfuhr ich, dass Elizabeth, ihr Vater und seine Männer die Flut hatten abwarten müssen, bis sie nach meinem Körper suchen konnten. Sie zweifelten nicht daran, dass ich ertrunken war, denn Elizabeth hatte erst Hilfe geholt, als ihr klar wurde, dass ich durch den Sturz gelähmt war. Sie waren erstaunt und erfreut, als sie mich durchnässt und bewusstlos, aber lebendig hoch oben auf dem vorspringenden Felsen fanden. Ich wurde zu dem in der Nähe wartenden Pferdewagen getragen, und Elizabeth bestand darauf, mich zu ihr nach Hause zu bringen.

Dort wurde ich gewaschen und verbunden, und der Arzt der Familie hat nach mir gesehen. Meine Unterarme, die schlimm zerschnitten waren, wurden verbunden, ebenso der Bauch, die Oberschenkel und Beine, die ebenfalls unter den unbarmherzigen Muscheln gelitten hatten. Für mich war das jedoch nebensächlich, denn man hatte mir gesagt, dass ich wahrscheinlich nie wieder würde laufen können. Die wirkliche Ironie meiner Situation wurde mir klar, als ich etwas belauschte, das nicht für meine Ohren bestimmt war.

Obwohl mein Rücken ernsthaft verletzt war, hätte ursprünglich die Chance bestanden, dass er mit der Zeit heilte. Dadurch, dass ich vor den Wellen geflüchtet war, hatte ich den Schaden irreparabel gemacht. Ich wäre auf jeden Fall verdammt gewesen, ganz gleich, wie ich mich entschied.

Das nächste Jahr war furchtbar. Ich wurde zurück ins Haus meiner Familie gebracht, und meine ältere Schwester Anne widmete mir praktisch all ihre Zeit, um für mich zu sorgen. Obwohl ich mich monatelang verzweifelt bemühte, die unteren Glieder zu bewegen, erwies sich dies als unmöglich, und ich fiel in eine tiefe Depression, die mich zu verschlingen drohte. Meine geliebte Elizabeth verließ mich, vertrieben von meiner Verzweiflung und Zurückweisung, denn ich wusste, dass ich ihr nie ein Ehemann würde sein können. Wie ironisch, dass ausgerechnet sie es war, die mir dies ganz klar machte! Wie so oft besuchte sie mich wieder einmal und versuchte, mich meiner Verzweiflung zu entreißen, indem sie mit mir redete und die Ereignisse ihres Lebens mit mir teilte. Ich saß im Rollstuhl, und sie schob mich in den Garten, wo wir ungestört zusammen sein konnten.

Zu meiner Freude küsste sie meine Lippen und mein Gesicht mit großer Leidenschaft, ihr Mund kroch über meine Brust und meinen Unterleib, während sie meine Hose öffnete, Als ich fühlte, wie sie mich berührte, schnappte ich nach Luft. Sie nahm mein armes, verschrumpeltes Glied in die Hände und bemühte sich, es stolz aufrecht stehen zu lassen, sie küsste es, leckte es mit der Zunge und knabberte mit den Zähnen daran, doch obwohl ich vor Begierde fast verging, blieb mein Glied schlaff und impotent. Die Verletzung, die meine Beine lähmte, hatte mir auch meine Männlichkeit geraubt – für immer.

Gedemütigt und jenseits alles Erträglichen gekränkt, stieß ich sie von mir und schrie, dass ich sie nie wieder sehen wollte. Vielleicht war es eine edle Tat, denn da sie so leidenschaftlich war, hatten wir bestimmt keine Zukunft miteinander, doch meine Wut, meine Verzweiflung und letztlich die Zurückweisung waren keine angemessenen Reaktionen.

Von diesem Tag an ging alles schief. Die meiste Zeit lag ich im Bett, und Anne wusch mich und versorgte mich mit Essen. Als mein Ekel vor mir selbst wuchs, probierte ich, ob ich es schaffen würde, dass Anne mich hasste, doch sie ignorierte meine Anschuldigungen, die Wutanfälle, Nörgeleien und Temperamentsausbrüche und sorgte weiter für mich. Jetzt mieden mich sogar meine Eltern, weil ich meine Wut an jedem ausließ, der gehen konnte.

Woche für Woche lag ich im Bett und wurde immer schwächer und blasser, während ich einen Tag nach dem anderen verfluchte. Tausend, nein Millionen Mal ging ich den Schicksalstag in allen Einzelheiten durch und verfluchte mich, dass ich den Wellen entkommen und nicht ertrunken war. Stunde um Stunde, Tag um Tag und Woche um Woche verlor ich mich auf diese Weise in ein langweiliges, hasserfülltes Leben. Ich konzentrierte mich auf mein Selbstmitleid und meinen Hass, bis ich mich vollkommen verabscheute. Ich verachtete mich in einem Maß, das keine Umkehr mehr möglich machte – ich war verloren. Und ich wollte nicht mehr leben.

Viele Male hatte ich Anne um einen Dolch gebeten, doch sie lehnte ab. Wochen und Monate hatte ich ergebnislos mit ihr diskutiert, bis ich mich geschlagen gab und das Thema fallen ließ. Dann, genau einen Tag bevor sich mein Unfall jährte, kam mir eine Idee. Ohne zu fluchen, bat ich Anne höflich, ob sie mir ein Pony und einen Wagen besorgen könne; ich wolle am Nachmittag ausfahren.

Sie war hocherfreut, denn sie hielt dies für die Wende. Ich bat sie sogar darum, mich zu dieser Gelegenheit schön anzuziehen. Anne hatte glücklich einen Mann aus dem Dorf gebeten, mir in den Wagen zu helfen, und alles war vorbereitet. Als der Mann am nächsten Tag kam, war ich angezogen und bereit. Stark wie ein Ochse hob er mich auf, trug mich nach draußen und setzte mich vorsichtig auf den Fahrersitz des Wagens.

Anne stand neben mir und plapperte glücklich. »O Jamie, ich wünsche dir so, dass du das Schlimmste überstanden hast, denn weißt du, du kannst immer noch ein gutes Leben führen. Diese Ausfahrt wird dir so gut tun. Bitte, Jamie, lass mich dich begleiten.«

Doch wir hatten dies alles schon gestern besprochen, und sie hatte erst nachgegeben, als ich erklärte, dass ich allein oder gar nicht fahren würde. Ich zog die Zügel an, schnalzte dem Pony mit der Zunge, und wir fuhren los. Ich ließ das Pony langsam laufen, über den kleinen Hügel und um das Dorf herum, etwa sechs Meilen in Richtung der Klippen, wo ich meinen Unfall hatte.

Die Ausfahrt war so herrlich, dass mein Entschluss für eine Weile ins Wanken geriet. Die Sonne schien, und die Natur blühte. Ein Schwarm Rebhühner flog laut flatternd aus einer Hecke neben dem Weg, während Feldlerchen hoch oben am Himmel über ihren Weibchen schwebten und das hohe süße Lied der Liebe sangen. Ich dachte über Annes freundliches Wesen nach, die sich kein einziges Mal über meine schäbige Behandlung beklagt und mich immer gleichbleibend aufmerksam versorgt hatte. Ich hoffte, dass sie durch meine heutige Tat nicht zu sehr verletzt würde. Ich hatte ihr einen kurzen Brief geschrieben, den ich im Wagen zurücklassen würde, in dem ich mich entschuldigte und von ganzem Herzen bedankte. Irgendwie war ich sicher, dass sie das Unvermeidliche schließlich tief in ihrem Inneren akzeptieren und vielleicht sogar verstehen würde.

Da wir uns nicht beeilten, brauchten das Pony und ich etwa anderthalb Stunden, bis wir die Klippen erreichten. Wir verließen die schmutzige Straße und suchten uns langsam den Weg über die Wiesen zu dem Ort, an dem Elizabeth und ich vor genau einem Jahr übers Meer geschaut hatten. Lange standen wir nun ruhig dort, das Pony stampfte ab und zu und zuckte eifrig mit dem Ohr, während ich traumverloren in die Ferne starrte. Zum ersten Mal in diesem langen, schrecklichen Jahr seit meinem Verderben war ich innerlich ruhig, obwohl ich auch jetzt noch von Bitterkeit und Ablehnung aufgefressen wurde. Bei dieser meiner letzten Tat würde ich nicht versagen.

Es war gar nicht so einfach, das gut ausgebildete Pony langsam und vorsichtig rückwärts zu dirigieren, bis der hintere Teil des Wagens über der Klippe schwebte. Die Räder befanden sich noch auf festem Grund, und als ich laut und bestimmt »Ho« rief, hielt das gehorsame Pony sofort an.

Ich benutzte meine Arme als Krücken und schob mich in den

hinteren Teil des Wagens, wobei ich die Schmerzen, die in meiner Wirbelsäule wüteten, nicht beachtete. Die Flut kam und leckte am noch verbliebenen letzten Sandstreifen vor der Klippe. Unter mir lagen viele große, herabgestürzte Steine. Genau das hatte ich gehofft! Mit ein wenig Glück würde die Flut meinen Körper fortspülen und meine Scham für immer verbergen.

Ich balancierte mich vorsichtig auf den hinteren Rand des Wagens, der über der Klippe hing, und rief laut: »Hüa!« Mit einem nervösen Satz schoss das Pony nach vorn, und ich stürzte kopfüber die Klippen hinab auf die wartenden Felsen.

Ich war mir des langen Augenblicks des Falles bewusst, ein leiser, tonloser Schlag, und dann fiel ich wieder ... fiel ...

*

Ich blieb einige verzweifelte Augenblicke dort liegen, wo ich hingefallen war, bevor ich mich aufrappelte. Ich stand in einem kleinen Steinraum und der säuerliche Gestank von frisch Erbrochenem nahm mir fast den Atem. Die Wände waren feucht und mit dicken Lagen von Schleim und Schimmel bedeckt, während verrottende menschliche Exkremente in kleinen Häufchen fauligen Gestank verbreiteten.

Ich wischte mir den Mund mit dem Handrücken und erkannte mit Schrecken, dass das Erbrochene von mir stammte und der »Raum« eine kleine Zelle war. Ich war gefangen! Meine Kleidung war schmutzig und bestand aus formlosen Säcken, die so zusammengenäht waren, dass sie meinen ausgemergelten Körper bedeckten. Ich ätzte. Mir tat alles weh! Mir war schwindelig und ich fühlte mich krank. Doch vor allem hatte ich panische Angst!

»Folter!« Dieses einfache Wort summte und klopfte in meinem Kopf, schrie und kreischte seine unanständige Botschaft, bis ich wimmernd auf den schmutzigen Boden sackte. Ganz in meiner Nähe krochen riesige dunkle Küchenschaben ganz langsam von einem Haufen Scheiße zum nächsten, ohne jede Angst vor ihren gedemütigten menschlichen Zellengenossen.

Ich krümmte mich, als ein durchdringender Schrei auf den Flügeln eines furchtbaren erlittenen Schmerzes zu mir drang, der eine unmöglich erscheinende Höhe erreichte und dann mit seltsamer Plötzlichkeit erstarb. Das leise schluchzende Stöhnen, das ihm folgte, trug seine eigene Botschaft äußerster und vollkommener Hoffnungslosigkeit, einer Hoffnungslosigkeit, die in die letzten Tiefen von Verzweiflung und Elend spähte, wissend, dass ein langsamer, grausamer, willkürlich hinausgezögerter Tod wartete.

Zu schwach und krank, um aufzustehen, kauerte ich mich auf dem kalten Steinboden zusammen, während ich innerlich langsam starb. Ich wusste, dass der Tod so lange auf mich warten würde, bis ich auf der Folterbank endete, und der bloße Gedanke daran erfüllte mich mit Schrecken. In dumpfer Betäubung wanderten meine Gedanken in die nahe Vergangenheit zurück. Wenn nur ich allein gehungert hätte, hätte ich niemals versucht, die Börse des reichen Mannes zu stehlen, doch das Elend meiner Mutter war mehr, als ich ertragen konnte. Zorn flammte in mir auf. Die Reichen in ihren feudalen Londoner Wohnungen hatten keine Idee von der Armut in den Baracken. Ihre Mitleidlosigkeit übertraf weit ihren Mangel an Interesse. Sie verband sich mit einer arroganten Grausamkeit, getarnt unter dem Mantel frommer Unmenschlichkeit, die mit Sicherheit einer Missachtung Gottes gleichkam. Ich hatte es zwar geschafft, die Börse zu stehlen, doch ich war zu schwach und ungeschickt, den pfeifenden Polizisten zu entkommen, die mich jagten. Der große Fehler, den ich begangen hatte, war, die Börse eines Geistlichen zu klauen …

Gnädigerweise fiel ich in einen unruhigen Schlummer. Ich schlief zwar nicht wirklich – das hatte ich seit Jahren nicht mehr getan –, doch ich war mir nicht länger der grauenhaften Schrecken bewusst, die mich erwarteten.

Selbst der kreischende, krachende Schlag, mit dem die Zellentür plötzlich aufgestoßen wurde, gehörte zu ihrer brutalen Behandlung und ich erwachte mit jähem Schrecken.

»Du bist der Nächste, du Abschaum.«

Irgendwie, irgendwo in den tiefsten Tiefen meiner Seele fand ich die letzten Reste Mut, und bevor mich die beiden verdorbenen Wächter schnappen und aus der Zelle reißen konnten, was sie gern getan hätten, stolperte ich voller Schmerzen heraus und vor ihnen her.

Jeder Schritt war eine Folter für mich, als ich aus dem Dunkel der unterirdischen Zelle in das Erdgeschoss schwankte, wo das Verhör stattfinden sollte. Die Wächter nannten den Raum »Beichtstuhl«, denn so ironisch es scheinen mochte, die Verfolgung fand im Namen Gottes statt.

Die erbarmungslose Brutalität in den Augen des Priesters, der mich befragte, verriet mir, dass mein Schicksal bereits besiegelt war und nur noch das Urteil und seine Vollstreckung auf mich warteten.

In starkem Widerspruch zu der Grausamkeit in seinen Augen klang seine Stimme sanft und melodiös.

»Hast du die Börse gestohlen, mein Sohn?«

»Ich nahm sie, weil ich meiner kranken Mutter etwas zu essen kaufen wollte.«

»Das ist ein Sündenbekenntnis, mein Sohn.«

»Nein. Im Vergleich zu der Strafe, die hier auf mich wartet, würde ich es eher eine Liebestat nennen.«

Er blieb gelassen. »Unsere Liebe wird dich im Namen Gottes eines Besseren belehren. Wir, die Kirche, werden uns um die Seele deiner Mutter kümmern.«

»Um ihre Seele vielleicht, aber ihr tut verdammt noch mal gar nichts für ihren Körper.«

»Wir sorgen uns um alle Mitglieder der göttlichen Herde.«

»Von wegen!«

»Glaube mir, mein Sohn, du wirst bald erfahren, dass du irrst.«

Ich nahm meinen ganzen Mut zusammen, denn ich hatte genug von dieser Farce. Ich sammelte sorgfältig einen dicken Klumpen Schleim und spuckte ihn den Pfaffen ins Gesicht.

Seine Stimme war jetzt reines Gift, und der Priester stieß nur ein einziges Wort aus: »Folter!«

Sie rissen mir die Kleider vom Leib und stießen mich in einen großen Raum, der mit Folterinstrumenten gefüllt war. Ich fühlte mich so betäubt, dass ich das Bewusstsein dafür, was oder wer um mich herum war, verlor. Rasch wurde ich auf die Folterbank geschnallt. Fast augenblicklich fühlte ich, wie meine Glieder bis an die Grenzen gestreckt wurden, während Schmerzen in jedem Gelenk tanzten. Doch so schlimm dies war, überwältigte mich der furchtbare Schmerz in meinem Rückgrat. Wie ein strömender Fluss von Qual wurde meine Wirbelsäule langsam auseinander gerissen. Ich fühlte, wie meine Eingeweide barsten, und eine heiße stinkende Flüssigkeit ergoss sich aus jeder Körperöffnung. Ich keuchte, schrie, fluchte und erbrach mich.

Plötzlich schien es in all der Qual eine Pause, ein Innehalten zu geben, und der Priester schaute auf mich herab, seine Stimme wieder weich und seiden wie zuvor.

»Erkennst du jetzt deinen Irrtum, mein Sohn?«

Meine letzten Reserven von Widerstand und Abscheu kamen an die Oberfläche, und ich schaute ihm in die Augen. »Ich erkenne nur einen Furz im Arschloch Gottes«, keuchte ich laut.

Er zuckte zurück und kreischte herumwirbelnd auf. Er schnappte sich ein Messer, stieß die Klinge auf mein Gesicht herab, und in einer Explosion weiß glühenden Feuers zerschnitt er mein linkes Auge. Mein Gesicht wurde zu einer blutigen Maske, und ich hörte sein triumphierendes Zischen wie von weitem: »Dann werde ich deine Augen ausreißen, damit du neu sehen lernst.«

Im nächsten Augenblick wurden alle Gelenke meines Körpers über die Grenzen hinaus gestreckt, g-e-s-t-r-e-c-k-t, bis in einem letzten Aufflammen unerträglicher Qual mein Rückgrat riss. In tiefem Schock wurde ich in den Raum geschleudert, drehte mich, kauerte mich in eine embryonale Stellung, stürzte im freien Fall, schluchzend vor Angst und Verwirrung, bis sowohl meine Schmerzen als auch meine physische Realität langsam verebbten.

Und ich fiel.

Eine Ewigkeit lang … fiel ich … immer langsamer …

*

Als meine Füße irgendwann den Boden berührten, stand ich im Garten eines großen Herrenhauses.

»Thomas!« Die Stimme klang tief und bellend, und ich starrte den Mann, der mir entgegeneilte, verwirrt an. Er wirkte stämmig und muskulös, so als könne er unendlich lange mit Ziegelsteinen jonglieren, und auf seinen Armen wölbten sich die Muskelstränge.

»Thomas! Steh hier nicht glotzend rum, Sohn, komm mit mir!«

Es war unmissverständlich, wer hier Autorität und Befehlsgewalt besaß, doch wer zum Teufel war Thomas? Warum schaute er mich an?

Mit der Zärtlichkeit einer Bulldogge schnappte seine Hand nach meinem Arm, und völlig desinteressiert an dem, was ich wollte, zog er mich in Richtung eines nahen Unterholzes.

»Ich habe dein Gewehr dabei, und ich bin nicht eher zufrieden, bis du damit schießt. Und mach dir nicht die Mühe, mit mir zu diskutieren. Wenn die Fasane auffliegen, erwarte ich von dir, dass du zwei zur Strecke bringst, so, wie ich's dir beigebracht hab'.«

Entsetzt starrte ich ihn an, und meine Füße schlurften über die Wiese, während er mich mit Gewalt vorwärts drängte. »Wa … was … äh … wer?«

»Hör auf zu lallen, Thomas. Ihr Götter, Mensch, ich kann es kaum ertragen, dass ich dich gezeugt habe. Du bist genau wie deine Mutter, weich und dumm. Kapierst du nicht, Sohn, dass ich das für dich tun muss? Wie willst du je ein Mann werden?«

Mann! Wer zum Teufel glaubte er, dass ich sei? Herrgott noch mal! Was war das? Wo zum Teufel war ich? WAS GING HIER VOR? War dieser muskelbepackte Idiot etwa mein Vater?

Meine Gedanken wurden rüde unterbrochen, denn als wir das Unterholz erreichten, riss mich der Rohling herum und zwang mich, ihn anzusehen. »Also, Thomas, enttäusch mich nicht. Du weißt ja, was sonst passiert!«

Und plötzlich wusste ich. Ich wusste, dass er und ich Boxhandschuhe anziehen würden, und dass er wieder einmal nach den Regeln, die der Marquis von Queensbury für die edle Kunst des Boxens aufgestellt hatte, die perfekte Entschuldigung haben würde, mich besinnungslos zu schlagen, wobei er sich vollkommen im Recht fühlte. In diesem Augenblick der Klarheit wusste ich auch, dass meine Mutter vor vielen Jahren gestorben war, traumatisiert und brutal gequält von diesem harten, unnachgiebigen Mann, der versuchte, seine Mitmenschen nach den eigenen starren Vorstellungen zu formen.

Wie er so treffend gesagt hatte, war ich der Sohn meiner Mutter: zerbrechlich und empfindsam, ein Poet und Träumer. Und ich wusste mit schrecklicher Gewissheit, dass ich diesen Zusammenstoß nicht überleben würde.

Das Gewehr, das er mir in die Hand drückte, war groß, der Lauf lang, schwer und übergewichtig, der Schaft dick und klobig. Meine schweißnassen Hände konnten das Gewehr kaum halten, was durch die dünne glitschige Ölschicht, mit der es bedeckt war, noch verstärkt wurde.

»Vater, bitte zwinge mich nicht, so etwas zu tun!«

In seinen Augen leuchtete Verachtung und, ich schwöre es, Hass. »Du elender Hund! Du wirst die Beute schießen oder mit mir kämpfen!« Er schüttelte grimmig den Kopf, und sein Zorn umgab ihn wie eine düstere Wolke. »Sieben Söhne habe ich, alle wie ich. Auf sieben bin ich stolz. Doch du! Ich bin sicher, dass ich dich nicht gezeugt habe! Und bei Gott, du wirst leiden für den Makel, mit dem du mich befleckst!«

Jetzt stieg Zorn in mir hoch, und ich starrte ihn hasserfüllt an. »Wenn ich Gott um etwas bitte«, zischte ich, »dann ist es, dass du nicht mein Vater bist. Diese Schande würde mich bis ins Grab verfolgen.«

Da schlug er mir mit der offenen Hand ins Gesicht, und der Schlag riss mich von den Füßen. Ich fiel nach hinten, meine Arme wirbelten, und der Knall des Schusses, den ich unabsichtlich ausgelöst hatte, als meine Finger gegen den Abzug stießen, machte mich fast taub.

Wie in Zeitlupe sah ich sein Erschrecken, denn die Ladung Schrot hatte ihm das Bein über dem rechten Knie abgerissen. Ich sah ihn im blutbespritzten, schmutzigen Gras liegen. Er griff nach seinem Gewehr, das neben ihm an einem Baum lehnte. Sorgfältig zielte er auf meinen Körper, sein Gesicht eine seltsame, schreckliche Mischung aus Abscheu, Hass und Schmerz.

Ich rollte mich verzweifelt herum, um ihm zu entkommen, und hörte den Schuss nicht. Stattdessen fühlte ich, wie ein schweres Gewicht meine Wirbelsäule zerschmetterte und mich in die Spirale ewiger Dunkelheit schleuderte … ich fiel … und fiel … um zu vergessen.

Acht

Als ich die Augen wieder öffnete, befand ich mich in meinem vertrauten Krankenhauszimmer und lag flach auf dem Rücken in meinem Bett. Ich wusste, dass ich Adam war. Ein Blick auf die Uhr zeigte mir, dass es später Abend war; etwa neun Stunden waren vergangen. Aufgeregt und erstaunt konnte ich mich ganz klar an die unglaublichen Erlebnisse erinnern, die ich währenddessen in der nichtphysischen Realität hatte.

Mein Gott! Was hatte das alles zu bedeuten? Unzählige Fragen verlangten meine Aufmerksamkeit, doch in diesem Augenblick ging die Tür auf, und Doktor Pete kam herein. Er setzte sich auf einen Stuhl mir gegenüber.

»Wie fühlen Sie sich?«

Das war eine gute Frage. Wie fühlte ich mich? Mein unterer Rücken schmerzte klopfend, doch dies war nicht mit den Qualen zu vergleichen, die ich gerade erlebt hatte. Abgesehen davon fühlte ich mich ziemlich erschüttert, doch es hielt sich im Rahmen.

»Ich habe mich bestimmt schon besser gefühlt«, antwortete ich.

»Das bezweifle ich nicht. Haben Sie große Schmerzen?«

»Nichts, womit ich nicht umgehen könnte.«

»Wir haben Sie nach Ihrem Sturz geröntgt, doch es war nichts gebrochen oder ausgekugelt. Chrrr-istus! Wie haben Sie das gemacht? Niemand, einfach niemand hat es je geschafft, über das Sicherheitsgitter zu fallen! Ich war nicht dabei, doch mir wurde berichtet, dass Sie nicht nur hinüberfielen, sondern etwa drei Meter durch die Luft flogen, bevor Sie endlich landeten. Was zum Teufel haben Sie vor? Wollen Sie nicht, dass es

Ihnen besser geht? Mein Gott! Mit Ihnen habe ich nichts als verdammte Unannehmlichkeiten und Sorgen!«

»Geht es Ihnen jetzt besser?«, fragte ich milde.

Pete grinste schüchtern. »Ja, also ... ich glaube, ich habe alles gesagt.«

»Ich habe mir nie träumen lassen, dass es nach diesen Brüchen so schwierig sein könnte, wieder zu laufen. Ich werd' es schon schaffen, doch ich hätte gern einen Tag Pause.«

»In drei Tagen werden Sie noch einmal geröntgt, um absolut sicher zu sein, dass uns nichts entgangen ist. Wenn man Sie dort freigibt, dann geht's zurück ins Fitnesscenter.«

»Zurück in die Folterkammer, meinen Sie«, grinste ich. Doch als ich die Worte aussprach, standen die Bilder der wirklichen Folterkammer plötzlich vor mir. Ich schauderte.

»Oh, kommen Sie. So schlimm ist es doch auch wieder nicht.«

»Nein, Sie haben Recht«, sagte ich. »Es ist nicht so schlimm. Sie können sich gar nicht vorstellen, wie schrecklich wirkliche Folter ist.«

Meine Haltung dem Fitnesscenter gegenüber änderte sich in diesem Augenblick dramatisch. Obwohl ich geglaubt hatte, dass ich mir die Wiederherstellung meines Körpers sehnlichst wünschte, hatte ich irgendwo tief in meinem Unterbewusstsein mit aller Kraft versucht, den Prozess aufzuhalten. Warum? Hatte es irgendetwas mit den schockierenden Erlebnissen zu tun, an die ich mich gerade erinnert hatte? Dass sie real gewesen waren, bezweifelte ich nicht. In meiner Vergangenheit gab es eine Spur von Schmerz und Horror, und ich hatte das unangenehme Gefühl, dass ich deren Tiefen noch nicht wirklich ausgelotet hatte. Doch ungeachtet der Vergangenheit hatte ich mein gegenwärtiges Trauma zu lösen und bereitwillig mit den Menschen zusammenzuarbeiten, die darum kämpften, mich wieder zusammenzuflicken. Welche Ironie! Während meiner Bewusstlosigkeit war ich durch eine Vergangenheit gestreift, in der bestimmte Menschen sich verdammt angestrengt hatten, mich auseinander zu nehmen. Erinnerungen an James flackerten auf, und ich wusste, dass ich selbst damals und vielleicht auch heute noch zu denjenigen gehörte, die meine eigene Vernichtung betrieben. Das musste ich ändern. Ich wusste jetzt, dass das Fitnesscenter ein Ort der Hoffnung war, an dem die Menschen sich wirklich um mich bemühten, ein Ort der Wiederherstellung und der neuen Möglichkeiten, meine Zukunft zu gestalten. Plötzlich konnte ich es gar nicht erwarten, wieder zu beginnen.

Pete hatte mich beobachtet, während die Gedanken und Bilder an mir vorüberzogen, und er hatte die Veränderung in meiner Mimik bemerkt, als ich mich entschloss, einen neuen Anfang zu machen.

»Sie denken zu viel«, sagte er schroff.

Mein Blick traf seine dunklen Augen. Er war so groß, fast bedrohlich in seiner Größe, doch in seinen Augen leuchtete Mitgefühl. Wieder wurde mir klar, wie glücklich ich sein konnte, dass dieser Mann für mich sorgte. »Pete, wir wissen so wenig über das Leben, dass es ein Wunder ist, dass wir die Tage überstehen. Ich habe gerade gelernt, dass uns die Vergangenheit wie ein unsichtbarer Schatten begleitet. Sie überlagert unser Leben und wirkt sich auf jeden Augenblick aus. Und niemand scheint das zu wissen! Wie ist das möglich? Warum ist das Leben ein solch großes, unergründliches Geheimnis? Sollen wir das Geheimnis lösen oder uns ein Leben lang damit herumquälen – für immer eingesperrt in wachsender Verzweiflung?«

»Zum Teufel! Werden Sie jetzt nicht auch noch morbide, Adam!«

Ich kicherte leise und grinste ihn an. »Ich werde nicht morbide. Ich beginne nur zu erkennen, dass das Leben nicht die allgemein akzeptierte Wirklichkeit ist, für die wir es so bereitwillig halten. Ich lerne täglich, dass die Realität viele Dimensionen hat und zeitlos ist, und wenn wir wirklich leben wollen, müssen wir diese größere Realität in unser Alltagsleben integrieren.«

»Wie sollen wir das tun?«

»Ich weiß es nicht, Pete, ich denke, dass es für jeden einzelnen Menschen eine andere Antwort gibt.«

»Gut, wie werden Sie es tun?«

Ich dachte darüber nach. Wie? Ich konnte auf kein Erfolgsschema zurückgreifen. Doch ich hatte Selph. »Ich glaube, dass mein erster Schritt darin bestehen wird, dem Leben offener entgegenzutreten – in jedem einzelnen Augenblick.«

»In welcher Weise offen?«

»Offener gegenüber Menschen, die mir blöde Fragen stellen, die ich nicht beantworten kann. Ich weiß nicht, wie! Ich weiß nur, dass ich bereits offener bin, und … es wird noch viel mehr geschehen.«

»Glauben Sie nicht, dass für Sie schon genug geschehen ist?«

Ich stöhnte ärgerlich auf. »Provozieren Sie mich absichtlich, oder was ist los? Je offener ich werde, umso mehr wird es geben, wofür ich offen sein kann.«

Pete schaute nachdenklich. »So etwa wie: Je mehr Sie sehen können, umso mehr ist zu sehen. Hmmm.«

»Ja, irgendwie so. Doch alles findet im Augenblick statt. Ich verstehe nicht, wie, doch ich weiß, dass der Augenblick der Schlüssel für alles ist. Der Augenblick transzendiert die Zeit, das weiß ich, doch ich verstehe es nicht.«

»Großartig! Das erklärt vieles.«

Einen Moment lang war ich versucht, ihm von den außerordentlichen Erfahrungen zu berichten, die ich gerade gemacht hatte, doch ich wusste, dass es nicht gut wäre. Wenn mir diese Unterhaltung etwas klar machte, dann, dass ich wissen musste, worüber ich sprach, *bevor* ich zu sprechen begann!

Ich lächelte Pete vorsichtig an. »Es ist nicht einfach, Dinge zu erklären, die unerklärlich bleiben wollen. Ich kann sie mir selbst nicht erklären.«

Pete lächelte schief. »Ich *habe* Sie provoziert, und Sie haben mir mehr gesagt, als Ihnen wahrscheinlich klar ist. Wissen Sie, ich musste eine Ausbildung machen, um Arzt zu werden.« Er hielt eine Weile inne, und seine Augen schauten ins Nichts, während er in seinem Gedächtnis kramte. Ich bemerkte an seinem Gesichtsausdruck, dass er es gefunden hatte. »Ach ja, eine letzte Frage. Ganz zu Anfang unseres Gesprächs sagten Sie, ich zitiere: ›Sie können sich gar nicht vorstellen, wie schrecklich wirkliche Folter ist.‹ Was hat Sie zu dieser merkwürdigen Aussage veranlasst?«

Ich blickte seufzend zur Decke. »Das gehört zum Unerklärlichen. Eines Tages werde ich Ihnen vielleicht davon erzählen.«

Petes Mund öffnete und schloss sich, die Worte blieben unausgesprochen, und ich sah Bedauern in seinem Blick, bevor er seine riesigen Schultern hob. Er kam auf die Füße, der Stahlhocker quietschte, als ihn das Gewicht verließ, und Pete ging kraftvoll zur Tür. »Gut, ich kann nicht den ganzen Tag bei Ihnen sitzen und sinnieren. Es gibt Arbeit zu tun und Leute zu flicken. Tschüs.«

Die nächsten drei Tage waren sehr angenehm, denn Amber hatte sich, aufgeschreckt durch meinen Sturz, entschlossen, bei mir zu bleiben. Ich nahm an, dass sie mit Doktor Pete gesprochen hatte, denn sie versuchte mich dazu zu bewegen, mich an Erlebnisse zu erinnern, die ich gehabt haben könnte, während ich nach meinem Sturz »abwesend« war, doch ich weigerte mich, über das Thema zu sprechen. Die Erinnerungen an den Horror fühlten sich wie frische Wunden an, und ich konnte es nicht ertragen, daran herumzukratzen. Amber kannte mich gut genug, um zu wissen, dass ich etwas vor ihr verbarg, doch sie akzeptierte mein Versprechen, dass ich ihr alles erzählen würde, wenn die Zeit gekommen war.

Als sie mich küsste, fühlten sich ihre sanften Lippen gleichzeitig gebend und fordernd an, und etwas wurde ganz rasch klar: Es ging mir besser, denn ich war mörderisch scharf.

»Gott, welch ein Verlust«, murmelte ich ihr ins Ohr. »Ich habe zum ersten Mal seit meinem Unfall einen Riesenständer, und ich kann nichts damit anfangen.«

Ich erschrak, als ihre Hand unter meine Bettdecke kroch, unter meinen Schlafanzug, den Bauch hinab und ihn ergriff.

»Lass mich den edlen Ritter halten«, flüsterte sie scheu. »Vielleicht kannst du nichts mit ihm anfangen, aber ich kann es.«

Und das tat sie!

*

Meine Wirbelsäule wurde noch ein paarmal geröntgt. Trotz der schlimmen Schmerzen während meines Saltos hatte ich die Vorstellung glücklicherweise unbeschadet überstanden. Das Korsett hatte mich zweifellos gerettet. Die Arbeit im Fitness-center wurde wiederaufgenommen.

Amber war bei mir, als ich dem batteriebetriebenen Roll-stuhl durch die Flucht von Korridoren zum Fitnesscenter steu-erte. Als wir durch die Flügeltür kamen, schaute ich mich ver-wundert um. War das derselbe Ort? Offensichtlich schon, doch meine Haltung hatte sich so verändert, die Perspektive so ge-wandelt, dass ich ihn kaum wiedererkannte. Früher hatte ich die Apparate als Instrumente eingestuft, die mir Schmerzen be-reiten sollten, und jetzt war mir sonnenklar, dass diese Ma-schinen der Wiederherstellung meines Körpers dienten. Nein, es war nicht das Fitnesscenter, das sich verändert hatte: Ich war es.

Ich sah Amber an und lächelte. Sie trug ein lindgrünes Kleid, das nicht nur ihre langen gebräunten Beine zeigte, sondern ihr außerdem auch noch ausgezeichnet stand. Es gibt Kleider, die dazu bestimmt sind, den weiblichen Körper zu schmücken, doch ganz gleich, wie gut sie passen oder sogar schmeicheln, wirken sie immer gekünstelt. In jeder nur möglichen Weise waren Amber und ihr Kleid füreinander geschaffen. Sie hatte einen hochentwickelten Sinn für Kleidung und Stil, den sie gekonnt einsetzte. Dieses grüne Kleid unterstrich äußerst geschmackvoll ihre natürliche Eleganz.

Sie sah den Hunger in meinen Augen, als ich sie anschaute.

»Adam! Komm auf den Teppich! Konzentriere deine Energie auf wichtigere Dinge«, neckte sie mich.

»*Wichtigere* Dinge?«

Sie runzelte spielerisch die Stirn. »Heute sind sie wichtiger.«

Mandy kam herein und unterbrach unser Geplänkel.

»Hallo Adam, hallo Amber.« Sie lächelte mich an. »Schön, dass Sie wieder hier sind. Ich kann nur hoffen, dass Sie die letzte Vorstellung nicht wiederholen werden. Das war wirklich eine Nummer!«

»Mandy, Sie werden mich nicht wiedererkennen.«

Sie verhielt sich genauso unpersönlich wie immer, doch jetzt wusste ich, dass sie meinen Kopf in ihrem Schoß gewiegt und geweint hatte, als ich bewusstlos war. Ich erkannte, wie sehr sie sich um die Menschen sorgte, mit denen sie arbeitete – es gehörte zu ihrem Beruf –, doch sie konnte es sich einfach nicht leisten, emotionale Beziehungen zu ihren Patienten aufzubauen. Da es sie überfordern würde, schützte sie sich durch diese unpersönliche Haltung.

»Gut. Wir werden Folgendes tun: Zuerst werden wir eine Reihe von Tests machen, um erneut Ihre Kraft und Ihre Gelenkigkeit zu überprüfen. Sie kennen die Prozedur. Von dort aus werden wir fortfahren.«

Ich hatte den Eindruck eines geheimen Einverständnisses zwischen Amber und Mandy, doch ich war trotzdem erstaunt, als Amber plötzlich im hellblauen Trikot auftauchte. Während ich bei meinen Übungen mein Bestes gab, schwitzte Amber an einer großen komplizierten Rudermaschine.

Dann geschah etwas Merkwürdiges: Als ich mich mit dem Rücken auf eine gepolsterte Bank legte und meine Knöchel festgeschnallt wurden, blitzte die Erinnerung an die Streckbank in der Folterkammer jäh in mir auf. Sofort verkrampfte sich jeder Muskel meines Körpers, und ich schrie entsetzt auf.

»O Gott! Was ist mit Ihnen?« Mandy starrte mich alarmiert an.

In Schweiß gebadet, erkämpfte ich mir schaudernd den Weg aus dem Bild der Vergangenheit zurück in die Gegenwart.

»Mist! Ich wünschte, Sie würden solche Dinge unterlassen. Sie erschrecken mich zu Tode. Was ist passiert?«

Amber eilte an meine Seite, und ich hatte mich wieder unter Kontrolle. Da ich wusste, dass ich ihnen eine Erklärung schuldig war, entschied ich mich, die Wahrheit zu sagen.

Während Amber mir den Schweiß mit einem feuchten Schwamm von Gesicht und Gliedern wischte, gab ich ihnen einen abgeschwächten Bericht meines Erlebnisses in der Folterkammer und wie dies alles irgendwie mit dem zusammenhing, was gerade mit mir geschehen war. Ich erklärte, dass, obwohl ich vieles nicht verstand, eines sicher sei: Die traumatischen Schmerzen waren das Verbindungsglied zwischen diesen Erlebnissen.

Mandy schaute mich verwirrt an. »Aber, Sie sagen, dass dies alles in einem früheren Leben geschah?«

»Ja.«

»Aber ... Reinkarnation ist ein Märchen, ein Witz. Wir können nicht mehrmals leben. Das ist Unsinn. Wenn wir sterben, kommen wir in den Himmel. Jeder weiß das.«

»Manche Leute glauben das, Mandy«, sagte Amber ruhig, »doch ich gehöre nicht dazu. Ich glaube, dass ich schon gelebt habe. Und ich würde sagen, dass es viele Beweise gibt, die diesen Glauben stützen.«

Schockiert schnappte Mandy nach Luft. »Das ist völliger Blödsinn! Die Kirche, meine Religion, alle sagen das. Der Papst kann gar nicht irren.«

»Und was ist mit den Religionen, die lehren, dass Reinkarnation eine spirituelle Wahrheit ist?«, fragte Amber sanft.

»Sie liegen falsch, zweifellos völlig falsch«, antwortete Mandy vehement.

Glücklicherweise brachte mich dieses Gespräch rasch zurück in meine gegenwärtige Realität. Es war offensichtlich, dass Mandy die Erwähnung früherer Leben außerordentlich Angst machte. Hmmm, interessant, dachte ich. Was wohl in ihrer Seele verborgen lag? »Mandy«, sagte ich, »ich erzählte Ihnen einfach, was geschehen ist. Sie können das so verstehen, wie Sie wollen, doch *ich* muss mich damit auseinander setzen. Jetzt, wo ich auf so etwas vorbereitet bin – wenn es überhaupt noch einmal geschehen sollte –, werde ich vielleicht nicht mehr so heftig darauf reagieren. Schnallen Sie mich also auf die Bank, und fahren Sie mit den Tests fort.«

Amber stand besorgt neben mir, während ich mit festgeschnallten Knöcheln auf der Bank lag, und alles ging gut. Es gab keine Erinnerungsblitze mehr. Nach drei Stunden waren die Tests beendet, und ich war völlig geschlaucht. Zufrieden erfuhr ich, dass meine Ergebnisse besser waren als erwartet.

Amber begleitete mich zurück in mein Zimmer, doch obwohl ich gern Zeit mit ihr verbracht hätte, schlief ich, noch während die Schwester mich wusch, erschöpft ein.

Von jetzt an verbrachte ich täglich mehrere Stunden im Fitnesscenter und gab dort alles. Doch dem waren Grenzen gesetzt, da ich immer noch verbunden und geschient war, selbst wenn diese Schienen aus leichtem Polycarbonat bestanden. Ich sah Amber ziemlich regelmäßig, doch ich hatte sie ermutigt, die Bilder zu malen, die sie sich vorgenommen hatte, und das nahm einen Großteil ihrer Zeit in Anspruch. Alles in allem hatten wir viel zu besprechen. Sie berichtete begeistert von ihrer Kunst, und ich schwärmte von meinen Fortschritten in der Rehabilitation. Doch es kam der Tag, an dem es mir nicht so gut ging. Vielleicht beeinflusste mich ein Muster aus der Vergangenheit, oder ich fühlte mich einfach nur schlecht, weil der Tag schmerzhaft und schwierig war. Es waren keine unangenehmen Erinnerungen aufgetaucht, nichts dergleichen, doch ich quälte mich durch die Übungen. Abends war ich nicht nur körperlich erschöpft, sondern auch psychisch am Ende.

Vielleicht war dies der Auslöser, den Selph brauchte, um aufzutauchen.

Doktor Pete stand in der Tür meines Zimmers und wirkte leicht verwirrt. Er sah aus wie ein Mensch, der etwas tut, das er eigentlich gar nicht will.

»Äh, Adam, ich weiß nicht, was ich davon halten soll, doch ähm, da ist ein junger Mann für Sie. Er sagt, er sei Ihr persönlicher Freund und heiße Selph. Er will Sie besuchen.«

»Das ist in Ordnung. Lassen Sie ihn herein.«

»Aber Sie sind erschöpft! Sie brauchen Ruhe.«

»Danke Pete, aber ich möchte Selph sehen.«

Pete runzelte die Stirn, als hätte ich das Falsche gesagt, und winkte Selph in mein Zimmer. »Äh, bleib ja nicht zu lange, nicht zu lange!«

Als Pete zögernd ging, kam Selph kichernd hereinspaziert, sein rundes Puttengesicht eine Studie der Unschuld. »Er ist ein netter Kerl, Adam, ein wirklich guter Mann.«

»Ja, das ist er«, sagte ich lakonisch, »also, was hast du mit ihm gemacht? Es geschieht nicht oft, dass Pete so verwirrt ist.«

»Also, Adam! Was sollte ich einem solch netten Doktor tun?«

»Ja, was eigentlich? Wenn du ihn nicht mit dem Hammer niedergeschlagen hättest, hätte er dich nie zu mir hereingelassen. Er wacht über mich wie eine Glucke.«

»Ich habe einfach gefragt, ob ich dich besuchen dürfte, und er lehnte ab. Er sagte, du seist erschöpft und brauchtest Ruhe. Ich antwortete ihm deshalb, dass ich genau aus diesem Grund gekommen sei. Er starrte mich an und lehnte schlankweg wieder ab.«

»Und dann?«

»Also, ich lächelte ihn einfach an, und bat ihn, seine Meinung zu ändern.«

»Und?«

»Er tat es.«

»Einfach so?«

»Jawohl! Einfach so. Es ist wirklich erstaunlich, was ein nettes Lächeln bewirken kann.«

Ich kicherte bei dem Gedanken daran, wie Selph wohl ausgesehen haben mag. »Es ist doch alles in Ordnung mit ihm, oder? Einen so guten Menschen darf man nicht manipulieren!«

Selph schaffte es, gleichzeitig unschuldig und verletzt auszusehen. Er wirkte wie ein typischer Fünfzehnjähriger, den man bei einer Schwindelei ertappt hatte. »Glaub mir, dein Doktor hat keinen Schaden genommen.«

»Aber du hast etwas mit ihm gemacht?« Ich ließ nicht locker.

Selph seufzte übertrieben ärgerlich und hob die Hände in gespielter Ergebung. »Also gut, ich bekenne. Ich vernebelte seine Absicht ein klein wenig, so dass er nicht mehr genau wusste, was ich seiner Meinung nach tun und was ich lassen sollte. Das ist ganz einfach, doch glücklicherweise wissen nur sehr wenige Menschen, wie es geht.«

Ich fasste ihn scharf ins Auge. »Hast du so etwas auch mit mir gemacht, oder würdest es mit mir machen?«

Er schaute mich ernst an, der spielerische Junge war verschwunden. »Nein. Das habe ich nicht, und ich würde es auch nicht tun. Ich bin dein Lehrer, und wenn ich das täte, würde ich sowohl dein wie mein Ziel vollkommen zunichte machen. Jede Entscheidung, die du triffst, ist deine eigene.«

»Bringst du mir bei, wie es funktioniert?«, grinste ich.

Er reagierte nicht auf meinen Spaß. »Wir haben Wichtigeres zu besprechen«, sagte er ernst, »und dein guter Doktor wird seine wahre Absicht schon bald wieder entdecken. Höchstwahrscheinlich ist er verärgert.«

»Also, du kannst ja einfach verschwinden.«

»Ach ja, und wie willst du ihm das erklären?«

Ich grinste triumphierend. »Das ist dein Problem, nicht meines.«

Er setzte sich vorsichtig auf mein Bett, und sein erschreckend direkter Blick traf den meinen. Lange Augenblicke schaute er in mich hinein und las in mir, ohne dass ich wegschauen konnte. Er sah nachdenklich aus.

»Du scheinst einige interessante Erkenntnisse gewonnen zu haben. Was denkst du darüber?«

»Ich bin immer noch erschrocken … von dem Prozess und von all dem, was er mir über mich gezeigt hat.«

»Und das wäre?«

»Wie du einst sagtest, scheine ich süchtig nach Schmerz und Leiden zu sein, und zusätzlich scheine ich auf Rückenverletzungen fixiert zu sein.«

»Sehr gut ausgedrückt. Du zeigst wirklich alle Symptome eines ernsten Falls von WTS.«

»WTS! Was zur Hölle ist das?«

»Das mit der Hölle stimmt. Es hat alles, was das Leben zur Hölle macht. Du hast zweifellos schon vom Phänomen der Unfallpersönlichkeit gehört. Dabei handelt es sich um Menschen, die sich immer wieder in Unfälle verwickeln.«

Ich nickte.

»Du hast dem Unfallsyndrom, dem US, eine erfrischende neue Wendung gegeben und es zum WTS umgebildet, zum sich wiederholenden Traumasyndrom.«

»Wie habe ich das gemacht?«, fragte ich bestürzt.

»Bevor ich dir antworte, gib mir eine kurze Zusammenfassung deiner Erlebnisse.«

Ich berichtete ihm ziemlich genau über jedes unglückliche Leben. »Warum geschieht das alles?«, fragte ich ihn. »Und warum wiederholt es sich?«

»Es ist wirklich ziemlich offensichtlich. In jedem Leben wird dein Rücken verletzt, und du erleidest fürchterliche Schmerzen. Das ist kein Zufall. Erinnerst du dich, was ich dir über Unfälle gesagt habe? Ein Unfall dient dem Herausarbeiten eines Ziels. Irgendwann in deiner düsteren Vergangenheit hast du dir den Rücken schlimm verletzt und überlebt. Wenn ich mich nicht furchtbar irre – und das tue ich nie –, hast du den Rest deines Lebens damit verbracht, dich zu hassen und zu verabscheuen. Du investiertest den Großteil deiner Zeit in Selbstmitleid, und so schufst du dir dein Trauma. Versteh das richtig! *Du* erschufst das Trauma, nicht die Verletzung. Die Verletzung war nur der Katalysator. Du reagiertest negativ, wo du auch positiv hättest reagieren können. Wenn du also akzeptieren kannst, dass du dafür verantwortlich bist, dann wirst du erkennen, dass du es auch bist, der diese ganze traumatische und sich wiederholende Kette von Ereignissen beenden muss.«

»Wie soll ich das machen?«, fragte ich düster.

»Der erste Schritt besteht darin, die auslösende Ursache anzuschauen. Du wirst dich wahrscheinlich nochmals an diesen ersten Unfall erinnern müssen.«

Ich wand mich unbehaglich. »Gibt es keine andere Möglichkeit?«

Selph sah nachdenklich aus. »Doch, natürlich. Verliebe dich einfach in den, der du bist, und alles ist vorbei. Damit heilst du auch die Vergangenheit.«

Ich schaute ihn verständnislos an. »Wie geht das?«

»Es geht nicht um das ›Wie‹, Adam, es handelt sich um einen Bewusstseinssprung. Die wahre Liebe lernt man nicht durch Techniken. Ich spreche von totaler – und ich meine *totale* – Selbstakzeptanz. Akzeptiere dich selbst, so, wie du bist, und du brauchst das ursprüngliche Trauma nicht noch einmal zu erleben.«

»Das kann ich nicht«, sagte ich düster.

»Welch wunderbar positive Aussage! Doch ich stimme dir zu, obwohl ich nicht deiner Meinung bin. Es ist möglich, doch es ist unwahrscheinlich. Ich bezweifle nicht, dass du dich für den harten Weg entscheiden wirst, denn es entspricht unglücklicherweise der Gewohnheit der Menschen.«

»Das ist ja das Problem. *Ich bin* eine unglückliche menschliche Gewohnheit.«

»O je, sind wir wieder beim Selbstmitleid?«

»Nicht wirklich«, sagte ich mit schwachem Lächeln. »Ich bin müde.«

»Gut, Adam, ich lasse dich schlafen. Doch denke in deinen Träumen daran, dass alles, was du in der Vergangenheit nicht gelöst hast, in der Gegenwart ungelöst bleibt. Und etwas lösen kannst du nur in der *Gegenwart*. Bis später.«

»Warte! Hatte dein Besuch einen besonderen Grund?«

»Nein. Es ist fast alles gesagt. Ich bleibe in deiner Nähe. Natürlich weißt du, dass ich irgendwann deiner Familie begegnen werde. Wie willst du meine Gegenwart erklären?«

Ich grinste schüchtern. »Kannst du sie nicht alle ein wenig vernebeln?«

»Nein, aber ich kann dich vernebeln.« Mit diesen Worten näherte er seine Hand langsam meinen Augen, und als er näher kam, gingen allmählich die Lichter aus.

＊

Der nächste Monat war voller Aktivitäten. Außer dem Korsett wurden alle Schienen entfernt, und es fühlte sich wunderbar an. Zuerst zögerte ich, weil ich mich innerlich vor den zu erwartenden Schmerzen krümmte, doch ich dachte daran, was Selph über den Schmerz als gelernte Reaktion gesagt hatte, und konzentrierte mich auf glitzernde Flüsse und Sphären aus Licht. Die künstliche Hüfte fühlte sich merkwürdig an, doch je mehr ich sie gebrauchte und mit ihr übte, umso beweglicher wurde sie. Oder, um genau zu sein, die Muskeln wurden stärker und beweglicher!

Ich hatte erwartet, dass die meisten Übungen der Stärkung dienen würden, doch das Programm konzentrierte sich vor allem darauf, die Muskeln zu dehnen. Ich lernte, dass verletzte Muskeln unweigerlich schrumpfen, was zu all den damit verbundenen Schwierigkeiten führt. Der Alterungsprozess bewirkt Ähnliches, doch massive Prellungen und Brüche beschleunigen diesen Prozess beträchtlich. Zu meiner Freude konnte ich jetzt laufen, wenn auch mit Hilfe eines Stocks. Dank der wochenlangen Übungen am Barren hatte ich zuerst die Achselkrücken gegen Ellenbogenkrücken tauschen können, und jetzt benutzte ich nur noch einen Stock, um die künstliche Hüfte zu entlasten. Jim sah ich nicht sehr oft, doch Mandy war offensichtlich sehr zufrieden mit meinen Fortschritten. Als Amber überzeugt war, dass ich nicht länger beabsichtigte, Saltos über den Sicherheitsrahmen zu schlagen, kümmerte sie sich wie der fast ausschließlich um ihre Bilder, und ich sah sie kaum noch im Fitnesscenter. Fraglos kam ich langsam wieder in Form.

Und ich bekam eine unerwartete Belohnung.

Als Amber mich eines Abends besuchte, zog sie plötzlich einen Schlüssel aus der Tasche und schloss die Tür ab.

»Warum hast du die Tür abgeschlossen?«, fragte ich verblüfft.

»Damit wir ungestört sind, Liebling.«

»Aber ... was ist, wenn Pete zu uns will?«

»Das wird er nicht.«

Ich war vollkommen verwirrt. »Wie willst du das wissen?«

Sie sah mich an, als sei ich ein zurückgebliebenes, unartiges Kind, zog langsam ihren Pullover aus und ließ ganz zwanglos den Rock fallen. Ich starrte sie an. Genauso zwanglos hakte sie geschickt ihren Büstenhalter auf, und es schien mir fast, als hüpften ihre vollen Brüste der Freiheit entgegen. Selbst wenn mein Verstand noch etwas hinterherhinkte, hatte mein Körper keine Zweifel, wozu das alles diente. Ich hatte Ambers Brüste nur wenige Sekunden betrachtet, und schon hatte ich eine volle, zitternde Erektion. Ich schluckte, als sie ihren Slip langsam über die Hüften streifte. Er fiel zu Boden, ein Traum aus Seide.

Sie kam zum Bett, nahm die Bettdecke und warf sie auf den Boden. Da ich nur die Pyjamajacke trug, war meine Bereitschaft nicht zu übersehen!

»Oh«, murmelte sie heiser, »der edle Ritter ist gerüstet und bereit für das Turnier.«

Sie knöpfte meine Pyjamajacke auf, folgte mit den Fingern einer schmalen Narbe auf meiner Stirn bis zu den Augenbrauen, glitt langsam um meine Kiefer, den Hals hinunter und über die Schultern. Federleicht glitten ihre Finger sanft liebkosend über die Narben auf meinen Schultern und meinen Rippen und ruhten dann auf der völlig vernarbten Brust. Ihre Hände fuhren sehr langsam über meinen Bauch, folgten den Narben der Bauchoperation, glitten schließlich um den edlen Ritter herum, der jetzt wie wild auf und nieder hüpfte und ›Hier, hier!‹ schrie, und streichelten dann meine Beine bis zu den Knöcheln und Füßen. Erst als sie die Oberschenkel erreicht hatte, bemerkte ich, dass ich den Atem angehalten hatte. Bebend atmete ich aus.

Mit einem geschmeidigen Satz war sie auf dem Bett und setzte sich auf meinen Körper, wobei sich alle interessanten Teile sehr, sehr nah dort befanden, wo sie hingehörten.

Ich hob den Kopf genau in dem Moment, als ihre Brüste mein Gesicht erreichten, und sanft fuhr ich mit der Zunge um ihre Brustwarzen.

Amber stöhnte auf, und in mildem Erschrecken bemerkte ich, dass sie mich genauso begehrte wie ich sie.

Ihre Stimme war rau, tief und melodisch. »Adam, es ist wichtig, dass du flach auf dem Rücken liegen bleibst und alles mir überlässt. Deine Hüfte und dein Rücken sind immer noch verletzlich, und ich bin vorsichtiger als du.«

Ich knabberte an ihrer Brustwarze und flüsterte: »Wer sagt das?«

»Dein guter Doktor und ich haben das gemeinsam beschlossen.«

Zu sagen, dass ich schockiert war, wäre untertrieben. Ich war so alarmiert, dass ich ihre Brustwarze losließ. »Was! Du und Pete, ihr habt das zusammen arrangiert ... und auch, *wie* wir es tun sollen! Mein Gott, das ist total ... indiskret!«

Lächelnd setzte sich die jetzt stark erregte Amber auf, und der sehr feuchte, einladende Teil ihrer unteren Anatomie zog irgendwie den sehr eifrigen, stoßenden Teil meiner unteren Anatomie in sich hinein. Neckend fragte sie:

»Oh ... Adam. Meinst du, dass wir das hier lieber nicht tun sollten?«

Die Wellen der Lust, die mich überfluteten, machten eine Antwort unmöglich. Ich zog sie näher und stieß tiefer, ohne jedoch ihre Lustzonen zu vernachlässigen. Ich hatte vor langer Zeit gelernt, dass gedankenloses Stoßen für den Mann sehr wohl die erwünschte Wirkung haben mag, doch die Frau bleibt dabei unbefriedigt und frustriert zurück. Liebemachen ist eine Kunst, und die Gestaltung des Kunstwerks braucht Zeit.

Bald war ich kurz vor dem Platzen, und ich flüsterte Amber zu, sich langsam zu bewegen. Doch es dauerte nicht lange, bis mir ihr köstliches Stöhnen und Schaudern verriet, dass die Zeit für ein energetisches Finale gekommen war. Sie ließ mich einen Moment lang zappeln, dann überflutete auch mich die weiß glühende Welle zitternder Erleichterung, und ich stöhnte vor Wonne in ihr Haar.

»Mein Gott! Ich hatte keine Ahnung, wie sehr ich das gebraucht habe«, flüsterte ich. »Sex mit dir ist wie ein Heilmittel.«

»Für mich ist es genauso, Adam. Ich liebe dich so sehr.«

Wir lagen lange aneinander geschmiegt, ihr sinnlicher Körper bewegte sich und atmete dicht an meinem, und allmählich spürte ich, wie meine Erregung wieder wuchs. »Wie wäre es mit einer längeren, langsameren Sitzung in physikalischer Therapie?«, fragte ich.

Sie sagte nichts, doch als Antwort bewegte sie sich sanft auf meinem Körper auf und ab. Wir lagen eng aneinander geschmiegt, bewegten uns wenig, berührten und spürten einander und machten uns wieder vertraut mit dem Körper des anderen. Ihre Lippen lagen auf meinen, und ihre Zunge war in meinem Mund, als ihr leises Stöhnen den Orgasmus verriet. Ich lächelte. Ich lächelte immer. Ich kann gar nicht anders, wenn Amber einen Orgasmus hat. Es macht mich so glücklich. Plötzlich setzte sich Amber auf mich und bewegte sich immer schneller auf und ab, und eine Weile gab ich mich der reinen körperlichen Lust hin, bis ich wieder den scharfen, jähen Stoß meiner eigenen Erleichterung fühlte.

Lange, schwebende, ekstatische Augenblicke lagen wir uns in den Armen und bekundeten einander murmelnd unsere Liebe.

»Oooohhh, Wahnsinn! Ich fühle mich besser. Du hast mich gerade geheilt.«

»Zweifellos bin ich wirklich eine Ärztin, oder?«

»Liebling, du kannst mich jederzeit heilen. Übrigens, hast du wirklich mit Pete darüber gesprochen, oder sollte das ein Witz sein?«

Amber drehte den Kopf zu mir und küsste mich. »Wirklich, wir haben darüber gesprochen. Um ehrlich zu sein, war es Petes Idee, doch als ich meine Überraschung überwunden hatte, musste er mich nicht mehr groß motivieren.«

»Wie genau lief das ab?«

»Also, Pete fragte mich, ob wir wieder zusammen seien. Ich bejahte. Verlegen fragte er, ob wir miteinander geschlafen hätten, während wir allein in deinem Zimmer waren. Ich sagte ihm, dass dies kaum möglich sei, weil wir jederzeit mit ihm rechnen müssten, ganz zu schweigen von den Krankenschwestern und anderen Besuchern. Jetzt war er wirklich verlegen und eröffnete mir, dass vorsichtiges Liebemachen sehr gut für dich sein könnte. Was ich dazu meinte? Ich sagte ihm, wenn er für unsere Privatsphäre sorge, würde ich diesen Auftrag sehr gern ausführen. Da gab er mir den Schlüssel, wurde so rot wie eine Rübe und entfloh.«

»Toll! Welch ein Doktor!«, schwärmte ich.

Amber wurde plötzlich sehr geschäftig. »Komm, wir riechen nach Schweiß! Wir brauchen unbedingt eine Dusche. Ich helfe dir.«

Erst jetzt bemerkte ich, dass statt des einen zwei weiße Bademäntel an dem gewohnten Haken hingen. Wir zogen sie an und gingen über den Flur hinüber zu den Duschräumen.

»Warte mal. Das ist die Männerdusche, Du kannst hier nicht rein.«

»Oh, vielleicht möchtest du stattdessen mit zu den Frauen?«

Mit diesen Worten öffnete sie die Tür der Männerdusche und betrat eine große Duschzelle. Ich starrte sie an, während sie ruhig den Bademantel auszog und mich wartend anschaute.

»Kommst du, oder möchtest du mich zur Schau stellen?«

Ich beeilte mich, in die Dusche zu kommen, schloss die Zellentür und drehte das Wasser an. Wir seiften uns gegenseitig ein und kicherten wie ungezogene Kinder.

Amber blieb die ganze Nacht, und wir schliefen nebeneinander, was in dem schmalen Bett sehr eng und ein wenig unbequem war. Doch es war die beste Nacht meines ganzen Lebens.

Sie ging früh, und ich war allein, als Pete mich wie üblich besuchte.

»Hallo, Adam, haben Sie gut geschlafen?«, fragte er zweideutig.

»Pete, Sie sind wirklich ein Original. Sie sind der Beste, und ich danke Ihnen tausendmal!«

Pete grinste. »Was immer dem Wohlbefinden meines Patienten dient, fördert den Heilungsprozess. Sehr gern geschehen. Äh ... war es gut?«

»Phantastisch, Pete. Ab-so-lut phantastisch!«

Neun

Ich war so mit meiner körperlichen Rehabilitation beschäftigt, dass die Zeit wie im Fluge verging, und ich verbesserte mich ständig. Schließlich hatte ich das Gefühl, dass der Zeitpunkt gekommen war, nach Hause zu gehen. Die einzige Stütze, die ich noch trug, diente meinem Rücken, und selbst diese war leicht und einigermaßen bequem. Ich würde sie noch einige Monate lang tragen müssen. Die Wirbelsäulenverletzung war gut ausgeheilt, obwohl mein früheres Problem noch zu einem bestimmten Grad fortbestand. Mein linkes Bein war vielleicht etwas schwächer, doch die Behandlung war auch der alten Verletzung äußerst gut bekommen.

Die Wochen und Tage waren angefüllt mit Aktivitäten. Ich trainierte täglich, dehnte und stärkte meinen Körper, und abends machte ich die innere Reise zum Fluss und zur Sphäre der Stille. Der Schmerz war seit langem kein Problem mehr, und obwohl er sich kleinlich stets in Erinnerung rief, fiel es mir leicht, ihn zu ignorieren. Wie Pete sagte: »Wenn du deinen Körper fast umbringst, dann kommst du nicht ohne ein bleibendes Andenken zurück.«

Mutter und Vater hatten mich einige Male besucht. Vaters Reserviertheit kehrte langsam wieder zurück, doch das hatte ich erwartet. Auf jeden Fall entwickelte sich unsere Beziehung gut, und wir brachten einander Liebe und Respekt entgegen. Kate und Bruno hatten mich mehrmals abends besucht, und meine zuvor eher oberflächliche Freundschaft zu Bruno vertiefte sich. Ich freute mich schon darauf, wenn Amber und ich die beiden zu uns nach Hause einladen konnten.

Amber war wieder in unser Haus eingezogen, und der bloße Gedanke daran, mein Leben mit ihr zu verbringen, begeisterte mich genauso wie in den ersten Tagen unserer Ehe. Wir hatten ernsthaft darüber nachgedacht, ein zweites Mal Hochzeit zu feiern, doch beide wussten wir, dass das erste Liebemachen nach unserer Trennung tief in uns etwas besiegelt hatte. Wir begriffen, dass eine Eheschließung noch keine Hochzeit ist und dass die wahre Hochzeit keine Zeremonie, sondern eine Verpflichtung auf der Seelenebene war. Wir wussten jetzt, dass wir endlich unwiderruflich verheiratet waren.

»Doktor, ich möchte nach Hause«, bat ich formell.

Pete und saßen in der Kantine und sprachen bei einer Tasse Kaffee über meine Fortschritte.

»Gerade jetzt, da wir gute Freunde werden, wollen Sie mich verlassen!« Seine dunklen Augen zwinkerten. »Zufällig ist es so, dass ich Sie in genau fünf Tagen entlassen möchte. Ich habe dies mit Amber besprochen, und sie hat meinem Vorschlag zugestimmt.« Er hob seine riesige Hand, um meine Proteste zu ersticken. »Zuerst noch eine Reihe Tests. Wenn Sie die bestehen, dürfen Sie sich meiner erhebenden Gesellschaft entziehen.«

Es war nutzlos, mit Pete zu diskutieren, und so akzeptierte ich die fünf Tage würdevoll. Was machten fünf weitere Tage nach all den Wochen, die ich im Krankenhaus verbracht hatte, schon aus?

Ich sollte es bald herausfinden! Die Tests begannen am nächsten Tag. Pete hatte mich nicht darauf vorbereitet, wie gründlich er mich untersuchen wollte, und die Stunden vergingen, während ich an verschiedenen Apparaten hing, die ihm digitale Informationen über meinen Blutdruck, das Herz, die Lungen usw. gaben. Ich wurde bei Belastung und im Ruhezustand geprüft. Die Knochenstärke über den Brüchen wurde gemessen, die inneren Organe per Ultraschall überprüft, Hüfte und Wirbelsäule geröntgt und so weiter und so fort. Pete sagte mir jeweils genau, was er machte, doch als wir Test um Test absolvierten, erschienen mir die Zahlen immer bedeutungsloser. Ich wurde an Orte im Krankenhaus gebracht, von deren Existenz ich nichts wusste, und ich lernte ganz neue Ärzte kennen.

Es schien, als sei ich für sie ein interessantes Studienobjekt, denn es hatte sich herumgesprochen, dass ich jedes Schmerzmittel abgelehnt hatte. Sie glaubten, dass ich einen Weg gefunden hatte, den Schmerz »mental« zu kontrollieren, und abgesehen von den Witzen auf meine Kosten waren sie wirklich daran interessiert zu erfahren, wie ich solch starke Schmerzen bewältigt hatte.

Für mich waren es im Ganzen viel zu viele Menschen, die viel zu viele Fragen stellten, und so antwortete ich immer wieder dasselbe: Ich sagte ihnen, ich hätte den Schmerz einfach wegimaginiert. Dies war keine Lüge, denn teilweise entsprach es der Wahrheit, doch es war nicht die ganze Geschichte, und sie wussten es. Doch ich widerstand allen Versuchen, die Informationen aus mir herauszukitzeln. Die Wahrheit bedarf des richtigen Zeitpunkts, und die überwältigende Skepsis der Ärzte wies darauf hin, dass ihre Zeit bestimmt noch nicht gekommen war. Weil Doktor Pete so offen war, nahm ich an, dass er von allen Ärzten des Krankenhauses den entscheidenden Zeitpunkt wohl am ehesten erreichen würde. Ich erfuhr, dass Pete großen Respekt genoss und als brillanter Arzt eingestuft wurde, doch darüber hinaus galt er als sonderbarer Kauz, als Abtrünniger auf dem Felde der Schulmedizin. Dem Himmel sei Dank, dass es ihn gab!

Zu meinem Erstaunen dauerten die Tests fast drei Tage. Sie prüften sogar meine mentalen Fähigkeiten. Ich hielt das für eine Zumutung, doch offensichtlich hatte meine Weigerung, Schmerzmittel zu nehmen, Verdacht erregt. Ich erfuhr, dass ich mich zuerst Petes Tests und dann den Standarduntersuchungen des Krankenhauses unterziehen musste, denn Pete und die restlichen Ärzte waren nicht immer einer Meinung.

*

Nachdem dies alles glücklich überstanden war, kam der große Tag. Pete hatte für mich dreimal pro Woche Termine bei einem Physiotherapeuten im nahen Nambour vereinbart.

»Er heißt John Relish und ist einer der besten. Ich kann nicht verstehen, warum er in dieser kleinen Stadt lebt, doch ihm geht die Lebensqualität über alles. Er erwartet Sie. Amber hat eine Liste der Dinge, die Sie tun und die Sie lassen müssen. Hören Sie also auf sie.«

»Offensichtlich findet John das Landleben schmackhaft«*, gluckste ich.

Pete schlug sich in einer übertriebenen Geste mit der Hand auf die Stirn. »O Gott, ersparen Sie mir Ihre Kalauer. Es ist Zeit, dass Sie nach Hause kommen«, sagte er dramatisch.

Alle Mitglieder des Krankenhausstabs, die ich kannte, kamen, um sich von mir zu verabschieden, und überrascht bemerkte ich, dass sie mich wirklich mochten. Ich fand das merkwürdig, weil ich so lange unfähig gewesen war, mich selbst zu mögen. Jim und Mandy kamen beide, doch als Jim ging, blieb Mandy noch.

»Ich muss zugeben, dass es mich immer noch beunruhigt, dass Sie an Reinkarnation glauben«, sagte sie zögernd. »Ich fände es furchtbar, wenn ich wüsste, dass Sie in der Hölle beim Teufel endeten.«

Ich wusste, dass ich sie ernst nehmen musste. »Das ist wirklich nett von Ihnen, Mandy, doch ich glaube ehrlich, dass die Hölle nur eine menschliche Vorstellung ist. Ich glaube nicht an den Teufel oder an die Hölle, denn wir selbst schaffen es, aus unserem täglichen Leben eine Hölle zu machen. Aber ich danke Ihnen trotzdem.«

Sichtlich erregt antwortete sie: »Sie sollten so etwas nicht sagen. Es ist Gotteslästerung. Die Hölle existiert wirklich, und wenn Gott Sie fallen lässt, wird Sie der Teufel übernehmen!«

---

* Anm. d. Übers.: Wortspiel: Relish heißt auf Deutsch »Würze«

»Glauben Sie, dass Gott liebevoll ist?«, fragte ich.

»Natürlich, das weiß doch jeder!«

»Wie kann mich ein liebevoller Gott dem Teufel überlassen? Wäre eine solche Tat liebevoll? Nein, sie wäre das Gegenteil von Liebe.«

»Solche Dinge stellt man nicht in Frage«, zischte sie wütend.

»Man lebt so, wie es die Schrift vorgibt.«

Ich verfügte wieder über mein gewöhnliches offenes Ich: »Mandy, als Therapeutin sind Sie sehr gut und voller Mitgefühl. Sie sind wirklich wunderbar, und ich würde Sie jedem empfehlen, doch in Ihrer Religiosität sind Sie pathetisch. Seien Sie einfach Sie selbst.«

Mit zornrotem Gesicht drehte sich Mandy auf ihrer wohlgeformten Ferse um und rauschte hinaus. »Auf Wiedersehen, Adam.«

Ich saß eine Weile in meinem Zimmer und dachte über das Gespräch nach. In ihrem Beruf wurde Mandy nicht durch ihre Religion behindert, doch ihr Privatleben war mit Sicherheit beeinträchtigt. »Vielleicht urteile ich«, dachte ich, doch welch unglaubliche Beschränkungen legte sie sich freiwillig auf! Mandys persönliches Leben bestand wahrscheinlich aus aneinander gereihten »Du-sollst-Nicht«.

Wir hatten ausgemacht, dass Amber mich gegen Mittag mit dem Auto abholen sollte. Ich war jedoch morgens früh erwacht, und der ganze Vormittag hatte mich ziemlich aufgeregt. So schnarchte ich friedlich in meinem Bett, als sie in mein Zimmer stürzte. Überrascht fuhr ich hoch.

Sie sagte zwei Sätze: »Das darf doch nicht wahr sein! Du schläfst!«, und gleich darauf: »O Adam, Liebling, geht es dir gut?«

»Ich mag das Zweite lieber«, antwortete ich.

Sie starrte mich an, als habe ich den Verstand verloren. »Adam, wovon redest du?«

Ich sagte es ihr. »Es geht mir gut, wirklich. Stell dir vor, ich warte seit vier Monaten auf diesen Augenblick, und dann schlafe ich ein. Ich glaube ...«

Ihre Lippen pressten sich auf die meinen, und so hörte ich auf zu reden und konzentrierte mich aufs Küssen.

»Ich sagte Ihnen, meine Liebe, dass er zu viel denkt«, sagte Pete, der direkt hinter ihr ins Zimmer trat. »Man kann nie wissen, was ihm als Nächstes einfällt.«

Ich ignorierte ihn und küsste weiter.

»Vorsicht, das ist die Lippenkraft, Adam«, neckte er mich. Lachend drehte sich Amber um, fiel ihm um den Hals und gab ihm einen dicken Kuss. »Ich danke Ihnen so sehr, dass Sie meinen Mann zusammengeflickt haben«, sagte sie weich. »Ich mag Sie.«

»Und ich mag Sie, kleine Frau«, antwortete Pete mit belegter Stimme. »Sie können sicher sein, dass ich bald bei Ihnen vorbeischaue. Adam, vergessen Sie nicht, dass ich Sie zu regelmäßigen Kontrollen hier sehen will, und zwar bereits nächste Woche.«

»Jawohl Sir, Boss. Wie Sie wünschen, Sir!«

»Und noch etwas, Adam. Sie werden gute und schlechte Tage haben, seien Sie also darauf gefasst. Lassen Sie sich von den schlechten Tagen nicht entmutigen. Sie gehören zum Heilungsprozess.«

Am liebsten wäre ich aus dem Krankenhaus gerannt, doch mit meinem Stock war nur ein ruhiges, vorsichtiges Tempo möglich. Ich mochte den Krankenhausstock nicht besonders und nahm mir vor, ihn zu Hause gegen einen Wanderstock einzutauschen.

Nur eine kleine Wolke hing an meinem inneren Horizont, als ich in Ambers Auto stieg. Ich war überrascht, dass Mutter und Vater nicht da waren oder Kate und Bruno. Für mich war heute ein großer Tag, und ich hätte ihn gern mit ihnen geteilt.

Automatisch war ich zur Fahrertür gegangen, doch Amber holte mich ein. »Nein, Adam, du musst eine Weile lang meinen

Anordnungen folgen. Anweisung von Doktor Pete! Du entspannst, ich fahre.«

Ich erlaubte ihr, mir auf den Beifahrersitz zu helfen, und war ziemlich erstaunt, als ich merkte, dass ich die Hilfe wirklich brauchte.

Pete steckte sein riesiges, haariges, lächelndes Gesicht durch mein Fenster. »Sie tun genau das, was die Dame Ihnen sagt, Adam. Anordnung Ihres Doktors, denken Sie dran! Nebenbei ist sie so hübsch, dass sie eine ganze Ecke schlauer sein muss als Sie. Tschüs, bis bald!«

»Ich liebe diesen Mann«, schnurrte Amber, als wir losfuhren.

Mich durchströmten seltsame Gefühle, als Amber ruhig in Richtung Norden zur Sunshine Coast und unserem Haus in den Bergen fuhr. Alles wirkte intensiver, lebendiger, als es mir jemals zuvor erschienen war. Ich bestaunte das Wunder des Lebens, meines Lebens, allen Lebens. Vor gar nicht langer Zeit war ich gesundheitlich am Ende gewesen, körperlich zerbrochen – und ich war geheilt worden. Doch es war etwas geschehen, das weit darüber hinausging. Ich hatte Aspekte meiner selbst gefunden, die zu vergangenen Leben gehörten, und diese Aspekte waren so schlimm verletzt und zertrümmert, dass sie nie geheilt werden konnten. Mir war klar, dass ich in diesem Leben eine Möglichkeit finden musste, meine Vergangenheit zu heilen, all jene leidvollen Leben, die ich gelebt und in denen ich versagt hatte. Ich musste nicht nur meinen gegenwärtigen Körper heilen, sondern auch jene anderen Aspekte. Dieser Weg würde das Bewusstsein meines Selbst erweitern. Um meine Wahrheit zu finden, musste ich mein ganzes Ich einbringen und alle verletzten Persönlichkeiten in einem alles umfassenden Selbst vereinen. Ich dachte an den Autounfall zurück und erkannte, dass ich dadurch, dass ich mich so destruktiv in die Bewusstlosigkeit geschleudert hatte, genau das tat, was nötig war, um mich ganz einzigartig mit Dimensionen der Realität zu konfrontieren, die ich auf eine weniger erschütternde Weise bestimmt vermieden hätte.

»Du bist sehr still. Ist alles in Ordnung?«

Ich lächelte Amber abwesend an. Sicher, dachte ich, mir geht es gut. Doch mich erschreckte die unermessliche Größe und Tiefe des Lebens. Ich hatte gelernt, dass das Leben kein leichtfertiges Abenteuer auf der Wasseroberfläche des Meeres war, sondern die Ganzheit jedes Tropfens und die unglaubliche Tiefe, die das Meer in seiner Ganzheit ausmachte, umspannte. Es war alles so überwältigend!

»Adam! Bitte, sag mir, was du denkst.«

So erzählte ich es ihr.

Sie hörte aufmerksam zu. »Woher stammt all dieses Neue, Adam? Ich meine, wo war dieser tiefe, einsichtsvolle Mensch in den ersten Jahren unserer Ehe? Hast du dies alles für dich behalten? Warum hast du diese Gedanken nicht mit mir geteilt? Darüber denke ich nach, und es bedrückt mich.«

Ich schloss die Augen und ließ meinen Kopf auf die Kopfstütze sinken. »Ich verabscheute mich so sehr, dass ich der Negativität nur selten entkam. Die Fragen waren vorhanden, und ich glaube, die Tiefe auch, doch sie war ein tiefes, dunkles Loch, das mich aufzusaugen schien. Mein Denken war so destruktiv.« Ich seufzte tief. »Statt dich zu ermutigen, mir herauszuhelfen, versuchte ich, dich mit hineinzuziehen. Du hattest keine Wahl, du musstest mich verlassen. Doch, Gott, bin ich froh, dass du zurückgekommen bist!«

Das Auto hielt an, der Motor wurde ausgeschaltet. Amber nahm mein Gesicht sanft in beide Hände. Sie küsste mich, und es war ein so sanfter, liebevoller Kuss, dass ich weinen musste. Die Tränen liefen meine Wangen herab, und ich schniefte laut.

»Was ist mit dir, Liebling?«

»Ich weiß nicht. Meine Gefühle sind völlig durcheinander. Ich freue mich so, aus dem Krankenhaus heraus und mit dir zusammen zu sein, und doch ist alles mit einem Ozean von Leid vermischt. Ich glaube, dass ich wegen meiner Vergangenheit weine, und gleichzeitig bin ich so glücklich über diesen Augenblick. Aber eines weiß ich sicher: Ich liebe dich!«

»Seit dem Unfall ist eine Menge mit dir passiert, was du mir noch nicht erzählt hast«, sagte sie wissend und schaute mir in die Augen.

»Mehr, als du dir vorstellen kannst. Aber ich werde es dir erzählen.«

Wir küssten uns, sie ließ den Motor wieder an und folgte der Straße nach Hause. Die Kilometer schmolzen dahin, während wir uns dem Zuckerrohrland näherten. Ideal für den kommerziellen Anbau von Ananas, Avocados, Nüssen, Litschis und Cherimoyas, ließ unser Klima eine große Anzahl tropischer Früchte wachsen. Ich konnte es kaum erwarten, sie wieder zu essen.

Die einstündige Fahrt ging rasch vorüber, und bald bogen wir in die Einfahrt unseres Hauses ein. *Unseres* Hauses! Es fühlte sich so gut an. Amber parkte das Auto in der großen Garage, während ich mich mit meiner Tür abplagte. Sie kam zu mir.

»Warte, Adam. Die nächsten Wochen musst du dich daran gewöhnen, dass ich dir helfe. Ich werde deine Tür öffnen.«

Ich saß geduldig da, unsicher, wie ich damit umgehen sollte, bedient zu werden. Ich zuckte die Achseln. Bald würde ich wieder stark und in Form sein, und dann würde ich Amber helfen können. Genau das würde ich tun! Ich würde ihr all ihre Fürsorge und Freundlichkeit zehnfach zurückgeben.

Ich zog den Kopf ein und bückte mich, und plötzlich schmerzten Muskeln, die all die wunderbaren Apparate im Fitnesscenter nicht hatten erreichen können. Ich war froh, dass Amber da war und mir half, als ich mich langsam streckte. »Gott, es fühlt sich so gut an, zu Hause zu sein.«

Zusammen gingen wir zur Eingangstür, und Amber öffnete sie. Überrascht starrte ich auf ein großes Bettlaken, das über einem Deckenbalken hing und den Blick auf die dahinter liegenden Raum verbarg. Fünf Worte standen darauf geschrieben. WILLKOMMEN ZU HAUSE, LIEBER ADAM.

Ich strahlte wie ein Kind bei einer Überraschungsparty und küsste Amber.

»Danke, das ist lieb von dir.«

Amber lief zu dem Laken und zog es vom Deckenbalken.

»ÜBERRASCHUNG! WILLKOMMEN ZU HAUSE, ADAM!«

Sie waren alle da: Mutter und Vater, Kate und Bruno, Ambers Eltern, selbst Joe und Joyce Steadman und einige unserer Nachbarn. Doch vor ihnen allen, sein Gesicht ein Bild jugendlicher Unschuld, stand der wirkliche Schock – Selph! Ich wusste nicht, ob ich weinen oder lachen sollte, und einige peinliche Minuten lang hatte ich mit mir zu kämpfen. Erstaunlicherweise war es mein gewöhnlich so zurückhaltender Vater, der vortrat und mich zögernd in die Arme nahm. »Willkommen zu Hause, mein Sohn.«

Ich klammerte mich an ihn wie ein Kind und weinte leise, während er mir auf den Rücken klopfte. »Ist schon in Ordnung, Sohn. Du bist jetzt zu Hause. Du bist wieder zu Hause. Du bist wieder bei uns und bei Amber. Es ist gut. Es ist alles wieder gut.«

Das zweite Mal in wenigen Wochen weinte ich in den Armen meines Vaters, doch ich hatte das Gefühl, dass ich genau dorthin gehörte. Wir beeilten uns nicht. Vater versuchte nicht, mich fortzudrücken, und ich hielt mich an ihm fest, bis sich meine Gefühle beruhigt hatten. »Danke, Vater, das habe ich gebraucht. Ich liebe dich.«

Er streichelte mich, lächelte und drehte sich zu Mutter um. Sie kam wie der Blitz zu mir gerannt, und sobald er mich losließ, nahm sie mich in die Arme. »O Adam, o Adam, es ist so gut, dich wieder zu Hause zu haben. Bist du sicher, dass du es schaffst? Du und Amber, ihr könntet eine Weile bei uns bleiben, wenn ihr möchtet. Wir würden uns freuen, wenn ihr uns besuchen kommt.«

Ich küsste und umarmte sie. »Danke Mutter, ich denke, wir

schaffen es. Wenn nicht, dann bist du der erste Mensch, an den wir uns wenden. Du glaubst nicht, wie gut es ist, wieder zu Hause zu sein. Auf diesen Augenblick habe ich sehr lange gewartet.«

»O Adam, warum hast du uns nichts davon gesagt? Das war wirklich eine hervorragende Idee!«

Ich runzelte fragend die Stirn und hielt sie in Armeslänge von mir. »Was hätte ich dir sagen sollen, Mutter? Wovon sprichst du?«

Sie winkte Selph, der wie ein gewöhnlicher, schüchterner Jugendlicher zu uns trat. »Dieser nette, junge Mann hat uns gesagt, er sei dein neuer Assistent. Er will von dir alles über ökologische Landwirtschaft lernen. Das ist eine solch kluge Idee. Er wird dir die harte Arbeit abnehmen. Das hättest du uns wirklich sagen können.« Sie legte Selph einen Arm um die Hüften und zog ihn näher. »Und er ist ein so feiner, wohl erzogener junger Mann. Ich finde ihn äußerst sympathisch.«

Selphs Gesicht wirkte in diesem Augenblick noch engelhafter, doch als er mich offen anlächelte, übermittelten sein Lächeln und seine Augen verschiedene Botschaften. Sein Lächeln sagte: »Bin ich nicht anbetungswürdig?«, während seine Augen sagten: »Findest du nicht, dass ich die Wahrheit gut verdreht habe?«

»Ah, äh, ja. Also, ähm ... das haben wir erst vor ganz kurzer Zeit ausgemacht«, stotterte ich und versuchte mich zu fangen. »Oder, Selph?«

»Warum nennst du ihn Selph?«, fragte Mutter mit gerunzelter Stirn. »Er heißt Ian. Ian Selph.«

»Ian! Wirklich?« Ich begann zu lachen. »Also, Mutter, das hat er mir nicht gesagt.« Ich schaute Selph an. »So, junger Mann. Warum hast du mir deinen vollen Namen nicht genannt?« Ich drohte ihm ein paarmal mit dem Finger, ohne ihm eine Gelegenheit zur Antwort zu geben. Ich hatte meinen Spaß dabei. »Also ... du bist Ian Selph, hmmm. Und wo lebt deine Familie, Ian? Welchen Beruf hat dein Vater?« Ich grinste unbekümmert. Sieh zu, wie du dich da herausredest, dachte ich.

Er antwortete blitzschnell: »Erinnerst du dich nicht, Adam? Ich sagte dir, dass ich weit weg wohne. Darum hast du mir angeboten, bei dir und Amber zu leben.«

»Habe ich das? O ja, es stimmt. Stell dir vor! Ich habe diese Abmachung vollkommen vergessen. Es muss der Unfall gewesen sein«, sagte ich und wandte mich an Mutter. »Die Schmerzen ließen mich die unwichtigeren Einzelheiten des Lebens vergessen.«

»Oh, du armer Liebling. Natürlich war es so.«

Selphs Grinsen drückte Bewunderung aus, während er sich an Mutter richtete: »Wir sollten ihn jetzt in Ruhe lassen, Mrs Baker. Da sind noch andere Leute, die ihn zu Hause begrüßen möchten.«

Mutter lächelte mir zu. »Er ist ein netter Junge, nicht wahr, Adam? Und so vernünftig.«

Ich hatte vollkommen vergessen, Amber zu sagen, dass Selph bei mir lebte, und überlegte, was sie dazu sagen würde. Sie stand auf der anderen Seite des Zimmers bei ihren Eltern, als sie meinem Blick begegnete. Sofort war sie bei mir.

»Äh, hab' ich dir schon gesagt, dass Selph hier wohnen wird?«, fragte ich ein bisschen lahm.

Sie lächelte strahlend. »Das ist alles schon geregelt. Seit der letzten Woche ist er immer wieder hier gewesen.«

»Das hast du mir nicht erzählt«, sagte ich überrascht.

»Ach ja? Ich hab' dir auch noch eine Menge zu berichten.«

Amber und die anderen Frauen kümmerten sich darum, die Gäste mit Essen und Getränken zu versorgen, und so schaute ich mich nach Joe Steadman um. »Jesses! Es ist gut, dich wiederzusehen«, sagte er und riss mir dabei fast den Arm ab. Er bemerkte, dass ich zusammenzuckte, und ließ meine Hand los, als sei sie plötzlich heiß geworden. »Jesses! Tut mir Leid, Adam. Ich bin einfach zu ungeschickt.«

Ich schlug ihm auf die Schulter. »Alles in Ordnung, Joe.

Großartig, dass du und Joyce gekommen seid. Ich habe euch vermisst. Wie geht es auf der Farm?«

Joe war ein ziemlich großer Mann, glatzköpfig, mit einem verwitterten, freundlichen Gesicht. Er schüttelte traurig den Kopf. »Scheiße, diese Dürre! Wir leiden, jeder leidet. Doch ich muss sagen, unserem Vieh geht es immer noch besser als anderswo. Ich hab' das Gefühl, du wirst ein viel beschäftigter Mann sein, wenn die Dürre vorbei ist. Viele Farmer haben uns gefragt, was wir denn anders machen als sie.« Er schüttelte traurig den Kopf. »Es bricht uns das Herz, Adam, es bricht uns verdammt noch mal das Herz.«

»Hüte dich, den armen Adam mit deinen Problemen zu belasten, Joe Steadman, er hat genügend eigene!«

Mit diesen Worten trat Joyce zwischen uns, umarmte mich und gab mir einen Kuss. »O Adam, du hast uns zu Tode erschreckt. Zuerst hörten wir, du seist tot. Dann hörten wir, du lägest im Sterben, dann wieder, du seist tot, dann wieder, du lebtest. Ich wusste nicht mehr, ob ich mir die Augen ausweinen oder vor Erleichterung lachen sollte.« Sie küsste mich wieder, und ich fühlte die von der harten Arbeit fest gewordenen Muskeln ihres stattlichen Körpers. »Willkommen zu Hause, Adam.«

Ich lächelte sie an, denn ich mochte ihre natürliche Freundlichkeit. »Danke, Joyce, du glaubst nicht, wie gut es ist, euch wiederzusehen. Wie geht es den Kindern?«

»Prima«, strahlte sie. »Mattie passt auf die Jungen auf und lässt Grüße ausrichten.«

Die Jungen waren kleine Energiebündel, doch ich wusste, dass Mattie mit ihnen fertig wurde. Groß, hübsch, geduldig und für ihr Alter sehr selbstbewusst, war sie ein fähiges, verantwortungsvolles Mädchen.

Joyce trat zurück, um Kate und Bruno vorzulassen.

»Hallo, Adam. Wir haben uns gedacht, dass wir den Leuten den Vortritt lassen, die dich lange nicht gesehen haben. Willkommen zu Hause, lieber Bruder.« Kate und ich umarmten uns innig.

»Ist es nicht dumm, dass man fast sterben muss, um zu erkennen, wie unendlich wertvoll die Schwester, die Familie und die Freunde sind? Man muss die Menschen, die man liebt, beinahe verlieren, um den Wert und die Bedeutung der Liebe wirklich zu verstehen. Ich liebe dich, Kate.« Ich küsste sie.

»Wir waren uns schon vor deinem Unfall nahe, Adam, und ich denke, das weißt du auch, doch ich glaube, dass ein Adam starb und ein neuer Adam auferstanden ist. Ich liebe dich auch.« Sie küsste mich und klopfte sich auf den Bauch, in dem sich seit sechs Monaten ein Baby entwickelte. »Fühl mal.«

Sie legte meine Hand auf ihren Bauch und führte sie dann etwas tiefer. »Fühlst du, wie es sich bewegt?«

Aufgeregt spürte ich ein sanftes Zittern. »Ich kann es nicht erwarten, Onkel zu werden. Gott! Welch ein Privileg!« Ich schaute sie weise an. »Wer weiß, es könnten Zwillinge sein.«

Bruno war zu uns getreten und lachte. »Ich glaube nicht, Adam, es gibt in beiden Familien keine Zwillinge.« Er umarmte mich. »Willkommen zu Hause, Adam. Ein völlig neues Leben mit Amber erwartet dich. Ich freue mich so sehr für euch beide.«

Die Nachbarn kamen und wünschten mir alles Gute, und bald waren alle mit ihren belegten Broten, mit Kuchen und Getränken beschäftigt. Ich schlüpfte aus dem Haus in den Garten und trank ihn mit den Augen in mein Herz. Ich habe dich vermisst, Garten, dachte ich. Ich lief zu meinem Bonsai, streichelte seine Blätter und bewunderte ihn. Ich habe auch dich vermisst, doch für dich ist gut gesorgt worden. Eine leichte Brise raschelte in den Blättern der Gummibäume, und plötzlich rauschte es hoch über meinem Kopf. Ich schaute auf und sah eine Elster, die mich mit blanken Augen und aufgeplusterten Federn beobachtete. Kenne ich dich?, fragte ich still. Als Junge hatte ich eine zahme Elster gehabt, doch sie war nach ein paar Jahren gestorben.

Ich hatte sehr um diesen Vogel getrauert. Konnte es sein, dass dieser Vogel wiedergeboren war und mich jetzt besuchte?

Es fühlte sich so an, als heiße mich der Garten willkommen. Ein paar Büsche blühten, ein Klecks gelb hier und ein paar Kleckse rosa dort, doch die Dürre hinterließ auch hier an der Küste ihre Spuren. Ich lief hinüber zum Schwimmbecken. Dort sollte ich viel trainieren und außerdem oft am Strand spazieren gehen.

Als ich ins Wasser schaute, sah ich mein Spiegelbild, dem sich Ambers näherte. Ich deutete mit dem Finger darauf: »Unsere Spiegelbilder vereinten sich, noch bevor du mich erreicht hattest. Es würde mich nicht überraschen, wenn wir uns auf der Seelenebene nie wirklich getrennt hätten. Wir mussten uns körperlich trennen, damit ich erwachsen werden konnte, doch du warst immer in meinem Herzen. Da war nie eine andere.«

»Für mich war es genauso«, antwortete Amber leise. »Ich habe mich nie mit einem anderen Mann getroffen und habe nie aufgehört, dich zu lieben, obwohl es mir so viel Schmerzen bereitete.«

Wir küssten uns. Mehr Worte waren nicht nötig. Die gemeinsame Heilung war bereits im Gange.

Ein paar neue Leute kamen, andere gingen, doch es waren nie übermäßig viele Gäste da. In Wahrheit hatte ich nur wenige Freunde, denn ich war nicht gern unter Menschen, und nachdem mich Amber verlassen hatte, traf ich Verabredungen nur noch aus Arbeitsgründen. Damit war ich zufrieden. Ich hatte immer wenige gute Freundschaften mit Menschen, an denen mir etwas lag, einem großen Kreis eher zufälliger Bekannter vorgezogen.

Am frühen Abend waren nur noch meine Eltern, Kate und Bruno übrig – und, natürlich, Selph. Ich saß in einem bequemen Sessel, hatte die Beine hochgelegt und entspannte mich.

Mit geschlossenen Augen seufzte ich zufrieden. Amber brachte mir etwas zu trinken und setzte sich neben meine Knie.

Als ich sie anschaute, zersprang mein Herz fast vor Dankbarkeit. »Es hat sich gelohnt, weißt du«, sagte ich ihr. »Wenn der Autounfall nichts anderes bewirkt hätte, als uns wieder zusammenzubringen, dann haben sich alle Schmerzen, die ich durchgestanden habe, gelohnt. Und mehr noch: Wenn ich hier sitze und dir zuschaue, wie du dich im Zimmer bewegst, mit Menschen sprichst und einfach du selbst bist, muss ich mich kneifen, um sicher zu sein, dass es kein Traum ist. Aufzuwachen und herauszufinden, dass dies alles nur ein Traum ist, wäre der schlimmste Alptraum, den ich mir vorstellen kann.«

Sie drückte meine Hand. »Es ist wirklich, Adam, glaube es!«

»Meine liebe Amber, wir müssen jetzt fahren«, sagte Mutter, und sie und Vater traten zu uns. »Wir werden erst spät zu Hause sein.«

»Bleibt doch über Nacht, Mutter. Wir haben genügend Platz«, protestierte ich. »Ihr müsst doch die lange Fahrt jetzt nicht mehr antreten.«

Mutter schaute Vater an. »Was meinst du, Fred? Wie steht es mit deiner Arbeit?«

»Na komm, Vater, bleib einfach hier. Lass uns einen schönen Abend miteinander verbringen. Morgen früh bist du dann richtig ausgeruht.«

Vater hmmmte und ahhhte etwa zehn Minuten lang. Dass er bleiben wollte, war offensichtlich, doch seiner Gewohnheit – seinem Muster – nach hätte er jetzt fahren müssen, um sich nicht zu sehr auf andere Menschen einzulassen. Ich streckte die Hand nach ihm aus, und er nahm sie. »Vater, ich möchte, dass du bleibst.«

Das entschied die Sache. Er grummelte noch etwas, doch meine direkte Bitte hatte ihn berührt. Wir waren dabei, eine neue Landkarte für unsere Vater-Sohn-Beziehung zu zeichnen, und wir mussten beide daran arbeiten, da wir uns auf unbekanntem Terrain befanden.

Bruno und Kate hatten das Abendbrot zubereitet, und so

saßen wir um den Esstisch und unterhielten uns. Selph behandelte alle persönlichen Fragen mit solcher Leichtigkeit, dass ich mir sicher war, dass er dies alles nicht zum ersten Mal tat.

Als die Müdigkeit kam, traf sie mich mit Macht. Gerade noch hatte ich mich am Gespräch beteiligt, und plötzlich war ich fast eingeschlafen. Amber entging dies nicht.

Sie sprang auf, nahm meinen Arm und half mir beim Aufstehen. »Komm mit, Adam. Du schläfst ja schon. Doktor Pete würde das gar nicht gern sehen!«

Sie hatte Recht. Ich war so erschöpft, dass ich allen nur noch zuwinkte, müde »Gute Nacht« sagte und mir von Amber ins Schlafzimmer helfen ließ. »Leg dich einfach hin, Liebling, ich mache den Rest.«

Ich bemerkte gerade noch, dass sie an meiner Kleidung nestelte, doch ich war schon eingeschlafen, bevor sie mich ausgezogen hatte.

Zehn

Im Laufe des Morgens waren Mutter und Vater nach vielen Umarmungen und guten Wünschen abgefahren, und wir drei blieben allein zurück. Es war phantastisch, zu Hause zu sein, obwohl ich merkte, dass ich vieles ändern musste, nicht nur, weil ich wieder zu Hause, sondern weil ich so abhängig von Amber war.

Wir saßen am Schwimmbecken und tranken den Kaffee, den Selph uns gekocht hatte.

»Danke, Ian«, sagte ich witzelnd. »Sehr nett von dir.«

»In Wirklichkeit habe ich deiner Mutter nicht gesagt, ich hieße Ian«, antwortete er. »Das hat sie verstanden, und ich habe sie nicht verbessert. Ich sagte, ich sei Iam, mit einem ›m‹ und nicht mit ›n‹ geschrieben.«

»Iam«, wiederholte ich. »Das ist ein komischer Name.«

»Denk darüber nach, Adam. Schalte dein Gehirn ein«, grinste Selph.

Amber kicherte. »Ich hab's! Iam. I am. I am Selph!«*

»Mensch, du bist ganz schön durchtrieben«, warf ich ihm vor. »Das hast du extra so ausgedrückt, oder?«

Selph zuckte die Achseln. »Ich bin nicht hier, um deine Eltern vor den Kopf zu stoßen, ich kam als dein Lehrer. Wenn man den Leuten einen Annäherungswert gibt, sehen oder hören sie das, was sie erwarten. Man nennt das ›In der Welt von gestern leben‹. Wenn man in England an einer viel befahrenen Straße wohnt, kann man ein Schild an die Tür hängen, auf dem steht: POLITE NOTICE, NO PARKING (Wir bitten höflich, hier nicht zu parken).

---

* Anm. d. Übers.: Wortspiel: I am self oder »Selph« heißt auf Deutsch »Ich bin ich«.

Was die Leute jedoch lesen, ist: POLICE NOTICE (Anordnung der Polizei), und so parken sie woanders.«

Ich lächelte. »Hier gibt es ein kleines Geschäft, das FISH AND CHIPS heißt. Dort gibt es tropische Fische und Käfigvögel. Der Besitzer hat mir erzählt, dass selbst nach sechs Jahren immer noch Leute in den Laden kommen, um Fisch und Chips zu kaufen. Ich muss zugeben, dass ich selbst ein Jahr brauchte, bevor ich es richtig las. Zuerst dachte ich, der Besitzer hätte eine schlechte Lage für seine Gaststätte gewählt.«

Selph zuckte die Achseln. »Damit wäre der Fall abgeschlossen.«

Ich betrachtete Amber und Selph und stellte eine eher rhetorische Frage: »Glücklicherweise habt ihr beide euch offenbar schon angefreundet. Ist es möglich, dass du uns beide unterrichtest, Selph? Oder habt ihr das schon besprochen?«

»Das haben wir bereits«, meinte Amber bedauernd. »Selph sagte mir, dass er nicht mein Lehrer ist.« Sie lächelte strahlend. »Doch das ist in Ordnung. Ich komme auch noch an die Reihe.«

»Du brauchst nicht wirklich einen Lehrer«, antwortete Selph ernsthaft. »Adam braucht mich. Ich habe in einer anderen Zeit an einem anderen Ort ein Versprechen gegeben. Durch meine Arbeit mit Adam löse ich es ein.«

»Wirklich?«, fragte ich erstaunt. »Kannst du uns etwas darüber erzählen? Ich denke, es ist wirklich an der Zeit!«

Selph nickte nachdenklich. »Ich stimme dir zu. Die Zeit ist reif. Ich erzähle dir eine kleine Geschichte, die du vielleicht nicht verstehst, und ich werde auch nichts erklären. Hör aufmerksam zu! Ich war in einer Straße voller Menschen, jedoch ging ich etwa dreißig Zentimeter über den Köpfen der Leute, und niemand sah mich. Es gab vielleicht noch fünf andere Personen, die sich auf derselben Ebene bewegten wie ich. Eine von ihnen, eine Frau, eilte plötzlich auf mich zu. Als sie näher kam, fiel sie in die Menge, und ich verlor sie einen Moment lang aus dem Blickfeld. Ich rannte ihr nach und sah, dass sie ein Kind gebar. Ich kniete neben ihr, um ihr zu helfen. Obwohl niemand über uns fiel und wir genügend Platz hatten, konnte uns keiner sehen. ›Versprich mir, dass du mein Baby nach Hause bringen wirst‹, sagte sie, ›es ist Zeit.‹

Ich versicherte ihr, dass ich für das Kind sorgen würde. Mit dem Baby in meinen Armen stand ich auf, erhob mich wieder über die Leute und ging fort.«

Amber und ich schauten ihn erwartungsvoll an und warteten auf die Fortsetzung.

Er winkte ab: »Das ist alles.«

»O komm«, protestierte ich. »Eine solche Geschichte nicht zu erklären ist lächerlich. Sag mir, wer war die Frau?«

Er begegnete meinem Blick: »Du.«

»Huch! Und das Baby?«

»Du.«

Mit einem verblüfften Blick bat ich Amber um Unterstützung. »Ich kapier' das nicht. Verstehst du, worum es geht?«

Sie schaute nachdenklich. »Es klingt mir eher wie eine Metapher. Ich habe das Gefühl, dass dein kosmischer Schrei nach Hilfe so laut war, dass er durch viele Dimensionen und Wirklichkeiten schallte. Und dieser Ruf wurde beantwortet.«

Selph schüttelte bewundernd den Kopf. »Amber, du bist wirklich besonders. Glaub mir, du brauchst keinen Lehrer. Du hast Recht. Ich bin die Antwort auf seinen Ruf. Adam steckte ernsthaft in der Klemme, und er muss sich immer noch daraus befreien. Ich kann es nicht für ihn tun, niemand kann es.«

»Was geschah mit der Frau?«, fragte ich.

»Sie wartet darauf, mit ihrem Kind vereint zu werden.«

Ich stöhnte. »Das ist alles zu viel für mich. Ich bin ein einfacher Kerl. Ich mag es, wenn man mir die Dinge in einfachen, eindeutigen Worten erklärt, die ich leicht begreifen kann.«

»Nimm's nicht so wörtlich, Adam«, schlug Amber vor. »Ich glaube, dass das Kind und die Frau Aspekte von dir sind, die sich getrennt haben. Um ganz zu werden, müssen sie wieder zusammenfinden ... und ich spüre, dass sie seit langem getrennt sind. Zu lange!«

»Ich nehme an, ich kann nach Hause gehen«, sagte Selph. »Amber kann für mich übernehmen.«

»Weh dir!«, lachte Amber. »Deine Mission ist noch nicht beendet.«

»Blieb ich als Adam stecken oder in einer anderen Identität?«

»Aha«, nickte Selph anerkennend, »wir sind wieder bei der Arbeit. Du bist nicht als Adam stecken geblieben, doch in deiner gegenwärtigen Realität bleibst du sehr wohl wieder stecken.«

»Bin ich jener Identität schon begegnet?«

»Nein. Ich fürchte, das ist der verzwickte Teil. Er handelt nur von Schmerz, Leiden und Vermeidung.«

»Meinst du damit, dass ich ein Trauma erlitten habe?«

Er nickte. »Jawohl, auch das.«

»Worum geht es hier?«, fragte Amber, und ihre grünen Augen blickten besorgt.

Ich erzählte es ihr. Ich berichtete ihr alles über die vergangenen Leben, die ich nach meinem Sturz im Fitnesscenter erlebt hatte, von dem Horror, dem Entsetzen und der Qual des gebrochenen Rückens. Und als ich damit fertig war, erzählte ich ihr von meiner Begegnung mit Selph im Lichttunnel und meiner darauf folgenden Entscheidung, mein physisches Leben fortzusetzen. Alles in allem brauchte ich fast zwei Stunden, um die ganze Geschichte in allen Einzelheiten zu schildern. Da Amber und ich jetzt wieder zusammen waren, glaubte ich, ihr eine vollständige Erklärung aller Ereignisse schuldig zu sein.

»Mein Gott«, sagte sie schließlich atemlos, »ich hatte ja keine Ahnung! Mein armer Liebling, kein Wunder, dass du um Hilfe geschrien hast!«

Wieder überfiel mich die Müdigkeit wie eine Woge, und obwohl ich mein Gähnen zu verbergen suchte, bestand Amber darauf, dass ich ein Nickerchen machte. Ich fühlte mich zu erschöpft, um mit ihr darüber zu diskutieren.

*

Am frühen Nachmittag erwachte ich. Die Sonne schien, und die Sommerhitze war bereits spürbar. Ich blickte aus dem Fenster, dachte darüber nach, wie die Zeit verging und wie relativ sie für unsere tägliche Existenz war. Etwa Mitte Mai hatte ich den fast tödlichen Heimweg von Mutter und Vater angetreten. Jetzt hatten wir offiziell Frühling, obwohl der Frühling in unserem subtropischen Klima in Wirklichkeit früher Sommer ist. Ich hatte im Kampf um mein Leben und meine Mobilität den ganzen Winter im Krankenhaus verbracht. Jetzt war die rechte Zeit, um aufzustehen und draußen zu sein. Es war die Jahreszeit des Wachstums. Vielleicht konnte auch ich in dieser Jahreszeit wachsen und gedeihen.

Mit der ruhigen Sanftheit, die so sehr zu Amber gehört, betrat sie das Schlafzimmer und setzte sich zu mir. Ich nahm ihre Hand.

»Habe ich dir schon gesagt, dass ich dich liebe?«, fragte ich.

»Ja«, antwortete sie ernst, »und ich hoffe, du hörst nie damit auf.«

»Was geschieht jetzt?«

»Nichts, bis du wieder ganz gesund geworden bist.«

»Ich bin ungeduldig und möchte etwas tun.«

»Es gibt Dinge, die du tun kannst. Wenn du dir Zeit lässt, kannst du den Garten mulchen. Ich bin mir ziemlich sicher, dass die Pflanzen es brauchen könnten. Und es gibt noch andere Aufgaben, die im Garten auf dich warten.«

Ich nickte. »Du hast Recht. Das wird mir Spaß machen. Was ist mit Selph? Stört er dich? Wärst du gern mit mir allein?«

»Alleinsein ist vor allem deine Lieblingsbeschäftigung, Adam. Ich bin glücklich, dass er hier ist, besonders, weil er dein

Lehrer ist. Nebenbei ist er ein interessantes Rätsel. Er gleicht in keiner Weise einem unserer gewöhnlichen Gäste.«

»Das kannst du wohl sagen«, sagte ich zustimmend. »Hast du bemerkt, dass er keinen Schatten wirft? Das ist wirklich bizarr! Und er kann in einem Augenblick kommen und gehen. Er hat überhaupt nichts Normales an sich, außer dem scheußlichen orangenen T-Shirt und den zu großen grünen Shorts. Selbst die sind seltsam. Sie sehen immer neu aus, obwohl er sie nie zu wechseln scheint. Dieser Trick ist prima!«

Amber legte sich neben mich auf das Bett. »Ein Kraftfeld umgibt ihn. Es ist sowohl fein als auch aufdringlich. Sehr merkwürdig, doch ich mag ihn wirklich. Er ist nett.«

»Er ist schonungslos und gewalttätig. Wenn man mit ihm zu tun hat, gleicht er zuweilen einem menschlichen Vorschlaghammer.«

Amber kicherte. »Aha, er kann es also mit dir aufnehmen!«

»Ach komm«, sagte ich beleidigt, »so war ich nie. Vielleicht ein bisschen direkt, aber nicht mehr.«

»Wie alt ist er?«

»Als ich ihn fragte, antwortete er: ›Für wie alt hältst du mich?‹ Ich erwiderte: ›Für etwa fünfzehn.‹ Er sagte: ›Dann bin ich fünfzehn.‹ Doch ich denke, er ist alterslos. Fünfzehn ist ein Witz. Sein Körper mag wie fünfzehn aussehen, wenigstens manchmal, doch seine Augen!«

»Wie ich schon sagte: Er ist ein Rätsel.«

»Ein Rätsel, das mich lehrt, meine Dogmen aufzugeben«, sagte ich. Ich rollte auf den Rücken und seufzte. »Ich hatte nicht erwartet, dass ich so schnell müde werde. Ich war völlig fertig. Warum bloß? Ich habe gar nicht viel getan.«

Amber legte sich auf die Seite und stützte sich auf den Ellenbogen, um mir in die Augen zu sehen. Sie war immer schon ein Mensch gewesen, der Augenkontakt brauchte. Wenn man sie nicht ansah, wenn sie sprach, hörte sie einfach auf zu reden.

»Das ist so, weil du jetzt wirklich mit dem Leben beschäftigt bist. Im Krankenhaus warst du in einer abgeschlossenen, kontrollierten Umgebung. Du wurdest abgeschirmt und beschützt, und dein Tempo wurde für dich bestimmt. Das gab dir mehr Schutz, als du bemerkt hast. Jetzt bis du zu Hause und musst deine Geschwindigkeit selbst bestimmen und mit deiner Energie selbst haushalten. Sei geduldig.«

»Woher weißt du das alles?«

»Pete sagte es mir. Er bereitete mich darauf vor.«

»Er ist ein guter Mann«, sagte ich stolz.

»Ja, das ist er. Und wenn wir schon von Pete sprechen, vergiss nicht, dass du morgen in der Stadt eine Verabredung mit John Relish, dem Physiotherapeuten, hast.«

»Hmmm. Das hätte ich tatsächlich vergessen.«

Amber biss mich spielerisch ins Ohr. »Deshalb hast du mich. Ich bin das Hirn dieser Mannschaft!«

Ich rollte mich zu ihr und streichelte ihre Oberschenkel. »Bist du dir sicher? Und ich dachte, *du* wärst meine Physiotherapeutin.«

Wir kuschelten eine Weile und küssten uns. Dann stand sie auf. »Ich koche uns Tee und schau nach, wo Selph ist.«

Als ich wenige Minuten später ins Wohnzimmer kam, war sie allein. »Wo ist Selph?«

Sie schüttelte den Kopf. »Keine Ahnung. Er kommt und geht, und er braucht dazu kein Auto.«

»Ja, das habe ich auch schon bemerkt.«

»Und während der letzten Wochen, die er in diesem Haus wohnte, hat er das Bett kein einziges Mal benutzt.«

»Jawohl«, grinste ich, »denn eines ist sicher: Er braucht wenig Schlaf. Denk dir nur, mein Liebes, wir können nachts so viel Krach machen, wie wir wollen. Er wird uns nicht die Hölle heiß machen, wenn wir laut sind.«

Zum Spaß schaute sie mich finster an. »Das hat mir gerade noch gefehlt! Ein Patient, der ständig scharf auf mich ist.«

»Darüber bin ich froh«, antwortete ich milde, »denn genau den hast du auch bekommen. Und ich muss nur daran denken, mit dir zu schlafen ... Oder habe ich etwa ein Problem?«

»Nichts, womit ich nicht fertig werde«, erwiderte sie mit sinnlichem Lächeln.

Nachdem ich einige Schränke durchsucht hatte, fand ich meinen Lieblingswanderstock und probierte ihn aus. Er lag mir gut in der Hand und stützte mich perfekt. Ich hatte den Stock selbst aus einem Holzklotz herausgeschlagen, und er war gleichzeitig leicht und stabil. Man hatte mir gesagt, dass die Aborigines solche Stöcke über dem Feuer trockneten und härteten, um daraus ihre Speere zu fertigen.

In der nächsten Stunde ging ich im Garten spazieren und tat nichts weiter, als ihn zu betrachten und ihn einfach zu genießen. Der Garten wirkte ein bisschen vernachlässigt, und das war gut so, denn jetzt konnte ich mich mit etwas beschäftigen, wozu ich wirklich Lust hatte.

An einem Ende des Wohnhauses gab es eine ebene Fläche, wo ich früher einmal eine Werkstatt hatte bauen wollen, doch das war nie geschehen. Jetzt stand dort zu meiner Überraschung ein kleines Holzhaus. Neugierig öffnete ich die Tür und trat ein. Amber stand dort vor ihrer Staffelei und runzelte konzentriert die Stirn.

»Mensch! Davon hab' ich gar nichts gewusst! Warum hast du es mir nicht erzählt? Dein eigenes Atelier, wie großartig!«

Sie starrte mich mit offenem Mund an. »Hab' ich das vergessen? Ehrlich, Adam, ich dachte, ich hätte dir davon erzählt.«

»Und du bist das Gehirn dieser Mannschaft?«, lachte ich. »Das ist wirklich phantastisch! Wer hat es für dich gebaut?«

Ich erwartete, den Namen einer der ortsansässigen Baufirmen zu hören, doch sie überraschte mich. »Selph hat es gebaut, und ich habe ihm dabei geholfen.«

Als ob er auf sein Stichwort gewartet hätte, genoss Selph

genau in diesem Moment seinen großen Auftritt. »Du hast mir wirklich sehr geholfen. Es war ein gemeinsames Projekt und mein Beitrag für deine Gastfreundschaft.«

»Selph«, antwortete sie, »ich muss mich ja nicht um dich kümmern. Du schläfst nicht hier, du kochst genauso viel wie ich und viel besser, und du beteiligst dich an allem. Du leistest ständig irgendeinen Beitrag!«

Er lächelte und schien wirklich erfreut zu sein. »Schön, dass du es so siehst. Lass es uns also eine Gabe der Liebe nennen.«

Sie umarmte ihn. »Das ist schön, denn ich liebe es. Die Atmosphäre hier ist großartig. In diesem Atelier vereinen sich Natur und Inspiration zu einem ganzheitlichen Gefühl.«

Ich stimmte ihr zu. Was mich jedoch erstaunte, waren Selphs Fähigkeiten. Er sah nicht alt genug aus, um so meisterhaft bauen oder kochen zu können. Was konnte er eigentlich noch alles? Dieses Atelier war wirklich toll. Amber hatte es passend beschrieben. Die Energie im Raum war ungewöhnlich kraftvoll und zudem sehr angenehm.

Die Staffelei mit der Leinwand stand in der Mitte, und der Boden davor war mit einem großen, dicken, flauschigen Teppich bedeckt. Amber malte am liebsten barfuß, und so bot ihr der Teppich Weichheit und Wärme. Wenn sie dort stand, konnte sie aus drei großen Fenstern schauen, die ein natürliches Licht auf die Leinwand warfen. Mehrere fertige Bilder lehnten an den Wänden.

Ich ging zu ihr, um zu sehen, was sie malte, doch mit einem Satz stellte sich Amber mit ausgebreiteten Armen vor die Staffelei.

»Bitte, nicht gucken! Es soll eine Überraschung sein.«

Froh drehte ich mich um. »Wirklich? Das ist wundervoll. Danke.«

»Du kannst mir danken, wenn es fertig ist und dir gefällt«, sagte sie und führte mich hinaus. »Jetzt verzieh dich, und mach mir keinen Unsinn!«

»Ja, Mama, in Ordnung, Mama«, säuselte ich mit Kinderstimme. »Kommst du mit, Selph?«

Er begleitete mich, und zusammen gingen wir zum Goldfischteich, den ich ausgehoben hatte, als Amber und ich hier einzogen. Sobald sie mich sahen, schwammen die Fische an die Oberfläche und öffneten und schlossen erwartungsvoll ihre Mäuler.

»Ich mag Fische. Diese stromlinienförmigen Schönheiten gleichen schleierschwänzigen Kometen«, sagte ich.

Er nickte abwesend. »Du kannst ganz schön dankbar sein für eine Frau wie Amber.«

Jetzt nickte ich eifrig. »Das kannst du wohl sagen. Man sagt, dass man bekommt, was man verdient. Irgendwo oder irgendwann muss ich etwas richtig gemacht haben, um sie zu verdienen.«

»Du bedauerst es also nicht, dass du dich für den physischen Körper entschieden hast?«, fragte Selph. Ich seufzte. Ich hatte ständig Schmerzen im unteren Rücken und in der neuen Hüfte, und die operierte Hand tat schlimm weh. Das linke Bein hinkte noch ein wenig, während sich mein Körper alles in allem nicht gut anfühlte, doch auf all das war ich vorbereitet. Pete hatte mich lange und ausführlich über meine Verletzungen unterrichtet, und ich wusste, dass es Jahre dauern konnte, bis sich mein Körper – wenn überhaupt – vollkommen erholte. Oft dachte ich voller Sehnsucht an meinen Lichtkörper zurück, doch ich war noch nicht bereit für den endgültigen Wechsel.

»Nein, ich bedaure nichts. Das Leben mit Amber wiegt alles auf.«

»So wunderbar sie ist, musst du doch den Wert des Lebens für dich selbst finden und nicht nur aus dem Zusammensein mit Amber beziehen. Wenn sie sterben würde, was würdest du tun? Dahinsiechen und ebenfalls sterben?«

Ich umklammerte seinen Arm, mein Magen krampfte sich

vor Entsetzen zusammen. »O Gott, nein! Das kannst du nicht tun!«

»ADAM!« Seine Stimme klang laut und scharf und durchbrach meine Angst. »Ich brauchte eine Metapher. Es geht ihr gut. Ich wollte dir damit klar machen, dass wir für uns selbst und für andere Menschen leben. Wenn du ausschließlich für jemand anderen lebst, dann verpasst du die eigentliche Wahrheit deines Lebens. Du lebst *dein* Leben, nicht das Leben eines anderen.«

Ich entspannte mich seufzend. »Wenn ich Amber jetzt verlieren würde, Selph, dann wollte ich sterben. Doch wenn ich wieder gesund und nicht mehr so verletzlich bin, dann ist es wahrscheinlich anders.« Ich schauderte bei dem Gedanken. »Ich will gar nicht daran denken.«

Wir beobachteten schweigend die Fische, und ich fütterte sie und belohnte endlich ihr unaufhörliches Mäuleraufreißen. »Menschen sind ein bisschen so wie Goldfische. Mit geöffneten Augen streben sie blind nach irgendetwas im Leben, und meistens sind sie am Ende des Tages enttäuscht«, sagte ich.

Selph nickte. »Das ist die Realität, der die Allgemeinheit zustimmt. Die Menschen tun etwas, weil man es tut. Und meist erhalten sie keinen Lohn dafür. Und wenn sie einen Lohn empfangen, prägt dieser ironischerweise die gedankenlose Gewohnheit noch tiefer in ihr Verhaltensmuster.«

»Das ist schrecklich«, sagte ich mitfühlend. »Wie können sich die Menschen aus diesen ausgefahrenen Gleisen befreien?«

»Indem sie sich an das Wort erinnern, welches sie am meisten ablehnen: Verantwortung. In der allgemein akzeptierten Realität wird beispielsweise die Regierung für viele Dinge verantwortlich gemacht, doch die Regierung ist ihrerseits ein Teil der allgemein akzeptierten Realität. Das Ergebnis ist ein Teufelskreis aus Verwirrung und Konflikten.«

»Das Bedürfnis, zu beschuldigen, statt Verantwortung zu

übernehmen, ist ein menschliches Problem. Ich frage mich, warum?«

»Andere zu beschuldigen ist Ausdruck einer Reaktion. Reaktionen entstammen der Vergangenheit, sind Teile alter Überlebensmechanismen. Angst reagiert, Liebe antwortet. Antworten gründen sich auf die Gegenwart und beinhalten eine Wahl. Reaktionen sind der Verzicht auf die Wahl. Reaktionen sind in lebensbedrohlichen Zuständen wichtig, doch im täglichen Leben sind sie nicht angemessen und eher hinderlich.«

»Und doch kann man verstehen, warum dieses Verhalten fortbesteht. Nimm zum Beispiel meinen Unfall. Ich gab dem Lastwagenfahrer die Schuld, denn offensichtlich hatte er den Fehler gemacht. Es wäre ganz normal für mich gewesen, ihn zu verklagen und alles nur Mögliche aus ihm herauszuquetschen.«

Salph nickte. »Das stimmt. Übrigens, was hast du in dieser Angelegenheit unternommen?«

»Ich habe mich geweigert, Schmerzensgeld zu verlangen. Die Polizei war ziemlich ärgerlich darüber. Sie glaubte, der Unfall habe sich auf meinen Verstand ausgewirkt. Ich bat Pete, sie von mir fernzuhalten. Er war auch nicht meiner Meinung, doch er akzeptierte meine Entscheidung. Es ist seltsam, wie das Leben so spielt. Es stellte sich heraus, dass der Besitzer des LKWs eine ganze Flotte besitzt und sehr religiös ist. Es beeindruckte ihn so, dass ich ihn nicht verklagt habe, und er war mir so dankbar, dass er mir als persönlichen Ausgleich einen größeren Scheck geschickt hat. Ich denke, dass er damit die Verantwortung für seinen Fehler übernommen hat.«

»Wie erklärte der Fahrer den Unfall?«

»Er hatte nicht viel anzubieten. Er sagte, dass bei all den vielen Malen, die er die Brücke überquert hatte, das Licht nie rot gewesen sei, und er war dort noch nie zuvor einem anderen Wagen begegnet. Deshalb hatte er einfach geglaubt, dass es auch diesmal so sein würde.«

»Das klingt wirklich dumm.«

»Ja, doch er spielte nur seinen Part in meinem Drama.«

»Ich nehme an, dass du auf Grund unseres Gesprächs auf die Klage verzichtet hast. Du hast dich entschieden, deine Verantwortung zu übernehmen.«

»Natürlich. Mein Herz wusste, dass du die Wahrheit sagtest. Ich bin, so, wie jeder Mensch, für mein Leben selbst verantwortlich, auch wenn die anderen sie nicht übernehmen oder dem noch nicht einmal zustimmen. Deshalb musste ich so handeln. Da ich wusste, was ich wusste, blieb mir keine andere Wahl. Hätte ich nicht so gehandelt, wäre ich eine lebendige Lüge und würde meine Rolle als Opfer fortführen. Und das ist eine Gewohnheit, die ich aufgeben muss.«

Selph zog die Augenbrauen hoch und nickte. »Sehr gut, Adam, ich bin beeindruckt. Du magst dich zuweilen nicht wirklich einlassen, doch zweifellos hast du Mut und die Fähigkeit, deine Wahrheit zu leben. Diese beiden Eigenschaften können dich befreien. Vergiss nie: Nur die gelebte Wahrheit befreit!«

Ich freute mich genauso über sein Lob, wie ich es als Kind getan hatte, wenn Vater mich lobte, und das kam nicht sehr häufig vor. Die Angelegenheit mit der Polizei erschien mir damals fast wie ein Traum, unwirklich in der Welt endloser Schmerzen. Die Erinnerung an den Ärger und die Frustration der Beamten verschwamm im Nebel. Doch ich hatte an meiner Wahrheit festgehalten und mich entschlossen gezeigt, ihr gemäß zu handeln. Ich erfuhr, dass es in einer Welt, die Schuld und Anklage für normal hält, aus der Norm fällt, wenn man seine Wahrheit lebt.

»Darf ich Amber zeigen, wie man die Sphäre der Stille betritt?«

»Klar! Es ist ganz natürlich, dass du eine solche Erfahrung mit ihr teilen möchtest. Und du könntest eine Überraschung erleben!«

»Oh, was denn?«

Selph lachte. »Wenn ich es dir erzähle, ist es keine Überraschung mehr, oder?«

Er sprang auf die Füße. »Ich muss gehen. Ich koche heute Abend und muss mich vorbereiten.«

Ich schnappte seinen Arm. »Wer *bist* du, Selph? Warum verbirgst du dich im Körper eines Jungen? Woher oder aus welcher Zeit stammst du?«

Er schaute mich ernst an, und einige lange Augenblicke schien es, dass sein Körper langsam zu einem sehr alten Weisen wurde, dann ging dieser Moment vorbei. »Lass dich nie von Körpern oder Persönlichkeiten in die Irre führen, Adam. Sie sind vorübergehende Illusionen. Schau in die Augen eines Kindes. Was siehst du? Ist es ein Kind, oder ist es zeitloses Leben? Schau in deine Augen. Siehst du, wer du wirklich bist, oder siehst du Adam, die Persönlichkeit? Und wer schaut? Gibt es in der Ewigkeit wirklich ein Woher oder Wann? Wenn du über meine Worte nachdenkst, dann benutze dein emotionales Herzzentrum und nicht dein intellektuelles Gehirn. Darin zeichnet sich Amber aus: Sie *fühlt* die Wahrheit.«

Obwohl ich seinen Arm nicht losgelassen hatte, ging er einfach weg, und ich hielt nichts mehr in der Hand. Ich bekam eine Gänsehaut, und Schauder liefen mir die Schultern hinauf bis über die Kopfhaut. »Ich wünschte, du würdest so etwas nicht tun«, schrie ich hinter ihm her.

Er winkte, vollführte mit hoch erhobenen Armen einen Siegestanz und ging ins Haus.

Ich starrte auf meine Hand, deren Finger immer noch einen nicht mehr vorhandenen Arm hielten. Es gab keine Erklärung dafür! Wie bei dem Fischadler war auch dies ein Mysterium, das sich über die Normalität hinwegsetzte. Plötzlich sah ich die Parallele: Die Wahrheit setzte sich über die Normalität hinweg. Der Alltag der Allgemeinheit wurde für normal gehalten, und doch wurden dort die Prinzipien, die Selph mich lehrte, geleugnet. Er lebte auf einer viel höheren Ebene als die meisten anderen Menschen. Ich konnte in der Normalität keine Erklärungen für Selph und das, was er mich lehrte, finden, noch konnte ich erwarten, normal zu bleiben, wenn ich ihn und seine Lehren akzeptierte. Und ich hatte sie akzeptiert! Warum sollte ich also versuchen, normal zu bleiben? Daraus entstanden nur Konflikte. Plötzlich erschrak ich. Ich würde seine Fähigkeiten erklären können, wenn ich alle konventionellen Vorstellungen und Einschränkungen aufgäbe.

Ich saß da und beobachtete die Goldfische, die an der Oberfläche des Teichs schwammen. Jedes Mal, wenn ich mich bewegte, öffneten sie die Mäuler und warteten auf Futter, und dann vergaßen sie mich wieder und schwammen weiter. Ab und zu wedelte ich mit der Hand über das Wasser, und sofort gerieten die Mäuler in Aktion, um sich bald wieder zu beruhigen, wenn sie nichts bekamen. Das ist Religion, dachte ich. Wenn ich ihnen Manna von oben spende, bilden sie eine Gemeinschaft, um die Gabe entgegenzunehmen. Wenn es keine Wunder gibt, verlieren sie das Interesse, und so muss ich ihre Aufmerksamkeit erst wieder erregen. Was sagte mir das? Ich dachte darüber nach und versuchte, die offensichtlichen Antworten zu meiden: Macht und Kontrolle. Ich bin kein Zyniker, noch versuche ich, einer zu sein, doch die Parallele zwischen diesen Goldfischen und dem gedankenlosen Gottesdienst hatte eines gemeinsam: die Erwartung. Sowohl die Fische wie die Gemeinde warteten auf eine göttliche Intervention, die sie nähren sollte. Für die Fische war es Futter, und für die Gemeinde bestand die Nahrung aus Hoffnung und dem Versprechen der Erlösung.

Ich fühlte mich allmählich unbehaglich und spürte das Verlangen, mich zu bewegen. Die verschiedenen Schmerzen und Stiche lehrten mich, dass mein Körper einer Reihe ganz neuer Regeln gehorchte, deren Botschaften ich nicht missachten durfte. Ich erhob mich gebückt von dem Baumstamm, auf dem ich zusammengesunken wie ein alter Mann gesessen hatte, und stöhnte, während ich mich langsam aufrichtete. Doch als ich das Haus erreichte, funktionierten meine Glieder schon wieder problemlos. Mir wurde klar, dass ich regelmäßige Körperübungen nötiger hatte, als lange über das Unerklärliche nachzusinnen.

Wir aßen unser Abendbrot, ohne viel zu reden. Ich verglich mich gedanklich mit einem Goldfisch. Selph war mit dem Essen befasst – zuerst servierte, dann aß er –, und ich deutete Ambers gedankenverlorenen Blick dergestalt, dass sie noch immer an ihre Bilder dachte.

»Ich bin heute Nacht nicht hier«, verkündete Selph.

Ich lächelte ihn freundlich an. »Meinst du damit, dass du überhaupt schon einmal hier warst?«

Er schaute mir direkt in die Augen, und sein Blick wirkte herausfordernd. »Wenn du zu Bett gehst, gehe ich woandershin. Hast du Schwierigkeiten damit?«

Mit mildem Lächeln schüttelte ich den Kopf. »Überhaupt nicht. Ich bin nur, wie immer, neugierig über das ›Woandershin‹. Du könntest dich kaum zweideutiger ausdrücken als mit diesem nichtssagenden Ausspruch.«

Er nickte nachdenklich. »Das ist fair. Ich versuche mich kurz zu fassen. Du und die große Masse der Menschen im zwanzigsten Jahrhundert leben in einem Realitätsrahmen, den du die Gegenwart nennst. Wenn ich hier weggehe, betrete ich einen anderen Realitätsrahmen, den die Menschen dort auch für die Gegenwart halten, obwohl dort eine vollkommen andere Zeit herrscht als hier. Natürlich stimmt das nicht; es scheint nur so zu sein, weil alle Zeit im selben Raum stattfindet. Verstanden?«

Ich starrte ihn verblüfft an. »Es tut mir Leid, dass ich gefragt habe«, antwortete ich leise und verletzt.

Amber stotterte einige Augenblicke, schluckte und brach dann in Lachen aus. »Du solltest dein Gesicht sehen, Adam«, gluckste sie. »Du bist das Abbild schmerzlicher Verwirrung.«

Trotz meiner Missstimmung grinste ich. »Wird es mir möglich sein, dich eines Tages wirklich zu verstehen?«

»Ganz sicher. Du und ich, alle Menschen leben in einer viel größeren Realität, als du wahrnimmst. Deshalb begrenzen unsere Wahrnehmungen unsere Erfahrungen. Wenn du beginnst, die Wahrheit zu leben, wird sich deine Wahrnehmung und deine Erfahrung des Lebens erweitern. Schließlich willst du lernen, dass die Realität zeitlos und nicht messbar ist.«

»Bist du ›woanders‹ zu Hause?«

»Nein.«

Ich war überrascht. »Warum gehst du dann dorthin?«

»Weil ich versprochen habe, dort zu helfen.«

»Aber ... du hilfst doch mir?«

»Adam ist das Kind, richtig?«, fragte Amber scharfsinnig. »Gehst du fort, um der Mutter zu helfen?«

Selph verbeugte sich anerkennend vor ihr. »Vollkommen richtig.«

Völlig verwirrt griff ich mir mit beiden Händen an den Kopf. »Ich gebe auf. Sei Ambers Lehrer. Warum verschwendest du deine Zeit und Energie an einen solchen Dummkopf wie mich?«

»Indem du so von dir sprichst, wertest du dich und deine Realität ab. Dein Universum schrumpft, dein Potential wird geleugnet, und deine Probleme wachsen. Und du tust es dir selbst an! Niemand sonst tut es außer dir! Wenn ich dich so nennen würde, verkleinerte ich mich und meine Realität, nicht deine.«

»Und wenn ich einer Meinung mit dir bin?«

»Dann werten wir unsere Leben gemeinsam ab.«

»Adam, Liebling, warum beschuldigst du dich? Weißt du nicht, dass du intelligent, mutig und ...«

»... ein Dummkopf bist«, unterbrach ich lachend. »Ich verstehe jedoch, was du meinst, und ziehe die Bemerkung über mich zurück. Höre, du bist/ich bin intelligent, mutig und absolut liebenswert.«

Ich lächelte sie beide an. »Ist das besser?«

Selph klatschte mit einem seltsam hohen Ton scharf in die Hände. Meine Ohren knallten, und ich spürte, wie eine Welle das Haus, den Boden, den Garten, mich, alles durchströmte! Kurz erinnerte mich die Surrealität dieses Augenblicks an meine erste Begegnung mit Selph, so als ob ich mich an einen Traum erinnerte, in dem alles nicht mehr ganz synchron lief. Doch es kam noch merkwürdiger: Ich schwöre, dass mit dem Klatschen das Tageslicht heller wurde und alles klarer, schärfer und realer wirkte.

Ich schaute Amber im selben Augenblick an wie sie mich. In ihren Augen entdeckte ich Ehrfurcht.

Selphs Stimme klang kraftvoll und streng. »Werte dich nie wieder ab. Lass das Licht deines Lebens größer, heller und leuchtender scheinen, niemals kleiner oder trüber. Du bist ein Träger des Lichts! Lerne, es zu gebrauchen.«

Selph drehte sich um und ging durch den Flur, der vom Wohnzimmer in die Küche führte. Ich folgte ihm auf den Fersen, denn in mir kochten einige Fragen.

Der Raum war leer!

»Warte«, rief ich in das leere Zimmer, »komm zurück! Du hast noch nicht abgewaschen!«

Ich kehrte kopfschüttelnd zum Tisch zurück.

»Das ist ein prima Trick. Zuerst siehst du ihn, und dann ist er verschwunden. Mein Gott! Hast du gespürt, was geschah, als er in die Hände klatschte? Mensch! Wenn er nicht mein Lehrer wäre, hätte ich Angst vor ihm.«

»Adam, du hättest das mit dem Abwaschen nicht sagen sollen«, tadelte mich Amber. »Das war nicht nett von dir.«

»Ach, komm schon! Wenn er jetzt noch nicht weiß, dass ich ein Spaßvogel bin, wird er … wird er es nie kapieren«, beendete ich lahm den Satz. »Und um zu beweisen, dass ich ihn mag, werde ich den Abwasch übernehmen. Kümmere dich nicht um meinen armen, zerschundenen Körper und meine müden, schmerzhaften Glieder. Ich werde mich durchkämpfen.«

»Dies ist einer jener Augenblicke, in denen es herrlich wäre, eine Spülmaschine zu besitzen«, lachte Amber, als wir gemeinsam den Tisch abräumten.

Wir müssen unser Regenwasser in großen Vierzigtausend-Liter-Tanks sammeln, deshalb wäre eine Spülmaschine mit ihrem verschwenderischen Wasserverbrauch für uns undenkbar. Nicht, dass es uns etwas ausmachen würde ... Nach wenigen Minuten am Spülbecken gingen wir ins Wohnzimmer.

»Gibt es irgendetwas im Fernsehen?«, fragte Amber.

»Gibt es das denn jemals?«, erwiderte ich.

»Dann werden wir einfach ruhig und gemütlich lesen.«

Ich nickte. »Ja, das ist viel besser als glotzen.«

Nach einer Stunde wurde mir immer unbequemer, und so wechselte ich den Stuhl. »Lass uns reden.«

»Gut, mein Schatz. Worüber möchtest du reden?«

»Über diese verrückte Sache, als Selph in die Hände geklatscht hat. Was hast du erlebt? Kannst du es beschreiben?«

Sie konnte und tat es. Und es war praktisch dasselbe, was ich erlebt hatte. »Was glaubst du, was geschehen ist?«, fragte ich.

»Ich habe immer wieder darüber nachgedacht und hineingespürt. Meine Intuition sagt mir, dass er deine und meine Realität irgendwie beeinflusst hat. Mein Verstand sagt, dass dies nicht möglich ist, doch ich vertraue meiner Intuition.«

»Ja«, sagte ich nachdenklich, »ich vertraue ihr auch.« Ich lachte. »Es ist schwierig, über ihn oder das, was er tut, zu spekulieren. Es führt zu nichts. Man muss ihn und sein Geheimnis akzeptieren.«

Amber stand auf, zog mich auf die Füße und küsste mich leicht auf die Lippen. »Ich denke, er ist ein verdammt guter Lehrer, und ich habe keine Mühe, ihn zu akzeptieren. Liebling, jetzt gehst du zu Bett, und ich werde uns etwas zu trinken holen.«

»Es ist noch ein bisschen früh«, protestierte ich, nachdem ich einen Blick auf die Uhr geworfen hatte.

»Früh! Habe ich richtig gehört, dass du es für zu früh hältst, mit deiner Frau ins Bett zu gehen?«, fragte Amber erstaunt. »Ach du lieber Himmel! Hast du schon genug vom Sex?«

Ich schlug mir humorvoll die Hände an den Kopf. »Doch, du hast Recht! Du bist wirklich das Gehirn dieser Mannschaft!«

Wir saßen im Bett und tranken unsere heiße Schokolade, und ich hatte nur Lust und Sinnesfreuden im Sinn, als wir uns endlich hinlegten. Nur ganz kurz schloss ich die Augen, doch als ich sie wieder öffnete, war ich allein, und die Morgensonne schien durchs Fenster.

Elf

Es war seltsam, dass ich nicht aus dem Bett springen musste, bereit für einen geschäftigen Tag. Der Krankenhausaufenthalt hatte meine Gewohnheit, früh aufzustehen, untergraben, doch zu Hause wollte ich wieder damit beginnen. Ich streckte mich, um meine steifen schmerzenden Glieder vor dem Aufstehen etwas zu dehnen, als Amber ins Zimmer trat, ein Frühstückstablett tragend.

Selph folgte ihr und schob einen leichten Tisch auf Rollen vor sich her. Der Tisch war verstellbar und reichte über das Bett, damit man dort bequem essen konnte. Ich war mir nicht sicher, ob ich mich über diese Neuerung freuen oder ärgern sollte.

»Ich weiß, dass du nicht gern im Bett frühstückst«, sagte Amber sanft, »doch etwa eine Woche lang halte ich das trotzdem für eine gute Idee. Du bist gestern Abend derart schnell eingeschlafen, dass ich glaube, du mutest dir viel zu viel zu. Deshalb bitte ich dich, Adam Baker, nicht mit mir darüber zu diskutieren.«

Schachmatt! Ich seufzte und dachte an verschütteten Kaffee und Marmeladenflecken auf dem Laken. »Na gut, danke. Der Tisch ist prima. Er wird das Ganze sicher erleichtern.«

Amber küsste mich innig und strich mir sanft übers Haar. Ich blickte Selph an: »Willst du mich nicht auch küssen?«

»Ich passe.«

Er trug wie immer das orangefarbene T-Shirt und die zu großen grünen Shorts. »Sag mal, musst du diese scheußlichen Klamotten die ganze Zeit über tragen? Kannst du nicht mal etwas anderes anziehen? Ich kaufe dir gern neue Sachen!«

Er zuckte die Achseln. »Das ist meine kosmische Kleidung. Im Augenblick ist dieser Stil bei den kosmischen Leuten ›in‹. Ich nehme zur Kenntnis, dass er dir nicht gefällt.«

»Für mich ist es eher eine komische Kleidung.«

Amber blickte missbilligend. »Adam, sei nicht unhöflich.«

Ich seufzte. »Also, wie lautet der Stundenplan für heute?«

»Zuerst trinkst du deinen Kaffee und isst deinen Toast mit Marmelade, ohne das Frühstück in die Laken zu schmieren, dann duschst du und ziehst dich an. Bald danach fahre ich dich nach Nambour zu John Relish, deinem neuen Physiotherapeuten. Wenn wir noch Zeit haben, essen wir dort zu Mittag, und dann fahren wir wieder nach Hause. Wie klingt das?«

»Klingt gut.« Ich grinste Selph an. »Was ist mit dir? Musst du eine andere Welt besuchen, oder begleitest du uns? Du bist herzlich willkommen.« Ich runzelte nachdenklich die Stirn und sagte kauend: »Übrigens, wie zum Teufel kannst du so schnell verschwinden? Weißt du, so etwas bringt mich total durcheinander.«

Selphs Lächeln wirkte offen und unschuldig, das war sein gewöhnlicher Ich-tue-keiner-Fliege-etwas-zuleide-Ausdruck. »Du meinst, besonders dann, wenn der Abwasch nicht erledigt wurde?«

»Mensch! Das hast du gehört?«

»Ja.«

»Du warst doch gar nicht da!«

»Da bist du dir wirklich sicher, ja?«

»Äh, du warst doch verschwunden, und so …«

»… hast du dir den Rest gedacht«, unterbrach er mich.

»Also, das ist eine ganz natürliche Annahme in einer normalen Welt. Wenn ich einen Menschen nicht in einem Raum sehe und er sich nicht versteckt, dann ist er nicht da. Dieser Glaube hat mir bis jetzt gute Dienste geleistet.«

Selph schüttelte traurig den Kopf. »Du hast gerade die Grenzen der allgemein akzeptierten Realität beschrieben. In der größeren Realität geschieht hingegen viel mehr, als du mit deinen physischen Augen wahrnehmen kannst. In dieser Realität in diesem Raum gibt es möglicherweise körperlose Menschen oder andere Wesen, deshalb leugne bitte nicht ihre Existenz. Leugnen fördert nur die Beschränktheit.«

»Du könntest also unsichtbar im Haus herumspazieren und uns aushorchen?«

»Adam, ich schäme mich für dich«, rief Amber entsetzt.

»Ich sagte, er könnte; ich sage nicht, dass er es tut«, antwortete ich zu meiner Verteidigung. »Ich entschuldige mich, Selph. Doch damit werte ich mich ab.«

Er nickte grinsend. »Angenommen! Ich bin hier, um dich herauszufordern, deine Bindung an die Normalität zu brechen, und deshalb kommt deine Reaktion nicht völlig unerwartet.«

»Du bist ja so freundlich«, murrte ich.

»Was war das, Adam?«, fragte Amber ärgerlich. »Hast du gerade gesagt, wie dankbar du bist, dass Selph sich um dich kümmert?«

Jetzt ging mir langsam der Hut hoch, und ich sah den beiden direkt ins Gesicht. »Ich will hier etwas klarstellen. Selph provoziert mich, und ich reagiere darauf. Vielleicht werde ich das eines Tages nicht mehr tun, doch jetzt reagiere ich! Ich bin der Schüler, klar? Das bedeutet, dass ich in einem Lernprozess stecke.« Ich traf Ambers Blick. »Selph kann mich sehr wohl in Ordnung bringen, auch wenn du ihm nicht dabei hilfst. Ich fühle mich, als hättet ihr beide euch gegen mich verschworen. Es verletzt mich, und obwohl es sich um meine, wahrscheinlich ziemlich erbärmliche Realität handelt, muss ich mit ihr leben.«

Amber atmete tief und sehr langsam wieder aus. Sie nickte. »Ja, das verstehe ich, Adam. In Ordnung, das ist neu für mich. Du hast Recht. Ich werde mich nicht mehr einmischen, wenn du dich mit Selph streitest, selbst wenn du anfängst.«

»Ganz gleich, wie falsch ich deiner Meinung nach liege oder wie dumm ich dir erscheine – du wirst nicht eingreifen und mich tadeln?«, fasste ich nach.

»Nein, aber ich darf es dir hinterher sagen.«

»Prima. Das finde ich gut. Ich liebe dich und respektiere dich voll und ganz. Die Sache ist jetzt für mich in Ordnung.«

Selph lächelte und öffnete die Arme weit in einer Geste der Umarmung. »Ich liebe euch Typen«, sagte er.

»Einer von uns hier sollte eigentlich kein Typ sein«, gab ich grinsend zurück, »doch ich danke dir. Ich glaube, ich darf für uns beide sprechen, wenn ich sage, dass wir dich auch lieben.«

»Amber küsste mich und ging dann zu Selph und küsste ihn. »Kriege ich immer einen Kuss, wenn Adam sauer wird?«

Amber stützte die Hände in die Hüften und schaute ihn mit einem verblüffenden Lächeln an. »In dir steckt ein Kobold. Weißt du, ich beginne gerade zu erkennen, dass ein Lehrer auch ein Lump sein kann.«

Ich stieß einen übertriebenen Freudenschrei aus. »Halleluja! Endlich blickt sie es!«

Sie überließen mich den Überresten meines Frühstücks und verließen das Schlafzimmer. Ich trank den Kaffee aus, schob den Tisch weg und legte mich mit einem zufriedenen Seufzer zurück. Ich dachte an die Sphäre der Stille. Dadurch, dass ich mich an einen neuen Tagesablauf gewöhnen musste, war ich, seitdem ich das Krankenhaus verlassen hatte, nicht mehr dort gewesen. Offensichtlich war es nicht klug, diese Reise auf den Abend zu legen. Als ich an den Fluss und die Sphäre dachte, wurde mir klar, dass ich mich dorthin zurücksehnte und dass ich Amber mitnehmen wollte. Vielleicht würden wir am Nachmittag Zeit dazu finden.

Ich stand langsam und vorsichtig auf und ging ins Bad. Während ich darauf wartete, dass das Duschwasser heiß wurde, rief ich mir wieder einmal ins Gedächtnis, dass ich alles langsam und vorsichtig tun musste. Das war ich nicht gewöhnt! Ich war immer ein aktiver Mann gewesen, vielleicht nicht übermäßig schnell, doch bestimmt nicht langsam. Ich seufzte. Mir blieb keine andere Wahl. Mein Körper fühlte sich nicht wohl, und ich hatte ständig Schmerzen, die durch schnelle Bewegungen oder Eile unweigerlich verstärkt wurden.

Ich stellte mich unter die heiße Brause und entspannte mich. Es fühlte sich gut an, und ich spürte, wie die schmerzhaften Stiche abklangen, als das Wasser meinen Körper erwärmte. Ich blieb länger, als ich sollte, doch es fühlte sich so gut an, dass ich meine eigene Regel, kein Wasser zu verschwenden, brach.

Amber wartete schon mit dem Handtuch auf mich, als ich aus der Dusche trat. »Fühlst du dich besser?«, fragte sie, als sie mir den Rücken abtrocknete.

»Und wie. Ich habe morgens immer gern geduscht, doch jetzt brauche ich es wirklich. Es ist, als würde ein quietschendes Scharnier geölt, und ich bin das quietschende Teil.«

Mit einem schelmischen Lächeln führte Amber das Handtuch durch meinen Schritt. »Und ich dachte, dies wäre das quietschende Teil.«

»Wenn du so weitermachst, wird es noch viel mehr tun als quietschen«, warnte ich. »So klapprig bin ich nun auch wieder nicht.«

Nachdem sie meinen Körper abgetrocknet hatte, setzte ich mich auf einen Stuhl, und sie trocknete mir die Füße. »Es ist mir peinlich. Ich komme nicht an meinen Rücken oder meine Füße. Ich erreiche sie einfach nicht.« Ich seufzte tief. »Hoffentlich versteht John Relish etwas von seiner Arbeit.«

»Mach dir keine Sorgen. Pete sagte, er sei der Beste in der Gegend.«

∗

Genau anderthalb Stunden später waren Amber und ich bei John in seiner Praxis in Nambour. Er war älter, als ich erwartet hatte, stämmig, nicht so groß wie ich, und sein Haar lichtete sich bereits, doch sein Enthusiasmus wirkte ansteckend.

»Kommen Sie herein, kommen Sie herein.« Er schüttelte uns beiden die Hände und begrüßte uns warmherzig. Dann wandte er sich an mich: »Doktor Morrow hat mir von Ihnen erzählt. Ich habe Ihre Unterlagen durchgesehen, Adam. Meine Güte, Sie hatten wirklich einen furchtbaren Unfall! Sie können von Glück sagen, dass Sie noch leben!«

Ich dachte zurück an den Tunnel und an meine Entscheidung, das körperliche Leben fortzusetzen, und wie wenig das mit Glück zu tun gehabt hatte. Die Wahrheit, die Selph enthüllte, passte nicht immer zu unserer Alltagswelt. Ich war mir nicht sicher, wie ich reagieren sollte. Ich hasste den Gedanken, etwas zu sagen, das nicht länger meiner Wahrheit entsprach.

»Ich hatte sehr viel Glück«, antwortete ich. »Das größte Glück waren jedoch die Menschen, die für mich gesorgt und mich unterstützt haben.« Ich drückte Ambers Hand. »Wie diese wunderschöne Frau zum Beispiel.«

John schaute mich mit klugen Augen zwinkernd an. »Richtig. Wir wollen mit der Arbeit beginnen.«

Und genau das tat er auch.

Ich absolvierte drei Stunden lang immer neue Tests, mit deren Hilfe er sich ein Bild von meinem Zustand machte, wobei er alle wichtigen Daten auf einen großen Schreibblock notierte. Er schnalzte, hmmmte und ahhte fast pausenlos und beobachtete durch dicke Brillengläser die verschiedensten Skalen. Er war energisch, liebenswürdig und sehr gründlich.

Als wir gingen, hatte ich eine Verabredung mit dem örtlichen Fitnesscenter, das seine Patienten betreute, eine Reihe von Übungen, die meine Schmerzen lindern konnten, und einen kleinen weichen Ball, den ich beim Lesen mit der linken Hand drücken sollte.

Mit tat alles weh. »Was soll ich dazu sagen? Er drückt und bohrt, dehnt und quetscht und stellt mir drei Stunden lang Fragen. Jetzt habe ich wirklich Schmerzen!«

»Du Armer. Ich werde dafür sorgen, dass es dir besser geht, wenn wir zu Hause sind.«

Wir saßen in Hollys Kaffeehaus, aßen Krabbenpfannkuchen und tranken Earl-Grey-Tee, während ich mein Schicksal beklagte.

»Meinst du das, was ich meine?«, fragte ich hoffnungsvoll.

Sie lächelte mich bezaubernd an. »Nein, das meine ich nicht. Ich meine etwas vollkommen anderes, doch du wirst es liiiiieben!«

Ich hob die Brauen. »Hmmm, ich kann es kaum erwarten.«

Wir gingen in ein Lebensmittelgeschäft, und ich bestand darauf, beim Einkaufen zu helfen. Doch schließlich schob ich den Einkaufswagen und hielt mich gleichzeitig an ihm fest, um mich zu stützen. Als wir zu Hause ankamen, war ich wieder müde.

Meine Beine liefen reflexartig ins Schlafzimmer, und ich fiel auf mein Bett. Amber folgte mir, und zu meiner Überraschung zog sie mich aus.

»Ich dachte, du wolltest keinen Sex.«

»Muss es immer Sex sein, wenn ich dir beim Ausziehen helfe? Gibt es nichts anderes am Horizont deiner unbekleideten Realität? Oder leidest du unter einer sexuellen Fixierung?«

Ich war verwirrt. »Außer, dass ich eine schlimme, zweijährige sexuelle Dürre durchgemacht habe, bin ich unschuldig.«

Sie küsste mich. »Warte einfach ab.«

Sie ging zu einem der großen Einbauschränke und kramte darin herum, bis sie schließlich mit etwas erschien, das wie ein großes Bügelbrett aussah. Sie stellte es mitten in den Raum.

Der Groschen fiel. »Jetzt weiß ich's! Ein Massagetisch! Doch wer massiert mich?«

Sie schaute mich amüsiert an. »Ich. Mandy hat mir die Grundlagen beigebracht, und ich habe an einigen Leuten im Fitnesscenter geübt. Mandy hält mich für ein Naturtalent. Ich wollte dir zu Hause wirklich helfen können, und Pete hielt Massagen für das Beste. Es sollte eine Überraschung sein!«

Welch wundervolles Geschenk! Meine Augen wurden feucht. »Ich *bin* überrascht! Du bist solch ein besonderer Mensch«, schniefte ich. »Ich meckere nur herum, doch du hörst nie auf, mich zu beschenken. Ich liebe dich so sehr!«

»Nach allem, was du durchgemacht hast, ist es wirklich in Ordnung, dass du dich ein bisschen verwöhnen lässt. Außerdem tue ich es aus Liebe.«

Sie half mir auf den Massagetisch, und ich legte mein Gesicht über das gepolsterte Loch. Ihre Hände verteilten Öl auf meinem Rücken. Ich stöhnte vor Wonne.

In der nächsten Stunde gab mir Amber eine kraftvolle Bindegewebsmassage, die Wunder wirkte. Ich hatte erwartet, dass ich einschlafen würde, doch ihre starken Finger ließen das nicht zu. Bald stöhnte ich vor Schmerz, wenn sie die Knoten aus meinen Muskeln knetete, den Handrücken fest auf den zarten Druckpunkten. Sie war feinfühlig und vorsichtig bei den verletzten Stellen, und die Massage wirkte wie ein starkes, natürliches Lebenselixier.

Als sie fertig war, bestand sie darauf, mir ins Bett zu helfen. Sie deckte mich zu, küsste mich sanft auf die Lippen und ging leise hinaus. Ich hörte die Dusche rauschen und versuchte, über Dinge nachzudenken, über die nachgedacht werden musste, doch ich war so entspannt, dass ich bald in einen tiefen, erholsamen Schlaf sank.

Eine gute Stunde später wachte ich erfrischt und voller Energie auf. Ich zog mich an und schaute nach Amber. Sie war nicht im Haus, und so ging ich zu ihrem Atelier.

Sie hatte mich kommen sehen. »Bitte komm nicht rein, Adam, ich arbeite an deinem Überraschungsbild«, rief sie.

»Gut. Wenn du fertig bist, möchte ich mit dir reden.«

»Ich komme in etwa zwanzig Minuten. Könntest du mir einen Kaffee machen?«, fragte sie.

»Ihr leisester Wunsch sei mir Befehl, Madam«, antwortete ich, bevor ich zum Fischteich ging. Ich verbrachte mehr Zeit am Fischteich als an jedem anderen Ort im Garten. Ich liebe das Wasser. Seine Energie ist so klar, und wann immer ich ihm nahe bin, sauge ich förmlich seine Stille in mich auf. Dabei ziehe ich das Wasser in kleinen Flüssen, Bächen, Seen oder Teichen vor. Große Flüsse scheinen diese besondere Energie zu verlieren, und obwohl das Meer sie im Überfluss hat, scheint es mir dort ferner, weniger verfügbar zu sein. Gib mir einen Teich mit Wasserlilien und Fischen oder mit einem oder zwei Wasserfällen, und ich werde glücklich am Ufer sitzen, versunken in seine klare Schönheit.

Mir schien es, als habe ich nur wenige Minuten am Teich gesessen, doch als ich schließlich zum Haus eilte, saß Amber bereits am Schwimmbecken und schlürfte ihren Kaffee. Sie lächelte mir humorvoll zu, als sie mich sah. »Mein leisester Wunsch ist dir also Befehl?«

»Es tut mir Leid. Meine Absicht war ehrenhaft.«

Sie lächelte. »Ich mache nur Spaß. Ich sah dich am Fischteich stehen. Du warst in einer anderen Welt. Du liebst diesen Teich wirklich, nicht wahr? Hast du die Fische gefüttert?«

»Ja, so war es, und ja, ich habe sie gefüttert. Doch wenn wir schon von einer anderen Welt reden, erinnert mich das an etwas, worüber ich mit dir sprechen möchte.«

Amber zog die Brauen hoch. »Das klingt geheimnisvoll.« Die Abendsonne fiel auf ihr Haar, und einen Augenblick lang schien es Feuer zu fangen. Ihre Augen, grün und direkt, blickten mich an. Sie war so schön, dass mein Herz fast aussetzte.

»Als ich wirklich schlimme Schmerzen hatte, hielt mich nur die Erinnerung an deine liebevollen Worte lebendig. Ich klammerte mich an sie, und wenn es zu arg wurde, symbolisierte sie für mich das Leben. Doch ich brauchte trotzdem noch …«

»O Adam, ich ahnte, dass dir meine Liebe helfen würde, doch ich wusste nicht, in welchem Ausmaß«, unterbrach mich Amber.

Ich nickte. »Es war so, glaub mir. Doch wie ich schon sagte, reichte das nicht aus. Weil ich die Schmerzmittel ablehnte, musste ich den Schmerz selbst in Schach halten, doch es gelang mir nicht. Eines Tages oder vielleicht auch eines Nachts – ich glaube, das spielt keine Rolle, ich weiß nur noch, dass die Schmerzen ziemlich stark waren – träumte ich einen unglaublichen Traum. In diesem Traum tauchte Selph auf und sagte mir, er habe mich in eine Realität geführt, die jenseits unserer normalen physischen Welt liege, und doch war es auch mein Traum. Wir trafen uns in einer transparenten Sphäre über einem Fluss.«

»In einer transparenten Sphäre?«, wiederholte Amber fragend.

»Ja, es ist eine Art riesiger Blase, die in einem Fluss schwimmt. Er nannte sie ›Sphäre der Stille‹. Auf jeden Fall war das Ziel dieses Unterfangens, mich zu lehren, wie ich über meinen Schmerz hinauswachsen konnte. Selph sagte, wenn man sich auf den Schmerz konzentrierte, erhielte man ihn damit aufrecht, während eine machtvolle Konzentration auf etwas anderes den Zugriff des Schmerzes verhinderte. Zuerst lehrte er mich, in diesen anderen Bewusstseinszustand zu gelangen. Danach war mir die Sphäre zugänglich.«

»Kann jeder dorthin, oder dient sie nur zur Erleichterung von Schmerzen?«

»Jeder kann aus jedem beliebigen Grund dorthin, um Ruhe und Frieden zu finden.«

»Auch, um sein Bewusstsein zu erweitern?«

»Ja, vor allem deshalb. Darum erzähle ich dir davon. Ich möchte dir beibringen, wie du zu dieser Sphäre gelangen kannst. Ich glaube, es wäre sogar möglich, dass wir zusammen dorthin gehen. Was hältst du davon? Sollen wir es jetzt tun?«

»O Adam, ja, sehr gern!«

Wir gingen ins Haus, und ich rief nach Selph, doch er gab keine Antwort.

»Er ist nicht da, so sind wir ungestört. Es ist besser, zu sitzen, als zu liegen, doch ich kann nicht so lange entspannt sitzen. Wie wäre es, wenn wir dir einen gemütlichen Sessel ins Schlafzimmer stellen, und ich liege auf dem Bett?«

Amber schnappte sich einen leichten Stuhl. »Der reicht mir«, sagte sie und nahm ihn mit.

Ich legte mich aufs Bett, und Amber setzte sich neben mich. Ich hatte ihr erklärt, worum es bei der Übung ging und was dazugehörte. Wir entspannten uns und schlossen die Augen. »Ich spreche die Einleitung ganz langsam, bis wir das Ufer des Flusses erreichen. Dann werde ich schweigen. Ob wir von diesem Punkt an zusammen oder allein sind, wird sich ganz natürlich entwickeln.«

Ich sprach langsam und klar, führte uns in unsere Lichtkörper, durch den Regenbogen, die einundzwanzig Stufen hinab und dann zum Flussufer. Dann hörte ich auf zu sprechen.

Ich war allein. Wo Amber war, wusste ich nicht, denn am Flussufer konnte ich sie nicht entdecken. Der Fluss schien wie immer einem Disneyfilm entsprungen zu sein und gab sich in verschwenderischem Überfluss. Jeder Lichtfunke auf dem Wasser strahlte und glitzerte in einzigartiger Brillanz, während sich die farbenfrohen Fische unglaublich klar und scharf vom Hintergrund abhoben. Mir gefiel es. Ich genoss diese Realität, in der die Blüten einen Baum in rosafarbene Pracht hüllten und jedes Blatt smaragdgrün schimmerte, in vollen Zügen, denn dieses erfreuliche Bild stand in krassem Gegensatz zu meiner von der Dürre geprägten Alltagswirklichkeit. Es kümmerte mich nicht, dass kleine europäische Tiere sich mit australischen Beuteltieren mischten oder dass die Vögel, die ich sah und hörte, aus keinem Land der Erde stammten. An diesem Ort verlor ich das Bedürfnis nach einer vernünftigen, logischen Realität. Hier drückte sich eine prachtvolle Natur aus, die unbegrenzt und nicht durch irdische Regeln und Gesetze eingeschränkt war.

Ich wanderte langsam am Ufer entlang und sog die Bilder und Klänge in mich ein. Die Tiere sahen mich, doch ich war es, der ihnen ausweichen musste. Sie zeigten überhaupt keine Angst und waren, wenn überhaupt, nur wenig neugierig. Als ich schließlich die wunderschöne Sphäre der Stille erreichte, war ich fast überrascht, denn ich hatte gar nicht mehr an sie gedacht. Sie war immer noch die große, durchsichtige Blase, die den Fluss vollständig überspannte, während Lichter in allen Farben des Regenbogens auf ihrer Oberfläche tanzten.

Ich trat an ihre widerstandsfähige Haut, ging durch sie hindurch, wobei ich den Augenblick genau spüren konnte, in dem sie meinem Druck nachgab. Sie ließ mich ein, ohne eine Öffnung freizugeben, und erlaubte mir einfach den Zutritt zu ihrem Mysterium. Ich trat hinein, und die Blase war wieder unversehrt. In der Sphäre war es still. Mein normalerweise sehr aktiver Verstand ließ sich bändigen und wurde ruhig, doch mein Bewusstsein wurde wacher, mein inneres Wissen klarer und sicherer. Als ich weiterging, trugen mich meine Schritte über die feine Haut der Blase in die Mitte des Flusses aufs Wasser hinaus. Gedanklich rief ich Amber und Selph, doch von beiden hörte und sah ich nichts. Da ich allein in der Blase zu sein schien, setzte ich mich über dem Fluss schwebend nieder.

Eine Weile lang schaute ich ins Wasser und beobachtete, wie es über das Flussbett hüpfte, wobei immer wieder Fische aufblitzten, die schnell vorbeischwammen. Ganz allmählich verstärkte sich in mir das Gefühl einer Gegenwart in meiner Nähe. Ich stand auf und schaute mich um. Zuerst sah ich nichts, doch mit wachsender Gewissheit wurde mir klar, dass diese Gegenwart die Liebe war. Als ob ich sie vorher übersehen hätte, entdeckte ich plötzlich eine Fülle golden glänzenden Lichts dicht neben mir.

Ich erkannte, dass etwas Unglaubliches geschehen würde, wenn ich mich mit diesem goldenen Licht verbände. Meine Gedanken überschlugen sich – wie sollte ich das realisieren, und was bedeutete es für mich? Doch je intensiver ich nachdachte, desto mehr verblasste der goldene Glanz. Als er verschwunden war, empfand ich einen überwältigenden Verlust.

Ich setzte mich wieder und dachte darüber nach, was gerade geschehen war. Dass ich versagt hatte, dessen war ich mir sicher. Worin ich versagt hatte, entging mir jedoch. Als ich ruhig versuchte, die Bedeutung des Erlebnisses zu erfassen, erinnerte ich mich plötzlich: Dieses geheimnisvolle goldene Licht war schon einmal aufgetaucht. Ich zermarterte mein Gehirn, um mich an diese flüchtige Begegnung zu erinnern, doch auch dies war mir nicht zugänglich. Ich kämpfte noch eine Weile und gab dann auf.

Wieder schaute ich in den Fluss, ließ meine Gedanken los und beobachtete die Bewegungen des Wassers. Die Zeit hat keine Bedeutung in einer zeitlosen Realität, doch als ich wieder aufblickte, schien viel Zeit vergangen zu sein.

Plötzlich stand mir die Erinnerung, um die ich gerungen hatte, klar vor Augen: Ich war dem goldenen Glanz bei meinem Sturz im Fitnesscenter begegnet! Als mich der furchtbare Schmerz erschütterte, hatte ich die Verbindung zu meinem physischen Körper verloren. Im körperlosen Zustand hatte ich gesehen, wie Mandy meinen Kopf wiegte, und der goldene Glanz war ganz nahe bei uns gewesen. Was bedeutete er?

Doch die Frage schien mir nicht so wichtig. Hier war nur der Friede, den ich empfand, bedeutsam. Nur er hatte Wert. Ich dankte der Sphäre und trat den Rückweg an. Ich durchschritt die Haut der Blase und lief am Flussufer entlang. Wie immer nach einem Besuch in der Sphäre war ich dem Leben und mir selbst verbundener, fühlte mich vollkommener und leichter. Seltsamerweise wirkten der Fluss und die Natur auf meinem Rückweg immer realer als beim Hinweg. Es verblüffte mich, ohne mich jedoch zu beunruhigen.

Bald erreichte ich die Treppe, stieg hinauf, ging durch den Regenbogen und zurück in die physische Realität meines Körpers.

Ich öffnete die Augen und schaute, ohne mich zu bewegen, zu Amber. Sie beobachtete mich. »Hallo und willkommen«, sagte sie.

Ich atmete tief ein und langsam wieder aus. »Wir waren nicht zusammen«, sagte ich lächelnd.

Sie nickte. »Ja, du warst nicht bei mir, doch es war eine wunderbare Erfahrung.«

»Magst du mir davon erzählen? Wenn du nicht möchtest, ist es in Ordnung. Ich würde es verstehen.«

»Ich möchte es dir erzählen. Wie war es bei dir? Willst du anfangen?«

»Gern.«

Sie sprang auf, holte jedem ein Glas Wasser und setzte sich neben mich aufs Bett. Ich trank mein Wasser, legte mich zurück und berichtete ihr alles so genau ich konnte. »Es ist nicht leicht, diese Erfahrungen und Erlebnisse in Worte zu kleiden«, endete ich. »Es findet in einer Wirklichkeit statt, die viel feiner ist als unsere normale Realität. Worte lassen sie viel greifbarer erscheinen, als sie tatsächlich ist, oder geben ihr Farben, die sie einfach nicht hat, oder versagen vollständig bei den Farben, die wirklich dort sind. Worte können sehr plump und unzureichend sein.«

Amber nickte ernst. »Woher weißt du, dass das alles nicht nur Phantasie ist, geschaffen von unserer eigenen Vorstellungskraft? Die meisten Menschen würden das glauben.«

Ich nickte mit gerunzelter Stirn. »Ja, das stimmt, und ich habe mit Selph darüber geredet. Ich will dir dazu eine Geschichte erzählen. Stell dir vor, du gehst durch den Stadtpark. Dutzende von Menschen sind mit dir dort, einige laufen, andere fahren Rollschuh, einige sitzen auf den Parkbänken. Beim Spazierengehen siehst du plötzlich, dass Lichter über einem Blumenbeet tanzen, und so gehst du dorthin. Es ist ein Rosenbeet, und viele andere Menschen bewundern wie du die Blumen. Als du näher kommst, siehst du, dass die Lichter in Wirklichkeit winzige Elfen sind, und du blickst sie staunend an. Du wendest dich zu der Frau, die neben dir steht, deutest aufgeregt auf die Elfen und fragst: ›Sehen Sie sie auch?‹

›Was soll ich sehen? Meinen Sie die Rosen? Natürlich, oder glauben Sie, ich bin blind?‹, antwortet sie.

Eine Spur ärgerlich deutest du auf die Elfen, die jetzt genau vor ihr tanzen: ›Ich meine … äh, die Elfen dort!‹

Sie starrt dich an. ›Elfen! Geht es Ihnen gut, Liebchen? Vielleicht ist es ein Sonnenstich.‹ Lachend geht sie davon, schüttelt den Kopf, und du siehst, dass sie mir ihrer Freundin über dich redet und die beiden dich mitleidig ansehen. Du schaust wieder zu den Rosen, und du siehst die Elfen ganz deutlich.«

Ich schaute Amber an. »Meine Frage lautet: Würdest du glauben, dass die Elfen real sind, auch wenn du wüsstest, dass du der einzige Mensch im Park bist, der sie sehen kann? Oder, anders ausgedrückt, kannst du deine eigene Realität akzeptieren, auch wenn sie für einen anderen Menschen wertlos ist? Und mehr noch, kannst du deine Realität auch dann akzeptieren, wenn alle anderen sagen, dass sie nicht stimmt, dass du Halluzinationen hast und sie dir nur einbildest?«

Amber schwieg einige Minuten lang. »Hmmm, ich verstehe, worauf du hinauswillst. Ich kann dir wirklich nicht antworten. Ich wünsche es mir, dass ich meine Realität akzeptieren könnte, doch ich weiß, dass es eine große Herausforderung bedeuten würde. Mein Gott! Wie groß ist unser Bedürfnis nach Bestätigung und nach … nach …«

»… einem allgemein geteilten Realitätsbewusstsein?«, schlug ich vor.

Sie sah nachdenklich aus. »Ja. Toll! Das trifft genau ins Schwarze. Es zeigt, wie viel Angst wir haben, mit einem Glauben oder einer Erfahrung allein dazustehen. Es zeigt, wie wir uns davor fürchten, dass unsere Erfahrung von der akzeptierten Norm abweicht. Ein Schritt über die Grenze, und wir neigen zum Verleugnen.«

»Und das ist natürlich Selbstverleugnung.«

»… was uns unmittelbar zurückführt zum allgemein geteilten Realitätsbewusstsein«, schloss sie.

Ich beugte mich zu ihr und küsste sanft ihre Lippen. »Wir sind also genau dort, wo wir begonnen haben. Ich habe mein Erlebnis mit dir geteilt, und ich sage dir ganz ehrlich, dass ich es für real halte. Die Qualität und Klarheit dieser Erlebnisse überzeugen mich darüber hinaus davon, dass sie wahrscheinlich realer und wahrer sind als diese physische Wirklichkeit, die wir gerade miteinander teilen.« Ich küsste sie wieder. »Und die finde ich sehr real.«

»Hast du deine erste nichtphysische Erfahrung genauso leicht akzeptiert?«

»Nein. Eine ganze Zeit lang war ich davon überzeugt, dass ich mich in einem Traum befand, den Selph geschaffen hatte. Doch als ich lernte, selbst dorthin zu gehen und den Schmerz hinter mir zu lassen, um in eine reiche Welt unglaublicher Heilung und zeitlosen Friedens einzutauchen, wusste ich in meinem Innersten, dass es real sein musste.« Ich legte meinen Arm um sie. »Als ich im Fitnesscenter stürzte und all diese vergangenen Lebensdramen erlebte, wusste ich sowohl in dem Augenblick, als sie geschahen, wie auch danach, dass sie real und wahr waren. Ich hatte nicht den leisesten Zweifel.«

Amber nickte mit trockenem Lächeln. »Es liegt also an uns selbst. Die Frage ist nicht, ob wir uns eine Phantasie ausdenken oder nicht. Die Frage ist: Können wir unsere eigene Realität annehmen, wenn sie weder physisch ist noch von anderen bestätigt wird?«

»Das fasst es in etwa zusammen. Ich habe erfahren, dass die meisten Menschen ihren Vorstellungen nicht nur misstrauen, sondern sie für wertlos halten und ablehnen.«

»Das ist furchtbar. Wir Menschen stellen uns doch ständig etwas vor.«

»Ja, das tun wir, und meistens malen wir uns das Schlimmste aus.«

»... und bekommen es auch«, sagte sie traurig.

Ich rollte mich auf die Seite, schob Ambers Rock hoch und

küsste die weiche Haut ihrer Schenkel. »Lass uns nicht morbide werden«, sagte ich und küsste mich immer höher hinauf.

Es begann als Spiel, doch eins führte zum anderen, und dreißig atemlose Minuten später lagen wir nackt umschlungen auf dem Bett.

»Ich liebe spontanes Liebemachen«, murmelte Amber, und ihre Hand streichelte und griff dann den erschöpften edlen Ritter.

»Und ich mag es, wie du Liebemachen und Sex gegenüberstellst. Es lässt mich annehmen, dass Frauen Liebe machen, während Männer Sex haben. Würdest du mir zustimmen?«

»Daran besteht kein Zweifel. Liebemachen ist romantisch, und Frauen lieben Romantik. Sex ist rein körperlich und oft unromantisch. Sex ist eine männliche Angelegenheit.«

»Sei gerecht«, protestierte ich. »Wir haben gerade wegen meiner sexuellen Einleitung Liebe gemacht. Ich meine, der Sex setzt es in Gang, und meist ist es der männliche Sex.«

»Vielleicht, doch wenn mehr Männer mit ihren Partnerinnen Liebe machen würden, statt nur Sex zu haben, wette ich, dass es viel weniger Scheidungen gäbe. Seien wir ehrlich! Vergewaltigung ist gewaltsamer Sex ohne Einwilligung der Frau. Selbst ohne Gewalt und mit Einwilligung ist der einfache Sexualakt im Gegensatz zum Liebemachen eine Form des Missbrauchs. Die Frau mag einen Orgasmus haben, doch der spirituelle Faktor fehlt. Und dieses spirituelle Element ist die Liebe.«

»Vielleicht übersiehst du das Offensichtliche«, sagte ich. »Du musst lieben, um Liebe zu machen. Ich glaube, dass es viel mehr liebende Frauen als Männer gibt. Sex ist ein eher männlicher Trieb, wohingegen Liebemachen die intime menschliche Ausdrucksform von Zärtlichkeit, Hingabe, Fürsorge und Nähe für den Geliebten beziehungsweise die Geliebte ist.«

Amber drehte sich um und küsste mich.

»Adam, das hast du wunderschön gesagt. Jetzt sag mir ganz ehrlich: Hast du mit mir Liebe gemacht oder Sex gehabt?«

»Fühlst du denn den Unterschied?«, fragte ich verlegen.

»Ich denke schon. Ganz ehrlich, ich glaube, dass du in den ersten fünf Minuten Sex mit mir hattest und dann Liebe gemacht hast. Stimmt's?«

Ich war verlegen. »Völlig richtig«, sagte ich mit gedämpfter Stimme, »aber woher weißt du das?«

»O Adam, glaubst du, eine Frau fühlt das nicht? Die energetische Veränderung ist ganz klar, ganz deutlich. Du musst dich deswegen nicht schlecht fühlen. Wie du schon sagtest, dein Sex hat es in Gang gebracht, doch dann hast du mit mir Liebe gemacht. Und es war wunderbar.«

Ihr Griff um mein erschöpftes Teil verstärkte sich. »Erhebe dich, edler Ritter, damit ich dir danken kann!«

Und wie durch ein Wunder erhob sich das erschöpfte Teil. »Welche Macht ich doch habe«, kicherte Amber. »Ich kann den edlen Ritter in einem Turnier erschöpfen und seine Energie dann blitzschnell wiedererwecken.«

»Ja, ich werde von einer Hexe verzaubert.«

Lachend ließ mich Amber los. »Edler Ritter, ich lasse dich für heute ruhen, doch ich danke dir für deine Dienste.«

Wir duschten zusammen, doch Amber war bereits fertig, als ich gerade nass wurde. »Nimm dir Zeit. Wenn du dich nicht selbst abtrocknen kannst, dann rufe mich. In der Zwischenzeit bereite ich uns ein Abendessen.«

Ich brauchte eine Weile, um mich abzutrocknen, doch ich schaffte es. Das Schwierigste waren die Füße; sie waren so schwer zu erreichen. Wenn mir das Abtrocknen irgendwann wieder leicht fiele, dann wüsste ich, dass ich beweglicher geworden war. Ich zog meinen Hausmantel an und ging in die Küche. Draußen war es dunkel, und ich war erstaunt, dass die Nacht schon angebrochen war. »Die Zeit vergeht schnell, wenn man Spaß hat«, meinte ich.

»Du hast mir noch nichts von deiner inneren Reise erzählt«, erinnerte ich Amber, als wir Toast und tasmanischen Brie aßen.

Sie nickte. »Ich weiß. Du und der edle Ritter haben meine Aufmerksamkeit gefesselt, falls du dich erinnerst. Lass uns essen, abwaschen und zu Bett gehen. Dann erzähle ich dir alles.«

Zwanzig Minuten später lagen wir im Bett. »Was ist passiert?«, fragte ich. »Hast du die Sphäre der Stille gefunden?« Ich blinzelte schläfrig, meine Lider fühlten sich schwer an.

»Das sage ich dir, wenn ich so weit bin«, antwortete Amber. »Ich lief in meinem Lichtkörper durch den Regenbogen – das gefiel mir besonders gut – und die Treppen hinunter. Doch dann ging es ganz anders weiter als bei dir. Als ich die letzte Stufe hinabgestiegen war, stand ich an einem weiten, lang gestreckten Strand. Ich ging eine Weile dort entlang, doch plötzlich hörte ich ganz in der Nähe ein Platschen. Als ich mich umdrehte, sah ich einen Delphin, der mich beobachtete. Ähm ... Adam?«

Ihre Stimme drang aus weiter Ferne zu mir.

»Schlaf gut, Liebling«, war das Letzte, was ich hörte.

Zwölf

Einige Minuten lag ich blinzelnd in der strahlenden Morgensonne, dann rollte ich mich zu Amber und küsste sie. »Habe ich dir schon gesagt, dass ich dich liebe?«

Sie drehte sich schläfrig zu mir um. »Niemals oft genug«, murmelte sie. »Was hast du gesagt?«

»Ich sagte, ich liebe dich.«

»O ja, mach weiter.«

»Ich liebe dich, weil du feinfühlig, wunderbar, fürsorglich und nett zum edlen Ritter bist.«

»Du meinst, das Wichtigste stimmt, nicht wahr?« Sie lächelte und küsste mich.

»Es ist merkwürdig«, sagte ich und legte mich zurück. »Ich versuche mich daran zu erinnern, was du mir letzte Nacht von deinem Erlebnis in der Sphäre der Stille erzählt hast, und mir fällt keine verfluchte Einzelheit mehr ein. Ich muss an Gedächtnisschwund leiden.«

Amber sprang aus dem Bett, beugte sich über mich und gab mir einen laut schmatzenden Kuss. »Du dummer Esel bist während meiner Erzählung eingeschlafen. Behandelt man so eine Dame?«

Ich grinste. »Ist das wirklich wahr? Hmmm, das lag wahrscheinlich daran, dass ich die Dame kurze Zeit zuvor so gut behandelt habe.«

Eine halbe Stunde später frühstückten wir. Ich aß Toast mit Marmelade und lächelte Amber zu. »Erzähl mir jetzt, was du auf deiner Reise erlebt hast.«

Sie nickte. »Gut. Woran erinnerst du dich?«

»Oh, hmmm ... du gingst die Stufen hinab«, murmelte ich.

Genau in diesem Augenblick kam Selph herein. »Guten

Morgen, Leute. Ich hoffe, ich störe nicht«, sagte er lächelnd.

»Natürlich nicht. Du bist immer willkommen. Dies ist dein Zuhause, während du hier, äh …« Amber zögerte.

»… auf unserem Planeten weilst«, beendete ich den Satz.

Selph schenkte sich Kaffee ein, setzte sich und kicherte. Er trug wie gewöhnlich sein makellos sauberes, doch grässliches orangefarbenes T-Shirt und die langen, sackartigen grünen Shorts. Ich schauderte.

»Ich möchte etwas klarstellen. Ich hüpfe nicht – wie ihr meint – zwischen verschiedenen Planeten hin und her. Ich bewege mich einfach in verschiedenen Realitätsrahmen.«

»Ach so, das ist alles«, rief ich, als sei mir ein Licht aufgegangen. »Amber, meine Liebe, wie bin ich froh, dass das endlich klar ist!«

Amber legte ihre Hand auf Selphs Hand. »Selph, mein Lieber, es ist uns keineswegs klar. Bloße Sterbliche wie Adam und ich haben keine Ahnung, was Realitätsrahmen sind.«

Selph lachte. »Das weiß ich. Ihr wollt doch sicher nicht, dass ich es euch zu leicht mache, oder?«

Amber runzelte die Stirn. »Selph, es gibt zwei Kategorien: ›es nicht zu leicht machen‹ und ›wovon zum Teufel redest du?‹. Wir befinden uns gerade in der zweiten Kategorie.«

Ich schaute sie zustimmend an. »Gut gesagt, Liebling. Gib's ihm!«

»Halt du die Klappe«, gab sie zurück.

Ich grinste, Selph grinste, Amber grinste, und dann brachen wir in Gelächter aus.

Selph hob kapitulierend die Hände. »Gut, ich habe Spaß gemacht. Doch dies ist nicht der Augenblick, über Realitätsrahmen zu sprechen. Der richtige Zeitpunkt ist noch nicht gekommen. Es passt jetzt einfach nicht. Ich kann nur wiederholen, was ich Adam schon früher sagte: Alle Zeit ist im selben Raum. Realitätsrahmen sind ungefähr das Gleiche wie Zeit.«

»Das ist alles?«, fragte ich. »Mehr sagst du nicht?«

»Jetzt nicht«, erwiderte Selph.

Amber sah besorgt aus. »Ist es, weil ich hier bin und du nicht mein Lehrer bist?«

Selph nahm ihre Hand und küsste sie sanft. »Amber, ich achte dich und deine spirituellen Einsichten. Ich wäre stolz, dein Lehrer zu sein, doch ich bin es nicht. Deine Lehrerin verließ dich in deinem letzten Leben, weil du sie nicht mehr brauchtest. Ich bin für Adam hier, weil seine Zeit gekommen ist, und das ist einfach die Wahrheit. Ich werde das, was gesagt werden muss, nie zurückhalten, ob du bei uns bist oder nicht. Und ich bin mit allem einverstanden, was Adam dir erzählt und von meinen Lehren an dich weitergibt.«

»O Selph, es tut mir Leid, dass ich das gesagt habe.« Amber umarmte und küsste ihn.

Einige Momente lang wirkte er eher wie ein schüchterner Schuljunge. Dann grinste er mich an, und die Illusion verschwand. »Ich mag es, wenn wir uns vertragen«, sagte er kichernd.

»Selph, ich habe es schon einmal gesagt, und ich wiederhole es hiermit: Du bist wirklich ein Lump«, gab Amber zurück.

»Amber und ich haben gestern Abend die Reise in die andere Realität gemacht. Als du hereinkamst, Selph, wollte sie mir gerade von ihrer Reise erzählen. Das war bereits die dritte Unterbrechung, deshalb möchte ich, dass sie jetzt zu Ende erzählt.«

»Was waren die beiden anderen Unterbrechungen?«, fragte Selph.

»Um die musst du dich nicht kümmern«, antwortete ich hastig und grinste ihn an. »Außerdem ist jetzt nicht der richtige Zeitpunkt, es dir zu erzählen.«

»Eines habe ich wirklich gelernt«, sagte Amber. »Es braucht einen Lumpen, um einem Lumpen etwas beizubringen. Jetzt haltet den Mund, ihr beide, und lasst die Dame nachdenken.«

Sie sah etwas verlegen aus. »Ich bin nicht sicher, ob es Selph überhaupt interessiert.«

Selph sprang geschmeidig auf die Füße und verbeugte sich höflich vor Amber. »Madam, es wäre mir eine Ehre, wenn Sie mir erlaubten, hier zu bleiben, damit ich alles über Ihr spirituelles Abenteuer erfahre.«

Ich starrte ihn an. Als moderner Mann fand ich Verbeugungen merkwürdig, übertrieben oder peinlich. Selph verwandelte die Verbeugung in reine, fließende Anmut, als ob er sich schon Tausende Male verbeugt hätte. Ich wusste nicht, ob er es geübt oder ob er die natürliche Fähigkeit hatte, alles, was er tat, perfekt zu tun. Als ich den Gedanken zu Ende gedacht hatte, entschied ich, dass das Letztere wahrscheinlich zutraf.

Ich stand auf und streckte mich vorsichtig. »Ich möchte heute am Strand spazieren gehen. Lasst uns am Pool sitzen, während Amber ihre Geschichte erzählt.«

Seit meinem Autounfall empfand ich nicht alle Stühle als bequem, doch die am Pool waren wunderbar. Wir setzten uns.

»Wie ich schon sagte, bevor ich ständig rüde unterbrochen wurde ...«, begann Amber.

»Sei nett!«, warf ich ein.

Sie lächelte mich lieblich an und begann. »Als ich von der letzten Stufe trat, stand ich an einem langen, schönen Strand. Der Sand war golden und das Meer sehr blau. Ich ging zum Meer und lief eine Weile den Strand entlang. Plötzlich hörte ich ein Platschen hinter mir, und als ich mich umdrehte, sah ich einen wunderschönen Delphin. Unsere Blicke trafen sich, und ich hörte im selben Augenblick den Delphin in meinem Geist sprechen.

›Willkommen‹, sagte er.

Ich wusste nicht, was ich sagen sollte, so ging ich zu ihm hin und streckte die Hände aus. ›Darf ich dich berühren?‹, fragte ich.

Er nickte eifrig mit dem Kopf, und ich legte meine Hände auf seine Haut. Es fühlte sich seltsam an, so als ob ich eine kühle Brise berührte, und dann flogen wir plötzlich zusammen durch die Luft. Ich sorgte mich um den Delphin.

›Kannst du gut atmen?‹

›Ich lebe im Licht‹, antwortete er, ›Atmen ist nicht wichtig. Obwohl auch du im Licht lebst, nimmst du es dichter wahr, und deshalb musst du atmen, um deinen physischen Körper zu erhalten.‹

›Bist du ein gewöhnlicher Delphin des Meeres?‹

›Nein, ich bin für dich hier. Wir beide werden eine tiefe Wahrheit finden, eine Wahrheit, die es dir ermöglicht, dich zu entfalten und zu wachsen.‹

›Wie lautet diese Wahrheit?‹

›Sei geduldig, meine Kleine. Du wirst schon sehen.‹

Erst jetzt bemerkte ich, dass der Delphin sehr groß war, viel größer als normale Delphine, und dass er mich immer höher in den Himmel trug. Das Merkwürdige war, dass sich der Flug genauso anfühlte, wie ich erwartet hatte, dass es sich anfühlt, wenn man körperlich durch die Luft fliegt. Ich spürte den Wind in meinem Gesicht, der die Haare nach hinten wehte, doch dieser Luftstrom schien uns in keiner Weise Widerstand zu bieten. Der Delphin hielt mich mit einer Flosse dicht an sich gepresst, und ich hatte das Gefühl, dass seine Energie weiblich war. Als wir höher stiegen, überlegte ich, ob ich dort wohl würde atmen können, und dann erkannte ich, dass Atmen nicht nötig war. Ich war im Licht.

Nach einer Weile spürte ich keinen Luftstrom mehr, und es herrschte physisch absolute Stille, doch auf der inneren Ebene war der Raum voller Klang. Es fühlte sich merkwürdig an, wie ein Paradoxon. Ich konnte ganz klar Delphine und Wale hören. Sie riefen einander, und so verrückt es klingen mag, wusste ich, dass sie mit Delphinen und Walen sprachen, die zu einer anderen Zeit gehörten als der, in der wir gegenwärtig leben. Ich wusste es zweifelsfrei.«

»Zweifelst du jetzt?«, fragte ich ruhig.

Ambers Blick war in die Ferne gerichtet. »Nein, überhaupt nicht. Die Wale und Delphine kommunizierten über Zeitzonen hinweg, und das war vollkommen natürlich. Ich forschte nach, ob ich auch Stimmen von Menschen hören konnte, doch da waren keine. Darüber war ich traurig. ›Sind wir so unwissend?‹, fragte ich den Delphin.

Wir stiegen immer noch in unglaublicher Geschwindigkeit, obwohl es sich jetzt anfühlte, als bewegten wir uns nicht. ›Die Menschen glauben an die Trennung‹, sagte der Delphin, ›deshalb schaffen sie Einsamkeit und Isolation. Delphine und Wale kennen nur die Einheit und wissen nichts von Trennung und Einsamkeit, deshalb erfahren sie die Verbundenheit allen Seins. Sie akzeptieren nicht, dass die Zeit trennt, und deshalb tut sie es auch nicht.‹

›Wir hingegen tun es, und deshalb ist es so‹, sagte ich.

Als wir immer höher stiegen, sah ich, wie unser Planet Erde immer kleiner wurde, bis er nicht größer wirkte als ein vollkommen rundes Haus tief unter uns. Es war wunderschön. In noch größerer Höhe hörte ich zum ersten Mal einige menschliche Stimmen in der absoluten Stille. ›Ich kann Menschen hören‹, sagte ich.

Ich fühlte, dass der Delphin lächelte. ›Natürlich. Es gibt in allen Zeitaltern Menschen, die erkannt haben, dass alles Leben eins ist. Das ist die höchste Wahrheit. Die Stimmen dieser Menschen füllen Raum und Zeit und flüstern diese Wahrheit, damit andere sie hören und verstehen können. Lausche, Kind, und lerne!‹

Und ich hörte Worte. Ich hörte eine tiefe Stimme, die wie ein fernes Echo in mir flüsterte: ›Du bist ein Geschöpf der Liebe; du bist aus Liebe geboren; du bist ein Ausdruck der Liebe. Das ist deine Wahrheit. Lebe diese Wahrheit, dann wirst du zur Liebe erwachen. Die Liebe wird dich verzehren; du wirst dich in die Liebe verlieben, und in Liebe bist du ewig frei.‹

In dem Augenblick, da sich mir diese Worte einprägten, wusste ich, dass ich sie nie mehr vergessen würde. Ich wusste tief in meinem Inneren, dass sie wahr waren, ich nahm sie an und widmete ihnen mein Sein. Und in diesem Moment hörte ich ein mächtiges Platschen, und der Delphin und ich tanzten jetzt auf der Meeresoberfläche.

›Ist das wirklich geschehen, oder hast du irgendwas mit mir gemacht?‹, fragte ich den Delphin.

›Dein Erlebnis ist wahr, meine Kleine‹, erwiderte der Delphin. ›Deine Gesellschaft hat mich erfreut. Ich liebe dich.‹

Mit diesen Worten ließ der Delphin mich los, vollführte einen gigantischen Sprung aus dem Wasser und tauchte dann tief hinab, bis ich ihn aus den Augen verlor. Ich verließ das Wasser, lief über den Strand die Stufen hinauf durch den Regenbogen und zurück in meine physische Realität.«

Lange herrschte Stille. »Toll!«, rief ich schließlich aus. »Sag mir nie wieder, dass du keinen Lehrer hast.«

Selph brachte mich zum Schweigen. »Was hast du aus diesem Erlebnis gelernt?«, fragte er Amber.

Sie schwieg und dachte eine Weile nach. »Ich habe letzte Nacht im Bett etwa eine Stunde lang darüber nachgedacht. Meine Hauptfrage war, warum wir so hoch in den Himmel geflogen sind. Als ich mit geschlossenen Augen darüber nachsann, konnte ich plötzlich wieder dieselbe Perspektive einnehmen. Ich hatte das Gefühl, dass wir uns damit über unsere alltägliche Gehässigkeit, über unseren Zorn und unseren Hass, über unseren ewigen Trübsinn und unsere Negativität und damit tatsächlich über das Gewirr menschlicher Gedanken erhoben hatten. Wir begaben uns an einen unbefleckten, reinen, klaren Ort, der sich irgendwie ständig erneuerte. Dort lernte ich etwas über die absolute Kontinuität allen Seins. Die Wale und Delphine wissen es, und, Gott sei Dank, auch einige Menschen. Mit Kontinuität meine ich, dass du und ich, dass wir alle ewig sind. Die Zeit ist bedeutungslos, sie gibt der Kontinuität allen Seins nur einen Rahmen. Ich …! Rahmen! Ja, das ist es! Es scheint, als sei das Leben durch verschiedene Realitätsrahmen getrennt, doch das stimmt nicht. Die Realitätsrahmen teilen das Leben ein; sie bedeuten keine Trennung. Ich erfuhr, dass die Liebe alles mit allem verbindet. Wenn jeder von uns den reinsten Ausdruck der Liebe lebte, dann würde sich jeder von uns bewusst mit Allem-was-Ist verbinden.« Sie schaute uns atemlos an. »Das ist in groben Zügen das, was ich gelernt habe. Ich danke dir, dass du nachgefragt hast, Selph, denn mir war nicht klar, dass ich das alles wusste.«

Selph nahm ihre Hand und schaute sie ernst an. »Weißt du jetzt, warum ich nicht dein Lehrer bin? Dein Lehrer ist in dir und leistet vorzügliche Arbeit.« Er fuhr mit der anderen Hand dicht an ihrem Gesicht vorbei durch die Luft. »Es liegt so nahe, Amber, so nahe!«

»Was ist los?«, fragte ich.

Sie ignorierten mich.

»Amber, wann immer du möchtest, kannst du den Quantensprung machen. Ich garantiere dir, dass du genau den richtigen Zeitpunkt erwischst.«

»Natürlich.« Sie lächelte. »So ist es immer.«

Ich hatte das Gefühl, als seien wir gemeinsam zu einem Spaziergang aufgebrochen, doch sosehr ich mich auch bemüht hatte, ich war zurückgeblieben.

»Warum kann ich keinen Quantensprung machen?«, fragte ich verdrießlich.

Selph wandte sich mir lachend zu. »Weil du immer noch beim Hindernislauf bist.«

»Wirklich? Welche Hindernisse?«

»Es gibt nur eins: dich!«

»O Mann, du wirkst wahrhaft erfrischend auf mein Selbstbewusstsein. Ich weiß, dass ich Probleme habe, doch ich weiß nicht, wie ich sie lösen soll. Deshalb brauche ich Hilfe, Lehrer«, sagte ich sarkastisch.

»Magst du meine Methoden nicht, Adam? Traust du meinen Fähigkeiten nicht? Möchtest du, dass ich gehe?«

»Gut so, Adam«, sagte ich laut. »Du hast es wieder einmal geschafft. Du hast dich selbst in diesen Schlamassel reingezogen, und jetzt musst du dich auch selbst wieder herausziehen. Back einfach kleine Brötchen, Adam. Sag dem netten Lehrer, dass du nicht mitkommst, und sei ehrlich: Dich erschrecken Ambers Fähigkeiten. Und weil er ein netter Lehrer ist, wird er dir aus der Patsche helfen.«

Selph lachte. »Du bist vielleicht immer noch beim Hindernislauf, Adam, doch du unterschätzt dich ganz fürchterlich. Das war Ambers innere Erfahrung, und sie hat sie mit uns geteilt. Es war ihre Einsicht, ihre große Stunde inneren Wissens. Ihre, Adam, ihre, so, wie du deine hast.«

»Ich weiß«, antwortete ich trübsinnig. »Es tut mir Leid. Es war einfach so tief und wunderbar, dass ich, also, wie ich schon sagte, dass ich mich bedroht fühlte. Ich nehme an, dass ich mir unzulänglich vorkam. Vielleicht ist das eines meiner Hindernisse. Doch abgesehen davon möchte ich mehr über diese Realitätsrahmen wissen, von denen erst du und nun Amber gesprochen hat. Ich glaube, dass die Zeit jetzt reif ist.«

»Das finde ich auch, Selph. Sag uns, was sie bedeuten«, meinte Amber.

Selph nickte. »Ja, das stimmt, die Zeit ist reif. Amber hat es sehr schön ausgedrückt, als sie sagte: ›Das Leben scheint durch verschiedene Realitätsrahmen getrennt zu sein, doch das stimmt nicht.‹ Stellt euch ein Kartenspiel vor, nur dass es ein kosmisches Kartenspiel mit unendlich vielen Karten ist. Man könnte sagen, dass jede Karte grundsätzlich denselben Raum benötigt. Jede Karte entspricht einem Realitätsrahmen. Ich kann mich, wenn ich will, von einem Realitätsrahmen in einen anderen bewegen. Offensichtlich ist dies keine Fähigkeit, über die Menschen in diesem besonderen Realitätsrahmen normalerweise verfügen. Und nein, euer Rahmen ist nicht der Rahmen, in dem ich zu Hause bin.«

»Können die Menschen in den anderen Realitäten die Rahmen genauso wechseln wie du?«, fragte Amber.

»Bestimmt nicht. Es gibt Rahmen, innerhalb derer die Leute so degeneriert sind, dass ihr ernsthaft über sie erschrecken würdet. In anderen Rahmen sind alle Menschen erleuchtet und können willentlich zwischen den Realitäten wechseln. Dann gibt es alle möglichen Varianten und Mischungen dieser beiden Extreme, und andere Rahmen sind so vollkommen anders, dass man sie nicht erklären kann.«

»Könnten wir die Realitäten wechseln?«, fragte ich.

»Nicht willentlich. Doch ein wahrer Quantensprung kann einen Menschen von einer Realität in eine andere katapultieren.«

»Meinst du, in seinem gegenwärtigen Leben?«

»Fast immer beenden diese Menschen den Rest ihrer Inkarnation im gewohnten Realitätsrahmen. Es ist jedoch nicht ungewöhnlich, dass ihr physisches Leben plötzlich endet. Und dann gibt es einige wenige, die danach absichtlich noch sehr lange im selben Rahmen bleiben.«

Ich schaute Selph erstaunt an. »Warum wissen das nicht alle Menschen? Warum ist dieses Wissen verborgen?« Plötzlich musste ich lachen, denn ich hatte es erfasst. »Natürlich, ich Dummkopf! Die Wahrheit bleibt immer die Wahrheit, doch wenn sie nicht mit dem Zeitplan eines Menschen übereinstimmt, muss sie nicht seine Wahrheit sein. Richtig, Selph?«

Er nickte ernst. »Vollkommen richtig, Adam. Jeder Mensch bestimmt seinen eigenen Zeitplan.«

Ich erhob mich vom Stuhl, streckte mich und drehte mich zu Amber, die auch gerade aufgestanden war. Ich umarmte sie. »Ich bin sehr stolz auf dich«, sagte ich ruhig. »Das war wirklich ein wunderbares Erlebnis. Doch sage mir, glaubst du an deine Realität und vertraust du ihr, oder war es nur eine Vorstellung, eine Phantasie?«

Sie nickte lächelnd. »Adam, genau das habe ich mir gestern Abend im Bett überlegt.«

»Und was hast du beschlossen?«

»Ich beschloss, dass es real war, vielleicht sogar realer als jedes physische Ereignis in meinem Leben. Ich entschied mich, es zu achten.«

»Großartig! Ich liebe dich.«

»Und ich liebe dich.« Sie küsste mich mit einer Mischung von Leidenschaft und Zärtlichkeit, die Augen fest geschlossen, weil die Sonne sie blendete. »Es scheint, dass die Sphäre der Stille im Augenblick nicht mein Ziel ist. Nach deinem Autounfall war die Stille für dich sicher notwendig und heilsam.«

Ich grinste Selph zu. »Und um einiges besser als das Drama!«

*

Nach unserem entspannten Frühstück folgte ein geschäftiger Tag. Selph ging seinen unbekannten Tätigkeiten nach, während Amber und ich zum Fitnesscenter fuhren, in dem ich mit meinen neuen Übungen beginnen sollte. Es ging sehr gut. Mac, der mein Programm entwickelt hatte, war Fitnessenthusiast, und unter seiner Anleitung verbrachte ich eine Stunde an einigen bekannten und vielen neuen Geräten. Ich merkte rasch, dass Mac ein harter Trainer war. »Deeeehnen, Adam, konzentrieren Sie sich, Mann. Sie sollen sich deehnen! Beweeeegen Sie den Körper, beweeeegen Sie ihn!«

Ich deeehnte und beweeegte mich, während Amber mitfühlend lächelnd danebenstand. Doch er ertappte sie. »Wie ist es mit Ihnen, Mrs Baker?«, rief Mac. »Sie sehen aus, als könnten Sie etwas Sport gebrauchen. Warum machen Sie nicht mit und werden fit?«

Amber schaute leicht verärgert. »Ich glaube, ich *bin* fit. Nein danke.«

Mac nahm die Herausforderung an. »Oh, das werden wir sehen.« Er blickte suchend zum anderen Ende des großen Raums. »He«, brüllte er. »SALLY, komm mal her, Süße!«

Zweifellos ist Amber schlank und fit, doch Sally, die mit federnden Schritten zu uns gesprungen kam, war Bodybuilderin. Sie sah aus wie die typische Blondine, die jeder haben konnte – mit Muskeln. Doch als wir uns mit ihr unterhielten, wurde mir wieder einmal klar, dass voreilige Urteile häufig nicht stimmen, denn sie war freundlich, intelligent und wusste sich auszudrücken. Ich mochte sie sofort.

»Gut, äh, Mrs ...«

Ambers Stimme klang resigniert. »Nennen Sie mich Amber.«

»Gut, Amber, wir wollen sehen, wie Sie dem Vergleich mit Sally standhalten.«

»Kommen Sie«, protestierte ich, »das ist wirklich nicht gerecht.«

Mac ließ sich nicht bremsen. »Ich habe nicht gesagt, dass sie Sally schlagen oder genauso gut abschneiden soll. Ich habe gesagt, wir wollen sehen, wie sie im Vergleich mit Sally abschneidet.«

Es zeigte sich, dass Amber sehr gut mithielt, und Mac sparte nicht mit Lob. »Unglaublich! Verdammt gut, Amber, wenn Sie bitte meine Ausdrucksweise entschuldigen wollen. Wenn Sie hier arbeiten wollen, kriegen Sie den Job sofort. In einem Monat wären Sie superfit.«

Amber, die etwas außer Atem war, nickte freundlich. »Vielleicht, aber ich möchte, dass Sally ein Programm für mich entwirft. Ich bin ganz schön fertig.«

»Willkommen im Schwitzclub«, sagte ich grinsend.

Als wir das Fitnesscenter verließen, gingen wir um die Ecke zu Hollys Kaffeehaus, um einen wohlverdienten Cappuccino zu trinken. Ich ging langsam und stützte mich auf meinen Stock, und plötzlich bemerkte ich, dass die Leute mich beobachteten, um herauszufinden, was mit mir los sei. Ein paar wenige starrten mich richtig an, und ich versuchte, finster zurückzuschauen. Doch das gab mir keine wirkliche Befriedigung.

»Adam, schau nicht so finster. Davon gucken die Leute auch nicht weniger.«

»Ich weiß, doch es tut gut.«

»Gut?«

»Ja. Ich durfte schon so lange nicht mehr richtig finster schauen. Alle sind lieb und freundlich mit mir.«

»Meinst du das ernst?«

»Das mit den finsteren Blicken? Ja. Ich lerne ja gerade erst, die Menschen zu mögen. Das ist eine völlig neue Erfahrung für mich.«

»Du weißt, warum es erst jetzt möglich ist, oder?«

»Ist das eine Fangfrage?«

»Nein. Du freundest dich deshalb endlich mit Menschen an, weil du lernst, dich selbst zu akzeptieren, ja sogar zu mögen.«

Ich zuckte die Achseln. »Ja, das mag sein. In dieser Weise habe ich es noch nicht betrachtet. Ich muss mich tatsächlich immer wieder daran erinnern, dass ich ein netter Kerl bin.«

Amber näherte ihr Gesicht dem meinen. »Das warst du immer, du Esel. Doch weil du es nicht bemerkt hast, konntest du es nicht sein.«

»Weißt du, du bist wirklich sehr klug. Doch überlege mal Folgendes: Wenn ich mit einer klugen, schönen, fürsorglichen Frau verheiratet bin, dann musst du zugeben, dass ich auf einer gewissen Ebene sehr gut zu mir bin.«

»Das stimmt, Liebling, doch vergiss nicht, dass ich den alten Adam verlassen und die Ehe mit dem neuen Adam wiederaufgenommen habe.«

Ich seufzte. »Das wär's für heute. Du hast gewonnen. Ich bin ein neuer, wunderbarer Mann, verheiratet mit einer immer schon perfekten, wunderbaren Frau.«

Sie drückte meinen Arm, als wir zum Auto gingen. »Siehst du. Ich wusste, du würdest es verstehen, wenn du dich auf deine Weise heranarbeitest. Männer sind sehr langsam, doch meistens schaffen sie es.«

∗

Ich hatte mich auf den Strand gefreut, doch leider entwickelte sich der Ausflug zu einer Katastrophe. Ich gab in der Folgezeit jeden weiteren Gedanken an Strandspaziergänge auf. Glücklicherweise war Amber bei mir, sonst wäre ich gestrandet und in ernsthafte Schwierigkeiten geraten. Insgesamt war es ein merkwürdiges, erschöpfendes Erlebnis.

Wir gingen gut gelaunt auf festem bis hartem Sand, eine sanfte Brise wehte, die Sonne schien warm, alles war einfach perfekt. Ich fühlte mich durch mein morgendliches Training voller Energie, und für meine Verhältnisse ging ich ziemlich rasch. Einige Male meinte Amber, dass wir weit genug gelaufen seien und besser umkehren sollten, doch ich hielt dagegen, dass ich mich mit dem langen Spaziergang testen wollte. Ich bekam meinen Test tatsächlich, doch nicht so, wie ich es mir vorgestellt hatte.

Nach etwa vierzig Minuten beschloss ich, den Rückzug anzutreten. Wir befanden uns an einem vertrauten, von hohen Klippen geschützten Teil des Strandes. Ich setzte mich auf einen Stein, um zu verschnaufen, und blickte dabei beiläufig auf die steile Felswand, an deren Fuß einige Gesteinsbrocken lagen. Plötzlich gefror mir das Blut in den Adern, und Gänsehaut breitete sich über meine Schultern aus.

Ich kannte sie! Dies war der Ort, an dem ich vor so vielen Leben abgestürzt war! Ich rappelte mich auf und ging näher, wobei ich auf die Felsen starrte, als seien sie verhext.

»Adam! Ist alles in Ordnung? Du bist weiß wie ein Laken. Was ist los?«

Mein Mund öffnete und schloss sich, doch ich brachte kein Wort heraus. Wie durch dichten Nebel sah ich James die Klippe hinabklettern, der Tasche entgegen. Ich sah, wie der leichte Abschnitt endete und wie quälend vorsichtig er sich seinem Ziel näherte. Seine Hand streckte sich, schnappte die Tasche, und er stopfte sie in die Hosentasche. Da ich wusste, was geschehen würde, rannte ich mit einem Schrei vorwärts: »NEIIIIIN!«

Es war zu spät. Klagend stürzte James die Klippe hinunter und landete mit einem Übelkeit erregenden Schlag auf dem Boden. Im selben Augenblick, in dem er dort auftraf, explodierte ein scharfer Schmerz in meinem unteren Rückgrat, und mit einem tonlosen Schrei brach ich zusammen.

Alles drehte sich um mich, als ich versuchte, mich auf eine Stimme zu konzentrieren. Mir war bewusst, dass ich wissen sollte, wer mich rief, doch ich hatte Schwierigkeiten, dieses Wissen zu erreichen. Die Stimme kam plötzlich näher und wurde klarer. »Adam! Adam! O Gott! Adam, was ist passiert? Was ist los? Sprich mit mir, Adam!«

Der letzte Schrei drang zu mir durch, und ich sah Amber. Ich starrte sie an und versuchte zu verstehen, wie sie hier sein konnte. Ich lag auf dem Rücken am Fuße der Klippe und blickte die steile Felswand hinauf. Es war dieselbe Felswand, die ich so oft gesehen hatte, bröckliger Sandstein, nachgiebig und unsicher. Ich schaute völlig verwirrt auf. War dies doch nicht der Ort, an dem James abgestürzt war? Er sah völlig anders aus. Ich fühlte Ambers Arm unter meinen Schultern, als sie meinen Kopf aus dem Sand hob, und ich fühlte ihre Tränen auf meinem Gesicht. Allmählich begriff ich, was geschehen war.

»O Adam, bitte sprich mit mir. Was ist passiert?«, schluchzte Amber. »Bitte, bitte, sag etwas!«

Ich versuchte, mich aufzusetzen, doch der Schmerz in meinem Rücken flammte auf.

»Es tut mir Leid, Amber«, keuchte ich, »doch es ist etwas völlig Verrücktes geschehen. Erinnerst du dich, dass ich dir von jenem vergangenen Leben erzählte, in dem ich meinen Rücken verletzt habe?«

Sie hielt mich vorsichtig, weil sie bemerkte, dass ich Schmerzen hatte. »Natürlich, warum?«

»Also, ich hatte gerade eine verblüffend lebendige Rückerinnerung. Ich sah in dieser Klippe die Steilwand, die James hinabgeklettert war, und ich sah ihn fallen. Im selben Augenblick, in dem er auf dem Strand aufschlug, gab mein Rücken nach. Er tut verdammt weh.«

»Oh, mein Gott! Ich muss loslaufen und Hilfe holen. Die Flut kommt, und sie reicht bis weit über diese Steine.«

»Ich weiß. Es ist unglaublich, doch genau das passierte ja auch James. Indem er sich vor dem Ertrinken rettete, nahm er seinem Rücken jede Chance, wieder heil zu werden.«

Amber starrte mich mit aschfahlem Gesicht an. Sie trug dunkelblaue Shorts und ein weißes T-Shirt, war also für einen Lauf richtig gekleidet. Sie sprang auf. »Ich gehe sofort.«

»Nein!«, schrie ich laut. »Ich glaube, ich kann aufstehen. Ich kann mich nicht verletzt haben, es ist nichts geschehen. Ich bin sicher, dass ich mich an diesen Schmerz nur erinnere. Es ist Schmerz aus der Vergangenheit. Die Quelle des Schmerzes muss in meiner Psyche oder in meinen Emotionen liegen. Es kann nicht der Rücken sein.«

Amber war außer sich. »Adam, ich denke, dass es noch zwei Stunden dauern wird, bis die Flut kommt. Wir brauchen diese Zeit, um Hilfe zu holen und dich wegzubringen. Ich kann es nicht riskieren, noch länger zu warten.«

Ich rollte mich auf den Bauch und die Unterarme, und sehr langsam zog ich meine Beine an, bis ich auf den Knien lag. »Gut, gib mir jetzt bitte eine Hand.«

Amber ist kräftig, und mit ihrer Hilfe gelang es mir, mich aufrecht hinzuknien.

Nach einigem Stöhnen und Ächzen und vielen hässlichen Stichen in der Wirbelsäule kam ich endlich auf die Füße.

»Siehst du«, grinste ich, »nichts passiert.«

Sie fand es gar nicht lustig. »O sicher. Wir machen einfach einen Spaziergang, und plötzlich befassen wir uns mit Rückführungstherapie. Du hast mich zu Tode erschreckt!«

Plötzlich wurde sie sehr aktiv. »Lass mich dein Korsett überprüfen, und dann schauen wir, ob du laufen kannst.«

Sie öffnete meine Hosen und nestelte unter meinem T-Shirt herum. »Nicht jetzt, meine Liebe, der edle Ritter hat jetzt keine Lust«, sagte ich mit blödem Grinsen.

Einen Augenblick lang schaute sie so wütend, dass ich glaubte, sie würde mir eine Ohrfeige geben, dann entspannte sie sich sichtlich und lachte. »Du bist wirklich das Allerletzte! Das hier ist ernst. Wir müssen dich von diesem verdammten Strand schaffen, und du machst Witze!«

Ich tat einen entschlossenen Schritt vorwärts und stützte mich dabei fest auf meinen Stock. Schwankend versuchte ich, das Gleichgewicht zu halten, und stürzte fast flach auf mein Gesicht. Die einströmende Flut hatte den Sand weich gemacht, weshalb der Stock fast zur Hälfte im Boden versunken war.

»Oh! Aaaah! Aaaah!«, schrie ich, als mich der Schmerz durchbohrte.

»Oh, mein Gott! Was ist jetzt wieder?« Doch bereits beim Rufen erkannte sie das Problem. Als sie mich an den Schultern festhielt, während ich mich aufrichtete, änderte sich Ambers Stimmung. Erst da erkannte ich, wie furchtbar sie sich erschrocken hatte.

»Gut, Liebling! Wir schaffen es gemeinsam. Ich werde dich nicht verlassen, um Hilfe zu holen. Du bist stark, und ich bin es auch.«

»Verdammter, nutzloser, blöder Stock«, stöhnte ich und warf ihn wütend davon.

Müde holte Amber ihn zurück. »Du Idiot. Du wirst ihn eines Tages wieder brauchen. Und glaube nicht, dass ich Lust habe, mit dir ›Stöckchen suchen‹ zu spielen. Alles klar?«

Wir schauten einander an und lachten. Dann begann ich, mich mit einem Arm auf Ambers Schultern abstützend, langsam den Strand zurückzuhumpeln. Doch unsere Schwierigkeiten waren damit noch nicht zu Ende. In launischer Genialität begann sich das Wetter zu ändern. Die Sonne verschwand hinter schwarzen Sturmwolken, aus der Brise wurde ein starker, kalter Wind, und große Wellen rollten den Strand hinauf. Doch nicht genug, zu allem Überfluss wurde der Sand teigig weich. Jeder Schritt war mühsam, weil wir in dem lockeren, nachgiebigen Sand bis über die Knöchel versanken.

»Warst du es oder Selph, der mir sagte, dass du Dramen liebst?«, fragte Amber im Plauderton. »Ich muss zugeben, das hier ist wirklich eine gute Vorstellung.«

Ich blickte finster.

Zehn Minuten später begann es zu regnen, und in wenigen Augenblicken durchnässte uns ein Wolkenbruch bis auf die Haut. Ich lachte freudig. »Die Dürre! Die Dürre ist vorbei! Juhu!«

Es dauerte genau fünfzehn Minuten. Der Himmel klärte sich rasch, und die Sonne schien schwächlich, als ob sie sich schämte, während der Wind dafür sorgte, dass sich unsere nassen Kleider wie Eis anfühlten.

Amber schaute mich ärgerlich bewundernd an. »Du bist erstaunlich. Du verletzt dir den Rücken, wir stecken bis zum Hintern im groben Sand, du hast das Wetter verändert und es regnen lassen, bis wir durchnässt waren, hast dann alles wieder gestoppt, und jetzt frieren wir uns zu Tode. Hast du noch etwas vor? Wie wär's mit Hagel oder etwas Schnee?«

Ich blickte noch finsterer.

Wir waren beide überaus glücklich, als wir das Auto erreichten. Ich ließ mich erschöpft in den Sitz fallen. Ich fror, ich war nass, ich hatte Schmerzen, und ich fühlte mich erbärmlich. Auf dem Rückweg träumte ich von einem ausgiebigen heißen Bad.

Nachdem wir drei Viertel des Weges zurückgelegt hatten,

begann Amber zu kichern, und ich ließ mich anstecken. Bald brüllten wir vor Lachen, obwohl wir noch nicht wussten, ob ich mir ernstlich geschadet hatte oder nicht. »Ich lasse dir ein heißes Bad ein. Dann wirst du dich bald erholen. Mein armer Liebling, das war ziemlich grässlich.«

Als wir vor dem Haus hielten, wartete Selph schon. »Das Badewasser ist eingelassen, und ich habe die halbe Packung Entspannungssalz reingeschüttet. Nichts wie rein mit dir!«

Ich fragte ihn, wie zum Teufel er wissen konnte, was geschehen war, und wenn er es wusste, warum zur Hölle er es zugelassen hatte, doch niemand hörte mir zu. Sie trugen mich ins Haus, als sei ich eine ausgestopfte Puppe, zogen mir die nasse Kleidung aus und halfen mir in das heiße, dampfende, ach so herrlich entspannende Badewasser.

Ich legte mich zurück, ließ meinen Kopf auf dem Badekissen ruhen, schloss die Augen, und als Amber unter die heiße Dusche trat, trottete ich bereits durch die Farben des Regenbogens.

*

Einige Tage vergingen, und ich erholte mich rasch von dem Schock der Erinnerung an das vergangene Leben sowie seine schmerzlichen physischen Auswirkungen. Das lange heiße Bad und die innere Entspannung hatten so ziemlich alles behoben. Ich verpasste einige Besuche im Fitnesscenter, doch es schien, dass ich Recht gehabt hatte. Selph erklärte uns, dass die Erinnerung an den Sturz von der Steilwand und viele andere Vorfälle tief in mein Unbewusstes geprägt seien. Solange ich das Trauma nicht bewältigt hatte, konnten sich, wenn der Reaktionsimpuls unabsichtlich ausgelöst wurde, Dramen wie jenes mit Amber am Strand wiederholen. Über den unangenehmen Teil hatte er bereits mit mir gesprochen. Das Schlüsselerlebnis, welches das Trauma begründet und die darauf folgenden Vorfälle ausgelöst hatte, lag noch immer in meinem Unbewussten verborgen und eiterte wie eine alte Wunde. Dieses Erlebnis war so schlimm, dass ich es unbewusst vermied.

Selph wiederholte, was er mir bereits zu einem früheren Zeitpunkt gesagt hatte: Alles, was in der Vergangenheit nicht gelöst wurde, trage ich auch jetzt noch ungelöst mit mir herum. Er erklärte, dass es mir erst vor kurzem möglich geworden sei, diesem Erlebnis ins Auge zu blicken. Es hätte auch dann nicht früher geklappt, wenn ich es gewollt hätte. Als ich im Krankenhaus so schlimme Schmerzen litt, habe er mich deshalb in jener Nacht besucht, als ich nicht wusste, ob ich wachte oder träumte, um mich zu lehren, in einen anderen Bewusstseinszustand zu gelangen. In der Sphäre über dem Fluss hatte ich diesen Zustand dann vertieft und den inneren Ort der Heilung erreicht. Dort hatte ich die lange Sucht nach Schmerz und Leid besiegt.

Selph sagte, dass ich in mir dadurch die Möglichkeit geschaffen hätte, mich mit der ursächlichen Katastrophe zu konfrontieren, die alle anderen Vorfälle ausgelöst hat. Weil ich meine Sucht nach Leiden hinter mir gelassen hatte, könne die Ursache jetzt aufgelöst werden. Er wies mich noch einmal darauf hin, dass es nicht auf diese Weise geschehen müsse. Ich habe auch die Möglichkeit, mich in denjenigen, der ich sei, zu »verlieben«. Doch wer mich kennt, weiß, dass dies eher unwahrscheinlich ist. Ich scheine die Gewohnheit zu haben, den harten Weg zu wählen. In diesem Punkt unterscheidet sich Amber wirklich von mir. Sie geht viel besser mit sich um als ich mit mir. Sosehr mir der Gedanke missfiel, wusste ich, dass ich mich dieser unbekannten Krise eines Tages freiwillig stellen würde. Allein der Gedanke daran ließ mich schaudern!

Wir wollten natürlich wissen, woher Selph von meinem Missgeschick gewusst hatte, und ich bedrängte ihn mit meinen Fragen.

»Im Bewusstsein, Adam, sind du und ich eng verbunden. Das ist die Vorbedingung, um Lehrer zu sein. Ich spürte die

Missstimmung in dem Augenblick, als es geschah, und ich nahm mir die Freiheit, ähm, nachzuschauen, was passiert war. Den Rest kennt ihr. Ich versicherte mich, dass du die Situation bewältigen würdest, und dann bereitete ich alles für euch vor.«

»Du hast *nachgeschaut*?«, fragte ich.

Selph schüttelte bedauernd den Kopf. »Ich hätte wissen müssen, dass du das nicht überhören würdest. Lass es mich so ausdrücken: Wenn ich mich von einem Realitätsrahmen in einen anderen begeben kann, dann sollte es dich nicht überraschen, dass ich auch andere Zeitrahmen wählen kann. Nebenbei ist das eine Vorbedingung, um kosmischer Lehrer zu werden.«

Amber und ich schauten uns an.

»Was denkst du?«, fragte ich.

Sie nickte: »Ich denke, es reicht.«

Ich grinste Selph an. »Gut, keine weiteren Fragen.«

Er wirkte überrascht. »Wirklich?«

＊

Wir saßen morgens beim Frühstück, als Amber sagte: »Adam, ich bin heute mit einem sehr kraftvollen, intuitiven Gefühl aufgewacht. Es war sowohl ein Gefühl wie ein inneres Wissen, und ich denke, ich kann ihm vertrauen.«

»Oh, und worum handelt es sich bei diesem inneren Wissen?«, fragte ich beiläufig.

»Ich glaube, ich bin schwanger.«

»Du bist was!?«

»Ich sagte, ich bin schwanger. Ich weiß sogar, wann es geschehen ist.«

»Wirklich!«

Sie warf Selph einen scheuen Blick zu. »Es war unsere erste Nacht zusammen im Krankenhaus.«

»Ich … ich … weiß nicht, was ich sagen soll!«

Und dann schwappte eine riesige Freudenwelle über mich. »Mein Gott! Du bist schwanger! Das ist wunderbar!« Ich sprang auf die Füße, umarmte und küsste sie. »Das ist die wunderbarste Nachricht, die ich je gehört habe. Ein Baby! Unser Baby!«

Und dann kamen die Zweifel. »Bist du dir denn wirklich sicher? Ist es schon bestätigt worden? Ich meine, ist es nicht noch zu früh? Vielleicht kommt die Periode einfach später oder so.«

»Nein, es ist noch nicht bestätigt worden. Ich spüre es einfach.«

Selphs Stimme klang ruhig, fast zögernd. »Ich kann es bestätigen. Ich weiß es seit dem Morgen nach jener Nacht.«

Amber stieß einen Freudenschrei aus: »Das kannst du? Oh, das ist einfach phantastisch! Ich *bin* schwanger!«

Ich schaute Selph erschrocken an. »Wie konntest du es wissen? Das ist medizinisch unmöglich.«

Er zuckte die Achseln. »Das mag sein, doch ich brauche dazu keine Medizin. Ich sah, dass die Empfängnis in Ambers Bewusstsein stattgefunden hatte. Es ist ganz einfach, wenn du die größere Wahrheit sehen kannst.«

»Das ist ein toller Trick«, sagte ich bewundernd. »Wie sieht ihr Bewusstsein denn aus?«

»Du weißt, wie ein Lichtkörper aussieht?«

Ich nickte.

»Also, ganz ähnlich. Du kannst alles Wissenswerte über eine Person in ihrem Lichtkörper lesen. Das heißt natürlich, nur, wenn du den Lichtkörper sehen kannst.«

»Ist es dasselbe wie die Aura?«, fragte Amber.

»Nein. Die Aura ist mit deinem physischen Selbst verbunden, während der Lichtkörper, den ich meine, mehr mit deinem Seelenselbst verbunden ist. Die Aura spiegelt die Empfängnis auch, doch man muss außergewöhnlich gut sein, um dies so früh aus ihr herauszulesen.«

Amber und ich grinsten uns an wie kleine Kinder und hielten uns fest an den Händen.

»So glücklich war ich noch nie«, sagte ich.

»Mir geht's genauso. Möchtest du einen Jungen oder ein Mädchen?«

»Ja bitte, das möchte ich, was auch immer.«

Selph grinste. »Wenn wir schon von Babys sprechen, wie wär's mit einer weiteren Überraschung?«

»Mein Gott! Was noch?«, fragte ich.

»Kate und Bruno bekommen Zwillinge.«

Amber stieß einen Freudenschrei aus. »Das ist einfach wundervoll. Wissen sie es?«

»Nein. Es ist nicht meine Aufgabe, es ihnen zu sagen. Bruno ist Arzt. Wenn er wollte, könnte er es selbst herausfinden.«

»Ich habe im Spaß gesagt, dass sie Zwillinge bekommen«, sagte ich. »Bruno meinte, das sei unmöglich, weil in beiden Familien keine Zwillinge vorkämen.«

Amber kicherte. »So viel zum Unmöglichen.«

Plötzlich wurde sie aktiv. »Gut, Jungs, wir haben eine Menge zu tun. Adam, mach dich fertig. Selph, begleitest du uns?«

Wir fuhren nach Brisbane. Ich hatte einen Termin bei Pete Morrow, und ich freute mich schon auf ihn. Selph hatte, wie gewöhnlich, anderes vor, doch was oder wo, das wusste ich nicht. Amber und ich hatten es aufgegeben, ihn zu fragen, wo er hinging oder wie er dort hinkam.

Innerhalb von fünfzehn Minuten saßen wir im Auto, und Amber sauste die Küstenstraße entlang. Sie sauste sehr vorsichtig, denn die Verkehrspolizei war stets bereit, Bußgelder für zu schnelles Fahren zu kassieren. Wir schwiegen eine Weile, hingen unseren eigenen Gedanken nach, und ab und zu verfolgte ich eine politische Debatte im Radio.

Bald schon hielten wir vor dem Whitehills Hospital. Als wir das Haus betraten, hielt mir Amber grinsend die schwere Tür auf. »Wie gefällt es dir, wenn ich den Kavalier spiele?«

»Was hältst du von Gleichberechtigung?«, gab ich zurück.

Sie seufzte tief und übertrieben. »Liebling, ich sehne mich nach dem Tag, an dem die Männer endlich mit uns Frauen gleichziehen, doch langsam verzweifle ich, ob dieser Tag jemals kommen wird.«

Ich lachte. »Eins zu null für dich!«

Wir hörten Pete, bevor wir ihn sahen. Wenn er rief, hatte er eine sehr laute Stimme, ganz im Gegensatz zu seiner normalen Sprechweise.

»SCHWESTER, LASSEN SIE ES MICH WISSEN, WENN DIE BAKERS EINTREFFEN!«

Ich konnte nicht widerstehen. »SIE SIND SCHON DA!«, brüllte ich.

Wir hörten ein aufgeregtes »Was ist das denn?«, und wenig später eilte Pete auf uns zu.

»Amber, meine Liebe, wie schön, Sie zu sehen.« Er stand da wie ein großes Kind, während sie ihn küsste. Amber schien auf Männer immer eine solche Wirkung zu haben. »Und Adam! Was zum Teufel haben Sie angestellt? Ich darf Sie keine Minute aus den Augen lassen!«

»Ich freue mich sehr, Sie zu sehen«, grinste ich.

Er wickelte mich in seine riesigen Arme, und wieder wurde mir klar, wie groß Pete wirklich war. »Es ist gut, Sie beide zu sehen«, sagte er freudig. »Wie geht es euch?«

Amber lächelte ihn strahlend an. »Ich bin schwanger.«

Ich lächelte strahlend. »Ich bin verantwortlich.«

Peter starrte sie mit Augen groß wie Suppentassen an, dann kicherte er. Er setzte sich auf einen Stahlhocker und schüttelte sich vor Lachen.

»Herrgott noch mal, ihr seid mir ein Paar!«, gluckste er. »Wir haben also offensichtlich den wertvollsten Teil von Adam gerettet.« Und er brüllte vor Lachen über seinen eigenen Witz.

Ich blickte Amber warnend an. Ich wollte vor Pete keinen ihrer Witze über den »Edlen Ritter« hören, denn das war unsere ganz private Angelegenheit. Sie verstand die Botschaft, grinste und sagte nichts. Ich seufzte erleichtert.

»Gut, gut, gut. Herzlichen Glückwunsch, ihr Turteltauben, ich freue mich wirklich für euch.« Plötzlich war er wieder dienstlich.

»Also, Adam, was zum Teufel ist in Sie gefahren? Können Sie noch nicht einmal am Strand spazieren gehen, ohne in Schwierigkeiten zu geraten?«

Ich runzelte die Stirn. »Woher wissen Sie das?«, fragte ich, doch ein Blick auf Ambers rot angelaufenes Gesicht verriet mir alles.

Ich blickte sie finster an. »Das hättest du mir sagen sollen.«

»Sie tat genau das, worum ich sie gebeten habe«, sagte Pete. »Als Sie nach Hause gingen, bat ich Sie um regelmäßige Berichte über Ihre Fortschritte. Primärtherapie am Strand fällt auch darunter«, sagte er sarkastisch.

Er rappelte sich mit einem Ächzen auf. »Verdammt primitiver Stuhl«, brummte er. »Gut, ihr Lieben, wir wollen überprüfen, ob die Ladung Schaden genommen hat. Folgt mir, bitte.«

Pete bestand auf einem genauen Bericht des Vorfalls am Strand. Nachdem er mir eine Reihe erstaunlich scharfsinniger Fragen gestellt hatte, verbrachten wir die nächsten zweieinhalb Stunden mit der üblichen Drück-, Dehn-, Test- und Frageprozedur, während er mich gründlich untersuchte. Er war mit meinem Fortschritt nicht nur zufrieden, sondern er war sichtlich beeindruckt.

»Sehr gut, wirklich sehr gut. Ihr Muskeltonus hat sich enorm verbessert, und Sie sind viel beweglicher. Das Narbengewebe ist interessant. Obwohl es Männer im Allgemeinen nicht so sehr stört, haben Sie einige schlimme Narben auf der Brust. Doch in wenigen Wochen wird man sie kaum noch sehen.«

»Das ist der Vorteil einer behaarten Brust«, schlug ich vor.

Er nickte. »Vielleicht, doch dort, wo das Lenkrad aufgeprallt ist, war Ihr Gewebe tief gerissen, und dort wuchs eigentlich kein Haar mehr. Es ist ungewöhnlich, dass es so rasch wieder sprießt.«

»Das liegt alles am guten, sauberen Leben«, witzelte ich.

»Wahrscheinlich ist es eher die kombinierte Wirkung von Vitaminen, Knoblauch und den verschiedenen Kräuterarzneien. Daher ist das Gewebe so gut verheilt«, sagte Amber bestimmt.

Pete schaute nachdenklich in die Ferne. »Ist es nicht seltsam? Ich werde als alternativer Mediziner betrachtet, weil ich glaube, dass der Körper sich selbst heilt, wenn er die Chance dazu erhält. Deshalb vermeide oder reduziere ich die Menge der Antibiotika und anderer moderner Medikamente. Trotzdem staune ich, wie ihr über Vitamine und Kräuter redet.«

Ich schaute ernst. »Vielleicht kommt das Wort ›Doktor‹ von in-doktor-inieren.«

Er runzelte die Stirn. »Sehr witzig. Wer von Ihnen beiden kennt sich mit Vitaminen und Kräutern aus?«

Amber lächelte zurückhaltend und antwortete: »Eigentlich hat mich Adam nach unserer Hochzeit mit einigen Gesundheitsprodukten bekannt gemacht. Ich bin seitdem dabei geblieben. Wenn dir etwas gut tut, dann bleib dabei!«

»Es erstaunt mich immer wieder, dass Menschen, die intelligent genug sind, sich fünf oder sechs Jahre lang intensiv einem Studium zu widmen, so engstirnig sein können«, sagte ich zu Pete. »Die meisten Ärzte vermeiden alles, was natürlich und organisch ist, und konzentrieren sich darauf, zu operieren und zu kontrollieren. Dem Himmel sei Dank für die wenigen Rebellen, wie Sie einer sind.«

»Sie können uns kritisieren«, antwortete Pete verstimmt, »doch wir haben verdammt noch mal Ihr Leben gerettet.«

Ich seufzte. »Ich hab' Hunger, doch ich möchte das Gespräch hier nicht abbrechen. Können wir in die Kantine gehen und weiterreden?«

Pete schaute auf seine Armbanduhr, runzelte die Stirn und nickte. »Ja, ich habe auch Mittagspause. Kommen Sie«, sagte er und ging schweren Schrittes voraus.

»Adam! Wage nicht, ihn zu verärgern«, flüsterte Amber feurig, als wir ihm folgten. »Ich weiß, wie du sein kannst, wenn du loslegst.«

Wir beschäftigten uns mit belegten Broten und Kaffee, bevor ich die Diskussion fortsetzte.

»Zuerst einmal, Pete, greife ich Sie und Ihren Beruf nicht an. Ich habe viel zu viel Achtung vor Ihnen, um das zu wagen. Es gibt jedoch zwei Standpunkte beim Lebenretten. Nehmen Sie zum Beispiel mein Leben. Ich erinnere mich, dass ich Ihnen erzählte, wie ich in dem lichtdurchfluteten Silbertunnel stand und mich entscheiden musste, ob ich physisch weiterleben oder sterben wollte. Wenn ich gewählt hätte, meinen physischen Körper aufzugeben, hätten weder Sie noch ein anderes Team medizinischer Experten meinen Tod verhindern können. Ich will auf Folgendes hinaus: Wie viele Menschen stehen bewusst oder unbewusst vor derselben Entscheidung? Es ist sogar möglich, dass jeder die Wahl hat, ohne sich daran zu erinnern. Was meinen Sie dazu?«

Ich schlürfte meinen Kaffee. »Der Gedanke ist offensichtlich viel zu ungeheuerlich, um in Betracht gezogen zu werden, doch wenn die Ärzteschaft diese Möglichkeit erwägen würde, dann wäre sie wesentlich offener und demütiger, als sie es gegenwärtig ist.«

Pete brummte. »Niemand, den ich kenne, würde einen so verrückten Standpunkt überhaupt anhören.«

»So viel zur Offenheit.«

»Sie leben in einem idealistischen Traum, Adam, und Sie erwarten vom Rest der Welt, ihn zu teilen. Das wird nicht geschehen, mein Freund. Persönlich schätze ich, was Sie sagen. Sicher stehe ich mit einem Bein in der orthodoxen und mit dem anderen in der alternativen Medizin, doch so wird es auch bleiben. Würde ich mich ausschließlich der alternativen Medizin zuwenden, dann würde ich automatisch aus den Gefilden der Schulmedizin entfernt. Ich denke, dass ich mehr Gutes tun kann, wenn ich alles so lasse, wie es ist.«

»Dem stimme ich zu«, sagte Amber leidenschaftlich. »Was mich betrifft, halte ich Sie für einen der wichtigsten Faktoren in Bezug auf Adams Genesung und seinen jetzigen Gesundheitszustand.« Der Blick, den sie mir zuwarf, war die pure Herausforderung.

»Ich stimme hundertprozentig zu«, sagte ich, »doch eines Tages in nicht allzu ferner Zukunft werden Sie sich entscheiden müssen. Wenn Sie diese Entscheidung treffen und sich dementsprechend engagieren, werden Ihre Fähigkeiten als Heiler dramatisch zunehmen.«

»Natürlich nur, nehme ich an, wenn ich mich für die natürliche Medizin entscheide«, gab Pete beißend zurück.

Ich hielt inne. »Ich beschuldige die Ärzte, arrogant zu sein, und dann lasse ich all meine Vorurteile und meine Arroganz auf Sie los. Es tut mir Leid, Pete. Ich habe kein Recht, zu einem Mann Ihres Kalibers und Ihrer Berufsethik so zu sprechen. Trotz allem, was ich über die Wahl zwischen Leben oder Sterben sagte, glaube ich ehrlich, dass Ärzte wie Sie unglaublich positiv auf Menschen wirken, die diese Entscheidung treffen müssen.«

»Glauben Sie denn wirklich, dass der Tod eine Entscheidung ist?«

»In dem Sinne, als der Tod nur den Körper betrifft. Ich bin überzeugt, dass unser Leben als intelligentes Wesen mit oder ohne Körper weitergeht.«

Pete schaute Amber an. »Und was ist mit Ihnen, kleine Frau? Wie denken Sie darüber?«

Amber war nachdenklich. »Ich kann nicht mit der gleichen Überzeugung wie Adam sagen, dass ich die Wahl habe, weil ich es nicht erlebt habe, doch ich weiß, dass das Leben niemals aufhört.«

»Sie scheinen sich sehr sicher zu sein.«

»Ja, das bin ich. Adam lehrte mich, in den Bewusstseinszustand zu gelangen, in den er sich versetzte, um sich zu heilen. Ich probierte es aus und machte eine wichtige Erfahrung. Ich erfuhr, dass das Leben etwas ganz Großes ist, das kein Ende hat.«

»Denn dein ist das Reich in Ewigkeit, Amen«, sagte ich blasiert.

Erstaunlicherweise wirkte Pete beeindruckt. »Das stimmt«, sagte er. »Wir pflegen all dieses Zeug zu sagen, ohne uns den Sinn klar zu machen. Glaubt überhaupt jemand daran?« Er sah Amber an. »Was war Ihre wichtige Erfahrung? Würde es Ihnen etwas ausmachen, mir davon zu erzählen?«

Amber lächelte Pete bezaubernd an. »Es macht mir gar nichts aus, aber Sie könnten es für ein bisschen abgehoben halten.«

»Ich bin zumindest ein offener Skeptiker«, lächelte Pete.

Als ich zuhörte, wie Amber Pete von ihrer inneren Reise erzählte, beobachtete ich sein Gesicht und ihres. Amber war bald wieder in der Energie des mystischen Erlebnisses, und ich konnte ihre Verbindung zu dem riesigen Delphin fast spüren, während ihre Worte einen faszinierenden Zauber webten. Pete versuchte, sachlich zu bleiben, doch er konzentrierte sich immer stärker auf Amber, die ihn hoch mit in den Himmel nahm. Als sie ihn losließ, sank er mit einem schweren Seufzer zurück.

»Halleluja!«, rief er. »Das war ja vielleicht eine Geschichte!«

Er sprang auf und küsste und umarmte Amber. »Ich danke Ihnen, kleine Frau, dass Sie mir dies alles anvertraut haben. Ich beneide Sie ehrlich um eine solche Erfahrung.« Er umarmte auch mich wie ein großer Bär und eilte davon, groß, struppig und sehr gutwillig. Er war fast außer Sicht, als er sich umdrehte. »VERGESSEN SIE NICHT, IN ZWEI WOCHEN EINEN NEUEN TERMIN ZU VEREINBAREN!«, brüllte er.

Er winkte kurz und war verschwunden.

Amber und ich schauten uns lächelnd an. Sie rieb sich die Ohren. »Hast du nicht auch den Eindruck, dass wir einen Termin vereinbaren sollten?«, fragte sie grinsend. »Mensch, ist das ein lieber Mann. Komm, er hat dir gerade eine gute Gesundheit bescheinigt, und ich bin sehr zufrieden mit dir. Lass uns nach Hause fahren.«

Dreizehn

Es war einer jener irrationalen Tage, an denen mich jede Kleinigkeit zum Wahnsinn trieb. Es ärgerte mich sogar, dass Amber meine Laune einfach ertrug.

Alles fing mit Selph an. Wie immer! Amber und ich waren draußen am Pool. Ich schwamm problemlos mehrere Bahnen und war sehr zufrieden mit meiner Geschwindigkeit und Ausdauer. Dann kam Selph. Die Sonne schien, und als er lächelnd am Rand des Schwimmbeckens stand, bemerkte ich wieder, dass er keinen Schatten warf.

Um festzustellen, in welchem Winkel die Sonnenstrahlen einfielen, kletterte ich aus dem Wasser und stellte mich neben Selph. Mein Schatten zeichnete sich klar hinter mir ab. Rechts neben mir stand Selph ohne Schatten. Die bloße Tatsache reizte mich. Eine so offenkundige Verleugnung der physikalischen Gesetze störte mich in hohem Maße.

»Wie machst du das?«, fragte ich ihn und deutete hinter mich.

Er wusste genau, was ich meinte, doch ich denke, er wollte mich noch ein wenig mehr reizen. »Was tue ich?«

»Du hast keinen Schatten«, sagte ich ärgerlich. »Das verstößt gegen alle Naturgesetze. Wie machst du das?«

»Was weißt du schon von Naturgesetzen?«

Ich seufzte. Das versprach schwierig zu werden. »Wenn das Sonnenlicht nicht durch ein physisches Objekt dringen kann, wirft das Objekt einen Schatten. Das weiß ich, denn es ist elementarste Physik.«

Selph trat zu mir und schlug sich mit einem lauten Klatschen auf die Brust. »Leg deine Hand auf meine Brust«, sagte er.

Ich tat es und spürte festes Fleisch.

»Zufrieden?«

»Gut, du hast eindeutig einen Körper. Ich weiß das, doch das erklärt nicht, warum du keinen Schatten wirfst. Das ist gespenstisch.«

»Und du brauchst eine Erklärung, oder?«

Ich fühlte die Falle. »Äh ... ja.«

»Damit du verstehst?«

Aha, diese Falle kannte ich. »Nein, ich muss nicht unbedingt verstehen. Ich bin einfach nur neugierig.«

Er grinste verschlagen. »Oh, gut. Wenn du nicht verstehen musst, dann werde ich mir die Mühe einer Erklärung sparen.« Er zwinkerte mir zu. »Wie wär's mit einem Wettschwimmen?«

Eigentlich hatte ich nicht vorgehabt, noch einmal zu schwimmen, ganz zu schweigen von einem Wettschwimmen, doch ich hatte die Kontrolle verloren, und wie in einem Traum stand ich plötzlich neben Selph am Rande des Beckens.

»Los!«, rief er.

Wir sprangen gleichzeitig hinein, doch als ich nach kürzester Zeit wieder auftauchte, hatte er das Ende der Bahn bereits erreicht. Ich empfand schneidendes Selbstmitleid, verließ den Pool wieder und beobachtete Selph, der das Becken mit wenigen ungeheuren Schwimmstößen durchmaß. Er schwamm so schnell wie ein Seehund, und ich wusste, dass er es tat, um mich zu reizen. Das Ärgerliche war, dass es ihm gelang! Ich wusste nicht, ob es daran lag, dass ich mich unterlegen fühlte, oder ob seine exzellenten Leistungen in allem, was er tat, mich aufbrachten. Seine blonden Haare, die ihm nass ins Gesicht hingen und kaum sein glattes, unschuldiges Lächeln verbargen, und sein Körper, der plump und unbeweglich wirkte, alles ärgerte mich irgendwie. Oder wenigstens tat es das heute.

Ich hatte lange gebraucht, um die durch meinen Unfall verursachte Schwäche zu überwinden. In den ersten Tagen meiner Rehabilitation war ich so schwach gewesen, dass meine Glieder unkontrollierbar zitterten. Diese Schwäche hatte mich beim kleinsten Anlass, beim dümmsten Grund weinen lassen. Jetzt, da ich meine Stärke und Ausdauer langsam wiedererlangte, nagte es irgendwie an mir, wenn ich sah, dass Selph Dinge tat, die mit seinem physischen Körper eigentlich nicht möglich waren. Ich blickte ihn finster an.

»Adam, das brauchst du nicht mehr zu üben.«

Amber trat mit einem Tablett belegter Brote neben mich. Sie lächelte, als sie meinen verwirrten Blick bemerkte. »Du schaust schon wieder so finster. Du wirst tatsächlich noch Falten kriegen, wenn du die Leute weiterhin so ansiehst.«

»Es sind keine Leute, die ich finster anschaue, es ist Selph!«

»Ach so. Gehört Selph nicht in die Kategorie ›Leute‹?«

»Natürlich nicht. Er ist ein verdammtes Rätsel, das im Pool eine Show abzieht und mit einem Körper, der das eigentlich gar nicht können kann, unwahrscheinlich schnell schwimmt.«

»Ah.« Sie sah zufrieden aus. »Ich bin froh, dass du mir das erklärt hast. Ich gebe zu, dass es mir entgangen war.«

Ich bin sicher, dass Selph meine Gedanken las. Unter meinen finsteren Blicken sprang er mit einem einzigen, mühelosen Satz am anderen Ende des Beckens aus dem Wasser. Er lächelte mir zu, winkte und sprang wieder hinein. Der Sprung war so hoch, so sauber und das Wasser spritzte so wenig, als er hineintauchte, dass niemand es ihm hätte nachmachen können. Doch nicht genug: Nahezu im selben Augenblick, in dem er eingetaucht war, tauchte sein Körper geschmeidig wieder auf, und mit der Leichtigkeit und Gewandtheit eines Seehundes sprang er direkt neben mir aus dem Wasser. Nichts von dem, was er tat, war Menschen möglich.

Seine großen blauen Augen fingen meinen Blick, und zu meinem Bestürzen konnte ich nicht wegschauen. Wenn Amber bemerkt hatte, dass etwas Seltsames geschah, zeigte sie das jedenfalls nicht.

So gern ich meinen Blick abgewendet hätte, es gelang mir nicht. Allmählich fühlte ich mich zu Selph hingezogen, als wolle er mich durch seine Augen zu sich hineinzuziehen. Als ich eine Stimme in meinem Inneren hörte, wusste ich, dass es die seine war. »Kämpfen hilft dir gar nichts. Du suchst Meisterschaft, doch du findest die Gegenwart von Meisterschaft bedrohlich. Nur wenn du deine eigene Unfähigkeit anerkennst und achtest, wirst du die grenzenlosen Fähigkeiten finden, die dein Geburtsrecht sind.«

Die innere Stimme schwieg. »Ich finde Unfähigkeit sehr konfrontierend. Ich reagiere negativ.«

»Nimm das Leben nicht persönlich! Du lebst und erfährst alles viel zu sehr durch deine Persönlichkeit. Entlasse Adam und werde eins mit dem Leben. Lass die Kategorien los und versuche nicht mehr zu bestimmen, was du deiner Meinung nach kannst und was nicht. Diese Urteile stammen ausnahmslos aus der Vergangenheit, aus deiner Erfahrung, aus dem Bekannten, doch wir können die Vergangenheit nicht befreien, wenn wir nicht imstande sind, die Gegenwart zu erlösen.«

»Ich verstehe nicht.«

»Gut. Versuch es gar nicht. Berühre die Wahrheit mit dem Herzen. Spüre. Lass los. Gib dich nackt dem Augenblick hin.«

»Ich werde es versuchen.«

»Nein. Ich habe gerade gesagt, dass du es nicht versuchen sollst. Du kannst es nur tun. Versuchen ist ein Ausdruck der Persönlichkeit. Tu es einfach.«

»Ein Gurkenbrot, Selph?«, fragte Amber und hielt ihm das Tablett hin. Ihr Gesichtsausdruck zeigte, dass von außen betrachtet nichts Merkwürdiges geschehen war.

Als Selph das Brot dankbar lächelnd entgegennahm, wusste ich im selben Augenblick, dass keine Zeit vergangen war. Unsere stille Unterhaltung hatte irgendwie außerhalb der Zeit stattgefunden. Als ich es bemerkte, akzeptierte ich es. Warum nicht? Der Tod nimmt die Sterbenden auch aus der Zeit heraus. Warum sollte das Leben nicht dasselbe tun? Tatsächlich geschahen all die kleinen Unmöglichkeiten, die Selph nach Belieben austeilte, außerhalb der Zeit. Ich war mir dessen sicher, ohne es jedoch zu verstehen.

Mein Ärger und meine Gereiztheit waren verflogen. Und was noch viel besser war: Ich fühlte mich nicht schuldig und schämte mich auch nicht. Welch willkommene Verbesserung!

Ich kaute an meinem Brot und lächelte Amber zu. »Hast du den letzten Sprung gesehen? Wirklich bemerkenswert! Selph ist großartig!«

Amber runzelte misstrauisch die Stirn, doch als sie merkte, dass ich wirklich meinte, was ich sagte, entspannten sich ihre Züge zu einem Lächeln. »Ich kann dir nicht ganz folgen.«

»Wie fühlt sich das an?«, fragte ich fröhlich.

»Ach, es macht nichts«, antwortete sie lässig, »kein Problem!«

Viele Dinge hatten mich in der letzten Zeit an Selph und seiner Rolle als zeitloser Lehrer verwirrt. »Kannst du mir einige Fragen beantworten, Selph? Fragen, über die ich oft nachdenke, doch von denen mir scheint, dass sie nicht zu beantworten sind.«

»Sicher, aber zuerst habe ich eine Frage.«

Ich zuckte die Achseln. »Schieß los.«

»Hast du bemerkt, wie leicht ich dich kontrollieren kann?«

Diese Beobachtung gefiel mir gar nicht. »Äh, ja.«

»Hast du dich gefragt, warum das so ist?«

»Wahrscheinlich, weil du mein Lehrer bist.«

»Mehr fällt dir dazu nicht ein? Das ist mitleiderregend. Du weichst aus!«

Er hatte Recht. Ich hatte die Antwort vermieden. Ich wusste, dass sie mir nicht gefallen würde. »Gut, sag du es.«

»Sobald du die Kontrolle über dich verlierst, kontrolliere ich dich. Das kann jeder. Das ist das Geheimnis persönlicher Macht. Du bringst andere Menschen dazu, ihre Kontrolle zu verlieren, und dann übernimmst du sie einfach.«

»Aber ich dachte, dass du persönliche Macht nicht gutheißt. Ich dachte, für dich wären das Egospiele.«

»Das Investieren in die persönliche Macht *ist* ein Egospiel, doch so seltsam es klingen mag, gehört das Verlieren der Macht in dieselbe Kategorie. Es ist nur die Kehrseite des Ego und dient dazu, Selbstmitleid zu erzeugen. Ich rede jedoch von Kontrollverlust. Du hast sie heute Morgen verloren, und so nahm ich sie und kontrollierte dich. Mochtest du das Gefühl?«

»Nein. Aber mir ist nicht klar, wie ich sie verlor.«

»Wie fast alle Menschen hast auch du die übergeordnete Kontrolle vor langer, langer Zeit verloren. Wenn ich sage, dass jeder dich kontrollieren kann, dann muss sich die jeweilige Person natürlich ihrer Kontrolle bewusst sein, und wenn es nur auf der Ebene des Ego ist.«

»Wie behalte ich die Kontrolle?«

»Warum willst du sie haben?«

Ärger flammte in mir auf, und ich blickte Selph finster an. »Damit Leute wie du mich verdammt noch mal nicht kontrollieren können.«

»Schau mich an«, sagte er, »schau mir in die Augen.«

Und ich tat es, obwohl ich es nicht wollte.

»Schau, du hast die Kontrolle über dich schon wieder verloren, und ich kann jetzt ganz leicht über dich bestimmen. Ich frage dich noch einmal: Warum willst du die Kontrolle über dich?«

Ich dachte sorgfältig darüber nach. Offensichtlich war es falsch, wenn ich antwortete, ich wolle nicht, dass andere mich kontrollierten. Was blieb mir übrig? Ich wollte natürlich mein Leben selbst bestimmen, gehen, wohin ich gehen wollte, tun, was ich zu tun beliebte. Wer wollte das nicht? Vielleicht war es ganz einfach. »Ähm, wenn ich ein Auto lenke, dann möchte ich über das Lenkrad und mein eigenes Schicksal bestimmen.«

»Warum?«

Ich starrte Selph ärgerlich und frustriert an. »Worauf zum

Teufel willst du hinaus?«, brüllte ich. »Alles, was ich sage, ist falsch!«

Ich schaute besorgt zu Amber. Wie gefiel ihr die Vorstellung ihres Liebsten? Sie runzelte die Stirn und sah etwas strenger aus als sonst, doch ansonsten hörte sie ruhig zu. Ich wusste, dass sie entschlossen war, sich nicht einzumischen.

»Wer hat denn gesagt, dass du etwas Falsches gesagt hast? War ich das?«

Ich stöhnte verzweifelt. »Ich gebe auf.«

»Keine Ausbrüche mehr? Gut! Lass uns das Beispiel mit dem Autofahren nehmen. Als Fahrer musst du tatsächlich die Kontrolle haben. Doch worüber? Über das Auto oder über dich? Wenn du der Fahrer bist, musst du zuerst die Kontrolle über dich haben. Wenn du dich nicht kontrollierst, dann befindet sich auch das Auto, selbst wenn es den Anschein erwecken mag, nicht unter deiner Kontrolle. Wir wollen das Auto ›die Ereignisse‹ nennen. Das Auto kontrolliert die Ereignisse nicht, es ist sie einfach und begibt sich von einem zum nächsten. Wenn du dich aber selbst kontrollierst, dann hast du damit auch die Kontrolle über alle unvorhergesehenen Ereignisse. Und dann, glaube mir, werden dich andere Menschen bestimmt nicht kontrollieren.«

Er lächelte und klopfte mir auf die Schulter. »Wenn du aber kontrollieren willst oder musst, dann wirst du unweigerlich mit den Ereignissen in Konflikt geraten. Wenn du dich andererseits entspannen und in jedem Augenblick wirklich glücklich mit dir selbst sein kannst, dann werden sich die Ereignisse auf Grund deiner Beziehung zu dir selbst und dem Leben anpassen, und ohne es zu wollen, hast du die Kontrolle.«

»Was ist mit dem Ziel? Das hast du vergessen.«

»Unser Beispiel mit dem Auto handelte vom Leben, richtig? Kennst du dein Lebensziel? Weißt du, wofür du kämpfst? Weißt du, wie du das Ziel deiner Seele erreichen kannst?«

»Natürlich nicht«, sagte ich düster.

»Dann entspanne dich und freue dich am Leben. So viele Menschen verbringen ihr gesamtes Leben in ängstlicher Sorge um ihren Lebensunterhalt im Alter, das Ende der Lebensreise, ihr angenommenes Ziel. Sie vergessen, die Reise zu genießen. Lebe das Leben jetzt! Das Leben findet im Augenblick statt. Folge deinem Herzen und freue dich. So gibst du der Reise und ihrem Ziel Bedeutung. Und darüber hinaus hast du die Kontrolle.«

»Aber die Regierung und die Polizei haben die Kontrolle!«

»Adam, das glaubst du doch nicht wirklich! Sie kontrollieren deine Beziehung zur Gesellschaft und zum Gesetz, doch sie können *dich* nicht kontrollieren. Ich gebe dir ein extremes Beispiel: Du könntest gefangen sein und Zwangsarbeit verrichten müssen, doch selbst dann können sie nur deinen Körper kontrollieren. Das ist das Paradoxon: Du, das eigentliche Du, steht völlig unter deiner Kontrolle, doch die einzige Möglichkeit, diese Kontrolle auszuüben, ist, sie vollkommen aufzugeben.«

»Das verstehe ich nicht.«

»Verzweifle nicht, du wirst schon verstehen. Lass dein Herz die Wahrheit fühlen, analysiere nicht, denn es lauert schon ein weiteres Paradoxon: Wenn du das Bedürfnis zu kontrollieren aufgibst, dann gibst du dich dem Leben hin. Deine innere Hingabe erlaubt dem eigentlichen Ich, das persönliche Ich zu führen. Diese innere Führung drückt sich in ›direktem Wissen‹ aus. Der Intellekt entwickelt Konzepte, das wirkliche Ich *weiß*. Das ist etwas völlig anderes.«

Ich schüttelte entsetzt den Kopf. »Wahnsinn! Das ist eine Menge Stoff. Wie gebe ich die Kontrolle auf? Und wenn ich es täte, würde ich die Kontrolle nicht verlieren?«

»Andere Menschen würden die Kontrolle über dich verlieren. Und das Wie ist ganz einfach. Vertraue. Vertraue dir. Vertraue deinem inneren Wissen. Vertraue, dass du genau richtig bist. Wenn du dich selbst achtest, wird dich das Leben achten. Die Ereignisse des Lebens werden dich achten, und die Menschen werden es tun. Das ist es! Es ist nicht einfach, doch es ist leicht!«

»Ich muss das alles verdauen. Und du sagtest, du wolltest mir nur eine Frage stellen! Jetzt bin ich dran, in Ordnung?«

Selph grinste. »Spuck sie aus, dann werden wir sehen.«

»Also, es ist so: Ich könnte den Rest meines Lebens damit verbringen, meine Wahrheit zu finden, und das wäre in Ordnung. Doch wie steht es mit dir und deinem Leben? Wenn ich mich sehr anstrenge, verstehe ich gerade noch, dass du in der Zeit reist, und so nehme ich an, dass du in deine Heimat zurückkehrst, ohne dass Zeit vergangen ist. Doch wenn ich älter werde, musst auch du älter werden, sonst werden sich die Leute fragen, was zum Teufel hier vor sich geht.«

»Und das ist ein Problem?«

»Ich denke schon. Du nicht?«

»Schaut.« Selph stand auf, verbeugte sich vor Amber und mir und sagte theatralisch: »Bitte, werdet jetzt nicht hysterisch.«

Dann begann er zu altern. Erst war er ein Jugendlicher, dann wurde er rasch zwanzig, dreißig, vierzig, fünfzig, sechzig, siebzig, achtzig, neunzig Jahre alt, und dann sah er zu unserem Entsetzen aus wie ein lebendiges Skelett, bevor er schließlich zu Staub zerfiel. Dann stand ein kicherndes Baby vor uns, wurde zu einem Jungen, und schließlich war dort wieder der jugendliche Selph, der so unschuldig lächelte wie immer. All dies geschah etwa innerhalb einer Minute, einer absolut schockierenden Minute!

Kein Gespräch war jemals so abrupt beendet worden. Amber sprang mit der Hand vor dem Mund auf und rannte, an ihrem Mittagessen würgend, davon, während ich dasaß und Selph entgeistert anstarrte. Niemals in meinen wildesten Träumen hatte ich etwas so vollkommen Bizarres und Bestürzendes gesehen.

»Herzlichen Glückwunsch«, krächzte ich. »Du hast gerade zwei Menschen fast zu Tode erschreckt.«

Er zeigte keine Reue. »Aber Adam, du liebst doch Dramen, und ich habe dir nur den dramatischen Prozess des Alterns vor Augen geführt. Sei ehrlich. Hast du diese körperlichen Veränderungen auf mich bezogen?«

Ich musste zugeben, dass er Recht hatte. Es war insgesamt zu verrückt, um es mit seiner Person in Zusammenhang zu bringen, obwohl wir gerade gesehen hatten, dass es Selph war, der gealtert war. »Nein. Obwohl ich gesehen habe, wie du älter wurdest, muss ich zugeben, dass es mit dir irgendwie nichts zu tun hatte.«

»Genau. Dein Körper, der jetzt genau dort sitzt, das bist nicht du. Das Alter verändert dich so langsam, dass du dich den Veränderungen leicht anpasst, und so glaubst du, du seist der Körper.« Er grinste boshaft. »Ich habe diesen Glauben gerade zerstört.«

»Und dazu unser Mittagessen!«

Er fuchtelte dramatisch mit den Armen. »Pah! Na und? Was bedeutet ein Mittagessen, wenn ein Lehrer lehrt?«

»Es ist nur ein Teil der Substanz, die dabei hilft, unseren Körper im großen Lebensplan zu erhalten«, sagte ich sarkastisch. »Wie auch immer, du hast meine Frage sehr bildhaft beantwortet. Ich werde schauen, wie es Amber geht.«

Selbst beim Gehen stand mir der Alptraum, den wir gerade erlebt hatten, klar vor Augen. Mein Gott, welch ein Lehrer! Trotz des Schocks hatten seine Worte, dass ich doch Dramen liebte, ins Schwarze getroffen, und ich konnte ein Kichern kaum unterdrücken.

Amber kam gerade mit blassem, wütendem Gesicht aus dem Badezimmer. Sie ging wortlos an mir vorbei, und an ihrem Gang konnte ich erkennen, dass sie äußerst erzürnt war. Ich folgte ihr, ganz zufrieden mit dem Lauf der Dinge. Doch ungeachtet dessen war ich ziemlich verblüfft, als Amber auf direktem Wege zu Selph ging und ihm eine schallende Ohrfeige verpasste.

Bei dem Geräusch zuckte ich zusammen. Mein Gott! Ich würde mich wirklich anstrengen, sie nie so zu reizen!

»Hüte dich, so etwas noch einmal vor mir zu tun! Du magst Adams Lehrer sein, doch niemand gibt dir das Recht, mich so zu erschrecken. Ich bin schwanger, und ich möchte ein normales Baby zur Welt bringen und nicht eines, das schon im Mutterleib um den Verstand gekommen ist!«

Die Hände in die Hüften gestützt, funkelte sie Selph an. Mein Gott, war sie schön! »Hab' ich mich klar ausgedrückt?«

Ganz ehrlich, ich glaube nicht, dass Selph die Ohrfeige überraschte, doch er sah sehr zerknirscht aus. Er fiel auf die Knie, nahm sanft die Hand, die ihn geschlagen hatte, und drückte sie an die Lippen. »Amber, ich entschuldige mich in aller Form.«

Trotz der Röte, die sein Gesicht an der Stelle zierte, wo Amber ihn getroffen hatte, und seiner Entschuldigung wusste ich, dass er die Kontrolle über die Situation keine Sekunde lang verloren hatte. Ich war mir fast sicher, dass er sie so geplant hatte, einschließlich der Ohrfeige. Ich wusste innerlich, dass mir mein Lehrer im Fach ›Wirkliches Leben‹ gerade eine Lektion erteilt hatte. Ganz gleich, wie die Umstände sein mochten, konnte man immer die Kontrolle über sich behalten. Selph hatte nicht versucht, Amber zu kontrollieren, und er hatte nichts getan, um den Schlag abzuwenden, und doch beherrschte er die Situation.

Ich ging hinüber zu den beiden. Als Selph aufstand, umarmte ich ihn. »Ich danke dir, mein Lehrer. Ich achte sowohl deine Fähigkeit, mich zu lehren, wie dein Engagement.«

Er grinste verlegen. »Du liebst doch Dramen, nicht wahr? Ich bin froh, dass die Botschaft angekommen ist, denn ich fürchtete, sie würde dir entgehen. Gut, dass ich nicht umsonst geschlagen wurde.«

Wie die Luft aus einem kaputten Luftballon wich der Zorn aus Amber. »Meinst du damit ... meinst du damit, dass ... dass du das alles hier so geplant hast? Nur, um Adam eine Lektion über Kontrolle zu erteilen? Mein Gott! Das ist eine Dienstauffassung!« Sie sah streitlustig aus. »Aber hüte dich, mich noch einmal so zu erschrecken!«

»Amber, du hast mein Wort«, antwortete Selph.

Ich versuchte, das Lachen zu unterdrücken, denn als Amber die gurgelnden Geräusche hörte, die irgendwie meiner Kehle entstiegen, blitzte sie mich an.

»Wage nicht zu lachen!«

Ich versuchte es wirklich, doch als ich Selph anschaute, der sich ebenfalls bemühte, seine Gesichtszüge zu kontrollieren, konnte ich nicht mehr. »Du solltest dein Gesicht sehen«, stieß ich aus, bevor ich in brüllendes Gelächter ausbrach. »Ich hab' dich noch nie in meinem Leben so wild gesehen. Und schau dir Selphs Gesicht an: Du hast ihn gezeichnet!« Und Selph und ich schüttelten uns vor Lachen.

Amber sah ärgerlich aus. »Ihr ... ihr ... ihr Einfaltspinsel.« Dann wurde auch sie von der allgemeinen Heiterkeit ergriffen, und obwohl sie dagegen ankämpfte, kicherte sie schließlich und brach dann ebenfalls in Gelächter aus.

Die nächsten zehn Minuten lachten wir, bis uns alles wehtat. Wenn einer aufhören wollte, wurde er unweigerlich vom Lachen der anderen wieder angesteckt. Schließlich sprangen wir alle in den Pool, um uns abzukühlen.

*

Jeder kümmerte sich an diesem Nachmittag um seine eigenen Angelegenheiten. Amber war in ihrem Atelier, Selph Gott weiß wo und ich im Garten. Vor kurzem waren uns hundert Ballen Zuckerrohrstangen geliefert worden, mit denen ich den Garten mulchen wollte. Unser Boden enthielt sehr wenig Humus, doch weil ich ihn jedes Jahr mit einer dicken Lage organischen Materials bedeckte, wurde er immer besser. Ich hatte erwartet, dass ich das Mulchen ziemlich rasch hinter mich bringen würde, doch die Realität sah ganz anders aus. Die Ballen waren dick und schwer, und ich hatte meine Kräfte total überschätzt.

Voller Selbstvertrauen holte ich die Schubkarre aus dem Schuppen, rollte sie über die Ballen und stellte sie dann daneben ab. Ich schnappte mir einen Ballen und versuchte, ihn wie gewöhnlich auf die Schubkarre zu werfen. Doch statt dass der Ballen auf der Karre landete, landete ich auf dem Ballen. Sehr vorsichtig legte ich noch einmal die Arme um das Zuckerrohrbündel, um es in die Schubkarre zu schaffen. Ich schob es hoch und stolperte in konzentrischen Kreisen umher, ohne die verfluchte Karre überhaupt sehen zu können, bevor ich das ganze Bündel wieder fallen ließ. Erschöpft setzte ich mich darauf, um das Problem zu überdenken. Gott! Ich musste hundert dieser Brocken bewegen und hatte noch nicht einmal einen geschafft!

Schließlich gelang es mir nach einem harten Kampf, den ersten Ballen auf die Karre zu hieven, dann kämpfte ich mit dem nächsten. Ich schwitzte, stöhnte, es zwickte und kniff mich, doch schließlich lag auch der zweite Ballen sicher auf der Karre.

Ich entschied, dass zwei Ballen reichten, fasste die Griffe der Schubkarre und hob sie an. Es geschah gar nichts, und so überprüfte ich, ob sich die Karre nicht irgendwie verkeilt oder verhakt hatte. Alles war in Ordnung, und so bereitete ich mich auf einen wahren Kraftakt vor und versuchte es noch einmal. Die Karre hob sich, schwankte und stürzte auf die Seite, wobei die Ballen herunterkullerten.

Lange wusste ich nicht, ob ich lachen, weinen oder verzweifeln sollte. Stattdessen saß ich einfach da und dachte an die Zeit zurück, als ich über meine normale Kraft verfügt hatte. Normalerweise hätte ich problemlos drei Ballen auf die Schubkarre geladen, sie dorthin geschoben, wo ich sie haben wollte, und den Mulch rasch verteilt. Zwei Tage, und die Arbeit wäre erledigt gewesen. Dies war jetzt aber einfach nicht möglich, und ich hatte damit zu kämpfen, mich mental mit der veränderten Situation anzufreunden. Schließlich schnitt ich die Schnüre, mit denen die Ballen zusammengebunden waren, auf, und lud einen halben Ballen auf die Karre. Selbst damit hatte ich noch einige Schwierigkeiten. Was dann folgte, war eine Kombination aus Adam, der die Schubkarre schob, und der Schubkarre, die Adam stützte. Einen halben Ballen statt drei! Eine Weile lang schwankte ich zwischen Trauer über meine verlorene Kraft und der Freude, eine Arbeit tun zu können, die mir so viel Spaß machte. Wenigstens wusste ich jetzt, was ich den ganzen nächsten Monat in meiner freien Zeit tun würde.

Nach einer Stunde hatte ich nur drei Ballen verteilt, und ich war müde.

Ich ließ die Schubkarre stehen, ging hinüber zu den Sträuchern, die ich gemulcht hatte, und bewunderte meine Arbeit. Es fühlte sich gut an. Ich hatte immer das Gefühl, dass es den Pflanzen gefiel, gemulcht zu werden. Ein Hund hätte sichtbar mit dem Schwanz gewedelt, und eine Katze hätte ihre Zuneigung ausgedrückt, doch obwohl die Sträucher dazu nicht fähig waren, hatte ich das intensive Gefühl, dass sie mich auf einer feineren Ebene mit ihrer Pflanzenenergie umarmten.

Ich stützte mich ein bisschen fester auf meinen Buschstock als gewöhnlich und ging müde zurück zum Haus. Es überraschte mich, wie stark ich beim Arbeiten geschwitzt hatte, und so zog ich mich aus und ging unter die Dusche.

»Geht es dir gut?«

Ich machte einen Satz. »Mensch! Hast du mich erschreckt. Ich dachte, du wärst in deinem Atelier.«

Amber öffnete die Duschkabinentür und lächelte mich liebevoll an. »Dort war ich eine ganze Weile. Dann wollte ich nachsehen, wo du bist. Ich habe deinen Kampf mit den schweren Ballen eine ganze Weile lang beobachtet.«

Ein Gefühl von Scham überrollte mich. »Oh, wirklich?«

»Ja. Du hast mich sehr stolz gemacht.«

Ich war verblüfft. »Warum?«

»Ich weiß, wie du mit drei Ballen auf der großen alten Schubkarre durch den Garten zu fegen pflegtest. Als ich sah, wie du dich abplagtest, nur zwei Ballen auf die Karre zu hieven, wusste ich nicht, ob ich lachen oder weinen sollte. Als du sie endlich oben hattest, konntest du die Griffe der Karre kaum anheben, und sie fiel um. Der Kampf deiner Gefühle spiegelte sich auf deinem Gesicht, und am liebsten hätte ich dir geholfen und dich getröstet, doch ich spürte, dass dies dein Kampf war und dass ich nicht eingreifen durfte.«

»In mein Leben kannst du gar nicht eingreifen!«

Mit feuchten Augen lächelte sie mich an. »Ich sah, wie du dich ausruhtest und nachdachtest, und ich beobachtete, wie du nur einen halben Ballen auf einmal schafftest. Mir war klar, wie verletzt dein Stolz war und wie schlimm du dich fühlen musstest. Doch du hast trotzdem weitergemacht. Dann ging ich in mein Atelier, setzte mich hin und weinte um dich. Doch in Wahrheit hast du gewonnen.«

Ich grinste sie an, griff nach ihr und zog sie mitsamt ihren Kleidern unter die Dusche. »Ich fühle mich nicht gerade wie ein Sieger. Doch der Garten braucht den Mulch.«

Amber hing an mir wie ein nasses T-Shirt. »Ich könnte die Arbeit übernehmen.«

»Das weiß ich, doch darum geht es nicht. Das hier muss ich tun. Es ist meine Aufgabe. Nebenbei bemerkt macht es mir Spaß. Glaub' mir, auch wenn es schwer ist, es ist wie Therapie für mich.«

Sie zog meinen Kopf zu sich und küsste mich auf die Lippen. Ich half ihr, die nassen Kleidungsstücke auszuziehen, doch wir liebten uns nicht. Und gleichzeitig taten wir es doch. Wir liebten uns, indem wir uns einfach eng umschlungen hielten, ohne sexuell erregt zu sein, indem wir uns gegenseitig spürten und unsere Liebe teilten. In gewisser Weise war dies einer der intimsten Augenblicke, den ich je mit Amber erlebt habe. Diese Begegnung wurde nicht in erster Linie von der körperlichen Nähe bestimmt, sondern es war vielmehr eine Verbindung der Seelen, und wir liebten uns auf inneren Ebenen unseres Seins.

Das heiße Wasser floss über uns, und wir standen vielleicht zwanzig Minuten in dieser Umarmung, bis das Wasser kalt wurde. Dieses fast mystische Zusammensein war so intensiv, dass es mir eher wie zwanzig Sekunden vorkam. Amber schaute mich verwundert an. »Ich habe noch nie auf diese Weise Liebe gemacht.«

»Ich habe es auch gespürt. Es war Seelenliebe.«

Wir trockneten uns langsam und nachdenklich ab und waren uns bewusst, dass etwas Spontanes, Seltenes und sehr Tiefes stattgefunden hatte. Uns fehlten die Worte, das Erlebnis zu beschreiben, doch das schien gar nicht nötig. Amber war vor mir angezogen. »Nimm dir Zeit, Lieber, und setz dich ins Wohnzimmer, während ich das Abendessen zubereite.«

Eine Tasse Earl-Grey-Tee erwartete mich, und ich ließ mich mit einem Seufzer reiner Zufriedenheit in meinen Lehnstuhl sinken. Körperlich hatte ich heute wenig geschafft, doch auf einer anderen, nichtphysischen Ebene war ich einen großen Schritt vorwärts gekommen.

Selph setzte sich zum Essen zu uns, und wir unterhielten uns eine Weile über belanglose Dinge. Dann entschloss ich mich, ganz offen mit ihm zu sein.

»Selph, du siehst zwar wie ein Jugendlicher aus, doch ich weiß, dass du das nicht wirklich bist. Deshalb spreche ich ganz offen. Amber und ich entdeckten heute Nachmittag, dass man auch ohne den körperlichen Akt die tiefste und – mir fehlen die Worte – innigste Liebe erfahren kann. Für uns war das eine unglaubliche Entdeckung. Es gab keinen Orgasmus, doch auf einer feineren Ebene geschah etwas viel Schöneres. Wir nehmen an, dass du aus einem erleuchteteren Realitätsrahmen stammst. Ist dieses Phänomen wirklich real?«

»Würde das eine Rolle spielen?«

Ich lächelte. Da waren wir wieder. »Eigentlich nicht«, sagte ich ganz sicher. »Ich habe das Vertrauen, dass unsere Erfahrung real war. Wir haben es beide gespürt. Es war unbeschreiblich.«

»Wunderbar. Erinnerst du dich, was ich dir über das Vertrauen sagte? Das ist es. Jetzt traust du dir und deiner Erfahrung. Großartig. Dieses unbeschreibliche Etwas ist die reinste, stärkste, innigste Ausdrucksform menschlicher Liebe. Ehrlich gesagt, wenn das zwischen euch beiden nicht möglich wäre, wäre ich nicht hier. Und übrigens danke ich euch für den Mut, so etwas mit mir zu besprechen. Ich bin mir bewusst, dass diese Themen in eurer Gesellschaft selten diskutiert oder mitgeteilt werden.«

Amber lächelte. »Über Sex wird geredet.«

Selph nickte weise. »Ja, das stimmt.«

»Liege ich richtig, wenn ich sage, dass Sex als solcher in deiner Gesellschaft selten vorkommt und die Betonung eher auf dem Ausdruck dieser inneren Liebe liegt?«, fragte Amber.

Selph nickte. »Es ist eine ganz natürliche Weiterentwicklung. Bei uns können Liebende einander ein aufgeladenes Symbol schenken. Wenn sie nicht zusammen sind und sich nacheinander sehnen, können sie ihre Aufmerksamkeit auf das Symbol richten und den inneren Ausdruck ihrer Liebe spüren.«

Amber zupfte sich an der Nase. »Was ist das für ein Symbol?«

»Das wählt jedes Paar ganz individuell, doch üblicherweise ist es ein kostbarer Stein in einem Ring oder an einer Kette. Der Stein ist das Wichtige, denn er ist der Empfänger.«

»Wie macht man das?«, fragte ich.

Lachend wehrte Selph mit beiden Händen ab. »Das kann ich dir unmöglich sagen. Dazu sind Techniken nötig, die in eurer Zeit noch nicht an der Reihe sind. Nebenbei darf ich es gar nicht weitergeben.«

»Unterliegst du in unserem Realitätsrahmen denn auch Einschränkungen?«

»Natürlich. Denk daran, dass ich mit dir sehr frei umgehen kann, doch mit anderen Menschen ist das nicht so.«

Ich war überrascht. Diesen Gedanken hatte ich noch nie in Betracht gezogen. »Wirklich? Wie interessant! Offensichtlich ist Amber mit eingeschlossen.«

»Ja, in sehr hohem Maße.«

»Die kleine Show, wegen der ich dich vorhin geschlagen habe, überstieg das Maß aber bei weitem«, lachte Amber.

»Auf einer äußeren, physischen Ebene würde ich wahrscheinlich nichts vor Amber verbergen, doch auf einer inneren, nichtphysischen Ebene bin ich ihr gegenüber zurückhaltender.«

»Was wären die Grenzen bei anderen Leuten?«, fragte ich.

Selph grinste schelmisch. »Die Schwimmlektion, die ich dir gab, ist ein gutes Beispiel. Ich würde es bei anderen Menschen auf keinen Fall zulassen, dass sie eine solche Vorstellung physischer Unmöglichkeiten zu sehen bekämen.«

»Ganz ehrlich, warum hast du sie mir vorgeführt?«

»Um dich zu konfrontieren. Um dich zu reizen. Um dich zu verwirren. Um dich herauszufordern. Um dich zu einer Reaktion oder einer Antwort zu verleiten. Um dich aus deiner Zufriedenheit aufzurütteln. Um dich zu belehren. Um …«

»Gut, gut, ich habe verstanden. Ich nehme an, dass dies alles und noch viel mehr geschehen ist. Ich habe mit Sicherheit reagiert: negativ!«

»Mach dir deswegen keine Gedanken. Merkwürdigerweise würden die meisten Menschen so reagieren. Wenn jemand etwas tut, das eigentlich unmöglich ist, bedroht er damit nicht nur den anderen als Person, sondern er bedroht gleichzeitig dessen Realität. Die normalen Grenzen sind nicht mehr sicher, und deshalb reagieren die Menschen negativ.«

»Ja«, rief ich begeistert, »du erklärst gerade, was mit mir geschehen ist. Es war mir, als wäre die Struktur der Normalität bedroht, und all meine Überzeugungen drohten zusammenzubrechen. Merkwürdigerweise hatte ich Angst. Mein gelerntes Bedürfnis zu verstehen wurde nicht mehr angemessen bedient, und das Ergebnis waren Verwirrung und innerer Konflikt.«

Selph nickte lächelnd. »Das hast du gut gesagt.«

»Ist das deine Form des Unterrichts?«, fragte ich. »Sind Konfrontation und Unmöglichkeiten die Werkzeuge des Wachstums?«

Er schüttelte den Kopf. »Nein. Es gibt kein Schema, nichts, was man tun oder lassen sollte. Natürlich kannst du dich, wie ich schon sagte, einfach in dich verlieben, und die Sache ist gegessen. Doch selbst das kann nur im richtigen Augenblick geschehen.« Er seufzte. »Nein, Adam, ich nutze alles, was im Moment angebracht ist, und verwandle es in eine potentielle Lektion.« Er grinste. »Für gewöhnlich ist sie dramatisch.«

Vierzehn

Ich kämpfte mich aus einem Traum heraus, denn ich hörte leises Singen.

»Zum Geburtstag viel Glück, zum Geburtstag viel Glück, zum Geburtstag, lieber Adam, zum Geburtstag viel Glüüüüück!«

Ich war noch immer ganz benommen, doch ein Knabbern an meinem Ohr weckte mich schließlich. Ich schaute Amber, die sich an mich kuschelte und mich umarmte, verwirrt an.

»Adam, wach auf, du hast Geburtstag!«

Das überraschte mich wirklich. Tatsächlich, es stimmte. Gott! Wie konnte ich meinen eigenen Geburtstag vergessen? Heute wurde ich dreiunddreißig, und niemand hatte mich daran erinnert.

Ambers Hand wanderte zu meinem Bauch. »Oh, der liebe edle Ritter schläft noch. Welche Schande. Ich hätte ein besonderes Geburtstagsgeschenk für ihn.«

Sie hielt mich fest.

»Gut, gut«, flüsterte Amber und schob sich auf mich, wobei mir ihr Haar kitzelnd ins Gesicht fiel. »Wahrhaftig, ich glaube, der edle Ritter hat sich erhoben!«

»Wann hast du bloß mit diesem Edlen-Ritter-Kram angefangen«, murmelte ich. »Das kann ganz schön stören.«

Sie küsste mich auf die Nasenspitze. »Meinst du damit, dass der edle Ritter heute nicht in Turnierlaune ist?« Sie bewegte sich und zog hörbar die Luft ein.

»Das ist sehr merkwürdig«, murmelte sie, »ich habe das Gefühl, dass er bereits die Lanze sticht!«

Dreißig eifrige Minuten Lanzenstechens später war der edle Ritter wieder eingeschlafen.

Ich betrachtete mich beim Rasieren im Spiegel. Abgesehen von dem dummen Grinsen, welches das Lanzenstechen zu verursachen schien, glich ich allmählich nicht mehr so sehr einer körperlichen Katastrophe, sondern wieder mehr mir selbst. Wo einst lebhafte rosa Striche gewesen waren, verblassten jetzt die Narben, und obwohl ich sie mein Leben lang behalten würde, störten sie mich nicht. Noch vor kurzem war ich dünn wie ein Strich gewesen, doch jetzt zeigten sich allmählich wieder ein paar Muskeln. Alles in allem kam ich immer besser in Form, und ich war zufrieden mit meinen Fortschritten.

»Adaaaam. Frühstück!«, rief Amber.

»Ich komme«, antwortete ich und sprang unter die Dusche.

Fünf Minuten später setzte ich mich zu Selph und Amber an den Tisch. Sie hatten den Frühstückstisch in der Morgensonne am Pool gedeckt.

»Herzlichen Glückwunsch zum Geburtstag, Adam«, sagte Selph, »und ein sehr gutes Timing wünsche ich dir!«

Ich lächelte ihm zu. »Danke, und was soll das heißen?«

Er kicherte. »Ich wusste, dass es dich herausfordern würde.«

»Du sagst es«, nickte ich. »Welches Timing?«

Selph schlürfte langsam seinen Kaffee, stellte den Becher ab, lehnte sich zurück und legte die Hände hinter den Kopf. »Das Leben hält immer eine Menge Wahrscheinlichkeiten bereit. Das einzig Absolute ist die LIEBE. Es war wahrscheinlich, dass du einen Autounfall haben würdest.« Er lächelte Amber an. »Ich habe ihm das alles schon gesagt.«

Er wandte sich wieder mir zu und fuhr fort: »Ich entschied, vor dem Unfall in dein Leben zu treten, um die Samen der Veränderung zu säen. Auf Grund dieses umwälzenden Ereignisses – des Unfalls – sind die Samen gekeimt und wunderbar gewachsen. Du bist nicht mehr der Mann, den ich am Strand getroffen habe, obwohl du an einigen seiner alten Gewohnheiten hängst.«

Amber nickte. »Dem stimme ich zu. Ich kann von Glück

277

sagen, dass der Vater meines Kindes nicht der Mann ist, den ich geheiratet habe.«

Wir lachten. »Sag so etwas bloß nicht in der Öffentlichkeit«, bat ich.

»Wegen dieses Keimens und des darauf folgenden Wachstums«, fuhr Selph fort, »ist eine weitere Wahrscheinlichkeit möglich geworden. Ihr wisst beide von Adams Abhängigkeit von Schmerz und Leiden. Im Allgemeinen wählte er dafür seinen Rücken, ganz einfach, weil alles dort begann. In einer Zeit, die ihr ›Vergangenheit‹ nennt, verletzte sich Adam wahrscheinlich furchtbar die Wirbelsäule. Wie ich schon sagte, war es nicht die Verletzung, die das Muster des Missklangs bewirkte, sondern seine Reaktion darauf. Eine körperliche Verletzung mag dich in einem Leben zum Krüppel machen, doch wenn du die Behinderung annimmst, endet sie mit dem physischen Tod. Aber wenn man sich der Behinderung wütend widersetzt, dann ist sie nicht länger nur physisch. Sie wird psychisch, prägt den Missklang in das Bewusstsein des Menschen, und die Nachwirkungen pflanzen sich so lange in den folgenden Leben fort, bis das Trauma aufgelöst ist.«

Er schaute mich an. »Verstehst du?«

Ich nickte.

»Der Geburtstag eines Menschen ist viel wichtiger, als man meint. Es ist eine kraftvolle Zeit. Die meisten Leute sterben ungeachtet der Todesursache in der Zeit ihres Geburtstags. Er ist der Katalysator für neue Möglichkeiten, für ein neues, größeres Potential. Weil dies nur selten erkannt wird, wird dieses Potential unglücklicherweise meist vergeudet.«

»Gut. Worin besteht mein Potential?«, fragte ich.

»Es besteht die Möglichkeit, dass du dich mit der Ursache der Traumata vieler Leben befassen kannst. Ich glaube, dass du dazu bereit bist.«

Ich holte tief Luft. »Wir sprechen über ein größeres Drama, über wirklich schlimme Schmerzen?«

Selph nickte. »Daran besteht kein Zweifel.«

»Muss es heute sein?«

»Nein. Es *muss* überhaupt nicht sein. Doch da du dich entschieden hast, deine Wahrheit zu finden, besteht die Möglichkeit, dass du dich für diesen Weg entscheiden wirst. In Wirklichkeit gibt es keinen Weg, doch wenn ich es schon so ausdrücke, wäre das dein Weg.«

»Wie verbinde ich mich mit der Ursache? Als ich diese anderen Inkarnationen erlebte, war der Schmerz der auslösende Faktor. Das muss ich doch wohl nicht noch einmal wiederholen?«

»Natürlich nicht. Ich kann dich lehren, dich jenem Leben ohne Schmerz zu nähern, doch du musst die Erfahrung dieses Lebens noch einmal machen und sie verändern.«

»Das ist verrückt! Man kann die Vergangenheit nicht ändern.«

»Doch, das ist möglich. Es hat alles mit Realität zu tun. Nicht das Ereignis ist die Realität, sondern deine Erinnerung daran. Du erschaffst deine eigene Realität, die nichts mit der linearen Zeit zu tun hat. Ich werde dies alles jedoch nicht auf der Ebene des Intellekts mit dir diskutieren. Du kannst dich entscheiden. Wenn du dich bereit fühlst, dieses ursächliche Leben zu konfrontieren, zeige ich dir, wie du dorthin gelangst. Der Rest ist deine Sache.«

»Heute passt es mir nicht so gut.«

»In Ordnung, das habe ich mir gedacht. Übrigens, mein Geburtstagsgeschenk für dich steht auf dem Esstisch.«

Ich starrte ihn an, ein dummes Grinsen auf dem Gesicht. »Wirklich? Ich habe nichts von dir erwartet.«

»Geh und pack es aus, Liebling«, drängte mich Amber.

Ich stand auf und lief ins Esszimmer, Amber und Selph folgten mir. Dort stand in der Mitte des Tisches ein großer Gegenstand, verhüllt von einem Tischtuch. Verblüfft hob ich das Tuch langsam hoch: ein Zwergfikus! Ich war begeistert.

Wahrscheinlich dreißig Jahre alt, war der Baum regelmäßig geschnitten und auf diese Weise klein gehalten worden, doch er war kein wirklicher Bonsai. Er war in einer kurzen, weiten Plastikhülle gezogen worden, und die Arbeit, die Pflanze in einen Miniaturbaum zu verwandeln, musste noch getan werden. Ich konnte meine Augen kaum von ihm abwenden.

Ich wirbelte herum und umarmte Selph. »Das ist wundervoll! Ich bin absolut begeistert. Toll! Welch eine Überraschung!«

Er lächelte über meine Freude. »Ja also, ich wusste, wie sehr du deinen Bonsai liebst, und so dachte ich, du könntest vielleicht noch einen betreuen. Ich freue mich, dass er dir gefällt.«

Wir gingen zum Tisch zurück, und ich beendete mein Frühstück.

»Ich glaube, von mir erwartest du etwas«, sagte Amber kokett.

Grinsend gedachte ich des edlen Ritters und seines letzten Turniers. »Alle Gaben werden dankbar angenommen«, sagte ich, »aber ich werde nicht mit der Lanze darum kämpfen.«

Wir grinsten uns verschwörerisch an.

»Ich habe an dem Bild gearbeitet, damit es heute für dich fertig ist, und es ist mir gelungen. Wenn du mich also in mein Atelier begleiten möchtest, ist dort alles bereit für dich. Du kannst auch kommen, Selph. Es ist keine private Ausstellung.«

Wir gingen alle zum Atelier und traten ein. Das Bild auf der Staffelei in der Mitte des Raumes war mit einem Tuch verhängt.

Amber deutete mit der Hand darauf. »Es gehört dir, Liebling.«

Seltsamerweise war ich nervös, als ich zur Staffelei ging, um das Tuch zu lüften.

»Und jetzt folgt eine weitere Enthüllung!«, witzelte ich.

Als ich das Tuch vom Bild zog, schloss ich die Augen. Ich war so nervös, dass ich mich kaum traute, es anzuschauen.

Und wenn es mir nicht gefiel? Ich kann meine Gefühle nicht gut verbergen. Amber würde es sofort wissen und am Boden zerstört sein.

Ich trat zwei Schritte zurück, öffnete die Augen und wagte einen Blick auf das gerahmte Bild. Mir blieb die Luft weg! Es war unglaublich! Auf einer großen Leinwand von fast zwei Quadratmetern hatte Amber mich gemalt, wie ich am Teich kniete und die Fische fütterte. Sie hatte den entrückten Ausdruck auf meinem Gesicht eingefangen, der zeigte, wie sehr ich mich in der Welt des Wassers und seiner Mysterien verlor. Das Bild konzentrierte sich vor allem auf den Teich, auf die Goldfische und die blühenden Büsche und Pflanzen, die um ihn herumwuchsen. Ich befand mich dort, wo ich normalerweise sitze oder knie, und alles war genau getroffen.

Ich schaute Amber bewundernd an. »Es ist wunderschön. Ich liebe es. Toll! Du hast dich selbst übertroffen!« Ich lief zu ihr, umarmte sie und küsste sie feurig auf die Lippen. »Es ist einfach großartig. Ich bestehe darauf, dass es im Haus einen Ehrenplatz erhält.«

»Du hast befürchtet, dass es dir nicht gefallen würde, oder?«, schalt sie mich spielerisch.

Ich gab alles zu.

»Ich weiß, wie viel Wirbel du um Bilder machst, deshalb habe ich das Thema sorgfältig gewählt. Ich wusste, dass es dir gefallen würde.«

»Gefallen trifft es nicht ganz: Ich liebe es!«

Selph und ich nahmen das Bild von der Staffelei und trugen es vorsichtig ins Haus. Wir einigten uns, dass es am besten an die Wand im Wohnzimmer passen würde, und so ging Selph und holte Werkzeug und einen Bilderhaken. Ich saß im Sessel und schaute zu, während Selph mein herrliches Bild aufhängte. Der Zwergfikus und das Bild machten aus diesem Tag den schönsten Geburtstag, den ich je erlebt hatte.

Genau zu Mittag klingelte es an der Haustür.

»Adam, würdest du bitte aufmachen«, rief Amber, »ich bin mit dem Mittagessen beschäftigt.«

Ich öffnete überrascht die Tür. »Herzlichen Glückwunsch, lieber Adam«, sagte Mutter und nahm mich in die Arme. Vater stand hinter ihr und hielt einen großen Strauß Rosen. »Ich glaube, die könnten dir gefallen, Amber.« Mutter nahm die Rosen und überreichte sie Amber, die mir gefolgt war, mit einem Lächeln.

»Oh!«, rief sie entzückt. »Sie sind wunderschön.«

Vater schaute mich zögernd an, denn er war sich nicht sicher, ob er mich umarmen sollte. Ich löste die Frage für ihn, indem ich ihn umarmte. »Schön, dich zu sehen, Vater.«

Er nickte glücklich lächelnd. »Ich finde es auch wunderbar, dich zu sehen, mein Sohn. Und herzlichen Glückwunsch zum Geburtstag.«

»Mensch! Was für eine Überraschung. Ich hatte keine Ahnung, dass ihr uns heute besuchen würdet. Ich nehme an, dass Amber dies organisiert hat. Vielen Dank, dass ihr gekommen seid.«

»Glaubst du, wir würden unseren kleinen Jungen an seinem Geburtstag allein lassen?«, fragte Mutter im Spaß. »Ich bin wirklich froh: Du schaust schon viel besser aus.«

Vater nickte. »Das war das Erste, was mir auffiel. Als ich ihn umarmte, fühlte ich Muskeln. Lass dich anschauen, Sohn.«

Ich lachte. »Meint ihr so?« Ich zog mein blaues T-Shirt aus.

Weder Mutter noch Vater hatten meinen Körper seit dem Unfall gesehen, und beide sogen scharf die Luft ein, als sie die vielen Narben sahen.

»Mein Gott, Adam.« Mutter sah erschrocken aus. »Ich hatte keine Ahnung, dass du so schlimm zerschnitten warst. Ich dachte, die Verletzungen seien eher innerlich. Oh, du Armer.«

»Ihr hättet ihn vor einem Monat sehen sollen«, lachte Amber. »Die Narben waren feuerrote Fleischwülste. Sie werden nie ganz verschwinden, doch sie bilden sich zurück.«

Ich zog mein T-Shirt wieder an. »Das war's, Leute, die Vorstellung ist vorbei. Der unglaublich sehenswerte Mann hat jetzt frei.«

Mutter ging zu dem Korb, den sie mitgebracht hatte. »Adam, ich habe ein kleines Geburtstagsgeschenk für dich.«

Dass es sich um ein Buch handelte, war offensichtlich. Ich lese viel und liebe Bücher. Ich öffnete das Paket und lachte erfreut, als ich das dicke Exemplar herausnahm.

»Danke, Mutter. Das ist das Buch, das ich als Nächstes lesen wollte. Du musst mit Amber gesprochen haben.«

»Also, der Tatsache eingedenk, dass du *Wilbur Smith'* andere Bücher gelesen hast und dich im Krankenhaus in *River God* vertieftest, war für mich ganz klar, dass du auch die Fortsetzung lesen würdest. Ich rief Amber nur an, um sie zu fragen, ob du es dir schon gekauft hast.«

Ich lächelte wehmütig. »Ich muss euch etwas Merkwürdiges erzählen. Ich kaufte *River God* vor etwa achtzehn Monaten, ohne es zu lesen. Ich nahm mir vor, es für eine Grippe oder für den Fall, dass ich ein paar Tage das Bett hüten müsste, aufzubewahren. Ich fragte mich, ob ich die Zukunft vorausgeahnt habe oder ob das einfach nur meine Art ist.«

»Es ist einfach nur deine Art«, grinste Amber. »Du hast immer schon solche Sachen gemacht. Es passt in die Kategorien: ›Genieße den Augenblick‹ und ›Vorfreude ist die beste Freude‹.«

Wir saßen alle am Pool, als Vater aufstand, zu Mutters Korb ging und darin herumkramte. Er kam zu mir und gab mir ein kleines Päckchen. »Das ist etwas von mir, mein Sohn. Ich hoffe, es gefällt dir.«

Ich schluckte einen Schwall Emotionen hinunter. In meinem ganzen Leben hatte mir mein Vater nie unabhängig von meiner Mutter etwas geschenkt. Was sie mir schenkte, war immer von beiden gewesen. Ich schaute Mutter an, und sie las meinen fragenden Blick.

»Ich weiß auch nicht, was drin ist«, sagte sie.

Ich öffnete das Päckchen vorsichtig, denn ich wusste, dass mehr darin steckte als nur ein Geburtstagsgeschenk. Es war vielmehr ein Symbol dafür, dass Vater mir die Hand reichte. In dem Päckchen war eine kleine Schachtel, und als ich sie öffnete, versammelten sich die anderen um mich herum. Ich hielt die Luft an. Eine goldene Taschenuhr mit Goldkette und Uhrtasche lagen in dem mit Samt ausgeschlagenen Etui. Einen Augenblick lang verschwamm alles vor meinen Augen. Ehrfurchtsvoll nahm ich die Uhr heraus und betrachtete sie. Sie war kunstvoll mit englischen Fasanen verziert, und ich sah sofort, dass sie alt und wertvoll war. Doch als ich sie umdrehte, las ich eine neue Inschrift: »Für Adam F. S. Baker, geliebter Sohn von Fred S. Baker.« Ich starrte sie sprachlos an und las diese unglaublichen Worte immer wieder. Dies war viel mehr als ein Geburtstagsgeschenk: Es war ein Geschenk der Versöhnung.

Alle waren still und schauten zu, wie ich mit meinen Gefühlen kämpfte. »Ich weiß einfach nicht, was ich sagen soll, Vater«, flüsterte ich. »Das ist das wunderbarste Geschenk, das ein Vater seinem Sohn machen kann. Ich danke dir aus tiefstem Herzen.« Ich hielt ihn und drückte ihn, und mir war mehr als je zuvor bewusst, wie weit wir uns voneinander entfernt hatten.

Er räusperte sich und wischte sich verstohlen die Augen. »Als ich hörte, du seist tot, war ich am Boden zerstört. Es war, als wäre mein eigenes Leben zu Ende gegangen. Ehrlich gesagt war ich ziemlich darüber erschrocken, wie schrecklich ich mich fühlte.« Er lächelte Mutter zu. »Deine Mutter und ich redeten stundenlang über die Beziehung zwischen dir und mir, und ich entdeckte Gefühle, von denen ich nicht wusste, dass ich sie hatte. Ich weinte wie ein Baby, über all die unangebrachten Worte und die unausgedrückte Liebe.«

Er hielt inne, und ich war mir sicher, dass er diese kleine Rede geübt hatte, um alles richtig zu machen.

»Dann hörten wir, du würdest noch leben, dann wieder, du wärst gestorben, später, endlich, du würdest leben. Mein Gott! Glaub mir, das war eine harte Zeit. Als wir dann wussten, dass du wieder gesund werden würdest, erkannte ich, dass ich eine zweite Chance bekam. Ich ging in die Stadt und kaufte diese Uhr, als wir dich im Krankenhaus besuchten. Ich habe noch nicht einmal deiner Mutter davon erzählt. Ich musste es tun. Sie ist über hundertzwanzig Jahre alt und vollkommen in Ordnung. Es musste diese Uhr sein; alles andere war mir nicht gut genug. Ich wollte, dass unser beider Namen eingraviert würden, und ich hatte ganz schön Mühe mit dem Text der Inschrift.«

Er grinste. »Wenn man bedenkt, was für ein beschränkter, alter Grobian ich bin, habe ich eigentlich alles sehr schön hingekriegt.«

Wir umarmten uns heftig. »Sprich nie wieder in dieser Weise über dich, Vater. Du bist mein Vater, und ich bin sehr stolz auf dich. Ich liebe dich.«

Selph betrat die Bühne genau im richtigen Augenblick. Er reichte jedem ein Glas Rotwein und hielt seines hoch: »Wir trinken auf Adam, auf seinen Geburtstag und die Liebe der Familie.«

Alle stießen an und tranken.

»Er ist ein netter Junge«, sagte Mutter, als sie Selphs gewinnendes Benehmen beobachtete. »Woher, sagtest du, kommt er?«

»Ich kann dir das nicht gesagt haben, Mutter, denn ich weiß es wirklich nicht. Frag ihn am besten selbst.«

»Ian, kann ich mal mit dir sprechen?«, rief Mutter und ging zu Selph hinüber.

Ich grinste vor mich hin. Mal sehen, wie er sich aus der Klemme ziehen würde. Natürlich war es kein Problem für ihn.

Es war abgemacht, dass Mutter und Vater über Nacht bleiben würden, deshalb nahmen wir nur ein leichtes Mittagessen ein, um Platz für das Abendessen zu lassen.

Am Nachmittag zeigte ich ihnen Ambers Bild und Selphs Zwergfikus. Beides wurde bewundert, obwohl das Bild die meisten Kommentare erntete. Eine weitere Überraschung erwartete mich, denn um vier Uhr nachmittags kamen Kate und Bruno.

»Herzlichen Glückwunsch, Adam«, sagte Kate und umarmte mich.

»Mögest du noch viele schöne Geburtstage erleben«, sagte Bruno formell. »Wir haben ein Geschenk für dich.«

Sie gaben mir ein Päckchen und standen lächelnd dabei, als ich es befühlte und schließlich das Raten aufgab. Ich packte eine schmale Schachtel aus.

»Ein Schreibset«, riet ich, doch ich verwarf den Gedanken gleich wieder. »Nein, zu groß und zu schwer.«

Ich öffnete die Schachtel, und einen Augenblick lang erkannte ich nicht, was darin lag. Dann wusste ich es. »Toll! Ein Bonsai-Schneideset! Klasse, das ist wunderbar. Verglichen mit diesem ist meines Müll. Ich danke euch, das ist großartig.«

»Das neueste Design aus Europa«, sagte Bruno. »Wir haben es uns schicken lassen. Solider Stahl.«

»Das ist unglaublich. Äh, Ian schenkte mir einen Zwerkfikus, den ich zu einem Bonsai gestalten werde, und ich hatte mir schon vorgenommen, ein neues, scharfes Schneideset zu kaufen, bevor ich damit anfange.« Ich runzelte die Stirn, als ich in ihre lächelnden Gesichter blickte. »Ah, kommt schon! Ihr habt euch abgesprochen!«

Sie lachten. »Ich bekenne mich schuldig«, kicherte Selph.

Ich freute mich so über meinen Geburtstag. Die Geschenke waren wunderbar, doch die Liebe und Fürsorge meiner Gäste übertrafen alles. Ich dachte darüber nach, wie sehr sich mein Leben nach dem Autounfall verändert hatte. Die Schmerzen waren zweifellos fürchterlich gewesen, doch hatten sie Veränderungen in Gang gesetzt, die ich sonst wohl kaum jemals gewagt hätte. Hoffentlich würde ich bald Wege des inneren

Wachstums und der Veränderung finden, die nicht so viel vernichtenden Schmerz und Drama erforderten.

Besorgt dachte ich an die Lichtkörperreise, die mich erwartete. Zweifellos würde es ein Ausflug in Schmerz und Schrecken werden. Ich schauderte. Wenigstens würde ich den Schmerz nicht körperlich erleiden, obwohl meine schon erfahrenen früheren Leben schlimm genug waren.

Zum Abendessen gab es gegrillte Lammkeule mit Minzsauce und frischem biologischem Gemüse. Wir unterhielten uns angeregt, und jeder, der wollte, trug eine interessante Geschichte bei. Vater berichtete uns über die Dürre, die sich jetzt in ihrem dritten, lähmenden Jahr befand. Kate sprach über ihre Schwangerschaft, hatte jedoch offensichtlich keine Ahnung, dass sie Zwillinge erwartete. Sie war bereits ziemlich rundlich.

»Denk an meine Worte, Schwester«, verkündete ich mit hoher, zittriger Stimme. »Das Orakel hat gesprochen. Ich sehe Zwillinge in diesem deinem runden Bauche strampeln. Denke wohl an meine Worte.«

Alle lachten. »Keine Chance«, meinte Bruno, »nur ein großes dickes Baby.«

Ich begegnete Ambers Blick, und wir teilten lächelnd unser geheimes Wissen von den Zwillingen.

»Ach ja«, sagte Amber plötzlich, als ob ihr der Gedanke neu sei. »Habe ich euch schon gesagt, dass ich schwanger bin?«

Die Familie starrte sie erstaunt an.

»Du bist was?«, fragte Mutter.

»Adam und ich erwarten ein Baby.« Sie sprach sehr langsam und klar. »Und das bedeutet, dass ich schwanger bin.«

Die darauf folgenden Freudenschreie, Gratulationen und Glückwünsche waren fast überwältigend. Es überraschte mich, dass niemand davon gewusst hatte. Doch wie sollten sie auch? Wir hatten es ihnen nicht gesagt.

»Hast du schon die Bestätigung?«, fragte Bruno, der Arzt.

»Nicht offiziell. Doch ich weiß es«, sagte Amber nachdrücklich. »Eine Frau, die wirklich in Kontakt mit ihrem Körper ist, weiß solche Dinge.«

Bruno runzelte die Stirn, um zu zeigen, dass er nicht einverstanden war. »Du kannst noch nicht wirklich sicher sein.«

»Oh, Bruno. Sei doch nicht so verknöchert«, unterbrach ihn Kate. »Frauen wissen solche Dinge. Wenn Amber sagt, dass sie schwanger ist, dann bezweifle ich das nicht.«

Er hob die Augenbrauen, grinste mich an und schüttelte mir die Hand. »Also, ich glaube, ich bin überstimmt. Ich gratuliere.«

Vater sagte gar nichts, doch ich hatte ihn selten so vollkommen zufrieden gesehen. Er wirkte wie eine Katze, die unerwartet eine doppelte Portion Schlagsahne bekommen hat. Mutter glich seine Schweigsamkeit aus, indem sie mit Höchstgeschwindigkeit Ratschläge gab.

Selph schaute mich an und blinzelte mir zu. Seine Worte waren lautlos, doch ich hörte sie mit kristallener Klarheit. »Meinen Glückwunsch, Adam. Der nächste Schritt erwartet dich.«

»Ich bin bereit.« Als ich es gesagt hatte, erkannte ich plötzlich, dass es stimmte. Wenn ich der Vergangenheit begegnen musste, dann sollte es so sein. Ich war bereit.

Obwohl ich beteiligt war, ertappte ich mich dabei, dass ich meine Familie wie ein Zuschauer beobachtete. Und wieder wurde ich von dem Gedanken überwältigt, wie seltsam es war, dass ich mich so schwer verletzen musste, bevor ich erkannte, wie viel mir meine Familie wert war. Wie konnte der Schmerz das Bewusstsein so fördern? Lag es daran, dass man alles verlieren konnte? War es deshalb, weil man, wenn man alle Menschen, die man liebt, verlieren könnte, realisiert, dass wir gegenseitig unsere größten Geschenke und unser größter Segen sind? Ist vielleicht die Verzweiflung der Geburtsort der Hoffnung? Barg die Entscheidung für das physische Leben eine verborgene Einsicht über das Leben in sich, welche die Seele beflügelte? Oder ist es so, dass man, wenn man in die dunkelsten

Tiefen der Quelle sinkt, das reinste, frischeste Wasser findet? Vielleicht ist es so, dass wir durch das Trinken der Wasser des Neuen entdecken, dass nichts von der LIEBE getrennt ist. Gar nichts!

Kate und Bruno gingen spät abends, und ich wurde bereits etwas schläfrig. Müde saß ich in meinem großen, bequemen Sessel und hörte dem Gespräch zwischen Mutter und der Person zu, die ihr gerade antwortete. Mutter mochte keine Stille. Wenn sie mit Leuten zusammen war, wollte sie über jedes Thema reden, über das man reden konnte. Sie versuchte, Selph eindringlich zu befragen, doch er schaffte es mit seinen makellosen Manieren ausgezeichnet, das Gespräch dahin zu lenken, wohin er es haben wollte. Oft schien sie verwirrt, wenn sie ihn über sein Zuhause und seine Eltern befragt hatte und plötzlich merkte, dass sie über ihre Teerosen sprach, doch sie redete trotzdem weiter.

Eine Hand schüttelte sachte meine Schulter. »Komm, Geburtstagskind. Zeit, ins Bett zu gehen, Schlafmütze.« Amber lachte.

»Ich habe gar nicht bemerkt, dass ich eingeschlafen bin.«

»Seit anderthalb Stunden schnarchst du schon. Es ist ein Uhr morgens. Wir haben dich nicht geweckt, weil du offenbar bequem lagst. Und, Wunder über Wunder, Selph schläft auf dem großen Liegestuhl auf der Veranda. Ich habe ihn zugedeckt. Ich denke, er wird heute Nacht durchschlafen.«

Wir gingen zu Bett.

Fünfzehn

Obwohl ich geglaubt hatte, für die Erforschung des ursächlichen Lebens im anderen Bewusstseinszustand bereit zu sein, verstrich ein Monat, ohne dass ich mich ernsthaft darum gekümmert hätte.

Viele andere Dinge geschahen. Ambers Schwangerschaft wurde bestätigt. Nachdem ich den schweren Zuckerrohrmulch verteilt hatte, vermisste ich die Arbeit. Ich ging nach wie vor ins Fitnesscenter und machte dort ungeheure Fortschritte. Obwohl ich immer noch nicht ohne meinen Wanderstock laufen konnte, kehrte meine gewohnte Kraft doch zweifellos zurück. Das einzige Zugeständnis, das ich meinen Verletzungen machen musste, war die Rückenstütze, die ich in Form eines breiten, extra für mich angefertigten Gürtels trug. Ich brauchte ihn, denn meine alte Rückenverletzung bestand ja weiter. Scharfe, stechende Schmerzen waren immer noch an der Tagesordnung, und wenn ich mich zu sehr überanstrengte, tat der ganze Körper weh. Ich musste ganz grundsätzlich lernen, mich zu mäßigen und beim Ausdauertraining meine körperlichen Grenzen zu beachten.

Ich musste noch einige Male ins Krankenhaus, und Pete war mit meinen Fortschritten sehr zufrieden. Er erkundigte sich bei Amber nach ihrer Schwangerschaft. Da er es gewesen war, der vorgeschlagen hatte, dass wir uns im Krankenhausbett liebten, meinte er, dass ihn dieser brillante Einfall automatisch zum Ehrenonkel machte. Lächelnd stimmten wir zu. Onkel Pete war angenommen.

Abgesehen von meinen Reisen in den anderen Bewusstseinszustand verlief mein Leben ohne besondere Vorkommnisse. Ich besuchte regelmäßig die Sphäre der Stille, und die heilende

Energie, die ich dort empfing, war zweifellos der Hauptgrund für meine rasche Genesung.

Ich stellte Selph oft Fragen zu der bevorstehenden Reise, doch er antwortete immer dasselbe: Wenn die Zeit käme, würde alles von selbst geschehen. Bis dahin solle ich mich einfach entspannen und im Augenblick leben.

*

Zwei Wochen später war der Augenblick gekommen. Es war kein großer Augenblick mit Fanfaren und Trompeten, doch eines Morgens nach dem Frühstück nahm ich Selph beiseite.

»Ich möchte, dass du mir zeigst, wie diese Reise funktioniert. Ich möchte es auf der Stelle wissen.« Ich war sehr bestimmt. Er schaute mir mit seinem beunruhigenden stahlblauen Blick direkt in die Augen. Nach einigen Sekunden nickte er.

»Gut. Es wurde auch langsam Zeit.«

»Was meinst du damit?«, fragte ich beleidigt. »Ich habe den ganzen letzten Monat auf dich gewartet.«

»Nein, Adam. Du und ich, wir beide haben auf dich gewartet. Und das ist in Ordnung so. Jetzt bist du so weit.«

In diesem Augenblick wusste ich, dass er Recht hatte. Rein mit dem Verstand war ich schon eine ganze Weile willens gewesen, doch dies war keine Reise des Verstandes. Ich musste auf einer tieferen Ebene des Gefühls bereit sein, einer Ebene, auf der Ängste und Widerstände wohnten. Und jetzt war ich endlich wirklich so weit. Ich hatte Angst, und auch Zweifel waren noch da, doch sie bildeten keine unbewusste Blockade mehr.

Das Schicksal wollte es, dass Amber bis zum späten Nachmittag bummeln gehen wollte, so dass wir das Haus für uns hatten. Als ich sie zum Abschied küsste, spürte sie, dass etwas nicht stimmte.

»Ich hoffe, du hast nichts vor, was dir nicht gut täte. Ich fühle, dass du innerlich angespannt bist.«

Mensch, war sie scharfsinnig! Da ich sie nie belog, war ich mir nicht sicher, was ich sagen sollte. »Es geht mir gut. Du wirst einen herrlichen Tag verbringen und musst dich um nichts sorgen. Genieß deinen Einkaufsbummel! Ich liebe dich.« Ich küsste sie leidenschaftlich und gefühlvoll, denn ich spürte wieder einmal, wie sehr ich sie liebte.

Sie lächelte und winkte beim Wegfahren. »Auf Wiedersehen, Jungs«, rief sie, »bis bald.«

»Ich glaube, es war klug, ihr nichts zu sagen«, sagte Selph, als wir zurück ins Haus gingen. »Sie hätte sich den ganzen Tag lang Sorgen gemacht, anstatt das Einkaufen zu genießen.«

Ich lächelte ihn zufrieden an. »Ja, sie schaut nach Umstandskleidern und Babysachen.«

Selph grinste. »Du bist nicht der erste Mann, der seine Frau schwängert. Das ist schon öfter vorgekommen!«

»Das mag so sein«, antwortete ich, »doch für diesen Mann ist es das erste Mal, und ich mag das Gefühl. Papa Adam. Klingt gut!«

Wenige graue Wolken segelten über den Himmel, und obwohl sie keinen Regen verhießen, entschlossen wir uns, im Haus zu bleiben. Ich setzte mich bequem in meinen großen Sessel, und Selph erklärte mir, wie das Ganze ablaufen würde.

»Ich muss dich warnen. Diese Reise könnte dich ziemlich aufwühlen. Genauso wie du den intensiven Frieden und die Stille in der Sphäre spürst, wirst du Schmerz, Leid und möglicherweise tiefe Verzweiflung empfinden. Bist du darauf vorbereitet?«

»Mit dem Verstand schon, doch ich kann nur hoffen, dass das auch für die emotionale Ebene zutrifft. Ich kann mich nicht besser vorbereiten, als bis jetzt geschehen. Und in gewisser Weise bin ich vielleicht besser vorbereitet, als ich denke. Ich bin mir fast sicher, dass nichts schlimmer sein kann als der Autounfall und seine Folgen!«

Selph nickte ernst. »So bist du also bereit?«

Ich nickte. »So sehr wie überhaupt möglich, obwohl ich noch eine Frage habe: Wirst du dabei sein? Kann ich dich um Hilfe rufen? Kannst du mein Erlebnis beeinflussen?«

»Adam, du musst dir darüber im Klaren sein, dass du zu dem Menschen wirst, der in Schwierigkeiten steckt. Du wirst nicht wissen, dass ich existiere, ganz zu schweigen davon, dass du mich um Hilfe rufen kannst; und ich werde auch nicht dabei sein. Ich werde den Beginn beschleunigen, oder mit anderen Worten, ich werde dich hineinwerfen und das Leben in Gang setzen. Du musst dich selbst wieder daraus lösen. Denk daran, dass du das Erlebnis nicht verändern kannst, nur die Art und Weise, wie du damit umgehst, also deine Haltung und so weiter. Auf diese Weise wirst du dein Verhältnis zur Vergangenheit verändern. Dies wird im Gegenzug dein Verhältnis zur Gegenwart beeinflussen. Hast du das verstanden?«

»Ja, wir haben oft genug darüber gesprochen. Jetzt muss ich die Theorie in Wirklichkeit umsetzen.«

»Gut gesagt. Also, bei diesem Prozess beginnst du genauso wie bei deinen gewohnten Reisen. Beginne, indem du deine Identität auf deinen Lichtkörper überträgst. Gehe durch den Regenbogen – in der dir vertrauten Weise –, doch wenn du die einundzwanzig Stufen hinuntergestiegen bist, werden sie dich zum Bahnhof einer Untergrundbahn führen. Betrete den Bahnhof, und gehe zum Bahnsteig links. Warte dort, bis ein Zug hält. Einige Züge mögen vorbeifahren, das ist in Ordnung. Steige in den ersten Zug, der anhält. Kannst du mir folgen?«

»Brauche ich einen Fahrschein?«, fragte ich schnoddrig. In Wahrheit versuchte ich, meine Furcht zu verbergen. Es klang alles sehr seltsam.

Selph wusste, wie ich mich fühlte, und nahm mich ernst.

»Nein, du brauchst keinen Fahrschein. Es ist jedoch möglich, dass du andere Leute siehst. Wenn du im Zug bist, kannst du dich so lange entspannen, bis er das nächste Mal hält. Steige an der ersten Haltestelle aus. Von dort an bist du auf dich allein gestellt, und du musst in jedem Augenblick tun, was dir angemessen erscheint.«

Ich blickte ihn Bestätigung erheischend an. »Doch ganz gleich, was mir geschieht, sitze ich körperlich sicher und bequem in meinem Sessel!«

»Ja, das stimmt, doch sei dir über eines im Klaren: Das Ich deiner Persönlichkeit wird hier sein, während das essentielle Ich in ein anderes Geschehen verwickelt ist. Wenn du nicht wirklich glaubst, dass du beteiligt bist und alles dementsprechend erlebst, dann kann sich nichts Schöpferisches daraus entwickeln.«

»Mit anderen Worten wird es genauso sein, wie als ich meine anderen frühen Leben nochmals durchlebte: Verdammt schrecklich, doch ich komme zurück und lasse alles hinter mir. Richtig?«

Er nickte.

»Du wirst mich doch nicht beobachten? Es wäre mir schrecklich peinlich, und das würde alles nur komplizierter machen.«

Er lächelte. »Gut, dann verziehe ich mich jetzt, doch ich werde dich grundsätzlich im Auge behalten. Ich sage nicht ›viel Glück‹, denn Glück findest du dort, wo sich Vorbereitung und Gelegenheit treffen. Du bist gut vorbereitet, und die Zeit ist reif.«

Damit drückte er meine Schulter, lächelte mich ermutigend an, drehte sich um und ging hinaus. Da ich nicht so lange nachdenken wollte, bis ich mich in ein nervöses Wrack verwandelte, entschied ich, gleich zu beginnen. Ich atmete einige Male tief durch, räkelte mich in eine bequeme Lage und entspannte mich.

Mit geschlossenen Augen richtete ich meine Aufmerksamkeit auf meinen physischen Körper, meine Identität. Als ich mich damit wohl fühlte, visualisierte ich einen Lichtkörper, der meinen physischen Körper einhüllte. Sobald das Bild klarer wurde, richtete ich das Gefühl für mein Ich auf den Lichtkörper. Bald befand ich mich im Lichtkörper, ging zu dem wunderschönen Regenbogen und schritt langsam durch die Farben.

Wie immer war Rot stark und elementar, und dann kam Orange, dem ich alle verzweifelten Gefühle überließ. Ich fuhr fort, übergab meine Gedanken dem Gelb und lief dann auf eine grüne Wiese. Ich blieb eine ganze Weile dort, lag im Gras, rollte mich darauf herum, bevor ich mich in den blauen Ozean stürzte und dort in der Energie der Liebe schwamm und planschte. Danach betrat ich das erhebende Purpur und trieb mich dort eine ganze Weile faul herum, bis ich zum Violett überging und zwischen herrlich blühenden Veilchen lag.

Als ich den Regenbogen verließ, schwebte eine Sphäre weißen Lichts vor mir, die kaum den Boden berührte. Obwohl dies neu für mich war, lief ich zu der Sphäre, betrat ihr brillantes Leuchten und ging langsam hindurch auf die andere Seite. Ich fühlte mich erfrischt und lebendig.

Direkt vor mir führte eine breite Betontreppe hinunter in dichten Nebel. Ganz schwach konnte ich ein Gebäude erkennen, das sich im Nebel nur undeutlich abzeichnete.

Ich stieg die Treppen hinab und begann zu zählen: einundzwanzig, zwanzig, neunzehn, achtzehn, siebzehn, sechzehn, fünfzehn, vierzehn, dreizehn, zwölf, elf, zehn, neun, acht – jetzt sah ich, dass ich mich unter der Erde befand – sieben, sechs, fünf, vier, drei, zwei, eins. Ich trat von der letzten Stufe und ging durch den Eingang des Bahnhofs einer Untergrundbahn.

Der Bahnhof war schmutzig, alt und verlassen, und ich überlegte schon, ob die Übung fehlgeschlagen sei. Zum Teufel! War etwas falsch gelaufen? Ich wandte mich nach links und musste nicht weit gehen, bis ich den Bahnsteig fand. Alles wirkte öde, doch weit entfernt sah ich eine oder zwei Personen. Auch sie schienen Reisende zu sein, doch es war weder ein Schaffner noch ein Stationsvorsteher zu entdecken. Das Dach des Bahnhofs war sehr hoch, und als ich nach oben schaute, war ich verblüfft. Ich sollte doch in einem Untergrundbahnhof sein, doch dieser Bahnhof war ein ganz normaler Kleinstadtbahnhof kurz vor dem Verfall. Wie zum Teufel konnte ein oberirdischer Bahnhof unter der Erde sein?

Einige Tauben flogen von den Deckenbalken herab, suchten hoffnungsvoll zwischen meinen Füßen nach Krümeln. Eine Frau betrat meinen Bahnsteig und ging zum anderen Ende. Ich näherte mich ihr auf der Suche nach Beistand, doch ich wünschte sofort, ich hätte es nicht getan. Sie war alt, so alt, dass ich schwöre, dass sie nicht mehr leben konnte. Ihr Gesicht war nur noch eine eingefallene, verschrumpelte Totenmaske, ihre Augen tiefe, dunkle Höhlen. Ihr Haar klebte nur noch an einigen Stellen am Schädel, und sie stank nach Verfall.

Ich eilte zurück ans entgegengesetzte Ende des Bahnsteigs und wäre am liebsten davongelaufen. Es war eher mein Durchhaltevermögen als mein Mut, das mich zurückhielt, doch ich wollte diese Sache zu Ende bringen. Wenige andere Menschen kamen, bis wir zu fünft waren. Jeder war auf seine Weise merkwürdig. Ein kleines Mädchen schien mich nicht sehen zu können, obwohl ich ihr zuwinkte, ihre Mutter trug ein historisches Kostüm aus einem anderen Jahrhundert und führte ständig Selbstgespräche. Ein Mann lief auf und ab. Er trug ein modernes graues Jackett mit Weste und einen Zylinder, doch darunter schaute ein eleganter langer Rock hervor, und an den Füßen trug er hochhackige Schuhe. Er sah absurd aus und wirkte vollkommen unbeteiligt, genauso wie die anderen Leute auf dem Bahnsteig. Als ich sie beobachtete, merkte ich schließlich, dass ich der Einzige war, der sich der anderen bewusst war. Schlimmer noch, ich hatte das Gefühl, dass sie sich ihrer selbst nicht bewusst waren! Da ich ja in einem menschlichen Lichtkörper unterwegs war, nahm ich an, dass sie mich nicht sehen konnten.

Wie ein stilles Phantom schoss ein Zug ohne das leiseste Geräusch durch den Bahnhof. Ich sah kurz und verschwommen weiße Gesichter, die durch die Glasfenster der Waggons spähten, und dann war er schon wieder verschwunden.

Erschrocken blickte ich ihm nach, doch es war nichts mehr zu sehen, nichts, was auch nur im Entferntesten darauf schließen ließ, dass gerade ein Zug mit unvorstellbarer Geschwindigkeit vorbeigeschossen war. Ich beobachtete, wie die anderen Reisenden reagierten, doch sie hatten offensichtlich nichts gesehen und nichts gehört. Ich versuchte, ihre Aufmerksamkeit zu erregen, doch das war unmöglich. Ich kniete mich vor das kleine Mädchen und strich ihr sogar mit der Hand durchs Haar, doch sie ignorierte mich. Für sie existierte ich nicht.

Schließlich stand ich einfach da und wartete.

Dann kam der Zug. Er wurde von einer alten Dampflokomotive gezogen, und doch hörte ich ihn erst, als er in den Bahnsteig einfuhr. Er wurde langsamer, die Bremsen quietschten mörderisch, der Schornstein stieß eine mächtige Dampfwolke aus, und der Zug kam zitternd zum Stehen. Dann machte ich einen Fehler. Als die Lokomotive an mir vorbeifuhr, spähte ich nach dem Lokführer. Ich wünschte, ich hätte es nicht getan. Ich hatte den Eindruck, dass niemand in den beiden lumpigen Anzügen steckte, die alles Notwendige verrichteten, um den Zug zu bedienen. Ich meine, niemand mit einem Körper! In was zum Teufel hatte ich mich da hineingeritten? War dies die Hölle?

Der Zug hatte angehalten, und eine Waggontür befand sich unmittelbar vor mir. Das unterbrach mein Zaudern. Ich war bis hierher gekommen, jetzt konnte ich die Fahrt genauso gut fortsetzen. Ich schaute nach den anderen Leuten auf dem Bahnsteig. Niemand schien den Zug zu bemerken. Zweifellos konnten sie ihn weder hören noch sehen. Unglaublich! Der Dampf entquoll dem Schornstein mit einem Kreischen und schwebte auf den Bahnsteig, und ich war der Einzige, der es überhaupt wahrnehmen konnte.

Ich öffnete die Tür des Waggons, trat in ein leeres Abteil und atmete erleichtert auf. Da ich gesehen hatte, wer mir als Begleitung zur Verfügung stand, verzichtete ich gern darauf. Ich setzte mich auf einen muffigen, staubigen Sitz und lehnte mich bequem nach hinten. So weit, so gut. Das Abteil war altmodisch in einem schon vor langer Zeit aus der Mode gekommenen Stil eingerichtet und hatte sechs Sitze, doch diese waren luxuriöser und dicker gepolstert als die Sitze der modernen Eisenbahn. Dies hier musste die erste Klasse sein.

Ich schaute aus dem Fenster, um zu sehen, ob die Menschen immer noch auf dem Bahnsteig standen, und schnappte vor Schreck nach Luft. Die Landschaft raste mit ungeheurer Geschwindigkeit an mir vorüber und verschwamm vor meinem verwirrten, verängstigten Blick. Hier gab es kein Geratter, wie ich es als Junge von den alten Eisenbahnen her gekannt hatte, deren Räder in regelmäßigem Rhythmus über die Schwellen rumpelten. Es war tödlich still und ich spürte nicht die geringste Bewegung. Übernatürlich!

Ich verlor allen Sinn für die Zeit, während der Zug mit entsetzlicher Geschwindigkeit durch die unerbittliche Landschaft raste. Zuerst war ich erschrocken, dann fürchtete ich mich, und dann nahm ich dumpf mein Schicksal an. Es lag nicht mehr in meinen Händen. Ich hatte keine Ahnung, worauf ich mich da eingelassen hatte, doch mit jedem Augenblick wurde die Chance, mich daraus zu lösen, geringer. Es kam der Moment, in dem ich wusste, dass ich unwiderruflich bereit war. Es gab keinen Ausweg, ich hatte keine Möglichkeit, diese furchtbare Reise anzuhalten und zurückzugehen. Da kam mir plötzlich ein Gedanke. Wohin zurück? Woher war ich gekommen? Ich? Wer war ich? Wohin fuhr ich? Und warum?

Ich saß dort und schaute einfach aus dem Fenster in das verschwommene Grün. Wir fuhren so schnell, dass ich nicht einmal sagen konnte, ob wir an Feldern, Wiesen oder Bäumen vorbeirasten. Ich wusste nur, dass es ewig so weiterging.

Ich war etwas verzweifelt über den Verlust meiner Identität, doch ich konnte nichts dagegen tun. Mein Körper hatte sich merkwürdig leicht angefühlt, doch jetzt war er wieder fest.

Enge braune Hosen umschlossen kräftige Beine, ich trug eine dicke Jacke und hohe Lederstiefel von sehr guter Qualität. Ich musste einen Unfall gehabt und meinen Kopf verletzt haben. Ich hatte von Leuten gehört, die ihr Gedächtnis verloren hatten. Vielleicht litt auch ich an Gedächtnisverlust, und irgendjemand würde am Ende der Reise auf mich warten.

Wie auf ein Stichwort hielt der Zug mit kreischenden Bremsen knirschend an, und ich schaute aus der Tür auf praktisch nichts. Der Bahnhof hatte nur einen einzigen Bahnsteig. Ein älterer Mann winkte mir zu und rief mich beim Namen. Ich öffnete die Tür und trat aus dem Waggon auf den hohen Bahnsteig. Als ob der Zug darauf gewartet hätte, stieß er eine riesige Dampfwolke aus, fuhr an und verschwand, als hätte er nie existiert.

»Herr Jacob. Hierher! Kommt, wir müssen uns beeilen. Wir ham 'nen weiten Weg vor uns!«

Der Mann winkte mir, während er rief, und ich wusste, ich musste Jacob sein. Ich schüttelte verwirrt den Kopf. Wo war ich gewesen? Woher war ich gekommen? Da ich nicht wirklich anders konnte, ging ich zu dem alten Mann hinüber. Mensch, war der alt! Er hustete und schnappte keuchend nach Luft, während er fortwährend vor sich hin plapperte.

»Ich hab' Fieber, junger Herr«, klagte er, »und ich muss zurück ins Bett. Kommt, die Kutsche wartet. Ich bring' Euch nach Haus zu Eurem Vater und Eurer Tante. Sie freuen sich schon auf Euch.«

»Äh, warum ist Vater nicht selbst gekommen?«

Der alte Mann starrte mich verwundert an. »Ach kommt, junger Herr, nehmt einen alten Mann nich aufn Arm. Euer Vater hat zu tun, das hat er immer. Ihr wisst das.«

Ich sah die Kutsche und erkannte sie. Sie war eines von Vaters schnellsten Gespannen. Ein Paar kräftiger, geschmeidiger Pferde waren vor einen mittelgroßen, leichten Wagen gespannt. Er wirkte schnell, und mein Vater liebte die Geschwindigkeit. Sein

Tempo hatte meine Mutter getötet. Sie hatte mit ihm auf demselben Wagen gesessen, während er auf die Pferde einschlug, und man erzählt sich, dass sie genauso berauscht von der Geschwindigkeit gewesen sei wie er. Eines der Räder war gegen einen Stein geschlagen, als sie wie verrückt um eine enge Kurve schossen, meine Mutter war herausgeschleudert worden und landete auf ihrem zierlichen Hals. Sie war sofort tot.

Vater hatte zwei Jahre lang getrauert und dann wieder geheiratet. Ich lebte mit meinem Vater und meiner Stiefmutter. Obwohl ich erst sieben Jahre alt war, als Mutter starb, hatte ich meine Stiefmutter nie Mutter nennen können. Sie war Tante Maud, eine starke, eher dominante Frau, bildhübsch mit weichem blondem Haar und strahlendem Gesicht. Außerdem war sie gutherzig und geduldig. Es dauerte einige Jahre, doch sie gewann meine Zuneigung, bis ich sie liebte. Sie und Vater nannten mich Jake, doch dem Personal war das nicht gestattet.

Als ich sah, wie sich der alte Lyle zitternd auf den Fahrersitz quälte, überlegte ich, wann ihn sein Alter wohl zwingen würde, mit der Arbeit aufzuhören. Doch was mich wirklich beschäftigte, war: Wie war ich in dieses kleine Dörfchen so weit entfernt von zu Hause gekommen? Wir hatten einen Weg von etwa fünfzig Meilen vor uns, ich hatte keine Erinnerung, hier mit Pferd und Wagen angekommen zu sein, und eine andere Transportmöglichkeit gab es nicht. Schiffe zu Wasser und Pferde zu Land, so konnte man im Jahre des Herrn 1575 reisen. Natürlich konnten wir Schusters Rappen nehmen – laufen – die üblichste Reiseform, doch es war offensichtlich, dass ich nicht hergelaufen war. Warum war ich hier, und wie war ich hierher gekommen? Es war ein Rätsel.

»Lyle, weißt du, wie ich in dieses Dorf gekommen bin? Du hast auf mich gewartet, oder?«

Er schaute mich verwirrt an. »Kommt, junger Herr, macht Euch nich lustig über mich. Ihr habt zwei Tage auf mich gewartet.«

Verblüfft schüttelte ich den Kopf und gab auf. Geschickt kletterte ich in den Wagen und bereitete mich auf eine lange Reise vor, während Lyle die Pferde antrieb. Wir holperten und schwankten Meile um Meile den Weg entlang, begegneten gelegentlich anderen Kutschen und wurden einige Male von einem schnellen Reiter überholt.

Wir legten ein gutes Stück Weges zurück und verbrachten eine schlaflose Nacht in einem Gasthaus am Wegesrand. Am nächsten Morgen standen wir früh auf, holten die Pferde aus dem Stall und schirrten sie an. Der alte Lyle sah wirklich krank aus, und ich schlug vor, dass wir die Plätze tauschten. Ich würde ihn fahren. Doch das verletzte seinen Stolz, und er weigerte sich strikt, seinen Arbeitsplatz zu verlassen. »Dafür werd' ich bezahlt, Herr Jacob. Wenn Ihr übernehmt, is es aus für den alten Lyle.«

Ich konnte ihn schlecht zwingen, daher stieg ich missgestimmt wieder in den Wagen. Wir waren etwa eine Stunde unterwegs, als ich bemerkte, dass wir viel, viel zu schnell fuhren. Der Wagen schaukelte und schwankte alarmierend, und ich wusste, dass irgendetwas schief lief.

Ich streckte Kopf und Schultern aus der Kutsche und schrie Lyle zu: »Fahr langsamer, sonst bringst du uns um!«

In diesem Augenblick warf mich ein heftiger Schlag mit einem Krachen zurück in den Wagen, und als ich mit dem Kopf hart an das Holz schlug, wurde mir klar, dass sich meine schlimmsten Befürchtungen bestätigten. Lyle war entweder bewusstlos, von der Kutsche gefallen oder gestorben. Es war Zeit, hinauszuklettern. Benommen rappelte ich mich auf die Füße und hatte gerade meine Hand am Türgriff, als ich mit einem Übelkeit erregenden Schlingern den Boden unter den Füßen verlor.

Hinunter, tief hinunter stürzten wir, die Pferde ein kreischendes Knäuel, und die Kutsche drehte und drehte sich, während ich von einer Seite auf die andere krachte. Trotz der furchtbaren Schläge schien alles mit alptraumhafter Langsamkeit zu geschehen, doch es gab nichts, was ich tun konnte, um mich daraus zu befreien.

Als wir mit entsetzlicher Wucht auf der Erde aufschlugen, spürte ich, wie mein Körper unter dem Druck zerbrach. Die Kutsche zerbarst zu einem unkenntlichen Haufen aus zerbrochenem, gesplittertem Holz. Eines der Pferde schrie laut vor Schreck und Schmerz, und ich hörte, wie seine Hufe immer wieder auf die Seite der Kutsche einschlugen. Ich versuchte, mich zu bewegen, doch die zerbrochenen Teile der Kutsche nagelten mich fest. Ich öffnete den Mund, um zu schreien, und bemerkte entsetzt das Blut, das statt der Worte herausströmte. Erst da sah ich, dass ein langer, dicker Holzsplitter in meiner Brust verschwand und am Schulterblatt wieder austrat. Ich zwinkerte, als mir Blut vom Kopf in die Augen rann, erschrocken über die Verletzungen, die überhaupt nicht schmerzten. Die ganze Zeit über verlor ich nicht das Bewusstsein.

Das Wrack zitterte und schwankte, und dann rutschte alles langsam auf die Seite. Einen langen, furchtbaren Augenblick fiel alles erneut abwärts, dann schlugen wir leise zischend auf. Als ich versuchte, mich zu orientieren, hörte ich das Platschen und Gurgeln von Wasser. Jetzt drehte das noch lebende Pferd völlig durch. Es trommelte mit den Hufen, und in meiner jetzigen Lage konnte es mich leicht treffen. Ich fühlte, wie ein Schlag meinen gesamten Körper beben ließ, dann folgten wie mit einem Schmiedehammer weitere Hiebe, die mein Bein allmählich zerstampften. Ich versuchte zu verstehen, warum ich nichts spürte, überhaupt keine Schmerzen hatte, doch ich war zu verwirrt. In seinem verzweifelten Todeskampf veränderte das Pferd seine Lage, denn als der Huf erst meine Hüfte und dann meine Rippen traf, machte sich der furchtbare Schock in einem Schrei Luft. Und die ganze Zeit über gelang es mir nicht, das Bewusstsein zu verlieren.

Allmählich wurde das Schlagen langsamer, und schließlich

hörte es ganz auf, als das Pferd wiehernd und gurgelnd ertrank. Ich war so schlimm zugerichtet, dass ich mich nicht hätte bewegen können, selbst wenn ich auf einem weichen Bett gelegen hätte. Die Wrackteile der Kutsche nagelten mich zudem fest, und so war ich völlig hilflos. Das Blut tröpfelte von meinem Kopf, ich konnte meine Beine nicht bewegen, und die schrecklichen Empfindungen in meinem unteren Rücken, die das furchtbar wunde, zerschlagene Gefühl begleiteten, ließen mich ahnen, dass ich mir die Wirbelsäule gebrochen hatte. Alles, was sich hätte bewegen sollen, schien gebrochen, und nun schwebte ich schließlich doch in einem Hexenkessel siedenden Schmerzes. Trotz allem verlor ich nicht das Bewusstsein.

Etwas stimmte nicht mit meinen Lungen, denn das Atmen war kaum möglich, blubberte und zischte, während ein Atemzug unbarmherzig dem nächsten folgte. Ich wollte leben, doch welchen Preis musste ich dafür zahlen? Wieder versuchte sich ein Schrei meiner Kehle zu entringen, doch es kam nur ein Schwall Blut und Erbrochenes. Ich rang betäubt vor Schmerz nach Luft, wartete auf Hilfe und verlor immer noch nicht das Bewusstsein.

Die Zeit schien stillzustehen, als ich mit meinem gesunden Auge eine Bewegung wahrnahm. Das Gesicht des Mädchens erschien mir wie ein Engel. Es starrte mich an, sagte etwas und eilte davon. Es schien lange zu dauern, bis ich wieder Stimmen hörte. Das nächste Gesicht gehörte einem Mann, und er schaute mich erschrocken an. Nach langen bestürzten Momenten riss er sich zusammen.

»Heilige Mutter Gottes! Sie hat Recht. Da is noch 'n Mann, der lebt. Passt auf, bald is er mit seinem Schöpfer vereint!«

Zwei andere männliche Gesichter schauten mich an, und ich sah Mitleid in ihren Augen. »Was solln wir tun?«, hörte ich.

»Wir können ihn nur vorsichtig hochtragen. Wenn er überlebt, holn wir den Apotheker.«

»Was wird 'n das schon bringen?«

»Weiß' nich, wir können ihn doch nich einfach hier lassen!«

Trotz der schrecklichen Schmerzen verlor ich immer noch nicht das Bewusstsein. Der Schmerz erreichte jetzt eine unerträgliche Stärke, und ich schwebte im Raum ungeminderter Agonie, während die Männer langsam versuchten, mich aus dem Wrack zu befreien. Jede kleinste Bewegung meines Körpers war qualvoll, doch es musste sein. Ich lag in meinem Blut, vermischt mit Erbrochenem und Urin, was dem Schrecken, der ich geworden war, noch einen unerträglichen Gestank hinzufügte. Als sie mich endlich aus dem Wrack befreit hatten, stellten sich die drei um mich herum, um mich aufzuheben. Sie schauten einander besorgt an.

»Das wird weh tun, junger Herr.«

Weh tun! Herrgott noch mal! Konnte etwas noch mehr weh tun als die flammende Qual, in der ich mich bereits befand? Ich konnte nicht mit ihnen sprechen, denn mein Mund war so voller Blut und Erbrochenem, dass ich ihn nicht zu öffnen wagte, um nicht zu ersticken.

Selbst als sie mich aus dem Wrack hoben, verlor ich nicht das Bewusstsein, während Pfeile siedendheißen Schmerzes in erbarmungsloser Wut durch meinen Körper stachen.

Die Zeit stand still. Sie legten mich auf die Seite, damit der große Holzsplitter, der in meinem Oberkörper steckte, nicht den Boden berührte. Das tat mir gut, denn so konnte das Blut aus meinem Mund rinnen. Sie waren erstaunt, dass ich immer noch lebte, und schickten nach dem Apotheker.

Es schien nicht lange zu dauern, bis er eintraf, obwohl Zeit und Schmerz seltsame Kumpane sind. Ich schaute ihn mit meinem heilen Auge an. Er war schon älter und betrachtete mich erschrocken. Die Sorge in seinem Blick zeigte mir, dass er ein guter Mann war, doch er wirkte bestürzt.

»Wenn wir den Splitter herausziehen, könnte ihn das umbringen.«

»Haben wir eine andere Wahl?«

»Wenn wir's lassen, stirbt er sowieso.«

»Der Schmerz und das Bluten bringen ihn um.«

»Er kann nich mehr Schmerzen ham, als er schon hat, und er wird sowieso sterben, egal was wir machen.«

»Warum is er bei Bewusstsein?«

»Das is nich normal, dass er bei Bewusstsein is.«

»Vielleicht straft ihn der Teufel!«

Ich sah, wie sich zwei der Männer bekreuzigten, und versuchte, den Kopf zu schütteln, doch eine neue Schmerzwelle machte das unmöglich. Ein plötzlicher Husten ließ einen Schwall Blut aus meinem Mund spritzen, der den Apotheker traf.

»Ich tu' mein Bestes. Sie ham mein Wort.«

Er legte ein Tuch über meinen Mund und meine Nase, und während meine Lungen nach Luft rangen und ich das furchtbare Gefühl hatte zu ersticken, riss der Schmerz bei jeder Bewegung an mir, und endlich, endlich versank ich in gnädiger Dunkelheit.

Sechzehn

Ich öffnete mein gesundes Auge und erblickte einen kleinen, ziemlich ärmlich wirkenden Raum. Der hämmernde Schmerz betäubte mich, so dass ich einige Augenblicke dachte, ich müsse einen furchtbaren widerwärtigen Alptraum träumen, doch dann brach die Erinnerung an die zertrümmerte Kutsche über mich herein.

Man hatte mich gewaschen und den großen Splitter aus der Brust entfernt. Es stank, und ich überlegte, was hier wohl verfaulte. Grobe, unförmige Lappen waren fest um meinen Körper gewickelt, und beide Arme waren ebenfalls verbunden. Ich spürte, dass unter den Binden Holzspäne meine Arme gerade hielten.

Unterhalb meiner Taille fühlte ich nichts. Mein Unterkörper fühlte sich merkwürdig tot an. Ich musste gelähmt sein! Da ich zugedeckt war, konnte ich meine Beine nicht sehen.

Der Schweiß brach mir aus allen Poren, als mich die furchtbare Wahrheit mit aller Wucht traf. O Gott! Ich war gelähmt! Der Schmerz in Hüfte und Rücken war entsetzlich, und meine Brust ...? Ich konnte eine Schmerzquelle nicht von der anderen unterscheiden, denn die Qual überflutete mich von oben bis unten. Ich stöhnte in tiefer Verzweiflung. Warum hatte ich überlebt? Wie war das bloß möglich? Dass ich mich nicht bewegen konnte, machte mir die furchtbare Tatsache klar, dass ich mir das Rückgrat gebrochen haben musste.

Ich versuchte, tief Luft zu holen und zu rufen, doch das war unmöglich. Flüssigkeit zischte und brodelte in meinen Lungen, und ich kämpfte pfeifend um jeden kostbaren Atemzug. Plötzlich fiel mir ein, dass Menschen mit gebrochenem Rückgrat weder Blase noch Darm kontrollieren können, und das Entsetzen über meine Verletzungen überwältigte mich. Ich schauderte, als ich an meine Zukunft dachte. Ich hatte keine Zukunft mehr. Es gab nichts mehr, wofür ich leben konnte.

Da es mir nicht möglich war, um Hilfe zu rufen, grübelte ich über mein Schicksal nach. War mein Vater verständigt worden? Wusste irgendwer, wo ich war? Und was war mit dem alten Lyle? Lebte er noch? Offensichtlich würde ich für den Rest meines Lebens ein Krüppel sein. Plötzlich wurde mir klar, dass ich nicht mehr leben wollte. Vielleicht drohte mir wegen dieses Wunsches die Hölle, doch sie konnte auch nicht schlimmer sein als dies hier. Dies *war* die Hölle, eine lebendige Hölle!

Ich versuchte, in dem harten Bett einigermaßen bequem zu liegen, doch im gleichen Augenblick begriff ich, dass ich in diesem Leben niemals, niemals wieder bequem liegen würde. Tränen rannen aus meinem guten Auge, und ich konnte fühlen, dass sie auch aus der leeren Augenhöhle die Wangen herabliefen. Dass ich das Auge verloren hatte, daran bestand kein Zweifel. An diesem leeren Ort hatten heiße Kohlen ihr unheiliges Feuer entfacht und erfüllten meinen Kopf mit klopfendem, schmerzendem Elend. O Gott!

Die Bodenschwellen quietschten, und ich schaute zur Tür. Das Mädchen, das dort auftauchte, war der Engel, dem ich schon begegnet war. Sie war älter, als ich geglaubt hatte, vielleicht etwas über fünfzehn Jahre alt, ihr Haar war blond und ihr Gesicht weich und verletzlich. Als sie mich anschaute, hatte ich den Eindruck, sie sei schwachsinnig, doch ich war mir nicht ganz sicher.

Das Mädchen rief mit leiser Stimme, und rasch erschien eine ältere, abgespannt und müde aussehende Frau. Ich befand mich wohl in der Hütte eines Leibeigenen und seiner Frau, denn ein Leben harter körperlicher Arbeit hatte sich tief in ihre Züge gegraben. Doch ich erkannte auch Freundlichkeit und Fürsorge in ihnen.

»Wer seid Ihr, junger Herr?«

Ich versuchte zu sprechen, doch nur ein raues Gurgeln entrang sich meiner Kehle. Ich schaute sie verzweifelt an, und sie begriff meine Not und mein Elend.

»Scht, still. Vielleicht ein andermal.« Sie zog die Luft ein und nahm die raue Jutedecke von mir. »Ich muss Euch waschen.«

Ich konnte nichts dazu sagen. Am liebsten hätte ich meine Schmerzen herausgebrüllt, als sie mich bewegte und den stinkenden Sack zwischen meinen Beinen entfernte und durch einen frischen ersetzte, doch ich brachte nur gurgelnde Blasen heraus. Der Gestank nahm nicht ab, und die Frau beugte sich über mich, um an den Tüchern zu riechen, die meine Brust verbanden.

Sie zuckte zurück und bekreuzigte sich.

»Heilige Mutter Gottes, er hat die Fäule!«

Sie rief, und ein großer Mann mit vom Wetter gegerbten Zügen erschien. Auch er sah aus wie ein Mensch, der zu viel gearbeitet hatte. Mir war bekannt, dass der Fürst, dem dieses Dorf mit seinen Bewohnern gehörte, ein harter, erbarmungsloser Mann war. Unglücklicherweise waren solche Zustände nur allzu normal. Der Adel behandelte seine Leibeigenen oft wie minderwertige Sklaven. Mein Vater hatte das nie getan, noch taten es seine Freunde. Seine Leibeigenen waren ihm und unserer Familie treu ergeben, denn sie wussten nur zu gut, dass es ihnen schlechter ergehen könnte.

»Was is?«, fragte der Mann.

Sie deutete auf meine Brust. »Er hat die Fäule.«

Er trat zu mir, ohne mich anzusehen, und nahm die Lappen beiseite. Er sprang zurück, denn der Gestank strömte jetzt ungehindert in den Raum. »Scheiße!«

»Er is seit drei Tagen hier«, sagte die Frau, »un er is noch nich tot. Hol den Apotheker.«

»Un wer zahlt?«

Sie betrachtete mich grimmig. »Der junge Herr is vom Adel. Wenn wir rausfinden, wer er is, wern sie zahlen un sich noch drüber freuen. Du hols' den Apotheker, un ich geb' ihm Suppe.«

Das leere Gefühl in meinem Bauch und meine furchtbare

Schwäche zeigten tatsächlich, dass ich Nahrung brauchte, doch ich war mir nicht sicher, ob ich essen konnte. Die Frau kehrte wenig später mit einer Schüssel dampfender Suppe zurück und betrachtete mich besorgt. Sie versuchte nicht, mich aufzusetzen, sondern stopfte mir einen Sack unter den Kopf und begann, mir die heiße Flüssigkeit in den Mund zu löffeln.

Ich hustete und spuckte und tat mein Bestes, um zu schlucken, doch die Frau hatte wenig Geduld und füllte mir den Mund schneller, als ich schlucken konnte. Das Mädchen schaute aufgeregt zu, trat plötzlich vor, nahm der Mutter die Schüssel aus der Hand und begann, mich langsam und vorsichtig zu füttern. Ich hustete vielleicht die Hälfte der Suppe wieder aus, doch das, was ich schluckte, half mir.

Die Frau war gegangen, offenkundig durch den Gestank vertrieben. Der Geruch war so schlimm, dass ich das magere Mahl beinahe wieder erbrach. Das Mädchen säuberte mein Gesicht, und ich bemerkte, wie sie mich betrachtete.

Ihr machte der Gestank offenbar nichts aus, und sie lächelte mich an.

»Kann ich noch was für Euch tun?«

Wieder versuchte ich zu sprechen, doch diesmal probierte ich ein dünnes, leises, undeutliches Flüstern. Es gelang mir. »Danke, dass du mich gefunden hast«, brachte ich heraus.

Sie runzelte die Stirn und versuchte zu verstehen, was ich gesagt hatte. Dann klärte sich ihr Blick. »Das is in Ordnung. Werdet Ihr sterben?«

»Ich hoffe es«, flüsterte ich unter Schmerzen.

Ihre Augen füllten sich mit Tränen. »Tut das nich, Herr.«

Mehr konnte ich nicht sagen, und als ich sie mit ihrem gesunden Körper anschaute, wusste ich, dass sie – schwachsinnig oder nicht – von uns beiden die Glücklichere war. Ich versuchte, an Vater und Tante Maud zu denken, doch die Schmerzen türmten sich zu immer höheren, immer furchtbareren Wellen auf. Ich war erschöpft.

Ich musste geschlafen haben. Als ich mein Auge öffnete, sah ich, dass das Mädchen gegangen war. Schwere Schritte näherten sich meinem Zimmer. Als der Apotheker eintrat, war ich wach, und wieder überfluteten mich Wellen der Qual.

Er fluchte über den Gestank, zog ein Taschentuch aus der Hosentasche und band es sich über Mund und Nase.

Es war derselbe Mann, den ich schon einmal gesehen hatte. Er sah mich mitleidig an.

»Das hätt' ich nich gedacht, dass er noch lebt«, murmelte er.

Erst da sah ich, dass die Frau hinter ihm ins Zimmer getreten war, dicht gefolgt von dem Mädchen.

»Ich brauch' heißes Wasser und Tücher«, sagte der Apotheker.

Das Mädchen lief davon, während die beiden mich betrachteten.

»Schaut, der Eiter kommt offen aus seiner Brust«, sagte die Frau. »Er hat die Fäule.«

»Ich hab' noch nie 'nen so schlimm verletzten Mann gesehen«, seufzte der Apotheker. »Gott allein weiß, warum er noch lebt.«

Mir war schlecht, ich hatte Angst, und es schmerzte wie in allen Höllenfeuern. Ihnen zuzuhören half mir nicht gerade, doch ich hatte keine Wahl. Als das Mädchen mit einem Holztrog mit heißem Wasser und einigen alten Lappen wiederkam, war ich mehr als bereit.

Das Mädchen schaute den Apotheker an. »Der Mann hat mit mir geredet, Herr. Ihr müsst nur nah ran.«

Seine Augen glänzten, und er schaute mich nachdenklich an. »Hat er das? Vielleicht spricht er auch mit mir?« Sein Blick traf den meinen.

»Könnt Ihr mir den Namen Eures Vaters nennen, junger Herr?«

Er hielt sich das Taschentuch dicht vor die Nase und brachte sein Ohr an meine Lippen.

»Randolph Gifford aus Berwick«, flüsterte ich.

Er sprang zurück. »Ausgezeichnet, einfach ausgezeichnet.«
Er verließ den Raum und brüllte: »Giles, schick eine Nachricht
zu Sir Randolph Gifford nach Berwick. Wir sind 'nen Schritt
weiter!«

Wogen der Erleichterung mischten sich mit Wogen des
Schmerzes. Ich fürchtete mich vor dem, was der Apotheker
jetzt tun musste.

Mit fest zugekniffenem Mund und dem Taschentuch vor der
Nase begann er, die Lappen von meiner Brust zu entfernen. Er
versuchte, vorsichtig zu sein, doch es war unmöglich, mir keine Schmerzen zu bereiten. Ich keuchte. Ich war so schwach,
dass der Versuch, mich zu bewegen, mich vor Erschöpfung zittern ließ, doch ich hatte keine Wahl und musste alles über mich
ergehen lassen, was er und die Frau mit mir taten.

Wir alle sahen meine Brust, als der Verband endlich entfernt
war. Ein schwärzlich-lilafarbenes Loch befand sich in der Mitte zwischen der rechten Brustwarze und der Achselhöhle. Wie
es auf dem Rücken aussah, wusste ich nicht, doch der Splitter
war zwischen Wirbelsäule und Schulterblatt wieder ausgetre-
ten. Dicker, fauliger Eiter, vermischt mit klumpigem Blut und
stinkendem Schleim, lief aus der Wunde. Der Geruch ließ mich
würgen.

Das Waschen und Säubern der Wunde wurde mir so unerträglich, dass der Apotheker das Gurgeln aus meinem offenen
Mund nicht mehr mit anhören konnte.

»Es is riskant, doch das is einfach zu viel!«

Damit nahm er eine große dunkle Flasche aus der Tasche,
träufelte etwas davon auf ein Stück Stoff, welches das Mädchen ihm entgegenhielt, und hielt es mir über Mund und Nase.

Wieder überwältigte mich das furchtbare Gefühl, ersticken
zu müssen, und ich rang nach Atem. Innerlich schreiend vor
Angst versank ich allmählich in Dunkelheit.

*

Mein Körper zitterte, ohne dass ich etwas dagegen tun konnte, und obwohl ich die gesegnete Dunkelheit nicht gegen Schmerz und Elend eintauschen wollte, öffnete sich mein gesundes Auge.

Das Mädchen lächelte mich an, und ich glaubte, noch nie jemand so Schönes gesehen zu haben. Ich war überzeugt, dass sie ein Engel sein musste.

Mein Brustkorb fühlte sich an, als ob in ihm Wasser kocht, ein Hexenkessel des Schmerzes. Ich stöhnte.

»Euer Stumpf hat auch Fäule.«

Stumpf? Was zum Teufel meinte sie?

Als ob das Mädchen meine Gedanken gelesen hätte, kam sie näher.

»Sie mussten Euer Bein abnehmen.«

Erschrocken starrte ich sie an, völlig betäubt. Ein Bein verloren! Herrgott noch mal, was noch alles? Wie viel mehr konnte ich ertragen? Doch dann dachte ich in einem Anfall grimmigen Humors: Mein Rückgrat war gebrochen, ich war gelähmt. Ich konnte meine Beine sowieso nicht mehr gebrauchen, ganz gleich, ob sie gut, schlecht oder überhaupt nicht mehr vorhanden waren!

Ich schaute an die schmutzige Decke des schäbigen kleinen Raums, und der Schmerz in meinem Körper begegnete dem Schmerz meiner Gedanken. Ich hatte keinen Schutz, keinen Ort, an dem ich mich vor der Qual meiner Verzweiflung über ein nutzloses Leben verbergen konnte. Ich war jetzt ein Krüppel, eine Bürde für mich und alle, die mich kannten. Allein der Gedanke war unerträglich. Ich lag in deprimiertem Schweigen, nicht sicher, wie lange ich dies würde ertragen können. Und dann traf mich die furchtbare Wahrheit: Ich würde es so lange ertragen müssen, wie es dauerte: für den Rest meines Lebens!

Ich lag lange da, das Mädchen wartete geduldig und gelassen. Sie schien nichts anderes zu wollen, als bei mir zu sein. Ich schaute sie an und fand es schwierig zu verstehen, warum sie sich so um mich sorgte. Sie schien meinen Gesichtsausdruck lesen zu können, denn wenn ich wollte, dass sie näher kam, hielt sie ihr Gesicht nahe an meines, und ich roch ihren nach Zwiebeln stinkenden Atem.

»Was is?«

»Wie heißt du?«, flüsterte ich, und meine Worte kämpften sich ihren Weg durch die blubbernde Flüssigkeit, die mich immer noch zu ersticken drohte.

»Ich bin Poll. Polly Stringer.«

Ich blickte sie an. Poll. Polly. Es war unglaublich, dass sie ausgerechnet den Mädchennamen trug, den ich am liebsten mochte: Polly. Ich fühlte mich seltsam geborgen in ihrer Gegenwart. Mehr noch, ich fühlte mich getröstet. Sie mochte ziemlich einfach sein, doch sie war keineswegs schwachsinnig. In ihren Augen las ich unschuldiges Mitgefühl, und trotz meines Zustandes fühlte ich mich ihr gegenüber nicht minderwertig.

Mir schien, dass Polly nur wenige Jahre jünger sein konnte als ich, denn ich hatte vor kurzem meinen dreiundzwanzigsten Geburtstag gefeiert. Eigentlich trennten uns Welten, doch jetzt hatten wir eines gemeinsam – eine hoffnungslose Zukunft. Ihre bestand in Schufterei und Kinderkriegen. Meine Zukunft ...? Ich ertrug es nicht, darüber nachzudenken. Herrgott noch mal! Beide Arme gebrochen, die Hüfte zerschmettert, einen Speer quer durch den Körper gerammt; ich hatte die Fäule und, was am schlimmsten war, das Rückgrat war gebrochen. Mein Körper war schwarzblau von unzähligen Prellungen, völlig zerschnitten, und nur Gott wusste, wie es in meinen Eingeweiden aussah. Das erste Mal seit dem Tode meiner Mutter gab ich innerlich auf und weinte über mein Elend.

»Nich weinen.« Polly streichelte sanft mein Gesicht und mein Haar, als ob ich ihr Lieblingshund wäre, doch allein die liebevolle Berührung linderte mein Elend. Meine Brust brannte, als ob ein Feuerpfeil in mir steckte, meine Hüfte tat weh, als ob sie in Nägeln läge, und Rücken und Arme schmerzten, doch ich war so erschöpft, dass ich unter ihren beruhigenden Streicheleinheiten einschlief.

Als ich wieder erwachte, wusste ich instinktiv, dass ich nicht einfach nur geschlafen hatte, nein, ich war auf der Schwelle zwischen Himmel und Hölle gewandelt. Das Zimmer war schwach erleuchtet, und ich war allein bis auf etwas sehr Seltsames. Dicht neben mir befand sich ein Wesen, doch ich fürchtete mich nicht vor ihm. Es war zwei- oder dreimal größer als ein Mensch, doch von unbestimmbarer, undeutlicher Gestalt, die verschwommen golden leuchtete. Ich starrte sie an und wusste nicht, was ich tun sollte. Mir kam der Gedanke, dass dieses goldene Licht ein Engel aus dem Himmel sein konnte, doch es schwebte einfach neben mir und tat nichts.

In diesem Augenblick trat Polly leise ins Zimmer, und der goldene Glanz verblasste. Es war offensichtlich, dass sie ihn nicht gesehen hatte, und ich wusste, dass er nur für meine Augen bestimmt war. Vielleicht lag ich im Sterben. Als Polly mich anschaute, sah ich, dass sie geweint hatte.

Als sich unsere Blicke trafen, schrie sie überrascht auf.

»Ihr lebt!«

Sie mussten gedacht haben, dass ich gestorben sei. Welche Schande, dass das nicht geschehen war. Gott war meiner nicht gnädig.

»Euer Vater is da.«

Ich lächelte sie an. Weiß Gott, ich hatte nicht mehr viel zu lachen. Ein Husten riss an meiner Kehle, und meine Lungen brannten, als ich um den nächsten Atemzug rang. Wie würde Vater reagieren? Und was war dem alten Lyle passiert?

Als ich Polly anschaute, beugte sie sich über mich. Erstaunlich! Es war, als könne sie meine Gedanken lesen.

»Ist ein alter Mann gefunden worden?«, keuchte ich.

Polly schaute mich mit gerunzelter Stirn an, denn meine Stimme war wohl nicht leicht zu verstehen. Dann klärte sich ihr Gesicht und sie nickte.

»Sie ham 'nen alten Mann tot auf der Straße vor der Brücke gefunden. Is er euer Mann?«

Ich nickte leicht. Das verletzte Auge reagierte entsetzlich. Plötzlich schien geschmolzenes Blei in meiner Augenhöhle zu kochen. Schmerz schrie in meinem Kopf auf, wogte hoch und überwältigte mich, und ich glitt in die willkommene Dunkelheit.

*

Es war nicht leicht, herauszufinden, was gerade geschah. Als ob ich nicht schon genug Schmerzen litt, hüpfte mein Körper auf und ab, und heiße Schmerzpfeile durchstießen mich. Ich stöhnte vor Elend und unerträglicher Qual und spürte das Bedürfnis, mich zu erbrechen, doch ich wusste, dass mich das umbringen würde. So lag ich in einem Ozean der Agonie, doch plötzlich wurde mir klar, dass ich mich in einer Kutsche befinden musste. Ich begriff nur langsam, doch schließlich dämmerte mir, dass ich mich auf dem Heimweg befand. Irgendjemand unterhielt sich neben mir, und ich lauschte den Worten. Die Stimme des Mannes war mir vertraut, und die Person, die antwortete, war mein Vater.

»Um ehrlich zu sein, Randolph, weiß ich nicht, wozu wir ihn am Leben halten sollen. Er ist in einem äußerst schlechten Zustand.«

Mein Vater antwortete mit barscher Stimme, wie immer, wenn er seine Gefühle verbergen wollte. »Er ist ein Kämpfer. Er war immer ein forscher kleiner Kerl, doch ... Gott! Welch Unglück, dass er nie wieder gehen wird, James. Wie stehen die Chancen, dass er überlebt?«

»Ich fürchte, nicht gut. Er hat an drei Stellen die Fäule, in der Brustwunde, in der Augenhöhle und im Beinstumpf. Doch das Schlimmste ist, dass er anscheinend das Rückgrat gebrochen hat. Du musst akzeptieren, dass er ein Krüppel ist, Herrgott noch mal, hast du das Bein gesehen, das sie ihm abgeschnitten haben? Es war zu Brei geschlagen! Zermalmt von einem ertrinkenden Pferd. Und dann hat es auch noch seine Hüfte zertrümmert. So ein Pech! Glücklicherweise war der Apotheker einigermaßen kompetent. Er hat das Bein sauber amputiert, und doch hat er die Fäule. Du weißt genau, wenn wir die Fäule nicht in den Griff bekommen, wird er bald sterben. Es ist ein Wunder, dass er überhaupt noch lebt.«

»Welch ein verdammtes Unglück! Ich hätte den alten Lyle nicht schicken dürfen, um den Jungen abzuholen. Jetzt ist Lyle tot, und der Junge liegt im Sterben. Was zum Teufel ist mit Lyle passiert?«

»Ich habe mir seine Leiche angesehen, Randolph. Wahrscheinlich ist er an Schleim erstickt. Sein Mund und seine Kehle waren voll dicken gelben Schleims.«

»Das verdammte Fieber saß ihm in den Lungen. Und wir müssen auch bei Jake fürchten, dass das Fieber seine Lungen befällt. Wenn man ihm zuhört, wie er atmet, muss man schaudern. Er ist in sehr schlechter Verfassung, oder?«

»Ja. Ich habe noch nie erlebt, dass sich jemand von solchen Verletzungen erholt hat, deshalb sei auf das Schlimmste gefasst, doch im Augenblick lebt er noch. Wenn wir ihn nach Hause bringen … man kann nie wissen.«

Es kam mir vor, als würde ich stundenlang durchgerüttelt, ich rollte von einer Seite auf die andere, und der Schmerz wurde immer schlimmer. Ich fand es fast komisch, dass ich trotz dieser Qual Hunger verspürte. Ich wusste, dass ich bald wieder das Bewusstsein verlieren würde, und so lag ich einfach da und wartete darauf.

*

Ich träumte, dass ich auf einem riesigen Holzblock lag. Das Holz war hart, unbequem und mit großen Eisennägeln beschlagen. Ich lag auf den Nägeln und spürte, wie sie in mein

Fleisch drangen, mich durchbohrten und sich durch meinen Körper fraßen. Ein langer Nebel stach durch meine Brust, ein anderer durch meinen Kopf und wieder einer durch die Hüfte. Selbst im Traum wusste ich, dass dies ein Alptraum schlimmster Sorte war. Ich erwachte schwitzend ... und der Alptraum wurde zu lebendiger Wirklichkeit. Der Schmerz war so schlimm wie nie zuvor, und ich schwitzte heftig. Ein schneller Blick zeigte mir, dass ich in meinem eigenen Zimmer lag, das ich immer gemocht hatte. Es war nach damaligem Ermessen groß, und selbst mein Bett war etwas Besonderes. Die meisten Betten waren ziemlich klein, und der Bettboden bestand aus massivem Holz. Bei meinem waren Seile von einer Seite auf die andere gespannt – fast wie die Schnürsenkel eines Schnürstiefels, und auf diesen Seilen lag eine Strohmatratze. Ich hatte es immer für ein besonders weiches Bett gehalten, doch im Augenblick fühlte es sich wie gezacktes Eisen an.

Dass ich fieberte, war offensichtlich. Ich fror und schwitzte abwechselnd, in einem Moment meinte ich zu kochen, im nächsten zitterte ich in eiskaltem Schweiß. Ich hoffte, ich würde sterben. Mein Vater hatte gemeint, ich sei ein Kämpfer, und ich wusste, dass das in gewisser Weise stimmte. Ich war mutig und ziemlich stur, doch im Augenblick wollte ich einfach nur sterben. Konnte ich ums Sterben kämpfen, oder funktionierte das nur beim Leben? Ich wollte aufgeben. Doch wie sollte ich das anstellen?

Tante Mauds kühle Hand lag auf meiner Stirn, ohne dass ich sie hatte eintreten hören. »Mein armer Jake. Es tut mir so Leid, Jake. Bitte kämpfe um dein Leben!«

Sie glaubte, ich sei noch bewusstlos oder liege im Sterben. Wenn es nur so wäre! Ich versuchte, mein Zittern zu beherrschen, bewegte den Kopf und schaute sie an.

»Tante Maud ... essen.« Es war dasselbe heisere Flüstern wie zuvor, doch sie war nicht Polly und verstand mich nicht.

»Jake! Bist du wach?«

»Essen«, krächzte ich.

»Was sagst du, Jake? Ich kann dich nicht verstehen!«

Ich versuchte sie dazu zu bringen, ihr Gesicht dem meinen zu nähern, doch sie tat genau das Gegenteil. Sie hielt sich fern von mir. Auch ich roch den Gestank der Fäule in meiner Brust und im Beinstumpf, und das Auge musste abstoßend wirken. Doch all das hatte Polly nicht gekümmert.

Ich holte langsam Luft und sprach beim Ausatmen. »Ich hab' Hunger!«

Diesmal verstand sie mich. »O Gott! Du musst ja verhungern. Ich gehe und hole dir etwas zu essen.«

Als sie zurückkam, war Nell, eines unserer Hausmädchen, bei ihr. »Nell wird nach dir sehen, Jake. Sag ihr, was du brauchst.« Sie sah verzweifelt aus. »Und Nell wird dich sauber machen.«

Ich seufzte. Natürlich! Wenn ich trank und aß, musste ich pinkeln und scheißen. O Gott, nein!

Nell war eine gutmütige Frau Ende vierzig, doch ihre knappen, kurzen Worte sprachen Bände. Wie so viele diente sie uns, weil sie es auf Grund ihrer Zugehörigkeit zur Arbeiterklasse tun musste. Sie mochte ihre Arbeit nicht, und das merkte man. Jetzt sah sie mich mitleidig und angewidert an.

Damit die Flüssigkeit in meinen Lungen mich nicht erstickte, waren viele Kissen unter meinen Kopf und die Schultern geschoben worden. Deshalb konnte sie mich füttern, ohne mich zu bewegen.

Nell fütterte mich mit heißer Lammbrühe, doch sie war unvorsichtig und ungeduldig. Sie wollte bestimmt nicht unfreundlich sein, doch sie trug zu meiner Demütigung bei. Ich hustete und würgte, schluckte einiges und spuckte den Rest aus, und sie vermied es, mich anzusehen. Grimmig hielt ich durch.

Tante Maud war hinausgegangen, und Nell schaute mich offener an als sonst. »Vergebung, Herr Jacob, doch ihr solltet sterben. Es is nich richtig, dass Ihr so leidet.«

Mein verletzter Körper war mit feinen Tuchstreifen umwickelt worden, und meine Exkremente wurden von dickem, aufnahmefähigem Gewebe aufgenommen. Nell nahm diese mit angeekeltem Gesichtsausdruck fort und wusch mich, grimmig schweigend. Sie legte neue Tücher unter mich und stolzierte aus dem Zimmer. Als ich sie gehen sah, wusste ich, dass sie die beschmutzten Tücher waschen musste, und ich hoffte, dass sie es gründlich tat.

*

Während des nächsten Monats wechselten sich die Hausmädchen bei meiner Pflege ab, und sie waren ausnahmslos eine mitleiderregende Gesellschaft. So, wie jetzt, hatte ich sie noch nie erlebt, und eigentlich hätte ich auf diese besondere Perspektive bereitwillig verzichtet.

Mein Vater besuchte mich, sobald ich zu Hause eingetroffen war, und wir begrüßten uns zögernd, doch es vergingen zwei Wochen, bis ich mit ihm sprechen konnte. Er blickte mich in hilflosem Schmerz an.

Ich winkte ihn zu mir. »Wenn ich ein Pferd wäre, würdest du mich erschießen.«

Wenigstens war Vater nicht zu zimperlich, um mir nahe zu sein. Bei diesem Gespräch befand sich sein Ohr fast in meinem Mund, und trotz meiner undeutlichen Aussprache verstand er mich. Er sprang bestürzt zurück. »Hör auf damit, Jake. Wir werden dafür sorgen, dass es dir besser geht. James ist der beste Apotheker, er sieht nach dir, und unsere Mädchen werden dir jeden Wunsch erfüllen.«

»James Standish? Er ist hoffnungslos, und die Mädchen hassen es, meine Scheiße aufputzen zu müssen.«

Wir wussten beide, dass James ein Stümper war, doch als Freund der Familie spielte das keine Rolle. So lange jedenfalls nicht, bis ich seinen Künsten ausgeliefert war. Er drückte sich klug aus und schien kompetent, doch Kranke zu heilen gelang ihm nur leidlich. Meist verkaufte er wirkungslose Pulver, die er auch in mich hineinlöffeln ließ.

Vater runzelte die Stirn. »Du bist im Moment kaum in der Position, ihn zu kritisieren, deshalb schlage ich vor, dass du dein Benehmen änderst.« Er starrte mich an, Schmerz und Pein im Gesicht. »O Jake, was sollen wir mit dir machen?«

»Schneidet mir die Kehle durch!«, schlug ich vor.

Vater reagierte ärgerlich. »Ich weiß, wie viel Schmerzen du leidest, doch das wird schließlich vergehen. Es wird dir besser gehen, und, wer weiß, vielleicht wirst du sogar eines Tages wieder laufen können.«

Ich nahm das Gerede über das Laufen hin, denn ich wusste, dass Vater die ganze Wahrheit lieber verdrängte, doch im Hinblick auf den Schmerz hatte er nicht die leiseste Ahnung.

»Du hast keine Ahnung, Vater.« Sein Gesicht war mir nahe. »Nicht in deinen furchtbarsten Träumen kannst du dir diese Schmerzen ausmalen.«

»Sie werden vergehen, Jake, und du wirst darüber hinwegkommen.«

»Lügner!«

»JAKE!«

Er wartete auf eine Entschuldigung, doch ich starrte ihn nur an. Er machte einen Rückzieher.

»Warum nennst du mich so?«

»Mein Rückgrat ist gebrochen.«

Er atmete tief durch, und ich sah den Schmerz in seinen Augen. »Ach ja, das hatte ich vergessen. Mach dir keine Sorgen. Es gibt Dinge, die du tun kannst, und Möglichkeiten, dass du trotzdem herumkommst.«

»Scheiße!«

»Wenn du diese Haltung beibehältst, Jake, dann wirst du es schwer haben.«

»Und wenn nicht?«

Er wirkte niedergeschlagen. »Ja, also, die Einstellung hilft schon.«

Er hatte Recht, und ich wusste das, doch die Hoffnungslosigkeit, die ich spürte, überwältigte meinen gesunden Menschenverstand.

»Es gibt etwas, das ich wirklich möchte«, flüsterte ich. »Kannst du Polly holen, damit sie für mich sorgt?«

Er schaute verblüfft. »Wer ist Polly?«

Ich wurde schwächer. »Das Mädchen, das mich gefunden hat.«

Er nickte. »Ich wüsste nicht, warum das nicht gehen sollte. Wie alt ist sie?«

»Etwa fünfzehn. Ihr Vater heißt Giles Stringer.«

»Ich werde sehen, was sich machen lässt. Sie sind wahrscheinlich froh, wenn sie sie los sind. Ich schicke einen Mann nach ihr. Sie kann hier bei uns beschäftigt werden, und ihre Aufgabe wird es sein, nach dir zu sehen. Ist es das, was du möchtest?«

»Ja, danke, Vater.« Zwei Wochen später traf Polly ein, und sie war genau der Segen, den ich mir erhofft hatte. Alle waren nur zu froh, die Last, die sie mit mir hatten, an sie weiterzugeben, und von da an waren Nell und die anderen Mädchen die wenigen Male, die sie mir begegneten, viel netter zu mir.

Vom ersten Tag an stellte Polly ganz klar, dass sie nichts anderes im Leben wollte, als für mich zu sorgen. Mein Wohlergehen war ihre einzige Sorge, und sie verließ mein Zimmer nur, um gleich wieder zurückzukehren. Sie war glücklich und zufrieden und tat alles für mich. Sie wischte mir die Scheiße vom Hintern oder half mir, mich umzulagern, um die Stellen, an denen ich mich wund gelegen hatte, zu entlasten, und sie tat dies alles, ohne sich mit einem Wort zu beklagen.

Nichts konnte mich für meine Qualen entschädigen, doch Polly war das Licht meines Lebens. In gewisser Weise war sie auch ein Fluch, denn sie gab mir einen Lebenswillen, obwohl ich doch nur sterben wollte. Ironischerweise machte sie das Leben für mich bedeutungsvoller. Ich erfuhr bald, dass ich sie falsch beurteilt hatte. Sie war nicht simpel, überhaupt nicht. Sie war die Verkörperung von Mitgefühl und Liebe in Menschengestalt.

Vater und Tante Maud waren entzückt von ihr und behandelten sie außergewöhnlich gut. Sie erhielt ein eigenes Zimmer, eine seltene Ehre, und neben Unterkunft und Verpflegung zahlten sie ihr sogar einen geringen Lohn. Sie galt als mein persönliches Dienstmädchen, und so wurde niemals von ihr erwartet, sich an der Hausarbeit zu beteiligen. Vater und Tante Maud mochten sie wirklich, und obwohl ich wusste, dass sie ihr schlechtes Gewissen mir gegenüber mit Polly erleichterten, war ich zufrieden, dass alles so gut klappte. Weil sie eine ähnliche Figur hatte, schenkte Tante Maud Polly sogar ihre abgelegten Kleider, etwas völlig Ungewöhnliches, doch als ich hörte, dass Tante Maud sogar Pollys Ausdrucksweise korrigierte, begriff ich, dass sie Polly als eine Art Tochter angenommen hatte.

Zuerst war ich verblüfft. Polly zu beobachten und über andere Menschen nachzudenken waren für mich Möglichkeiten, mich von den Schmerzen abzulenken, und so tat ich das sehr oft. Tante Maud hatte nie eigene Kinder bekommen, und genauso leicht, wie sie mich angenommen hatte, tat sie es jetzt mit Polly.

Mir und allen anderen war klar geworden, dass ich nicht sterben würde. Wo zum Teufel meine Stärke herkam, wusste ich nicht, denn der Wunsch zu sterben wurde immer größer. Ich kann nur vermuten, dass es an Polly lag. Ich hatte mich in sie verliebt. Für mich war sie Mitgefühl in einer Welt des Schmerzes, Liebe in einer Welt des Mitleids, Zärtlichkeit in einem harten, unfreundlichen Schicksal, Licht in der furchtbaren Düsternis der Zukunft.

Meine Lungen waren ständig verstopft und das Atmen war

immer noch schwierig. In meinem Rücken wüteten klopfende Schmerzen, während der Schmerz in meiner Hüfte und den Armen eher scharf stach. Doch ich musste zugeben, dass es besser wurde, was bedeutete, dass sich die erbarmungslose Qual in relativ gleichmäßige Schmerzen verwandelte. James hatte versucht, mich durch einen Trick zu heilen, und dies hatte mich fast das Leben gekostet. Vor ungefähr zwei Wochen hatte er eines Tages unverdünnten Brandy in die Wunden in Brust, Rücken und Auge gegossen. Der markerschütternde Schrei, den ich ausgestoßen hatte, ließ ihn erblassen, und später erfuhr ich, dass Polly auf ihn losgegangen war. Ich hatte nach dem Schrei das Bewusstsein verloren. Gott sei Dank war dies das letzte Mal, dass mich James behandelte.

Es hatte einen ganzen Tag gedauert, bis ich mein Auge wieder öffnete, und sie hatten geglaubt, ich würde sterben. Damit kamen sie der Wahrheit ziemlich nahe, denn ich war wieder im Grenzland zwischen Himmel und Hölle umhergewandert. Einmal hatte ich von oben auf meinen sterbensblassen Körper im Bett herabgeschaut. Seltsamerweise hatte ich wieder den undeutlichen Glanz goldenen Lichts neben meinem Körper wahrgenommen und hatte das merkwürdige Verlangen gespürt, mit ihm zu verschmelzen. Ich hätte es tatsächlich gern getan, doch ich wusste nicht, wie. Ich dachte mir, dass ich dazu wohl sterben müsste, doch sterben konnte ich nicht.

Obwohl die gebrochenen Knochen heilten, sonderten die Wunden in Brust, Stumpf und Augenhöhle weiterhin fauligen, dicken gelben Eiter ab. Warum das Gift mich nicht tötete, war ein Rätsel.

*

Etwa fünf Wochen nachdem Polly ins Haus gekommen war, trat sie eines Tages aufgeregt in mein Zimmer.

»Jacob. Ich hab' dir 'nen Heiler gerufen.«

Ich hatte Polly mühsam dazu gebracht, mich bei meinem Vornamen zu nennen. Ich hasste die Anrede »Junger Herr«, doch mich Jake zu nennen, dazu konnte sie sich nicht durchringen. Das hielt sie für zu respektlos. Auch Vater und Tante Maud ermutigten sie, weniger formell mit uns zu sein und sich nicht länger wie eine Dienstbotin zu fühlen. Und ganz langsam gewöhnte sie sich daran.

»Es heißt, ›einen Heiler‹«, korrigierte ich sie flüsternd. »Welchen Heiler? Kenne ich ihn?«

»Es is kein er, es is ne Frau. Einige glauben, sie is ne Hexe, doch sie rettet Leben. Sie is ne gute Frau.«

»Wann wird sie kommen?«

»Heute vor Sonnenuntergang.«

»Weiß Vater davon?«

»Ja, ich hab's ihm gesagt. Er sagte, ›gut‹.«

Vater und Tante Maud erlaubten alles, wenn es nur die entfernteste Möglichkeit versprach, mir zu helfen. Ihre Sorge um mein Wohlergehen berührte mich, und da sie nicht mehr für mich tun konnten, bezahlten sie dies mit unbegründeten Schuldgefühlen.

Am späten Nachmittag trat Polly mit einer Frau in mein Zimmer, die sofort mein Interesse erregte. Sie war Ende dreißig, schlank, hatte glänzendes schwarzes Haar und scharfe, adlerartige Züge. Sie lächelte gewinnend und offenbarte damit eine Sanftheit, die ihre feurige Ausstrahlung Lügen strafte. Mit Pollys Hilfe deckte sie meine Wunden auf, befreite meine Glieder von den Binden und zog mich nackt aus. Wenige Monate zuvor hätte mich nur der Gedanke daran tödlich verletzt, doch jetzt hatten Schmerz und Verzweiflung Nebensächlichkeiten wie Scham über die eigene Nacktheit verschwinden lassen.

Sie hieß Ellen Fieldwell. Gemeinsam mit Polly rollte sie mich auf meine gesunde Seite, damit sie die Austrittswunde an meiner Schulter untersuchen konnte, und sie drückte ihre Finger vorsichtig in die Knochen meines unteren Rückens und der

Hüfte. Sie untersuchte mein Auge, den Stumpf, die Brust und die gebrochenen Arme. Sie brauchte lange und war äußerst vorsichtig. Doch selbst so waren die Schmerzen derart schlimm, dass ich, als sie fertig war, fast das Bewusstsein verlor.

Sie betteten mich zurück auf die Kissen, und ich schaute sie an – mein Schicksal lag in ihren Händen. Ellen war ehrlich mit mir, und ich sah, dass meine Verletzungen sie bestürzten.

»Poll sagte mir, dass Ihr krank wärt, doch das is schlimmer, als was ich mir vorgestellt hab'. Ihr seid ein sehr starker Mann.«

»Ich bin verdammt schwach«, keuchte ich.

»Ich mein', stark im Geist. Wenn ich nach Haus geh', mach' ich einen Trank aus Kräutern für Euch. Den müsst Ihr viermal täglich trinken, und ich mach' eine Mischung für Eure Wunden. Sie muss täglich erneuert werden. Eine Weile komm' ich täglich zu Euch.«

Sie ging zusammen mit Polly hinaus, und ich hörte, dass sie dabei miteinander sprachen. Gab es etwas, was ich nicht wusste oder nicht wissen sollte?

Als Vater abends zu mir kam, fragte ich ihn, ob er Ellen großzügig entlohnen würde.

»Jake, ich bin immer großzügig, du weißt das. Ich sage dir, was ich vorhabe. Wenn ihre Kräutermischung die Fäule heilt oder dir in irgendeiner Weise hilft, werde ich ihr genug Geld geben, dass sie gut leben kann, und ich werde auch in ihre Zukunft investieren. Wenn sie dich heilen kann, werde ich mich sehr dankbar erweisen.« Er schaute mich verlegen an. »Du bist mein einziges Kind, und ich hatte so große Pläne für dich. Mir liegt sehr viel an dir, das weißt du. Bitte, gib dich nicht auf, denn das tue ich auch nicht und werde es niemals tun.«

Wie sie gesagt hatte, kam Ellen am nächsten Tag mit dem Kräutertrank und einer dicken gummiartigen Substanz wieder, die in und auf meine Wunden gestrichen werden sollte. Ich roch bereits schlecht, doch die Paste stank noch viel schlimmer, und wie der Trank erst schmeckte …!

»Entweder wird Euch das rasch heilen, oder ...« Sie zuckte die Achseln, und ihr hartes Gesicht wurde weich vor Mitgefühl.

»... oder ich sterbe«, keuchte ich. »Was ist mit dem Atmen?«

Ellen hielt mir einen Beutel entgegen. »Poll hält Euch den unter die Nase. Riecht oft dran. Wenn's klappt, mach' ich Euch mehr.« Sie lächelte mich an. »Ihr hattet's mächtig schwer, doch ich kann Euch helfen, Ihr werdet schon sehn. Der Trank hilft auch Euren Lungen.«

Der nächste Monat bewies, dass sie Recht hatte. Sie hatte mir viele der Kräuter genannt, die ich trank, und die wenigen, an die ich mich erinnerte, schienen ihrem Namen alle Ehre zu machen: Beinwell, Mutterkraut, Ehrenpreis und viele mehr. In der ersten Woche änderte sich nichts, doch dann hörten plötzlich das furchtbare Schwitzen und der ständige Brechreiz auf. Die Paste wirkte wahre Wunder gegen die Fäule. Zuerst hatte sie wie Feuer gebrannt, doch Ellen hatte mir versichert, dass dies nur zeigte, dass sie wirkte.

»Wenn Ihr's nich spürt, dann wirkt's auch nich«, sagte sie.

Sie hatte Polly ein Schlafmittel für mich gegeben, und auch das veränderte einiges, denn der tiefe Schlaf stärkte mich. Außerdem musste ich Dunkelbier trinken, ein Gebräu aus Gerste und Hafer. Und das war gar nicht so übel.

Am Ende des Monats war die Fäule besiegt, mein Fleisch wurde langsam rosa und heilte. Das Säckchen mit den stark riechenden Kräutern und der Trank, den ich immer noch zu mir nahm, erleichterten mir das Atmen. Die gebrochenen Arme waren geheilt und nicht mehr verbunden. Ich konnte die Finger jeder Hand gebrauchen, und obwohl die Arme wehtaten, übte ich sie doch regelmäßig, damit sie ihre Funktion wiederaufnahmen.

Doch der schockierendste Vorschlag, den Ellen machte, war, dass ich mich bis zum Hals in einen Trog heißen Wassers setzen sollte. Sie meinte, wenn ich das einmal getan hätte, wollte ich es täglich wiederholen. Ich hätte sie fast ausgelacht.

»Du meinst, ich sollte ein Bad nehmen?«, fragte ich ungläubig. »Normalerweise bade ich zweimal im Jahr, doch einmal täglich?« Ich lachte, weil es mir so absurd erschien.

Ellen hatte, von Polly unterstützt, darauf bestanden, und Vater ließ einen Bottich mit hohen Wänden anfertigen, in den ich mich setzen konnte. Ellen hatte mir erklärt, dass mein Körper im Wasser leichter sein würde, doch zuerst hatte ich gedacht, das sei reiner Blödsinn. Das Wasser wurde in der Küche erhitzt und von einem stämmigen, starken Mann namens Ebb, einem Stallknecht meines Vaters, in großen Trögen in mein Zimmer getragen. Nachdem mich Polly ausgezogen hatte, hob mich Ebb vorsichtig aus dem Bett und setzte mich in den gefüllten Zuber.

Es war das segensreichste Gefühl, das ich je erlebt hatte! Als die Hitze meine Hüfte, den Rücken, die Arme und den Rest des Körpers durchströmte, schwebte ich fast in den Himmel. Und, Gott sei Dank, war mein Körper wirklich leichter im Wasser. Dieses Phänomen wurde Auftrieb genannt, und es nahm mir das Gewicht von Rücken und Hüfte. Polly wusch mir Haare und Bart und schnitt sie, während ich mich in dem Bottich entspannte. Ellen hatte Recht, denn trotz der Schmerzen, die mir mein Rücken und die Hüfte während der Prozedur bereiteten, war das tägliche heiße Bad mit den heilsamen Ölen, die sie mir gebracht hatte, der Höhepunkt des Tages.

Vater und Tante Maud waren verblüfft und kicherten. Polly erzählte mir, dass sie das heiße Bad insgeheim selbst ausprobiert hätten. Sie sagte, wenn das Gelächter und die anderen Geräusche, die man aus dem Zimmer gehört hatte, irgendetwas bedeuteten, dann hätten auch sie es genossen.

Das Leben wurde zu einer festen Routine und bestand aus Übungen für meine Arme, dem Umlagern meines Körpers, um Wundliegen zu vermeiden, und einer furchtbaren, erbarmungslosen, überwältigenden Langeweile. Ich war ein aktiver Mann gewesen, und obwohl ich einige Bildung erworben hatte und schreiben konnte, war ich vom Typ her eigentlich kein Gelehrter.

Polly war zum einzigen Sinn meines Lebens geworden. Sie hatte ihre Grammatik rasch verbessert und stand Tante Maud sehr nahe. Wenn sie zusammen in meinem Zimmer waren, wirkten sie wie Mutter und Tochter. Zweifellos war Pollys Aufnahme in unsere Familie ein großer Segen. Es war nur schade, dass es für mich unter so schlimmen Umständen geschehen war.

*

Ein Jahr verging, und ich litt keine Schmerzen mehr. Mein unterer Rücken und die Hüfte taten einfach immer weh, doch ich hatte gelernt, damit zu leben. Polly und ich standen uns sehr nahe, und sie wachte unermüdlich über mein Wohlergehen. Sie schnitt mir regelmäßig die Haare, trimmte meinen Bart und sagte mir, dass ich mit meiner Augenklappe sehr gut, einfach toll aussähe. Leider half mir das kaum, mich besser zu fühlen.

Je nach Jahreszeit und Wetter wurde ich hinaus an die frische Luft gebracht, um am Alltagsleben der Familie teilzunehmen. Dass ich nie wieder würde gehen können, war jetzt jedem klar. Vater hatte sein Versprechen gegenüber Ellen gehalten, und Polly berichtete mir, dass es ihr jetzt besser ginge als je zuvor. Welche Ironie des Schicksals, dass so viele Menschen von meinem Unglück profitierten!

Abgesehen davon, dass ich verkrüppelt war, schien es, dass sich mein Leben verbesserte, doch das war nicht wirklich der Fall. Denn jetzt zeigte sich eine weitere Auswirkung meiner Verletzungen: Langsam und erbarmungslos verdrehten mein Rücken und die Hüfte meinen gesamten Körper gleichzeitig zur Seite und nach unten. Es war, als steckte ich in einem überdimensionalen Schraubstock, und mein armer Körper war gezwungen, der Verzerrung zu folgen, die er diktierte. Mehr noch als die Schmerzen ließ mich dies in völliger Verzweiflung versinken. Gegen Ende des ersten Jahres hatte ich den Gedanken an ein Weiterleben aufgegeben. Zuvor hatte ich unter Pollys freundlichem Einfluss den Willen zum Leben gefunden, ja, ich hatte sogar meine Behinderung akzeptieren können, doch diese neue Bürde erwies sich als zu schwer.

Oft dachte ich, dass ich meinen Lebenswillen stärken sollte. Wenn ich die Verzweiflung losließe und mein Schicksal annähme, wäre alles wahrscheinlich viel erträglicher, doch diese innere Stärke konnte ich nicht aufbringen. Ich gab mich geschlagen.

*

Das zweite Jahr verging. Polly wurde immer hübscher und freier und ich immer eingeschränkter und verdrehter, und der Zwang meiner Knochen machte aus mir das gekrümmte Hohnbild eines Mannes. Als ich meine menschliche Gestalt verlor, verlor ich auch die letzten Überreste meiner Selbstachtung. Ich ekelte mich vor mir. Mein Körper litt schon lange nicht mehr an Fäule, und doch fraß mich eine neue, zerstörerische Fäule von innen her auf. Ich wusste es, doch ich war machtlos. Selbst meine Beziehung zu Polly veränderte sich langsam, doch ich muss zugeben, dass ich es war, der dies verursachte.

Polly behandelte mich äußerst liebevoll. Sie hatte mir gestanden, dass sie mich liebte, und zwar vom ersten Moment an, als sie mich in der zertrümmerten Kutsche gefunden hatte, und ich glaubte ihr. Sie lebte ihre Liebe zu mir in jeder Tat, in ihren Worten und in ihrer Fürsorge. Aus keinem anderen Grund lebte ich noch ein weiteres Jahr und kämpfte darum, meine Verzweiflung zu beherrschen, doch diese Verzweiflung war jetzt ein tiefes, dunkles Höllenloch, dessen einziger Bewohner ich war. Ich war nie unfreundlich oder unhöflich zu Polly. Das hätte ich gar nicht fertig gebracht, doch ich zog mich innerlich zurück. Sie bemerkte es, und trotz ihrer Jugend hatte sie Geduld. Sie glaubte, dass ich mich mit der Zeit akzeptieren und zu meiner inneren Würde zurückfinden würde. Wie gern hätte ich das getan, doch es war nichts mehr übrig. Ich war nicht der Mann, den Polly in mir sah. Ich war eine Hülle, eine ausgetrocknete Schale, die auf den Tod wartete.

*

Ein weiteres Jahr verging, und jetzt gab ich mich völlig geschlagen. Mein Körper hatte sich erbarmungslos immer weiter gebogen und verdreht, und am Ende dieses dritten Jahres hatte ich die Stellung eines Embryos erreicht. Ellen hatte mir erzählt, dass Babys ihr Leben in dieser Position begannen, und als ich ihr eines Tages in die Augen schaute, sah ich, dass sie sicher wusste, dass ich mein Leben in dieser Stellung beenden würde.

Vater besuchte mich kaum noch. Es war nicht deshalb, weil ich ihm nicht mehr wichtig war, sondern weil er den Schmerz nicht ertrug, seinen einzigen Sohn verkrüppelt, verunstaltet und so furchtbar behindert zu sehen. Ich hätte ihm nicht ferner sein können, wenn ich gestorben wäre.

Die Demütigung und Verzweiflung, nicht nur verkrüppelt, sondern erschreckend verunstaltet zu sein, lag jenseits dessen, was ich ertragen konnte, und ich begann, mein Ende zu planen. Die Jahre, in denen mein Stuhl und mein Urin in besondere Unterlagen gelaufen waren und in denen ich mehrmals täglich gewaschen werden musste, hatten mich aufgezehrt.

Zuerst verwarf ich den Gedanken an Selbstmord, doch die Zeit wurde mein Feind. Wenn ich zu lange wartete, könnte ich womöglich völlig unbeweglich werden. Obwohl ich bereits jetzt in hohem Maße verunstaltet war und aussah wie eine groteske Witzfigur, konnte ich mich doch Kraft meiner Arme bis zu einem gewissen Grad bewegen. Und meine Arme waren sehr stark geworden.

Es gab keine Anzeichen dafür, dass sich die furchtbare Verunstaltung je wieder zurückbilden würde. Tag um Tag, Woche um Woche lag ich auf meinem Bett und verfluchte mein Schicksal. Ich fühlte Emotionen, deren Existenz ich nicht einmal geahnt hatte.

Elend, Hass und Wut ließen mich erzittern, wenn sich die Gesichter gesunder Menschen voller Mitleid über mich beugten – wie hasste ich es, dass sie ihre Freiheit so selbstverständlich hinnahmen. Und als ich still die Welt verfluchte, besiegte mich der Ekel vor mir selbst.

Auf geflügelten Füßen hielt die Apathie Einzug und ließ mich verloren und auf ein Wunder hoffend zurück, ein Wunder, das mir alles das wiedergeben würde, was ich einst gehabt hatte. Die Apathie gab mir ein, dass dies nie geschehen würde, dass alles verloren, vorbei und zerstört war.

Die Hoffnungslosigkeit folgte ungebeten, flüsterte, dass die Vergangenheit vorbei sei und dass ich nutzlos herumliegen würde, hilflos und hasserfüllt, solange ich lebendig wäre.

Doch ich betete auch. Ich schrie laut zu Gott, dieses Unrecht wieder gutzumachen. Wie konnte Er es wagen, mich in dieses verfluchte Verderben zu schicken! Oh, gnädiger Gott, bitte lindere den inneren Schmerz und mach diesen gekrümmten, verzerrten Körper wieder heil. Ich bitte dich, mach mich wieder gesund. Bitte, ich liebe dich und bete jeden Tag zu dir. Bitte, Gott! O bitte!

Die Erinnerungen waren das Schlimmste. Mich an Momente zu erinnern, in denen ich gelacht hatte, an die Mädchen, die ich bewunderte, an Regen, Sonnenschein, Wälder, Gehöfte, an alles, was ich liebte. Oh, der Schmerz der Erinnerung zermürbte mich, als hinge ich am Kreuz! Die Erinnerung an den letzten Augenblick in der Kutsche, an den einen Moment, in dem ich meinem Schicksal hätte entrinnen können, dann die furchtbare Angst ... und der Verlust.

Verlust! All das, was nie würde sein können, und all das, was hätte sein können, alles war verloren. Niemals würde ich Polly lieben können. Jede Hoffnung, jeder Wunsch, jeder Traum, jeder Wille, alles lag auf dem Friedhof des Verlusts begraben. Kein Leben mit Polly, keine Liebe, keine Fürsorge, keine Zuneigung, keine eigenen Kinder, gar nichts mehr, denn mein Leben musste enden.

Täglich überlegte ich, wie ich sterben könnte. Es durfte kein Fehler passieren. Es war schwieriger, als ich vermutet hatte, und ich verwarf einen Plan nach dem anderen. Ich wollte keine weiteren Verletzungen und Schmerzen mehr ertragen. Alles musste sauber und sicher funktionieren.

Es war nicht ungewöhnlich, dass ich Polly um Feder und Tinte bat, denn oft schrieb ich Gedichte, wenn ich in Stimmung war. Einige Tage lang schrieb ich mehrere Briefe. Einen schrieb ich an Vater und Tante Maud. Ich schrieb ihnen, dass ich sie liebte und dass ich ihnen aus tiefstem Herzen für alles dankte, was sie für mich getan hatten. Ich schrieb, dass mir kaum eine andere Wahl blieb, und ich entschuldigte mich dafür, dass ich sie enttäuscht hatte. Ich bat sie, sich um Polly zu kümmern und ihr meinen Platz in ihrem Herzen und an ihrem Leben zu überlassen. Ich bat sie, Polly als mein Geschenk anzunehmen. Den nächsten Brief schrieb ich an Polly. Ich schrieb ihr, dass ich sie vom ersten Augenblick an, in dem ich sie gesehen, geliebt hatte und dass ich sie immer und ewig lieben würde. Ich bat sie, Vater und Tante Maud als ihre neuen Eltern anzunehmen und mir bitte den Wunsch zu erfüllen, einen guten, liebevollen Mann zu heiraten und ein glückliches Leben zu führen. Wenn sie dies täte, würde sie meinem Leben und meinem Tod einen Sinn geben. Ich sagte ihr, dass sie allein der Grund für mein Leben und das einzige Licht in meinem Dunkel gewesen sei. Ich bat sie, mir meine Feigheit zu verzeihen, doch ich konnte das

Leben nicht mehr ertragen, das mich erbarmungslos mit jedem Jahr entsetzlicher verkrüppelte.

Der letzte Brief betraf meine weltlichen Angelegenheiten. Ich vermachte Polly alles, was ich besaß und einmal geerbt hätte.

Ich versteckte die Briefe sorgfältig unter meinem Bett, damit sie bei Bedarf bereitlägen. Jetzt empfand ich merkwürdigerweise einen inneren Frieden, denn ich hatte mich für die Art, wie ich aus dem Leben scheiden wollte, entschieden. Die Briefe waren geschrieben, die Entscheidung getroffen, und ich musste nur noch ruhig auf den richtigen Augenblick warten. Meine Angelegenheiten waren geordnet, und einige Zeit nach meinem Tod würden diejenigen, die ich wirklich liebte, zu neuem Glück finden. Während ich lebte, war nicht nur ich ein Gefangener meiner Hilflosigkeit. Vater und Tante Maud schmachteten im Kerker ihrer starren Verzweiflung, und auch Polly steckte bereitwillig im Gefängnis meiner vollständigen Abhängigkeit von ihr.

Ich musste drei Monate auf den perfekten Tag warten. Vater und Tante Maud waren auf ein spätes Fest gefahren und wurden, wenn überhaupt, erst in den frühen Morgenstunden zurückerwartet. Polly besuchte eine in der Nähe wohnende Tante und würde die Nacht bei ihr verbringen. Mein Plan stand schon lange fest, und ich ging ihn ganz ruhig noch einmal durch. Der Tod hatte jeden Schrecken für mich verloren, und selbst das unangenehme Geschäft des Sterbens ließ mich nicht an der Richtigkeit meines Plans zweifeln. Ich hatte die Hölle besucht und dort gelebt. Ich war gut ausgerüstet.

Ich nahm mein übliches heißes Bad viel später als gewöhnlich, und statt in die Mitte des Zimmers ließ ich den Bottich direkt neben mein Bett stellen. Ich fischte die Briefe unter der Matratze hervor und legte sie unter das Kopfkissen. Am späten Abend zog mich der freundliche Ebb aus, hob mich aus dem Bett und setzte mich vorsichtig in den Bottich.

»Du kannst gehen, Ebb, danke. Meine Arme sind sehr stark. Wenn ich fertig bin, kann ich mich vom Zuber direkt ins Bett hieven. Wie du siehst, werde ich gut allein fertig.«

Ich wusste, dass Ebb genau das tat, was man ihm sagte. Das hatte er sein Leben lang getan, und er tat es bereitwillig.

Eine Weile saß ich im Wasser, genoss die Wärme, den Auftrieb und die Bewegungsfreiheit, die mir das Wasser gestattete. Der Bottich hatte die perfekte Form. Er sah aus wie ein verlängertes Fass, und ich konnte mich an den Rändern hochstemmen. Obwohl ich das noch nie zuvor getan hatte, wusste ich, dass ich dazu in der Lage war. Ich seufzte. Ich war so jung. Das Leben war so kurz gewesen!

In mir reifte der richtige Augenblick, und ich zögerte nicht. Ich ergriff die Ränder des Bottichs, hievte mich aus dem Wasser heraus und fiel auf das Bett, wobei meine Hüfte und der untere Rücken stark schmerzten. Einen schrecklichen Augenblick lang bangte ich, ob ich tatsächlich würde ausführen können, was ich mir vorgenommen hatte, oder ob mich der Schmerz besiegen würde, doch dann kehrte meine Entschlossenheit zurück.

Ich krümmte mich, um mich neben dem Bottich in die richtige Position zu bringen, dann ergriff ich den Zuber mit ausgestreckten Armen. Das schwere Gewicht des Wassers stabilisierte ihn, und mit einer letzten großen Anstrengung stemmte ich mich hoch und ließ mich mit dem Kopf zuerst in den Zuber fallen, der fest wie ein Fels stehen blieb.

Es gab kein Zurück mehr. Ich steckte mit dem Kopf nach unten in dem Bottich voller Wasser fest und musste ertrinken. Trotz meines Entschlusses hielt ich dummerweise ängstlich die Luft an, bevor sie aus mir herausplatzte, und ich atmete Wasser in die Lungen. Ich weiß nur noch, dass ich mich kurz vor dem Ertrinken erbrach.

Siebzehn

Ich krümmte mich auf dem Wohnzimmerteppich, würgte und erbrach mich.

»ADAM. ADAM. Komm da raus! ADAM.«

Ich hörte ihre Stimme. O Gott, nein! Polly wollte mich retten! Nein, das ließ ich nicht zu. Ich schrie und versuchte, noch tiefer in den Bottich zu gelangen. Ich musste ertrinken! Bitte, bitte haltet mich nicht auf! O Gott, nein!

Zwei Hände hielten plötzlich meinen Kopf, und mich durchströmte ein unglaublicher Frieden und tiefe Liebe. Als mich die Hände Minuten später losließen, brach ich zusammen.

Einige Augenblicke schwebte ich in einem seltsamen, nichtphysischen Raum. Ich sah meinen Körper auf dem Boden des Wohnzimmers, von Erbrochenem besudelt. Amber kniete neben mir, drehte mich um und wischte mir das Gesicht ab. Meine Nase blutete, die Unterlippe war aufgeplatzt. Selph stand dicht daneben und wirkte leicht erschüttert, als Amber ihn anfunkelte und wütend brüllte:

»DAS KANNST DU NICHT MIT IHM MACHEN. DAS IST UNMENSCHLICH! SCHAU IHN AN! ER HÄTTE SICH FAST UMGEBRACHT. ER IST SCHWEISSNASS. DU, DU ... UNGEHEUER!«

Plötzlich wusste ich wieder, dass ich Adam war und auf dem Fußboden im Wohnzimmer lag. Doch ich erinnerte mich auch an Jacob, an jeden einzelnen Tag seines Leidens.

Ich stöhnte, öffnete die Augen und schaute Amber und Selph an. Das Lächeln, das ich versuchte, missglückte. »Hallo. Ich glaube, für solche Dinge tauge ich nicht.«

Und dann weinte ich. Es waren herzerschütternde Fluten von Tränen, die sich auf den Bahnen innerer Verletztheit ihren

Weg suchten. Ich weinte bitterlich um Jacob, um seinen Mut und seine Schwäche und um mich, weil ich es erlebt hatte.

Niemand versuchte, mich zu trösten, doch durch mein bebendes Schluchzen hörte ich, wie sich Amber bei Selph entschuldigte. »Es tut mir Leid, dass ich die Beherrschung verloren habe, doch ich war halb verrückt vor Angst.«

Ich hörte auch Selphs Antwort. »Ich verstehe das. Auch mich hat die Intensität seines Erlebens erschüttert. Er ...«

Der Rest seiner Worte ging unter, als ein neuer Ausbruch tiefer innerer Verletzung meinen Körper erschütterte, und ich schrie vor Qual. Mein unterer Rücken und die neue Hüfte schmerzten klopfend, als ob mich jemand getreten hätte. Ich musste es herausweinen, und wir alle wussten das. Niemand hätte es verhindern können.

Ich weiß nicht, wie lange ich weinte, denn die Entladung war sehr machtvoll. Jacob stand so klar und frisch vor meinem Geist wie mein gegenwärtiges Ich, doch statt ihn/mich wegen seiner/meiner Schwäche zu verachten, empfand ich immer mehr Achtung vor seiner Stärke. Die Lebensumstände damals waren mit heute nicht zu vergleichen. Es gab keine Chance auf eine moderne Operation oder eine künstliche Hüfte, keine Antibiotika, keine klugen mechanischen Hilfsmittel, nichts! Du lebtest oder starbst, doch in jedem Falle musstest du leiden.

Amber entschied wohl schließlich, dass ich lange genug geweint hatte, denn als mein erschütternder Schmerz und das innere Leid langsam abebbten, vernahm ich ihre entschlossene Stimme.

»Gut! Genug ist genug. Selph, du nimmst einen Arm, ich nehme den anderen. Ich möchte, dass er aufsteht und ins Bad geht.«

Ich spürte, wie sie mich aufhoben, und ich brauchte tatsächlich ihre Hilfe. Es verwirrte mich ein wenig, dass ich stehen und laufen konnte. Ich hatte gerade erst drei Jahre in einer anderen Zeitrealität verbracht, in der ich hoffnungslos verkrüppelt war.

Mit ihrer Hilfe gelangte ich ins Bad, wo die Wanne schon gefüllt für mich bereitstand. Sie halfen mir aus meinen besudelten Kleidern heraus, und ich kletterte zitternd ins Wasser. Langsam, aber sicher kam ich wieder in meiner gegenwärtigen Realität an, doch ich zuckte zusammen, als ich den Duft des Badewassers roch: Lavendel, das gleiche Öl, das Ellen für Jacobs heiße Bäder gebracht hatte!

Ich legte mich zurück und nahm die Wärme mit zufriedenem Seufzen in mich auf. Der Schock saß mir immer noch in den Knochen, doch jetzt nahm er langsam ab und mischte sich mit einem Gefühl der Ehrfurcht und des Staunens über die größeren Zusammenhänge des Lebens. Ein Teil meines Verstandes konnte immer noch nicht glauben, dass es möglich sein sollte, ein früheres Leben auf diese Weise zu erfahren. Während ich mich entspannte, dachte ich über die Ungereimtheiten der linearen Zeit und ihre unglaublichen Täuschungen nach.

»Wusstest du, dass eine Kräuterheilerin namens Ellen Fieldwell im Jahre 1575 das therapeutische Wannenbad erfunden hat?«, fragte ich Amber mit schwachem Lächeln.

Selph hatte uns allein gelassen, und Ambers Gesicht spiegelte immer noch Besorgtheit.

»Es ist mir völlig egal, wer das Wannenbad erfunden hat. Ich lasse euch beide Verrückten nur einen einzigen Tag allein, und das ist das Ergebnis!«

Obwohl ich ihren Worten noch nicht richtig folgen konnte, drangen sie doch zu mir durch. »Meinst du damit, dass ich den ganzen Tag in dem anderen Bewusstsein war?«

»Nein, das meine ich nicht. Ich fuhr zur Maroochydore Plaza, um dort fröhlich einzukaufen, doch ich musste abbrechen. Als ich losfuhr, wusste ich, dass irgendetwas im Busch war. Ich spürte deine Anspannung. Zwei Stunden später war ich so unruhig, dass ich wusste, dir musste etwas Schreckliches geschehen sein. Also fuhr ich nach Hause. Und was fand ich vor? Du saßest in deinem großen Sessel, und dein Gesicht spiegelte die schmerzlichen Gefühle wider, die du erlebtest. Gegen meinen gesunden Menschenverstand überredete mich Selph, abzuwarten, bis du selbst aus der Erfahrung auftauchtest. Er bat mich, nicht einzugreifen.«

»Gott sei Dank, dass du es nicht getan hast!«

Sie sah zerknirscht aus. »Wirklich?«

»Wirklich, glaub mir. Wenn du eingegriffen hättest, hättest du alles verdorben. Deshalb entschied ich mich, dir nichts zu sagen. Ich glaubte nicht, dass du damit hättest umgehen können. Doch ich werde dir nichts mehr verschweigen.

In mir reift gerade das Gefühl, dass das, was ich für Versagen hielt, eigentlich ein Sieg gewesen ist. Es war hart, sicher, doch es war das Lohnendste, was ich je getan habe. Mehr noch: Für mich war es lebenswichtig!«

Amber wirkte noch beschämter. »Der arme Selph. Als du auf den Boden stürztest und dich erbrachst, verlor ich die Fassung. Ich hab' ihn angebrüllt.«

»Ich weiß, ich habe dich gehört.«

Sie war verwirrt. »Du warst doch bewusstlos. Einen schrecklichen Augenblick lang glaubte ich, du seist tot!«

»Ich weiß nicht wirklich, was geschah; ich schaute auf den Raum hinab. Ich sah mich auf dem Boden, und du wiegtest meinen Kopf und hast mir das Gesicht abgewischt. Ich sah die blutige Nase und die aufgeplatzte Lippe, wo ich auf den Boden geschlagen war. Ich sah außerdem einen ziemlich beunruhigten Selph und hörte, wie du ihn Ungeheuer nanntest. War es so?«

Sie grinste, als sie daran dachte. »Ja, Mensch! Das ist erstaunlich. Ich habe etwa eine Million Fragen und möchte die ganze Geschichte hören, doch Selph hat Kaffee gekocht und ein Mittagessen zubereitet. Nach dem Bad essen wir zusammen. Ihn wird die Geschichte ebenfalls interessieren. Sitz jetzt still, damit ich dein stinkendes Haar waschen kann!«

Sie seifte mich eifrig ein und sagte: »Ich habe noch nie jemanden gesehen, der auf den Boden gekotzt und dann sein

Gesicht in das Erbrochene gestoßen hat. Was ist bloß in dich gefahren? Was hast du dir dabei gedacht? Es war das Dümmste, was du tun konntest! Dein Rücken hat dir das übel genommen, und du sagst, deine Hüfte tue weh. Wie schaffst du es bloß, dir so blödsinnige Dinge anzutun? Wann ...«

»Wie lange dauerte meine Reise?«, unterbrach ich sie.

»Über drei Stunden.«

»Mein Gott! Ich habe über drei Jahre erlebt. Jede Minute jeden Tages, Woche um qualvolle Woche.« Ich schüttelte den Kopf über dieses einfach unglaubliche Wunder.

Die Rückerinnerung am Strand war ganz ähnlich gewesen; als ich meine Realität im Augenblick der Gegenwart wieder fest verankert hatte, zog sich der Schmerz in Rücken und Hüfte rasch bis auf ein leichtes Ziehen zurück. Für einen Fachmann in Dauerschmerz war es so unbedeutend, dass ich es ignorierte.

Amber ließ mich allein, und nach dreißig Minuten Entspannung im heißen Wasser konnte ich ohne Hilfe aufstehen. Ich kletterte vorsichtig aus der Wanne und trocknete mich ab. In frischer Kleidung fühlte ich mich wie ein neuer Mensch. Und in vielerlei Hinsicht war ich das auch! Ich fühlte mich wie neugeboren.

Amber und Selph unterhielten sich, als ich mich zu ihnen gesellte, und wir nahmen unser Mittagessen draußen ein. Die wenigen Wolken hatten sich aufgelöst, und es war sonnig und warm. Der Pool und die modernen Möbel von heute halfen mir, mich in der Gegenwart zu verankern. Selbst die Sonne fühlte sich neu und einladend an, denn Jacob hatte nur wenig Zeit draußen verbracht. Ich vermisste Polly, doch als ich beobachtete, wie Amber für mich sorgte und mir Essen und Trinken brachte, wie sich ihre Liebe zu mir in jeder kleinen Bewegung ausdrückte und wie sie mich anschaute, traf mich die Erkenntnis wie ein Schlag: So, wie Jacob jetzt Adam war, war Polly jetzt Amber.

Mein Erstaunen musste sich deutlich auf meinem Gesicht abgezeichnet haben.

»Adam, ist alles in Ordnung?«, fragte Amber besorgt.

Ich nickte lächelnd. »Das Leben ist verblüffend. Ich habe gerade erkannt, dass das eine große Opfer, das ich brachte, um die Frau, die ich liebte, zu befreien, wahrscheinlich bewirkt hat, dass wir all diese Leben zusammen waren.«

Amber wirkte verwirrt. »Welche Frau, die du geliebt hast … und wer lebte zusammen? Wovon sprichst du?«

»Es tut mir Leid. Ich muss euch die ganze Geschichte erzählen. Es ist einfach unglaublich. Lehnt euch zurück, denn es wird länger dauern, selbst wenn ich das meiste weglasse.«

Ich brauchte zwei Stunden, um alles zu erzählen, unterbrochen nur von einer kurzen Erfrischungspause. Ich begann mit dem Augenblick, in dem ich die letzte der einundzwanzig Stufen verlassen hatte, und beendete meinen Bericht mit dem Ertrinken. Danach schwiegen wir lange. Ich schaute Amber an.

»So, wie Jacob jetzt Adam ist, ist Polly heute du«, sagte ich.

Amber schaute mich schmerzlich an und begann dann still zu weinen. Es war kein bebendes Schluchzen, sondern ein ruhiges Weinen, das fast zwanzig Minuten dauerte. Ich fühlte mich unbehaglich, doch ich ließ sie weinen, weil ich nur zu gut wusste, wie wohl so eine Erleichterung tun konnte. Während sie weinte, sagten Selph und ich wenig. Wir saßen einfach still da und gaben ihr unsere Liebe und Unterstützung, indem wir bei ihr waren.

Selph stand auf, um frischen Kaffee zu kochen, und gerade als Ambers Kummer verebbte, erschien er mit vollen Bechern. Eine Weile lang tranken wir schweigend, denn es gab fast zu viel zu sagen, und keiner von uns wollte etwas überstürzen.

Schließlich unterbrach Selph die Stille.

»Gut, Adam, du hast uns erzählt, was geschehen ist, doch sag mir, wie du jetzt zu Jacob stehst.«

Ich lächelte schwach. »Das ist schwierig!« Ich dachte eine

Weile nach. »Ich will auf meine Weise antworten. Als ich als Jacob starb, widerte ich mich selbst an. Ich starb, weil ich meine physische Verunstaltung, mein Leben und mich selbst verabscheute. Ich verachtete meine Feigheit, meine Hilflosigkeit und den Verlust meiner Männlichkeit. Und für mich war dies alles so real, dass ich es seitdem in mir trug. Wie du mir schon so oft gesagt hast. Alles, was in der Vergangenheit nicht gelöst wurde, ist auch heute nicht gelöst. Ich hasste meine gebrochene Wirbelsäule und machte sie für alles verantwortlich, und so prägte ich unwissentlich ein Muster des Hasses und der Qual in mein Bewusstsein, wodurch sich dasselbe Thema immer wiederholte. Ich habe mir den Rücken in so vielen vergangenen Leben gebrochen oder verletzt, dass ständige Schmerzen und Leiden mein Lebensthema geworden sind.«

Ich hielt inne und dachte nach, und niemand drängte mich.

»Obwohl ich wirklich nichts in Jacobs Leben änderte, als ich mich daran erinnerte, beurteile ich Jacob – mich – jetzt ganz anders. Wie ich schon sagte, sah Jacob nur sein Versagen und seinen Mangel, während ich heute seine unglaubliche innere Stärke sehe. Was er erlitt, ist unbeschreiblich. Meine Worte können es nur annähernd wiedergeben. Und doch hielt er drei furchtbare Jahre durch. Obwohl er es nicht merkte, fand er seine Würde in der Liebe zu Polly und in seinem Tod, doch es hat bis heute gedauert, das zu erkennen. Er wusste, dass sein Tod seine Eltern und Polly von einem verzweifelten Leben erlösen würde, doch statt sich des Geschenks bewusst zu sein, das er ihnen damit machte, konzentrierte er sich nur auf seine Abscheu.«

Ich schüttelte traurig den Kopf. »Indem ich urteilte und verdammte, erschuf ich viele Leben voller Leid, und keines davon wäre nötig gewesen. Ich hätte genauso gut akzeptieren können, dass der Tod der einzige mir verbleibende Weg war, und ich hätte mich selbst dafür achten können, dass ich die Kraft hatte, diesen Weg zu gehen, denn er war die einzige Möglichkeit, die Menschen, die ich liebte, zu befreien.« Ich beugte mich zu Amber und küsste sie sanft. »Das meinte ich eben: Du – Polly – warst und bist die Frau, die ich liebte und liebe. Ich habe das Gefühl, dass wir uns immer wieder getroffen haben, weil ich Polly damals befreit habe.«

Ich schaute Selph nachdenklich an. »Erstaunlicherweise habe ich nur wenige Fragen. Alles ist so klar und wirklich. Ich weiß, dass ich dieses vergangene Leben erlöst habe. Eigentlich habe ich nichts getan, doch paradoxerweise tat ich gleichzeitig alles, was wir beide uns erhofft hatten. Eine oder zwei Fragen hätte ich aber schon. Der ganze Beginn der Reise war, milde ausgedrückt, verrückt, doch selbst das kann ich akzeptieren. Der Bahnhof und der Zug sind kein Problem, doch die Leute? Wer sind sie? Im Zug verblasste Adam allmählich, und Jacob kam ins Spiel. Das war ein Meisterstück! Hast du das gemacht?«

Die ganze Zeit über – von meinem Erbrechen bis jetzt – hatte Selph fast nichts gesagt. Er schaute mich mit seinen intensiven blauen Augen an, und ich entdeckte tiefe Achtung in ihnen. Vielleicht hatte er immer so geschaut, doch es war mir nie zuvor aufgefallen.

Er stand auf, setzte sich zu mir und legte mir beide Hände auf die Schultern. »Ich bin sehr stolz auf dich. Ich weiß zufällig, dass du durch eine kleine Hölle gegangen bist, und du bist nicht nur unverletzt, sondern geheilt daraus hervorgegangen. Du hast meine Bewunderung und meine Hochachtung.«

Er ließ meine Schultern los, setzte sich zurück, und Amber und ich konnten beobachten, wie er ein von Licht umstrahlter, weiß gewandeter, altersloser Weiser wurde. Er schaute mich an und sagte nur drei Worte: »Ich ehre dich.«

Etwa eine halbe Minute lang sah er so aus, und dann war er blitzschnell wieder der vertraute Selph, gekleidet in das schreckliche orangefarbene T-Shirt und die sackartigen grünen Shorts, der uns mit seinem gewohnten unschuldig-frechen Lächeln angrinste.

Er fuhr fort, als sei nichts geschehen. »Damit der Prozess beginnen konnte, entfernte ich deine unbewussten Blockaden gegen deine Reise in die Vergangenheit. Diese inneren Blockaden hielten dich zusammen mit deinen Glaubenssystemen und deiner Prägung in der linearen Zeit gefangen. In Wahrheit wird niemandem der Zugang zu der größeren, nichtlinearen Zeit verwehrt, doch wenn der richtige Zeitpunkt nicht gekommen ist, dann bleiben diese Blockaden wohl bestehen. Eure psychiatrischen Kliniken sind voll von Menschen, die durch den Einfluss von Alkohol oder Drogen unbeabsichtigt in diese große Realität geraten sind, und sie haben mit dem Verlust ihrer geistigen Gesundheit sowie mangelnder Stabilität bezahlt. Wie immer ist auch hier der richtige Zeitpunkt lebenswichtig.«

Er hielt inne, denn er hatte Ambers schwach gerunzelte Stirn gesehen.

»Ein Küken verlässt erst dann das Nest, wenn seine Flugfedern vollständig entwickelt sind, sonst würde es zu Boden stürzen. Du kannst die Blütenblätter einer Rosenknospe nicht vorzeitig öffnen, ohne die Blume zu zerstören. Der richtige Zeitpunkt ist ein äußerst wichtiger Faktor.«

Amber nickte verstehend.

»Adams Zeit ist gekommen. Der richtige Zeitpunkt für mich, in Adams Leben zu treten, war kurz vor dem Autounfall, und dieses Erlebnis öffnete Adam dafür, sein Potential viel umfassender wahrzunehmen. Unter meiner Führung, und unter der deinen, Amber, heilte Adam nicht nur seinen verletzten physischen Körper, sondern auch seine lähmende Vergangenheit, seine Einstellung, seine Psyche.«

Wir schwiegen, um das Gesagte zu verdauen.

»Was ist mit den merkwürdigen Menschen im Bahnhof und den furchtbaren Zuständen dort?«, fragte ich.

Selph lächelte mich an. »Ach ja. Nimm's mir nicht übel, aber das waren deine eigenen Kreationen. Du hast dich offenbar wie in der Hölle gefühlt. Wahrscheinlich fingst du auf dem Bahnsteig damit an. Du gebrauchst die Worte ›Hölle‹ und ›Teufel‹ ziemlich häufig. Wie oft habe ich dir gesagt, dass du das erschaffst, was du denkst? Na, auf jeden Fall, entfernte ich nur deine unbewussten Blockaden, erschuf den Bahnhof und setzte die Sache in Gang. Der Rest stammt von dir. Die alte Frau, die offensichtlich einem Grab entstiegen war, symbolisierte deine Angst, die Vergangenheit auszugraben. Das unschuldige Kind, das nicht sehen konnte, bist du, und seine Mutter verkörperte den Aspekt deiner selbst, der ständig in Gedanken vor sich hin spricht. Der Mann in männlicher und weiblicher Kleidung symbolisierte deine Verwirrung, deine Unfähigkeit, die Dinge klar zu sehen. Doch eines muss ich dir lassen: Deine Entschlossenheit, die Sache zu Ende zu führen, bewirkte, dass du deine Identität als Adam verlorst. Du konntest nur dann wirklich Erfolg haben, wenn dieser Wechsel gelang. Hättest du die Identität von Jacob nicht vollständig angenommen, dann hättest du damit gezeigt, dass dein wirkliches Ich den Zeitpunkt für unpassend hielt. Wie ich schon sagte, Adam, wenn man bedenkt, wie erschreckend der Bahnhof auf dich wirkte und welch furchtbares Schicksal du erlitten hast, dann warst du überaus mutig – und letztlich siegreich. Ich möchte, dass du dir das wirklich klar machst.«

Ich lächelte trocken. »Aber ich weiß immer noch nicht, wer ich bin. Ich habe meine größere Wahrheit noch nicht gefunden.«

»Sei geduldig und lass zu, dass der richtige Zeitpunkt für dich kommt. Du wirst die größere Wahrheit erst dann erkennen, wenn du dein Bedürfnis zu wissen aufgibst.«

»Noch mehr Zweideutigkeiten?«

Er lachte. »Intellektuell ist es ziemlich einfach, meine Worte zu verstehen, doch dieses Aufgeben geschieht nicht mit dem Verstand. Du wirst die Wahrheit erst dann *wissen*, wenn du nicht mehr wissen *musst*. Ich kann diese Wahrheit nicht für dich herbeireden, ich kann sie dir nicht erklären, und ich kann sie dir nicht schenken. Du kannst diese Wahrheit weder nehmen noch suchen, du kannst sie weder finden noch kontrollieren. Nur wenn du dein Bedürfnis nach Wahrheit vollkommen aufgibst, wirst du sie finden. Und du kannst das Bedürfnis auch nicht loslassen, indem du versuchst, es loszulassen.«

»Wundervoll! Was bleibt mir übrig?«

»Das Leben, Adam. Erlebe es total in jedem Augenblick, und lass dich unversehens vom richtigen Zeitpunkt überraschen. Deine Absicht tut das Übrige. Es ist ganz einfach.«

»Was meinst du mit meiner Absicht?«

»Jeder Mensch hat eine innere Absicht. Sie mag sich vor der Persönlichkeit verbergen, und doch ist sie da. Du willst erwachen. Wenn du das Leben also in einer Weise lebst, auf die du dich selbst achtest, wird deine Absicht ihr Ziel zum Ausdruck bringen. Und du erwachst.«

»Ist Erwachen gleichbedeutend mit Erleuchtung?«, fragte Amber.

»Natürlich.«

Amber sah verwirrt aus. »Bei dir klingt das wie etwas ganz Gewöhnliches. Die Philosophien und die spirituellen Lehren sagen, dass man dazu ein Leben der Hingabe, der strikten Disziplin und der Askese führen muss. Und selbst dann glauben wir, dass nur sehr wenige, entwickelte Seelen zur Erleuchtung finden.«

Selph seufzte. »Ich will dir ein Beispiel geben. Wenn du auf irgendeinem Gebiet ein Fachmann werden willst, dann musst du das Thema etwa fünf Jahre lang studieren, und du wirst in deinem Land als Autorität anerkannt. Verdopple deine Studienzeit und dein Engagement, und du wirst eine international anerkannte Autorität. Wenn du ein Champion im Bodybuilding oder ein erfolgreicher Sportler werden willst, musst du ungefähr die gleiche Zeit investieren. Wenn du die Schmeicheleien, den Ruhm und das Geld bedenkst, welche du dadurch erhältst, dann sind es vergleichsweise wenige, die sich so engagieren.

Bedenke dann, wie wenig Menschen – von niemandem beachtet – Zeit für die innere Suche aufbringen, wodurch sie nicht berühmt, sondern wofür sie eher verspottet werden, und ein gesichertes Einkommen ist auch nicht mit inbegriffen. Wenn du dir dann noch vor Augen führst, dass viele – wie auch du gerade – meinen, Enthaltsamkeit und Selbstverleugnung gehörten dazu, dünnst du die Ränge noch mehr aus. Dann musst du nur noch glauben, dass die Erleuchtung sowieso nicht für dich ist, weil du ›nicht gut genug‹ oder ›nicht weit genug‹ bist oder sonst einen Blödsinn, und es bleiben nur noch sehr wenige Kandidaten übrig, besonders in eurer westlichen Gesellschaft. Und schlussendlich kann es nur im richtigen Augenblick geschehen.«

»Sagst du damit, dass wir alle gut und weit genug sind?«, fragte Amber.

»Ich sage, dass die Zeit der spirituellen Entwicklung in dem Augenblick beginnt, in dem du dich fragst: ›Wer bin ich?‹ Ich sage, dass jeder Mensch, der sich diese Frage aus tiefstem Herzen und tiefster Seele stellt – denn es ist keine intellektuelle Frage –, sicher gut genug ist. In Bezug auf die Menschheit gibt es sowieso kein Nicht-gut-genug-Sein, sondern nur ein Noch-nicht-bereit-Sein. Die Frage ›Wer bin ich?‹ zeigt die Bereitschaft, die innere Absicht, die Suche nach der Wahrheit. Das Paradoxon ist, dass du dich, solange du die Suche fortsetzt, verleugnest, doch ohne den inneren Schmerz der Suche verleugnest du dich noch viel mehr.«

»Das klingt nach einem Teufelskreis«, meinte ich.

»Für einen intelligenten Menschen ist das zutreffend, doch Intelligenz hilft dir nicht beim Erwachen, nur Selbstvertrauen und Einfachheit. Denke daran, was ein Meister sagte: ›Seid wie die Kinder‹: vertrauensvoll und einfach. Einfach zu sein bedeutet nicht, simpel zu sein. Es bedeutet, dass du aufrichtig und verletzlich bist. Folge deiner inneren Wahrheit, lebe sie, drücke sie aus, entspanne dich und liebe das Leben. Auf diese Weise achtest du dich. Das ist das Rezept. Lebe diese wunderbare Mischung, und der Zeitplan wird das Übrige tun.«

»Was wird geschehen?«

»Du wirst entdecken, dass du das Leben *bist*. Du bist der Mikrokosmos und der Makrokosmos, Alles-was-Ist, Eins.«

»Mit dieser tiefen Einsicht werde ich euch jetzt verlassen«, sagte Amber, stand auf und streckte sich.

»Ich glaube, auch ich bin ziemlich überladen mit tiefen Einsichten«, sagte ich. »Es ist Zeit zu schwimmen. Ich kann wahrheitsgemäß sagen, dass Adam wieder da ist.« Ich schaute Selph mit gerunzelter Stirn an. »Und doch erinnere ich mich genau an Jacobs Leben. Ich habe zwei Erinnerungen an meine letzten drei Jahre, die sich aufeinander beziehen und doch zu verschiedenen Zeiten und Realitäten gehören. Wird das so bleiben, oder wird Jacobs Realität langsam verblassen?«

Selph zuckte die Achseln. »Es gibt dafür keine festgesetzte Regel. Ich glaube, du wirst beide Erinnerungen an beide Wirklichkeiten behalten. Deine Erfahrung als Jacob war so intensiv, dass ich nicht glaube, dass du sie vergessen wirst. Wie du weißt, war es eine reale Erfahrung und kein Traum.« Er grinste. »Ich bin gespannt, was dir so im Gespräch mit anderen Menschen herausrutscht. Das wird lustig sein!«

Ich lachte. »Vielleicht wird es mich lehren, nachzudenken, bevor ich spreche. Doch obwohl ich dieses Leben lieber nicht wiederholen möchte, muss ich zugeben, dass ich die Erinnerung an Jacob schätze.«

Selph lächelte anerkennend. »Das freut mich.«

Amber kam in einem hellblauen Bikini aus dem Haus. Sie lächelte uns zu und sprang in den Pool. Ich sah ihr zu, wie sie einige Male kraulend das Becken durchmaß. Sie schwamm, bis sie nicht mehr konnte. Das nasse Haar klebte ihr an den Schultern, als sie mich anlächelte.

»Jetzt geht es mir besser. Ich war immer noch total verspannt wegen all dem, was du mir zugemutet hast. Körperliche Anstrengung tut da wirklich gut.«

»Ich habe dir nichts zugemutet«, erwiderte ich. »Das hast

du selbst getan. Du hättest Selph, mir und dem Prozess vertrauen können.«

»Wenn es anders herum gewesen wäre, hättest du dir keine Sorgen um mich gemacht?«

Ich nickte. »Gutes Argument. Ich wäre verrückt geworden vor Angst.«

Sie grinste. »Du musst zugeben, dass du dich nicht jeden Tag auf den Boden wirfst, dich übergibst und dann dein Gesicht in das Erbrochene tauchst.«

Was sollte ich darauf sagen?

*

Ich träumte doch wohl! Ich sagte mir immer wieder, dass ich träumen musste, doch statt dass der Traum endete oder sich durch meinen Einfluss veränderte, nahm er erbarmungslos seinen schrecklichen Lauf. Ich lag auf einem riesigen Holzklotz, und ein großer, bedrohlich und eher verschwommen wirkender Mann mit einer Axt schlug mich langsam entzwei, Glied um Glied. Ich hatte bereits beide Beine verloren, und gerade war ein Arm abgetrennt worden. Ich spürte, wie sich das Entsetzen in meiner Kehle zusammenzog, und ich versuchte zu schreien, jedoch brachte ich keinen Ton heraus. Merkwürdigerweise wusste ich, dass ich der Prozedur zugestimmt hatte, da sie mich befreien würde, doch als mein linker Arm und dann auch der rechte schmerzlos abgetrennt wurden, fürchtete ich mich sehr. Danach würde ich in zwei Hälften gehackt werden, und schließlich käme mein Kopf an die Reihe. Ich konnte akzeptieren, dass die Glieder und der Rumpf abgetrennt wurden, doch der Kopf! Die riesige Axt schwebte über mir, schoss herab und teilte mich in zwei Hälften. Sie hob sich wieder, und plötzlich wusste ich, dass ich loslassen und meinen Kopf aufgeben sollte. Doch mit der Höhe der Axt stieg auch meine Angst. Ich schaute sie an, und die Ängste all meiner vielen Leben erreichten ihren Höhepunkt. Der laute Schreckensschrei, der sich meiner Kehle entrang, riss mich aus dem Traum, ja fast aus dem Bett.

Die arme Amber! Sie hatte gerade noch friedlich geschlafen, und im nächsten Augenblick saß sie aufrecht im Bett und schrie: »Adam! O mein Gott! Was ist jetzt schon wieder? O Gott, was ist denn los?«

Ich saß zitternd im Bett und hielt mir den Kopf. Amber fasste sich rasch. Ebenfalls zitternd, umarmte sie mich, hielt mich und flüsterte: »Es ist alles in Ordnung, Liebling, es war nur ein Traum. Nur ein scheußlicher Traum. Entspanne dich, alles ist wieder gut.«

Wir hörten ein leises Klopfen an der Schlafzimmertür.

»Ist alles in Ordnung bei euch? Ich hörte einen Schrei.«

»Komm herein, Selph«, rief Amber.

Selph trat ein, kam zu uns und legte eine Hand auf Ambers Schulter und eine auf meine. Die Energie von Ruhe und Frieden, die uns durchströmte, war so stark wie elektrischer Strom. Wir spürten, dass sie aus seinen Händen nicht nur in uns einströmte, sondern durch unseren Kontakt in jeden von uns, als wenn wir einen Stromkreis schließen würden. Innerhalb von Sekunden hörte ich auf zu zittern und war wieder ruhig und klar.

»Heilige Mutter Gottes! Du bist ja wirklich aufgeladen«, keuchte ich. »Trägst du diese Energie immer mit dir herum?«

Selph lächelte. »Fragen! Es geht ihm besser.« Er schaute mich an. »Was ist passiert?«

Ich starrte auf sein orangefarbenes T-Shirt und die grünen Shorts und sagte finster: »Du wirst doch nicht auch noch in diesen Klamotten schlafen!«

»Adam, weich nicht aus«, rief Amber ärgerlich.

»Wir könnten etwas Heißes trinken«, schlug ich vor, »dann werde ich euch alles erzählen. Nicht, dass es viel zu erzählen gäbe, doch es ist das zweite Mal, dass ich diesen Traum habe, und ich mag ihn gar nicht.«

Amber machte jedem von uns rasch einen Becher heiße Schokolade, und um zwei Uhr morgens versammelten wir uns um den Küchentisch.

»Es würde mich nicht überraschen, wenn ich ein Kind mit schreckensweißem Haar zur Welt brächte. Langsam wird das hier zur Gewohnheit!«, grollte sie.

»Also, wenn es eine süße kleine Tochter wird, könnten wir sie Schneeweißchen nennen«, witzelte ich. Dann wurde ich wieder ernst und erzählte ihnen den Traum in allen Einzelheiten.

Amber schauderte. »Schrecklich. Ich bin auch schreiend aufgewacht.«

»Du hörst nie auf, nicht wahr?«, sagte Selph. »Drama am Tage, Drama bei Nacht. Mensch, du liebst Dramen!«

»Vielen Dank«, antwortete ich verstimmt, »doch es war nicht meine Idee. Ich bin äußerst bereit für ein friedliches Leben. Was bedeutet der Traum? Was will er mir sagen?«

»Dass du Dramen magst«, kicherte Selph, »und noch ein paar andere Einzelheiten. Er sagt dir, dass du dich, indem deine Glieder abgehackt werden, hilflos machst. Grundsätzlich symbolisiert er, dass du loslässt. Es scheint, dass du das so weit gut verträgst. Die Angst erreicht ihren Siedepunkt, wenn dein Kopf abgeschlagen werden soll.« Er lächelte mich an. »Hmmm, sehr interessant. Der Kopf repräsentiert deine Identität. Der Traum zeigt dir, dass du dich nicht nur dem Leben hingeben, sondern deine Identität aufgeben sollst. Verständlicherweise jagt dir das eine Heidenangst ein, deshalb leistest du Widerstand und wachst schreiend auf.«

»Warum bist du so sicher, dass mein Kopf meine Identität symbolisiert?«

»Wenn du im Film oder im wirklichen Leben eine Leiche siehst, dann wird der tote Körper üblicherweise anhand der Gesichtszüge identifiziert. Wenn du auf einen Maskenball gehst, wird der Kopf maskiert und nicht die Füße. Bei Räubern ist es genauso. Sie verbergen ihr Gesicht, weil wir Menschen am Gesicht erkennen. Dein Traum ist eine Botschaft deines Überbewusstseins, das dir sagt, dass du die Kontrolle über dein Leben loslassen, dich dem Prozess inneren Wachstums hingeben und deine Identität aufgeben sollst.«

»Warum? Und wie?«

»Hast du nicht gesagt, dass du diesen Traum schon einmal geträumt hast?«

»Ja. Das erste Mal träumte ich ihn im Krankenhaus, kurz nachdem ich mich entschieden hatte, mein physisches Leben fortzusetzen. Ich glaubte, der Schmerz hätte ihn hervorgerufen.«

»Adam, mit dem Traum sagst du dir selbst, dass du die letzte Bastion deines Ego und deiner Identität aufgeben sollst, dein Gesicht und deinen Kopf. Du fragst, warum? Bist du Jacob? Bist du James? Bist du der arme Kerl, der gefoltert wurde? Bist du Thomas? Bist du Adam? Oder bist du jemand der anderen Identitäten, durch welche dein wirkliches Selbst seine Kontinuität ausdrückte? Du bist keiner von ihnen und sie alle zusammen. Anhand deiner Identität wirst du deine Wahrheit nie entdecken. Ich glaube, dass du diesen Traum wenigstens noch einmal träumen wirst. Wenn das geschieht, dann lass den Mann deinen Kopf abhacken. Vertraue.«

»Was passiert dann?«

Selph lachte. »Tut mir Leid, Adam. Du musst es tun und es selbst herausfinden.«

»Mensch, vielen Dank. Ich könnte aufwachen und herausfinden, dass ich tot bin! Doch dann wird Amber deinen Skalp verlangen!«

Amber nahm mich bei der Hand. »Komm schon. Trink den Becher leer, und lass uns ins Bett gehen, du seltsamer Kerl. Wahnsinn! Ich habe nicht gewusst, worauf ich mich einließ, als ich dich geheiratet habe!«

»Amber«, sagte Selph, »wenn du Adam nicht geheiratet hättest, wäre ich jetzt nicht hier. Ich sagte ihm bei unserem ersten Treffen, dass du ein Teil der Gleichung seist, die mich angezogen hat. Du *warst* natürlich Polly, und die Liebe zwischen euch beiden beschleunigte während vieler Leben dein eigenes, außergewöhnliches Wachstum. Adam braucht und brauchte dich genauso, wie er mich jetzt braucht. Ich werde das nicht erklären, doch das, was wir jetzt für Adam tun, ist der Ausgleich für ein großes Geschenk, das er uns, dir und mir, in einem anderen Zeitrahmen in sehr ferner Vergangenheit gemacht hat. Man könnte sagen, dass wir ihm dies schuldig sind.«

Ich starrte ihn mit offenem Mund an. »Wirklich?«

Er nickte. »Ja, wirklich. Einst waren Amber und ich und viele andere Menschen die Empfangenden.«

Ich wusste nicht, warum, doch es fühlte sich gut an. Es kam nicht vom Ego, es fühlte sich einfach nur gut an. Als ich mit Amber zu Bett ging, wollte ich nichts über diese andere Zeit wissen. Es spielte keine Rolle, doch ich war froh, dass Selph es mir gesagt hatte.

Wir lagen eng umschlungen, und Ambers Atem strich kitzelnd durch die Haare auf meiner Brust.

»Es tut mir Leid, dass ich dich erschreckt habe«, sagte ich.

»Das ist schon in Ordnung. Du hast es ja nicht absichtlich getan. Schlaf gut.«

Den Rest der Nacht schlief ich friedlich. Am nächsten Morgen spürte ich keine Folgen der Unterbrechung, doch beim Frühstück erinnerte ich mich plötzlich an etwas. Als ich darüber nachdachte, wunderte ich mich, dass ich es vergessen und Selph gegenüber nicht erwähnt hatte.

Die Morgen waren jetzt sehr warm, und der Haferbrei war Müsli oder Toast mit Marmelade gewichen. Ich biss nachdenklich in meinen Toast. »Wisst ihr«, sagte ich zu Selph und Amber, »da ist etwas, das ich keinem von euch beiden gesagt habe, und ich weiß überhaupt nicht, warum. Es ist merkwürdig, weil es die Erinnerung an eine Erinnerung ist, und doch ist sie so klar und lebendig wie die Realität.«

»Adam, red nicht um den heißen Brei herum. Erzähl!«, ordnete Amber an.

»Je mehr ich darüber nachdenke, umso stärker wird merkwürdigerweise meine Erinnerung. Genau wie der schreckliche Traum tauchte es kurz nach meiner Entscheidung auf, zu Amber zurückzukehren. Als ich zwischen Bewusstsein und Bewusstlosigkeit hin- und herpendelte, sah ich ein riesiges, nebliges, golden glänzendes Licht, das neben meinem physischen Körper schwebte. Wenn ich ›riesig‹ sage, meine ich damit keine bestimmte Größe, doch es schien mir etwa dreimal so groß wie ein Mensch zu sein. Ich sah es einige Male, ein- oder zweimal auch bei Bewusstsein. Ich weiß nicht, warum ich es vergessen konnte. Wirklich merkwürdig ist, dass Jacob es ebenfalls neben sich gesehen hat.«

»Wie hast du es empfunden?«, fragte Selph.

»Ich denke, es …«

»Wie hast du es *gefühlt*? Fühle!«, unterbrach Selph.

Ich hielt inne, während ich darüber nachdachte.

»Siehst du! Du versuchst darüber nachzudenken, wie du dich gefühlt hast«, sagte Selph neckend. »Halte keinen verstandesmäßigen Vortrag, sondern teile uns ganz einfach mit, was du tief im Herzen gefühlt hast.«

Ich zögerte, unsicher, wie ich die Erinnerung an diese unerklärlichen Gefühle in Worte kleiden sollte. »Äh, ich fühlte mich sicher und von seiner Gegenwart genährt. Es war ein Lichtwesen. Und merkwürdigerweise sollte ich mit ihm verschmelzen. Ich hatte das Gefühl, dass etwas außerordentlich Wunderbares geschehen würde, wenn ich das täte.«

»Warum hast du es nicht getan?«, fragte Amber.

»Weil ich nicht wusste, wie. Jacob versuchte es, und ich habe es auch probiert, doch es war unmöglich. Sobald ich es versuchte oder darüber nachdachte, wie ich es tun könnte, verblasste der goldene Glanz einfach.« Ich schaute Selph an. »Was war das? Was wollte es?«

»Dich!«

Ich wartete darauf, dass er fortfuhr, doch mehr kam nicht. ›Dich!‹ Was sollte das bedeuten? Verblüfft runzelte ich die Stirn. »Was meinst du mit ›dich‹? Mich? Meinst du, dass es mich wollte? Ich weiß nicht, wovon du sprichst.«

»Mehr habe ich nicht zu sagen. Finde es heraus, doch bitte, denke nicht darüber nach. Öffne einfach dein Herz. Es liegt alles vor dir, alles, was du brauchst, alles, was du bist.«

Ich schaute ihn verständnislos an und wandte mich an Amber. »Kannst du mir sagen, was mir hier entgeht? Es übersteigt nämlich meinen Verstand! Vielleicht bin ich zwischendurch eingeschlafen und habe etwas verpasst. Ihr beide scheint euch einig zu sein, deshalb, äh, bitte hilf mir!«

Amber traf Selphs Blick, doch wenn sie sich verständigten, entging mir auch das. Sie schaute mich an und zuckte die Achseln.

»Es tut mir Leid, Liebling, doch Selph ist dein Lehrer, und er unterrichtet dich. Ich liebe dich, doch ich kann dir solche Fragen nicht beantworten. Ich weiß nur eines: Wenn du versuchst, das, was du suchst, durch Fragen und Antworten zu finden, dann wird es dir nie gelingen.«

Ich runzelte die Stirn. »Wunderbar, vielen Dank! Du bist gerade dem Club der Fernen beigetreten. Du klingst genau wie Selph.«

Amber grinste mich eher herausfordernd als nett und freundlich an, deshalb raffte ich die Überbleibsel meiner verletzten Würde zusammen, trank meinen Kaffee aus und ging mit einem »Entschuldigt mich« hinaus in den Garten. Der Teich zog mich an wie ein Magnet, und ich setzte mich im Schutz der Büsche ans Ufer. Ehrlich gesagt wusste ich, was Amber meinte. Fragen und Antworten bewirkten Trennung, und so waren sie offensichtlich kein Weg zur Ganzheit. Selph hatte uns gesagt, dass man keine wirklich sinnvolle Frage formulieren kann, ohne die Antwort zu kennen. Wir hatten jedoch unbewusst die Gewohnheit entwickelt, beides voneinander zu trennen. Das machte uns blödsinnigerweise zu Opfern, und doch taten wir es ständig. Er sagte uns, dass alles von unserer Art zu denken abhinge. Doch es war wirklich schwierig, nicht nur keine Fragen zu stellen, sondern zu vermeiden, an sie zu denken! Ich war mir nicht sicher, ob ich das schaffen könnte. Wenn ich nachdachte, führte ich innerlich meist einen Frage-und-Antwort-Dialog. Ich konnte natürlich nur über die Frage nachdenken, doch eigentlich war mir die Antwort ziemlich wichtig. Vielleicht war es das? Wenn ich die Frage stellte und sie einfach stehen ließ, würde das, was ich wissen musste, möglicherweise zum richtigen Zeitpunkt auftauchen. Mit Fragen leben, doch die Antwort offen lassen! Ja, das gefiel mir.

Ich kicherte, als mir klar wurde, was ich gerade tat. Ich saß am Teich, schaute auf das Wasser und dachte nach! Ich griff unter einen Busch nach der dicht verschlossenen Büchse mit Fischfutter. Jetzt kam Bewegung in die Goldfische, und sie schwammen mit weit geöffneten Mäulern umher, auf das Manna von oben wartend. Das bin ich, dachte ich. Ich schwimme umher und suche nach Antworten, während sich mein Mund beim Ausspucken sinnloser Worte öffnet und schließt. Doch bin ich dabei überhaupt in Kontakt mit meiner Frage? Wie lautet meine Frage eigentlich? Ich habe ein Wesen gesehen, das mir wie goldenes Licht erschien. Warum taucht es nur in Augenblicken außerordentlicher Schmerzen oder Belastungen auf? Richtig, das war eine Frage, die ich stehen lassen konnte. Die andere Frage lautete, was Selph damit meinte, dass es mich wollte. Mich? Ich seufzte. Vergiss es. Die Fragen waren gestellt, jetzt war das Leben dran.

Ich fütterte die Fische und betrachtete sie einige Minuten, bevor ich mich stöhnend erhob. Uff, ich sollte nicht so auf dem Boden sitzen! Meine Hüfte und mein Rücken schmerzten. Ich seufzte tief. Ich musste meiner körperlichen Verfassung Zugeständnisse machen. Ein kleiner Stuhl am Teich war jetzt wirklich angebracht.

Ich humpelte zurück zum Haus, ging dort durch mehrere Zimmer, dann wieder nach draußen. Ich lief durch den Garten in Ambers leeres Atelier, zurück zum Fischteich und dann wieder ins Haus, wo ich mich in meinen großen Sessel sinken ließ. Wenigstens hatte ich durch das Gehen keine Schmerzen mehr, doch wo waren die anderen? Wieder eine Frage!

Genau in diesem Moment kam Amber herein. Sie trug ein hellrosafarbenes Minikleid und sah umwerfend aus. Ihre großen Augen erforschten das Zimmer und blieben dann an mir hängen. Ihr Kiefer machte einen entschlossenen Eindruck, und ich vermutete, dass sie gleich etwas klarstellen würde. Doch nein. Sie ging zu mir, zog ihr Kleid noch ein bisschen höher und setzte sich auf meinen Schoß, ein wohlgeformtes Bein auf jeder Seite.

»Du wirkst gerade sehr suggestiv auf den edlen Ritter«, sagte ich, als ich über ihre zarten Oberschenkel streichelte.

»Du langweilst dich, oder?«, fragte sie.

Ich nickte. »Ja, ich glaube, das stimmt. Ich weiß nicht, was ich tun soll. Ich habe den Garten gemulcht, alle Bonsais umgetopft und beschnitten und alles getan, was ich tun konnte. Es ist alles fertig. Alles, was wichtig war, habe ich erledigt.« Ich senkte den Kopf und küsste eine sich ziemlich dreist mir entgegenreckende Brust. »Pass auf, ich kann mir durchaus eine kurzfristige Beschäftigung vorstellen.«

»Adam, würdest du aus Langeweile mit mir schlafen?«

»Es klingt nicht nett, wenn du es so ausdrückst.«

»Wie würdest du es denn ausdrücken?«

»Nicht aus-, sondern reindrücken und dann hin- und herbewegen«, kicherte ich.

Gegen ihren Willen musste sie lachen. »Adam, du hast nur eins im Kopf.«

»Nur wenn ich mich langweile«, protestierte ich.

»Richtig, und damit wären wir wieder bei meiner Frage. Willst du nur deshalb mit mir schlafen, weil du dich langweilst?«

»Also, das kann ich nun nicht beantworten, denn es war Amber, das Orakel, das mir gerade erst verkündet hat, dass ich, wenn ich die Antworten auf meine Fragen nicht in mir suchte, nie das fände, wonach ich suche. Wenn du also wissen willst, warum ich scharf auf dich bin, musst du die Antwort in dir suchen. Eigentlich entspricht das genau meinem Wunsch. Warum gehen wir nicht ins Schlafzimmer und suchen die Antwort gemeinsam in dir?«

Amber warf den Kopf zurück und lachte. »Du Witzbold. Nein, ich werde nicht aus Langeweile mit dir schlafen.«

»Du hast mein Wort, dass ich mich nicht langweilen werde.«

Kichernd küsste sie mich auf die Stirn.

»Nein, wirklich nicht. Nein. Nein. Nein. Verstehst du?«

»Äh, du bist unentschieden.«

Amber lachte, kletterte von meinem Schoß und wuschelte durch mein Haar. »Es tut mir Leid, dass ich dich angemacht habe. Das war nicht fair. Ich sah dich herumlaufen, und so überlegte ich mir, ob ich dich verführen könnte, mit mir in der Maroochydore Plaza einkaufen zu gehen. Falls du dich erinnerst, bin ich mit dem Einkauf nicht fertig geworden. Wir könnten dort zu Mittag essen. Wie klingt das?«

»Keine zusätzlichen Angebote?«

Sie dachte nach. »Du könntest andere Leute finster anblicken, solange du willst!«

Ich lächelte sie entzückt an. »Okay, du hast mich überzeugt!«

Achtzehn

Ein weiterer Monat verstrich, in dem ich im Fitnesscenter nach körperlicher Wiederherstellung strebte. Doch mich ödete alles zunehmend an, und ich fühlte mich eingesperrt und nutzlos. Ich hatte ein Stadium erreicht, in dem ich langsamer und weniger offensichtlich Fortschritte machte. Die schmerzenden Stiche blieben, doch sie waren so leicht, dass sie mir keine großen Sorgen mehr machten. Ich langweilte mich!

Amber malte an ihren Bildern, ermutigt durch einige Verkäufe, die sie vor kurzem getätigt hatte. Langsam hatte sie sich als gefühlvolle Naturmalerin einen Namen gemacht, und man fand ihre Arbeiten in vielen Galerien Queenslands. Sie vertiefte sich immer mehr in ihre Kunst und fand dort Erfüllung, während mich die Monotonie meines einförmigen Lebens immer verdrießlicher machte. Je fitter ich wurde, umso akuter wurden meine Symptome.

Ich machte jeden Tag die innere Reise, und allmählich traten dort Veränderungen ein. Die Natur wirkte nicht mehr wie in einem Disneyfilm, sondern realistischer. Die Sphäre blieb, und ich genoss meine Zeit dort, während ich immer gesünder wurde. Doch ich konnte nicht den ganzen Tag in inneren Räumen verbringen, und ich hatte es satt, nichts zu tun. Ich musste tätig werden! Es gab keine andere Lösung. Ich fuhr seit einer Weile wieder selbst Auto und konnte, trotz des gewohnten Hinkens, gut laufen. Was mich betraf, sah ich keinen Grund, warum ich meine Beratertätigkeit in der ökologischen Landwirtschaft nicht wiederaufnehmen sollte. Doch musste ich mich natürlich mit meiner überfürsorglichen Frau einigen.

Ich brachte das Thema abends auf den Tisch. »Schau, ich

habe nicht vor, mit dir darüber zu diskutieren, Liebling. Ich möchte wieder arbeiten ... jetzt!«

»Ich bin deiner Meinung«, sagte sie ruhig.

»Es nützt gar nichts, wenn du ...! Was hast du gesagt?«, keuchte ich, als mir aufging, was sie gerade gesagt hatte.

»Ich sagte, dass ich dir zustimme«, antwortete sie ernst.

Ich hatte immer noch damit zu tun, mich umzustellen, und kicherte. »Ich hatte erwartet, dass du dagegen sein und mich anbrüllen würdest«, sagte ich lahm.

Sie sah ärgerlich aus. »Ehrlich gesagt bin ich auch nicht wirklich einverstanden, doch ich habe es den ganzen letzten Monat kommen sehen. Ich gebe zu, dass ich angenommen hatte, du würdest dich besser beschäftigen, als den ganzen Tag gelangweilt umherzulaufen oder mit leidendem, resigniertem Gesichtsausdruck zu lesen. Ich habe sogar mit Pete darüber gesprochen, und er ist mit Vorbehalten einverstanden.«

»Oh, und worin bestehen die?«

»Also, deine Mutter hatte die beste Lösung.«

Ich musste mich ständig wundern. Mutter ... hatte eine Lösung? »Amber, wovon redest du? Welche Lösung?«

»Nimm Selph mit! Weißt du noch, dass er Mutter sagte, er sei dein neuer Assistent?« Amber lächelte mich verschmitzt-verschwörerisch an. »Es könnte dir gefallen, ihn herumzukommandieren!«

Das Lächeln kam aus tiefster Tiefe und breitete sich auf meinem Gesicht aus. »Du bist ein Genie, Liebling. Welch ab-so-lut brillante Idee!«

»Dein Grinsen ist teuflisch.«

Ich nickte lächelnd. »Es belebt mich, wenn ich nur daran denke. Welch wunderbare Idee! Diesmal könnte Selph seine Worte bereuen.«

Wir hatten Selph den ganzen Tag nicht gesehen, und er tauchte erst am nächsten Morgen gegen elf Uhr auf. Ich berichtete ihm ausgelassen von unserem Plan, und natürlich verdarb er mir den Spaß.

»Phantastisch«, rief er begeistert, »das würde mir großen Spaß machen. Großartige Idee! Wann fahren wir?«

»Du machst Witze«, sagte ich überrascht.

Sein offenes, lächelndes Gesicht war die reine Unschuld. Diese Sorte Gesichtsausdruck hatte er immer, wenn tiefe Fallen drohten. Ich dachte lange nach und versuchte, die Sache von jedem nur möglichen Blickwinkel her zu beleuchten, doch ich konnte die Falle nicht finden.

»Warum sollte ich Witze machen, Adam? Es ist eine großartige Idee. Lass mich einfach wissen, wann es so weit ist, und ich werde bereit sein.«

Verblüfft ging ich. Ich hatte immer noch das Gefühl, dass Selph mich reinlegen wollte, doch wie, das wusste ich nicht. Wollte er wirklich etwas von mir lernen? Oder wusste er bereits alles, und ich würde wie immer der Schüler sein? Noch mehr Fragen! Lass sie los, Adam. Lebe!

In einer Nische im Esszimmer stand mein Rollpult, komplett ausgerüstet mit einem Telefon. Dies war mein persönlicher Bereich. Ich setzte mich zum ersten Mal seit langem an den Schreibtisch. Vor mir lag mein Telefonregister mit allen Namen und Nummern meiner Klienten. Ich öffnete es bei S für Steadman.

Ich wählte und wartete. Gerade als ich den Hörer wieder auflegen wollte, hörte ich Joyce. Sie klang außer Atem.

»Hallo, Joyce am Apparat.«

»Hallo, Joyce-am-Apparat, schön, deine Stimme zu hören.«

Es gab eine lange Pause. Dann kicherte sie. »Ach du meine Güte! Adam! Bist du das?«

»Ja, ich bin es. Wie geht es dir und der Familie?«

»Uns geht's gut. Du hast mich gerade noch erwischt. Ich bin wie immer sehr beschäftigt. Es ist schön, dich zu hören. Wie geht es dir und Amber?«

»Amber geht es wunderbar, danke. Ich habe mich gut erholt und möchte wieder mit der Arbeit beginnen. Joe sagte mir, dass er die Namen und Telefonnummern einiger Farmer hätte, die sich für einen sensationellen Berater für ökologische Landwirtschaft interessieren.«

»Ja, das hat er, und ich weiß, dass er dich sehen möchte, sobald du wieder auf den Beinen bist. Er wollte dich schon anrufen, doch ich habe ihn daran gehindert. ›Wage nicht, den armen Adam zu stören, bevor er wieder gesund ist‹, sagte ich zu ihm. Ich freue mich sehr, zu hören, dass du wieder fit bist.«

»Wir wollen es mit der Fitness nicht übertreiben«, lachte ich, »doch ich bin ziemlich arbeitswütig!«

»Ich weiß nicht, wo Joe die Namen aufgeschrieben hat. Ich werde ihm sagen, dass er dich heute Abend anrufen soll. Er wird gern mit dir plaudern.«

»Gut, Joyce, vielen Dank. Ich lass' dich jetzt in Ruhe, denn ich weiß, du hast immer viel zu tun. Bestell Mattie und den Jungen Grüße.«

»Das tue ich, Adam. Wir freuen uns, dich bald zu sehen. Pass gut auf dich auf. Tschüs.«

»Bis bald, Joyce.«

Obwohl ich immer noch nichts zu tun hatte, als ich vom Schreibtisch aufstand, fühlte ich mich besser. Die Lösung lag in Reichweite, und meine Zukunft sah wieder rosig aus. Die anhaltende Dürre war ein Problem, weil sie landschaftliche Umgestaltungen und Bodenarbeiten so lange verzögerte, bis Regen in Sicht war, doch es gab eine Menge, was ich tun konnte, um meine neuen Klienten geistig vorzubereiten. Sie würden eine ganz neue Philosophie für ihr Land annehmen und lernen müssen, dass die Natur vieles vergibt, wenn man harmonisch und ganzheitlich mit ihr umgeht. Die moderne Landwirtschaft beutet den Boden aus und begegnet der Natur aggressiv und arrogant. Wenn ein Farmer nur darauf aus ist, sein Land und dessen Schätze auszubeuten, dann provoziert er damit Ärger. Die

Farm wird zum Schlachtfeld, und die Natur ist der Feind. Und sie ist ein mächtiger, unnachgiebiger Feind.

Die ökologische Landwirtschaft erfordert, dass die aggressiven den ganzheitlichen Methoden weichen und dass der Farmer ein Schüler der Natur wird. Er lernt, den Boden zu beobachten, und beginnt, demütig und intelligent, eine Partnerschaft mit dem Land einzugehen. Und er lernt, zu denken und zu fühlen, statt einfach nur zu funktionieren. Einigen Farmern gelingt das von Natur aus gut, und sie genießen die neue Freiheit, die sie dadurch gewinnen, doch die starren Typen bekommen Angst, denn sie sind von der Anerkennung der Gesellschaft abhängig. Ich halte mich selten mit ihnen auf. Ich erfreue mich an Menschen, die Veränderung, Expansion und Herausforderungen offen gegenüberstehen. Für einen Farmer sind Flexibilität und Anpassungsfähigkeit die wichtigsten Eigenschaften. Ich enthalte meinen Klienten die modernste Technik keineswegs vor, doch diese wird ganzheitlich eingesetzt, statt alles zu dominieren. Sie dient der Natur und wirkt nicht gegen sie. Ökologische Landwirtschaft kooperiert mit der Natur, statt sie auszubeuten – und der Unterschied ist in jeder Hinsicht riesengroß.

Ambers Ruf drang durch meine Tagträumereien. »Adaaam. Das Mittagessen ist fertig.«

Sie hatte den Tisch am Pool gedeckt. »Wie geht es voran?«, fragte sie, als ich mich mit zufriedenem Lächeln setzte.

Ich sah mich um. »Wo ist mein Assistent?«

»Ich habe keine Ahnung. Er ist da, und dann ist er wieder weg. Unser Selph ist wirklich ein Irrlicht.«

»Ich habe mit Joyce gesprochen. Sie wollen mich sehen, und sie haben einige neue Klienten für mich. Doch zuerst werde ich mit meinen alten Kunden sprechen, denn die halten mich bestimmt eine Weile lang beschäftigt. Ich will es nicht gleich übertreiben, sondern langsam angehen.«

»Um Himmels willen, ja, sei bloß vernünftig und vorsichtig! Woher kommt dieser Meinungswandel?«

Ich schaute sie ernst an. »Ich weiß, dass ich es vor meinem Unfall gern übertrieben habe, doch die Geschichte mit den Zuckerrohrballen und der Schubkarre hat mich eine Menge gelehrt. Ich habe gelernt, mein Arbeitstempo zu senken. Und da ist noch etwas, das mit dir zu tun hat, Liebling: Ich pflegte meinen Zorn und meine Frustration abzuarbeiten, doch das ist nicht mehr nötig. Ich komme gern nach Hause, denn ich habe eine Frau, mit der ich liebend gern zusammen bin.«

»Mach weiter! Du sagst genau das Richtige!«

»Also, es stimmt. Was du einst im Scherz sagtest, ist wahrer, als du denkst. Einige Aspekte meiner selbst sind tatsächlich bei dem Autounfall gestorben, Aspekte, die ich nicht länger brauchte. Ich …«

»Ich habe es nicht im Scherz gesagt, Adam, es war ernst gemeint«, unterbrach mich Amber.

Ich zuckte die Achseln. »Wie auch immer. Irgendwie habe ich einen ganz neuen Zugang zum Leben, zu Menschen und besonders zu mir selbst gewonnen. Ich beginne tatsächlich, mich zu mögen.«

Amber sprang auf, ließ sich auf meinen Schoß plumpsen und küsste mich gründlich ab. »Du hast keine Ahnung, wie glücklich es mich macht, wenn du das sagst. Für mich und für jeden, der dich kennt, ist die Veränderung ganz offensichtlich, doch es ist wichtig, dass auch du sie wahrnimmst. Ich mag dich auch.«

»Ist noch Platz im Fanclub?«

Wir lachten. »Hallo, Selph, wir wollten gerade zu Mittag essen. Was möchtest du gern?«, fragte Amber und rutschte von meinem Schoß.

Selph nahm sich eine Avocado und einen Teller. »Ich habe alles, was ich brauche. Es ist genug Salat da.« Er lächelte mich an. »Ich mag dich auch.«

Ich wusste, dass er es ehrlich meinte, und nickte. »Danke, Selph, das Gefühl beruht auf Gegenseitigkeit.«

»Adam, wie wäre es heute Abend mit Kino und einem Abendessen bei Scoozie's? Wir könnten uns eine Pizza mit Meeresfrüchten teilen.«

Mir lief das Wasser im Mund zusammen, wenn ich nur daran dachte. Da im Maroochydore-Kino ungefähr acht Filme liefen, würde es sicher einen geben, der mir gefiel. »Was ist mit dir, Selph? Möchtest du uns begleiten?«, fragte ich.

Seine Zustimmung überraschte mich. »Ja, gern.« Er lächelte Amber zu. »Gibt es einen Film, der dich besonders interessiert?«

»Ja, ich möchte *The Madness of King George* sehen. Ich habe die Kritiken gelesen, und sie klingen großartig. Nebenbei mag ich britische Filme. Was meint ihr dazu?«

Selph und ich schauten einander an und nickten. »In Ordnung«, sagte ich. »Alles, was du willst, will ich auch.«

*

Drei Stunden später betraten wir die zwielichtige Welt des Kinos. Der Schauspieler Nigel Hawthorne vollbrachte in diesem Film eine Spitzenleistung. Eigentlich interessiere ich mich nicht besonders für Filme, doch als wir an diesem Abend unsere Plätze bei Scoozie's einnahmen, war ich begeistert.

Amber lächelte mir zu. »War das nicht besser, als zu Hause herumzuheulen, wie langweilig dir ist, Liebling?«

»Du hattest Recht, es war ein großartiger Film. Teilen wir uns also eine Pizza mit Meeresfrüchten, Amber?«

Sie nickte. »Gern.«

»Und was möchtest du, Selph? Du bist eingeladen.«

Selph bestellte eine vegetarische Lasagne, und zwanzig Minuten später waren wir mit unserem Essen beschäftigt. Scoozie's machten ihre Pizza ganz altmodisch im Holzofen, und sie schmeckte köstlich.

»Wann erwartet Kate ihre Babys?«, fragte ich Amber.

Sie schaute mich vorwurfsvoll an. »Du weißt nicht, wann der Termin deiner Schwester ist? Schande über dich! Das große Ereignis findet in etwa sechs Wochen statt.«

»Wirklich? Schon so bald?«

»Für dich mag es bald sein, doch sie sagte mir gestern am Telefon, sie sei jetzt so dick, dass sie schwören könne, die Zeit schleppe sich dahin. Ihr werden die Tage lang.«

*

Mir waren die Tage nicht mehr lang, und innerhalb einer Woche machten Selph und ich uns auf den Weg zu meinen Klienten. Ich würde wie üblich eine Nacht außer Haus sein, und Amber und ich trennten uns nur widerstrebend voneinander.

Ich genoss es, wieder aktiv zu sein, auch wenn ich davon sehr schnell müde wurde. Auszuruhen, obwohl man tätig sein wollte, war sehr ärgerlich, doch wenn man körperlich wirklich erschöpft war, bedeutete Ausruhen der reinste Luxus. Ich fand heraus, dass Amber bei meinen Klienten anrief, um sich nach meinem Wohlbefinden zu erkundigen. Doch das störte mich nicht, zeugte es doch nur von ihrer Liebe und Fürsorge. Als ich sie danach fragte, war sie auch kein bisschen beschämt.

»Ich wollte einfach sichergehen, dass du dich und das Auto nicht in ein anderes Flussbett gestürzt hast«, sagte sie.

»Das ist unwahrscheinlich, wenn Selph mit im Auto sitzt. Er würde es eher wegfliegen als abstürzen lassen.«

»Das stimmt, oder er hätte keine Schramme, während du schlimm verletzt wärst. Erinnerst du dich, dass du deine eigene Realität erschaffst?«

Was sollte ich dazu sagen?

Unser erster Besuch galt Joe und Joyce, bei denen wir die Nacht verbringen wollten. Ihr ältester Sohn Tommy war daran gewöhnt, Gästen sein Zimmer zu überlassen. Da wir bei Sonnenaufgang von zu Hause weggefahren waren, hatten wir genügend Zeit, vor dem Mittagessen Neuigkeiten auszutauschen. Die Steadmans waren überrascht, Selph zu sehen, doch dann erinnerten sie sich daran, dass er ihnen auf dem Fest zu meiner Genesung als mein neuer Assistent vorgestellt worden war.

Joe streckte ihm seine große, von der Arbeit gezeichnete Hand entgegen. »Guten Tag, Ian. Du hast ganz schön Glück, dass Adam dich angenommen hat. Lern so viel von ihm, wie du kannst, denn Adam ist ziemlich gut in seinem Job. Es gibt nicht viele, die so klasse sind wie er.«

»Das habe ich schon gemerkt, Joe. Er ist tatsächlich einmaliger, als ihm selbst bewusst ist.«

Selph blickte mir in die Augen, während er sprach, und das innere Glühen verriet mir, dass er damit nicht meine Arbeit als Berater für ökologische Landwirtschaft meinte.

Die nächste Stunde belagerten Joe und Joyce mich mit Fragen über meine Gesundheit, und ich beantwortete sie, so gut ich konnte.

»Du siehst viel besser aus, als ich erwartet habe«, sagte Joyce ehrlich. »Du musst eine Menge dafür getan haben, wieder so fit zu sein.«

Ich zog mein T-Shirt aus und hob in einer dramatischen Geste die Arme.

»Meinst du das jetzt auch noch?«

Joyce zog scharf die Luft ein. »Du meine Güte!«

Sie und Joe starrten erschrocken auf meine Narben: Da waren dünne, saubere Linien von den verschiedenen Operationen, und große, hässliche auf der Brust und andere über den Rippen und den Schultern, wo ich bei dem Unfall zerschnitten worden war. Doch dank Mac und seinem Fitnesscenter hatte ich jetzt wieder eine sehr gut entwickelte und klar definierte Muskulatur.

»Er hat wirklich viel im Fitnesscenter und im Garten gearbeitet. Doktor Morrow ist mit seinen Fortschritten sehr zufrieden«, sagte Selph in die Stille hinein.

Joe saß da und schüttelte sprachlos den Kopf, doch Joyce beendete das Thema.

»Mein Gott, kein Wunder, dass du fast gestorben bist. Ich hatte keine Ahnung, dass es dich so schlimm erwischt hat.« Sie spürte, dass es mir langsam reichte, und wandte sich an Selph.

»Lebst du bei Amber und Adam?«, fragte sie.

Selph beantwortete ihre Frage, und jede, bei der er wirklich hätte lügen müssen, ließ er sie so rasch, wie sie gestellt war, wieder vergessen. Eine beneidenswerte Fähigkeit! Und natürlich ließen wir sie in dem Glauben, er hieße Ian.

Als wir mit dem Mittagessen fertig waren, hatten wir alle Neuigkeiten ausgetauscht und waren bereit für die wirkliche Arbeit. Ich ging mit Selph so um, wie ich es mit einem Lehrling getan hätte, und übertrug ihm den Großteil der Lauferei.

Joes Vieh machte einen ziemlich guten Eindruck, doch dafür war die Qualität des Heus verantwortlich. Als Vater damals begann, sich auf eine lange, schlimme Dürre vorzubereiten, hatte ich Joe davon erzählt.

»Wenn dein Vater das tut, wär' ich bescheuert, wenn ich's ihm nicht gleichtäte. Er ist vielleicht ein seltsamer alter Kauz, doch was Landwirtschaft betrifft, hat er den Durchblick«, hatte Joe erwidert. Und jetzt war er sehr erleichtert, es getan zu haben. Wie Vater hatte er große Mengen Heu gekauft, als es noch preiswert war. Jetzt waren die Heupreise horrend.

Wir nahmen sooft es ging das Auto, um Joes Anwesen zu besichtigen, doch wir mussten immer noch genügend lange Strecken laufen. Ich schickte Selph, eine Reihe Bodenproben zu nehmen, denn ich wollte herausfinden, ob sich die Dürre auf den pH-Wert auswirkte. Laut der Bücher war das nicht der Fall, doch Bücher gründeten sich nur allzu oft auf Theorien. Die Dürre wirkte sich vernichtend auf die Verfügbarkeit von Stickstoff, Kalium sowie der meisten anderen Nährstoffe aus, und das konnte den Boden verändern.

Grundsätzlich konnten wir, bevor es regnen würde, nur

wenig tun, und jetzt war Frühsommer und noch lange keine Regenzeit – wenn es sie denn geben würde! Joes Farm sah traurig aus, doch die meisten Nachbarhöfe lagen entweder im Sterben oder waren bereits tot. Wir alle wussten, dass der Regen die Schäden auf jeder Farm beheben würde, doch die Möglichkeit, die Gesundheit und das Wachstum der Weiden auch während der Dürre zu erhalten, war in diesen Zeiten finanzieller Drahtseilakte ein wichtiger Faktor geworden. Einige von Joes Nachbarn waren aufmerksam geworden, wenn auch wirklich nur einige. Andere weigerten sich, den offensichtlichen Unterschied zu bemerken, da ihnen die Aussicht, Veränderungen durchführen zu müssen oder gar zu akzeptieren, dass ihre zeitsparenden Methoden nicht mehr praktikabel waren, zu viel Angst machte. Sie schauten immer noch spöttisch auf die Tausende junger Bäume, die Joe und Joyce gepflanzt hatten, denn sie konnten nicht verstehen, dass diese besonderen, Schatten spendenden, Stickstoff speichernden Akazien Hauptfaktoren für die Gesundheit von Boden und Vieh waren.

Am nächsten Morgen fuhren wir nach einem frühen Frühstück ab. Obwohl ich zu all meinen Klienten sehr gute Beziehungen pflegte, waren mir Joe und Joyce besonders wertvoll. Sie hatten mir den ersten, so dringend benötigten Durchbruch verschafft.

»Nette Leute«, sagte Selph im Auto, »aber warum müssen sie jede Einzelheit deines Lebens kennen?«

»Menschen, die auf dem Land leben, sind so. Die meisten kennen sich schon sehr lange, und das ist sinnvoll. Wenn Not am Mann ist, müssen sie sich aufeinander verlassen können. Außerdem haben sie nur sich und das Land. Es ist weit und offen hier, einfach wunderschön.«

Selph betrachtete das kahle, trockene, öde Land, durch das wir fuhren. »Wie kannst du das schön finden? Kahl oder dramatisch, vielleicht sogar grausam. Doch schön?«

»Es ist die Schönheit des Niedergangs. Normalerweise wogt

hier ein Meer grüner Hügel, eine lebendige Pracht. Der Wind bildet die Wellen, indem er das kniehohe Gras liebkost. Im Vergleich dazu ist das Hinterland kahl und nach menschlichem Ermessen wirklich grausam, doch die Menschen, die dort leben, lieben und akzeptieren es ebenso.«

Wir fuhren an den Kadavern toter Rinder vorbei, die dicht neben der Straße lagen, die Haut über die blanken Knochen gespannt. Und dann flog plötzlich in flammenden Farben ein Schwarm graurosafarbener Galahs über die Straße, drehte gemeinsam mit ausgestreckten Flügeln einen Bogen und landete auf einem Grasstreifen vor uns. Wir hielten an und beobachteten, wie sie die Samen von Unkräutern und Gräsern aufpickten, die an den Straßenrändern im Hinterland zu finden sind.

»Die Schönheit geht in Australien mit dem Kahlen und Hässlichen Hand in Hand. Wenn du das eine vermeidest, verpasst du das andere.«

Selph nickte. »Ich verstehe, was du meinst. Es ist außerdem eine gute Metapher für das Leben.«

Weil wir auf dem Heimweg waren, beschloss ich, bei einem potentiellen Klienten vorbeizuschauen, den mir Joe genannt hatte. Ich kannte nur seinen Vornamen, Ted. Wir fanden die Einfahrt zur Farm mühelos, doch als wir in den verfallenen, schmutzigen Hof fuhren, sank mein Herz.

»Das wird nicht klappen. Das weiß ich jetzt schon.«

Wir hatten nur wenige Stunden Zeit, denn ich wollte unbedingt heute Abend noch nach Hause, doch als ich die drei Hunde sah, die uns anbellten und anknurrten, wusste ich, dass es schneller gehen würde.

Ted kam aus dem Dunkel eines Schuppens und grollte: »Was immer Se verkaufen, ich nehm' nix!«

»Sie haben eine Nachricht hinterlassen, dass Sie mich sehen wollen. Mein Name ist Adam Baker. Ich bin der Berater für ökologische Landwirtschaft, von dem Ihnen Joe Steadman erzählt hat.«

Ted wirkte wie ein menschliches Frettchen – schlank und gemein –, und er sah aus, als fühle er sich nicht wohl. »Ach ja, da hab' ich meine Meinung geändert.«

»Gut«, sagte ich kurz. »Komm, Ian, dann fahren wir.«

Während Ted sprach, veranstalteten seine Hunde einen ohrenbetäubenden Lärm. »Warten Se 'nen Augenblick. Wolln Se mir nich sagen, was Se wollen? Ich könnt' ja meine Meinung noch mal ändern.«

»Sie müssen lauter sprechen. Ich kann Sie wegen der Hunde kaum verstehen. Können Sie sie nicht beruhigen?«, fragte ich.

»Nee, dafür sin se schließlich da.«

Selph hob eine Hand, Daumen und Zeigefinger bildeten einen Kreis, und sagte machtvoll: »Sitzt! Still!«

Die Hunde saßen so plötzlich, dass sie beinahe umfielen, und der Befehl war so zwingend, dass sich auch meine Knie beugen wollten. Ted taumelte und stürzte fast, dann gewann er sein Gleichgewicht wieder und fluchte. Er schaute von seinen stummen, bewegungslosen Hunden zu Selph und brüllte wütend:

»Scheiße! Was zum Teufel is hier los?«

Selph lächelte. »Sie haben brave, folgsame Hunde.«

Ted starrte verblüfft die völlig ruhigen Hunde an, die stocksteif dasaßen und wild mit den Augen rollten. Dann schaute er zu mir.

»Also, sagen Se mir verdammt noch mal besser, was Se wolln!«

Ich wusste, dass er nie zu meinen Klienten zählen würde, und so entschloss ich mich, ihn einfach abzuschrecken. »Als Erstes würde ich Ihnen alles über die Beschaffenheit des Bodens beibringen, seine Mikroorganismen, seinen pH-Wert, seine Kapazität, Ionen auszutauschen und so weiter. Es ist wirklich wichtig, die Grundlagen der Fruchtbarkeit des Bodens und die Entwicklung des Humus zu verstehen.«

Er schaute mich böse an, doch bevor er etwas erwidern

konnte, trat eine Frau aus dem nahen Farmhaus. Wie Ted sah sie ungesund und blass aus, und ihr Gang schwankte ein wenig.

»Geht es Ihnen gut?«, fragte ich besorgt.

Sie lächelte schwach. »Nix, was nich besser würd', wenn wir dies gottverdammte Land verlassen würden.«

Sie und Ted blickten einander in kaum verhohlener Feindschaft an. Dann schauten sie zu mir.

»Das is der Typ, von dem Joe gesprochen hat.«

Ihre Augen in dem dünnen, abgehärmten Gesicht verloren rasch das Interesse. »Es spielt keine Rolle, was du sagst, Süßer«, sagte sie zu mir, »weil Ted es sowieso nich macht. Er spielt den ganzen Tag mit seinen verdammten Maschinen im Schuppen rum. Bei ihm reicht's noch nich mal für 'nen Garten!« Sie starrte die Hunde an. »Was is los mit ihnen?«

»Vielleicht sollten Sie die Farm aufgeben und Mechaniker werden«, sagte ich zu Ted. »Wenigstens würden Sie dann tun, was Ihnen Freude bereitet.«

»Wenn ich Ihren verfluchten Rat brauch', dann sag' ich's«, erwiderte er ärgerlich.

Ich grinste Selph an. »Siehst du, mein Gefühl war richtig.«

Wir gingen zum Auto und stiegen ein.

»Äh, was ist mit den Hunden?«, fragte ich Selph.

Er kicherte, öffnete die Tür, lehnte sich hinaus und schnippte laut mit Daumen und Zeigefinger.

Im gleichen Augenblick sprangen die Hunde auf die Füße und verfolgten bellend und knurrend den Wagen, während wir uns in einer wirbelnden Staubwolke entfernten.

»Du hast wirklich ein paar tolle Tricks im Ärmel«, sagte ich bewundernd. »Ich hätte mich vorhin fast gemeinsam mit den Hunden hingesetzt. Es würde mich interessieren, wie lange sie in diesem Zustand geblieben wären.«

Selph lachte. »Das habe ich bemerkt. Die Hunde hätten sich erst dann bewegt, wenn Hunger oder Schlaf den Befehl durchbrochen hätte. Ich wollte sie eigentlich so lassen, um Ted eine

Lektion zu erteilen, doch ich glaube, er hätte sie wachgetreten. Mensch, war das ein krankes Paar!«

Ich nickte. »Ich bin lange genug Berater, um einige interessante Beobachtungen gemacht zu haben. Wenn ich einen neuen Klienten bekomme, dessen Land krank ist, leiden der Farmer und seine Familie ebenfalls unter einem schlechten Gesundheitszustand. Jedes Mal! Doch damit nicht genug! Ich hatte kranke Klienten mit krankem Land, die zusammen mit ihrem Land gesund wurden. Ich erkläre ihnen, dass der Farmer und sein Land im Bewusstsein eine Einheit bilden, doch während einige das verstehen und annehmen, meinen andere, dass es keinen Sinn ergibt oder lehnen es geradewegs ab. Ich sage es nur einmal. Der Rest bleibt ihnen überlassen. Und noch eine Beobachtung: In mehr als der Hälfte aller Fälle spreche ich zuerst mit der Frau, weil die Frauen meist rasch verstehen. Sie sind nicht so pragmatisch wie Männer und weitaus intuitiver. Wenn die Frau des Farmers überzeugt ist, dann bringt sie ihren Mann fast immer dazu, es auszuprobieren.«

»Gibt es bei den Männern ähnliche Verhaltensmuster?«

»Nein, überhaupt nicht. Man würde glauben, dass ein Mann, der sich selbst nicht spürt, auch kein Gefühl für sein Land hat, doch Ken James ist solch ein Mann, und er ist ein ausgezeichneter Farmer. Er spürt den Boden ausgezeichnet, doch sich selbst mag er nicht. Es ist merkwürdig. Dabei ist er wirklich ein netter Kerl.«

Selph kicherte. »Ich höre die Beschreibung von Adam vor ungefähr sechs Monaten.«

Ich seufzte. »Ja, jetzt merke ich es auch. Es war mir nicht aufgefallen. Ich glaube, ich bin einfach zu nahe dran.«

Eine halbe Stunde später wurde mein Blick von etwas Weißem in den nahen Gummibäumen angezogen, und ich hielt an.

»Ich weiß nicht, was du über unser schönes Land weißt. Ich möchte einen Augenblick aussteigen und dir etwas zeigen.«

Wir waren nur wenige Schritte gegangen, als ein kleiner Schwarm von vielleicht fünfzig Kakadus mit schwefelgelbem Kamm faul aus den Bäumen aufstieg. Als sie über uns hinwegflogen, schien sich die Sonne in ihrem schneeweißen Gefieder zu verfangen, so dass sie für einen kurzen Augenblick wie wunderschöne Engel wirkten, doch dann wurde diese Illusion durch ihr rauhes, krächzendes, schrilles Geschrei zerstört.

»Das ist Oz«, sagte ich, »das Land der Kontraste! Man findet die größte Schönheit an den hässlichsten Orten, doch die Schönheit ist mit sich selbst nicht im Reinen.«

Einige Kakadus hingen mit den Köpfen nach unten an einem nahen Ast, ohne sich vor uns zu fürchten. Ihre schwefelgelben Kämme leuchteten auf ihren Köpfen, während sie uns mit geringem Interesse aus starren schwarzen Augen betrachteten. Wir beobachteten sie eine Weile, dann führte ich Selph zu einem großen, trockenen Stück Baumrinde.

»Schau mal!«

Ich drehte die Rinde um, und eine bärtige Echse rannte heraus. Sie hielt inne, unsicher, wo der Feind steckte. Ich bückte mich und hob sie rasch auf. Sie starrte mich mit weit geöffnetem Maul an, und ihr blaugrauer Bart leuchtete. Ich zeigte sie Selph. »Siehst du, schön und bizarr!«

Wir sprachen wenig auf der Heimfahrt. Ich schaute Selph an und bemerkte, wie vollkommen er schwieg. Es war nicht so sehr eine physische wie eine innere Stille.

»Denkst du über etwas nach, wenn du drei Stunden Autofahrt vor dir hast?«, fragte ich ihn.

Meine Frage schien ihn zurückzuholen, so als sei er irgendwoanders gewesen.

»Nicht wirklich, nein. Ich wende meinen Fokus von dieser physischen Realität ab und konzentriere mich auf eine nichtphysische Ebene. Es ist so ähnlich wie deine Reise ins andere Bewusstsein, nur vollständiger.«

»Dein Körper ist doch hier! Kriegt er alles mit?«

»In gewissem Sinne, ja. Du könntest es ›gefilterte Wahrnehmung‹ nennen. Wie du bei deinem Leben als Jacob gelernt hast, ist eine Erfahrung nicht auf den Aufenthaltsort des Körpers beschränkt. Diese Einschränkung hat das allgemein akzeptierte Realitätsbewusstsein aufgestellt.«

»Du bist im Augenblick also so bewusst, wie ich es als Jacob war?«

Er nickte. »Ja, sogar bewusster.«

Ich war beeindruckt, doch er hatte bestimmt viel Übung, und außerdem war er mein Lehrer.

Ich ließ ihn, wo immer es ihn hinzog, während ich Richtung Küste fuhr. Absichtlich verlangsamte ich mein Denken, indem ich mich darauf konzentrierte, wo ich war und was ich tat. Rasch merkte ich, dass sich dadurch meine Gedanken ganz natürlich beruhigten und die innere Stille wuchs.

Als ich weiterfuhr, sah ich, wie die geschmolzene Sonne allmählich in der goldenen Erde versank und vom wachsenden Mysterium der Nacht verschluckt wurde. Die Augen der Känguruhs neben der Straße warfen das Licht meiner Scheinwerfer rot zurück, und ich fuhr vorsichtig, weil ich wusste, dass sie, wenn sie geblendet waren, leicht ins Auto laufen konnten. Anders als Reisende, die häufig im Hinterland unterwegs waren, hatte ich keine schweren Stoßstangen gegen die Känguruhs am Wagen befestigt, denn ich bevorzugte vorsichtiges Fahren oder stieg einfach in einem Motel ab, wo ich die Nacht entspannt verbringen konnte. Viel zu viele Fahrzeuge waren mit diesen Stoßstangen ausgerüstet, und so wurden sie für die unglücklichen Tiere zum Tod auf Rädern.

Wir kamen eine Stunde früher als erwartet zu Hause an, und Amber war entzückt. Nach einem langen, leidenschaftlichen Kuss sagte sie uns, dass uns ein kaltes Abendessen erwarte, doch es zog mich zuerst unter die heiße Dusche, um die Verspannung, die das Fahren verursacht hatte, hinwegzuwaschen.

Amber und Selph unterhielten sich eifrig, als ich ins Bad ging, und ich denke, dass sie Selph aushorchte.

Wir waren nur zwei Tage und eine Nacht getrennt gewesen, doch es gab so viel zu erzählen! Wenn es eine lebenswichtige Verbindung in einer Partnerschaft gibt, dann ist es die offene, klare Kommunikation. Wir genossen es. Ich erzählte ihr alles über die Steadmans und den Zustand ihrer Farm, und schließlich folgte ein detailliert ausgeschmückter Bericht von Ted, seinen Hunden und dem »Sitzbefehl«, der den unfreundlichen Farmer fast von den Beinen gerissen hätte. Amber lachte, bis ihr die Rippen wehtaten.

Immer noch kichernd fragte sie Selph: »Wie war es als Adams Assistent? Hat er den Boss rausgekehrt?«

»Ehrlich gesagt habe ich die Fahrt gründlich genossen. Wenn Adam sich mit dem Land beschäftigt, ist er ein anderer Mensch. Er ist wirklich gut. Mit meiner ›inneren Sicht‹ sah ich, dass sich sein Bewusstsein mit dem Geist des Landes verbindet. Er hat da eine echte Gabe.«

Er wandte sich an mich. »Wir haben noch gar nicht darüber gesprochen, doch du bist so mit dem Land verbunden, dass du es innerlich ›hören‹ kannst. Dir ist ein inneres Wissen zugänglich.«

Ich nickte. »Ja. Wenn ich über das Land gehe, höre ich auf zu denken, stelle keine Fragen mehr, und das innere Wissen erfüllt mich. Es ist, als ob der Geist des Landes mit klarer, stiller Stimme zu mir spreche, unhörbar für die Ohren, doch klar hörbar für den Geist. Es ist noch nicht einmal schwierig. Ich nehme an, dass jeder diese Fähigkeit hat. Sie wartet nur darauf, geweckt zu werden.«

»Woher weißt du, dass es nicht einfach nur deine Gedanken sind?«, fragte mich Amber. »Der Verstand ist bestimmt verschlagen genug.«

Ich dachte darüber nach und schüttelte dann den Kopf. »Das kann ich nicht beantworten. Wenn es geschieht, dann

›weiß‹ ich es einfach. Das sagt alles. Ich weiß, dass ich weiß! Man kann es nicht erklären.«

Selph sah mich an. »Ist dir schon einmal aufgegangen, dass sich dieses innere Wissen, wenn du ohne das ständige Geplapper deiner Gedanken und Fragen leben würdest, ausbreiten und den ganzen Tag über für dich bereitstehen könnte?«

Ich lächelte trocken. »Natürlich, das ist nur logisch, doch die Umsetzung steht auf einem anderen Blatt. Das Land ist still und lädt mich ein, ebenfalls still zu werden und mich mit ihm zu verbinden. Dann flüstert es leise, während das Leben lärmt und nach mir brüllt.« Ich zuckte die Achseln. »Und unglücklicherweise brülle ich zurück. Doch wenn man es genauer betrachtet, bin ich auf dem richtigen Weg. Ich brülle immer weniger, und die innere Stille wächst. Ich werde dort ankommen, wohin der Weg mich führt.«

Amber beugte sich zu mir und küsste mich sanft. »Das stimmt. Das tust du wirklich.«

Das Fahren hatte mich mehr ermüdet, als ich bemerkt hatte, und so ging ich früh zu Bett. Amber kuschelte sich an mich, und ihre Küsse wurden immer leidenschaftlicher, doch trotz meines echten Interesses zwinkerte ich immer öfter, die Augenlider wurden schwerer, und ich sank in tiefen Schlaf.

Neunzehn

Ich stand an der steilen Böschung eines Wasserlaufs und musste hilflos zusehen, wie eine riesige Flutwelle direkt auf mich zukam. Aus irgendeinem Grund konnte ich mich nicht bewegen, doch ich kämpfte verzweifelt, weil mir klar war, dass ich in wenigen Augenblicken ertrinken würde. Plötzlich merkte ich in all meinem Schrecken, dass ich träumte. Ich entspannte mich und sah dem Wasser ruhig zu, da ich wusste, dass es nicht real war. Im selben Augenblick, als mich die Welle erfasste und von den Füßen riss, klingelte etwas direkt neben meinem Ohr.

Ich öffnete verwirrt die Augen und tastete nach dem Telefon, doch plötzlich hörte das Klingeln auf.

»Hallo, hier ist Amber.«

Einige Minuten lang herrschte Stille, unterbrochen nur durch Ambers »Aha, wirklich!« Und es endete mit: »Oh, das ist phantastisch! Wir besuchen euch bald.«

Ich spähte durch halbgeschlossene Lider auf den Wecker. Fünf Uhr! Mir kam es vor, als hätte ich noch nicht lange geschlafen. Was war los? Ich legte mich zurück, schloss fest die Augen und dachte erschöpft über die verlorene Wonne ungestörten Schlafs nach.

Ich musste auf der Stelle wieder eingeschlafen sein, denn wenige Minuten später rüttelte mich Amber energisch wach. »Adam, wach auf! Adam!«

»Was is denn los«, stöhnte ich, »lass mich schlafen.«

»Das war Bruno. Kate ist gerade in die Geburtsklinik gekommen. Die Babys sind noch nicht da, aber sie werden jeden Augenblick erwartet.«

Ich setzte mich auf. »Geht es ihr gut?«

»Ja. Bruno sagt, wir müssen uns nicht beeilen. Er hält uns auf dem Laufenden.«

Meine Augen fielen zu. »Amber, Liebling, bitte, bitte, gönne mir noch etwas Schlaf. In drei Stunden bin ich wieder fit.«

Sie kniff mich spielerisch in die Nase. »Keine Sorge. Ich habe nicht die Absicht, auf der Stelle aufzubrechen. Ich bin deiner Meinung. Wir brauchen noch etwas Schlaf. Süße Träume!«

Süße Träume! Ich konnte mir durchaus bessere als den letzten vorstellen. Was er wohl zu bedeuten hatte? Ich legte mich zurück, und meine Gedanken wanderten zu Kate und ihren Zwillingen. Als das Telefon wieder klingelte und uns mit anhaltender Monotonie zwang, den Hörer abzunehmen, hatte ich das Gefühl, gerade erst eingeschlafen zu sein. Ich überließ Amber das Gespräch. Obwohl ich mich schon viel besser fühlte, musste ich mich doch einige Male durch einen Blick auf den Wecker davon überzeugen, dass es wirklich Viertel vor Neun war.

Aus den Freudenrufen Ambers schloss ich, dass die Zwillinge das Licht der Welt erblickt hatten. Sie redete fast zehn Minuten lang, und es klang, als sei alles wunderbar in Ordnung. Als sie den Hörer auflegte, warf sich Amber in meine Arme und umarmte mich leidenschaftlich.

»O Adam, ein Junge und ein Mädchen! Beide sind wohlauf. Die Wehen dauerten nicht lange, und alles ging gut. Ist das nicht einfach wundervoll, Onkel Adam?«

»Ja sicher, Tante Amber. Es ist großartig.«

»Ich sagte Bruno, dass wir so schnell wie möglich kommen. Offenbar hat es ihn wirklich umgehauen, dass es Zwillinge sind, doch Kate ist außer sich vor Glück.«

Ich freute mich sehr für sie. »Dessen bin ich mir sicher.«

Wir kletterten aus dem Bett, duschten und zogen uns rasch an.

*

Wenige Stunden später traten wir in die kleine private Geburts-klinik und gingen zur Anmeldung.

»Wir möchten zu Kate Strickland«, sagte Amber.

»Aha«, antwortete das kecke, hübsche Mädchen, »zu der Dame mit den Zwillingen. Die hat ein Glück! Zimmer drei. Gehen Sie nach links, dann die dritte Tür. Schönen Tag.«

»So weit ist alles gut gelaufen«, sagte ich zu Amber, als wir den Gang entlanggingen. »Und es wird noch besser!«

Wir öffneten die Tür und spähten vorsichtig hinein, um Kate, falls sie schlafen sollte, nicht zu wecken.

»Kommt herein, Amber, und du, lieber Bruder. Kommt und schaut euch eure Nichte und euren Neffen an!«

Kate saß im Bett, einen Zwilling an jeder Seite. Sie sah müde und blass aus, doch sie strahlte.

»Oh! Sind die süß!«, schwärmte Amber und verschlang die Babys mit den Augen. »Kate, du frisch gebackene Mutter, sie sind einfach wunderbar!«

Kate kicherte. »Ich hatte eine natürliche Geburt. Ihr hättet Brunos Gesicht sehen sollen, als sich das zweite Baby meldete. Er brach vor Schreck fast zusammen.«

»Du kannst nicht sagen, dass Adam, das Orakel, dich nicht darauf vorbereitet hätte«, lachte ich, »doch du wolltest mir ja nicht glauben.« Ich umarmte und küsste sie. »Herzlichen Glückwunsch, Kate, wir freuen uns sehr für euch.«

Kate schaute mich ernst an. »Weißt du, von dem Augenblick an, als du sagtest, es wären Zwillinge, hatte ich ganz stark das Gefühl, dass es stimmte.« Sie lachte. »Ich fühlte es im Bauch. Ich sprach sogar mit Bruno darüber, doch er war sich sicher, dass es nur eins sei.«

»Bauchgefühl! Das gefällt mir«, kicherte ich.

»O nein, das Wahrsagen muss in der Familie liegen«, stöhn-te Amber. »Kate, Liebe, wie heißen sie?«

»Tiffany Anne und Michael Joseph. Tiffany ist mit drei Minuten Vorsprung die Ältere.«

Ich muss zugeben, dass Neugeborene für mich alle gleich aussehen, und ich konnte nur an der Farbe ihrer Armbänder erkennen, wer das Mädchen und wer der Junge war. Beide waren rosa, verschrumpelt und sahen ein bisschen klebrig aus, doch für Babys waren sie ganz wunderbar.

»Wo ist Bruno?«, fragte ich.

»Er war bei der Geburt dabei. Ich musste in die Klinik, weil sie dachten, das Baby wäre ein Mordskerl und ich würde möglicherweise einen Kaiserschnitt brauchen. Mensch, war ich dick! Ich fühle mich wie ein geschrumpfter Ballon. Eine Stunde nach der Geburt musste Bruno zu einem Notfall.«

»Ich bin froh, dass du keinen Kaiserschnitt brauchtest«, sagte Amber. »Ich denke, wenn möglich, ist die natürliche Geburt sicher die beste.«

Kate lächelte. »Ja, das finde ich auch. Ich bin schlau. Statt eines sehr dicken Babys machte ich zwei genau richtige. Sie wiegen jedes etwas über zweieinhalb Kilo.«

Amber lächelte. »Da hattest du eine Menge zu tragen.«

»Ja, besonders, wenn du die Tonne Nachgeburt dazuzählst«, grinste Kate.

»Ich erinnere mich an eine Kuh, die Zwillinge hatte«, sagte ich. »Mensch, ihr hättet gestaunt, wie viel Nachgeburt sie hatte. Sie fraß sie einfach auf. Kühe tun das manchmal, wenn ...«

»Adam! Hör auf mit Kühen und ihren Geburten«, unterbrach mich Amber ärgerlich. »Wenn du noch einmal darüber redest, werde ich ...«

»Ich habe schon verstanden«, warf ich ein. »Ich begreife zwar nicht, warum, doch wenn du es so haben willst ...« Ich ließ das Ende des Satzes offen.

Kate lachte. »Das versteht er nicht, Amber. So war er schon als kleiner Junge. Er bewundert Kühe so sehr, dass er glaubt, man könne sie mit Frauen vergleichen, besonders in Augenblicken wie diesem. Nimm's nicht so ernst.«

Ich hörte mit gerunzelter Stirn zu. »Komm schon, Kate, das

ist ungerecht. Viele Kühe suchen sich eine stürmische Nacht aus, um ihre Kälber zu gebären, und ich erwarte nicht von Amber, dass sie das tut.« Ich dachte eine Weile darüber nach. »Wenn ich es mir allerdings so recht überlege, traue ich es ihr doch zu. Man kann nie wissen! Doch sie wird das Baby bestimmt nicht draußen auf der Weide in strömendem Regen zur Welt bringen. Wenigstens hoffe ich das. Auuuu!«

Ambers Ellenbogen traf mich in die Seite direkt unter dem Brustkorb. »Aua, das tat weh«, protestierte ich.

Sie schaute mich grimmig an. »Ich werde dich noch viel schlimmer misshandeln, wenn du nicht aufhörst, mich mit gebärenden Kühen zu vergleichen. Ich mag das nicht!«

Kate lachte so laut, dass sie vor Schmerzen stöhnte. »Hört auf, ihr beiden. Wenn ich lache, tut mir die Stelle weh, an der geschnitten und genäht wurde.«

»Oh, sie mussten einen Dammschnitt machen!«, rief ich. »Das erinnert mich an eine Geschichte, als ich ...« Ich sah Ambers Gesicht. »Äh, es ist unwichtig. Ich erzähl' es dir ein andermal.«

Kates Lachsalven riefen eine Schwester herbei. »Ist alles in Ordnung?«

»Ja, danke«, sagte Kate und kicherte hilflos, »es sei denn, ich sterbe vor Lachen.«

»Es gibt Schlimmeres«, meinte die Schwester lächelnd beim Weggehen. »Schön, wenn man etwas zu lachen hat!«

»Kommen Mutter und Vater auch?«, fragte ich.

»Sie werden heute Abend anreisen. Mutter wird etwa eine Woche bei uns bleiben. Trotz aller Proteste besteht sie darauf, nach mir zu sehen. Wenn alles gut geht, muss ich nur sechsunddreißig Stunden hier bleiben.«

»Lass Mutter dir nur helfen. Sie tut es liebend gern. Und es wird dir gut tun, wenn du eine Zeit lang umsorgt wirst. Schlag es nicht aus.«

»Ja, ich glaube, du hast Recht. Ich habe wirklich nicht viel

Energie, und mit den Zwillingen könnte ich Hilfe gut gebrauchen.« Sie gähnte mächtig. »Kinderkriegen ist harte Arbeit.«

»Richtig«, antwortete Amber bestimmt. »Wir gehen jetzt, damit du schlafen kannst, und kommen heute Abend wieder. Adam und ich können zum Zeitvertreib in der Stadt einkaufen gehen.«

»Zum Zeitvertreib!«, stöhnte ich. »Doch ich bin deiner Meinung.«

»Ich hätte gern, dass ihr bleibt«, sagte Kate, »doch ich brauche wirklich Schlaf. Schickt ihr bitte die Schwester zu mir?«

Wir gaben ihr jeder einen Kuss und gingen.

Eine halbe Stunde später nahmen wir einen Imbiss aus belegten Broten und Kaffee ein. Bevor wir wieder zu Kate gingen, würden wir richtig zu Abend essen.

»Was willst du denn kaufen?«, fragte ich.

»O Liebling, das weiß ich nicht. Einkaufen gehen bedeutet nicht unbedingt, dass man Geld ausgibt. Es bedeutet, dass man sich die Dinge anschaut. Wenn ich natürlich etwas finde, das wir gebrauchen können, dann kaufen wir es.«

»Wenn du jetzt nicht weißt, was wir brauchen, wie soll sich das im Laufe des Nachmittags ändern?«

»Adam, sei nicht so pragmatisch. Wenn man sich in einem Geschäft umschaut, ist es genauso, wie wenn man eine Speisekarte liest. Vielleicht magst du das, was sie anbietet, doch dein Appetit entscheidet, was du bestellst.«

Da wir unsere Brote gegessen hatten, stand ich seufzend auf. »Gut, geh vor. Wo sollen wir anfangen?«

Die nächsten Stunden wanderten wir die lange Queen Street Mall in Brisbane auf und ab. Sie war voller Menschen, die dasselbe taten: laufen, gucken und möglicherweise kaufen. Es waren Menschen, die drängelten und gedrängelt wurden, glückliche Menschen, gelangweilte Menschen, besorgte Menschen, ängstliche Menschen, einsame Menschen, die Kontakte suchten, und verzweifelte Menschen.

»Denk einmal, Amber, in allen Städten der Welt leben Millionen gestresster Menschen, die einem geistlosen Muster von Schauen und Begehren folgen. Die meisten starren in Schaufenster, die voll gestopft sind mit Dingen, die sie nicht brauchen, und Preise kosten, die sie sich nicht leisten können. Und warum tun die Menschen das? Weil so viele von ihnen nicht wissen, was sie sonst tun sollen. Das Ganze wird ›Vergnügen‹ genannt. Ich finde es erschreckend.«

Sie schüttelte den Kopf. »Mensch, Adam, du bist wirklich ein wundervoller Begleiter in der Stadt. Kannst du keine positiveren Töne anschlagen?«

»Ja. Ich bin positiv genug. Ich bin so herumgestoßen worden, dass ich humple, und ich schaue Dinge an, die ich nicht will, nicht brauche und die mich nicht interessieren. Lass uns positiv von hier verschwinden.«

Amber schaute mich an und strich mir über die Stirn.

»Du armer Liebling. Ich habe den Nachmittag über beobachtet, wie dein Blick immer finsterer wurde.« Sie massierte meine Stirn, als wollte sie die Falten wegwischen. Dann schaute sie auf ihre Armbanduhr. »Gut, Geliebter, die Restaurants servieren schon das Abendessen. Lass uns ein schönes Lokal suchen.«

Um gerecht zu sein: Amber hatte einige Babysachen und Umstandskleider gekauft, die sie brauchte, weshalb die Zeit nicht völlig verschwendet war. Doch als ich auf die Speisekarte des Fischrestaurants blickte, war mir klar, dass das Beste noch auf mich wartete.

Nach dem Essen war ich in wesentlich besserer Verfassung.

»Ich habe gerade herausgefunden, warum wir Städte brauchen«, verkündete ich. »Stell dir vor, wie furchtbar es wäre, wenn all die gelangweilten, einsamen Millionen von Menschen beschließen würden, in ihrer Freizeit in die Nationalparks oder die Wälder zu gehen. Die Städte sind eine einzigartige Möglichkeit, große Mengen Menschen in relativ kleinen Betonzonen zu versammeln. Glücklicherweise werden dadurch die Natur und die Wildnis verschont.«

Amber schaute mich lange an. »Meinst du das im Ernst?«

Ich grinste. »Nicht wirklich, doch es ist ein anregender Gedanke.«

»Lass uns zahlen. Ich glaube, es ist besser, wenn wir hier verschwinden, bevor du dir noch mehr merkwürdige Dinge ausdenkst.«

Als wir Kates Zimmer betraten, waren Mutter und Vater schon da. Begeistert umarmten und begrüßten wir einander, denn obwohl wir oft miteinander telefoniert hatten, war es eine ganze Weile her, seit wir alle zusammen gewesen waren.

»So, wie geht es Großmutter und Großvater?«, fragte ich.

Mutter sah zufrieden aus. »Phantastisch! Ich bin Oma! Es geht uns sehr gut, Adam. Und du siehst superfit aus.«

»Ihr hättet mich sehen sollen, bevor wir zum Einkaufen in die Stadt gingen«, witzelte ich und grinste Amber an.

»Städte beeinträchtigen seinen Verstand«, gluckste sie, »doch jetzt geht es ihm wirklich wieder gut. Ich weiß, dass er immer noch Schmerzen hat, doch er hat sehr hart daran gearbeitet, wieder fit zu werden. Ich bin sehr stolz auf ihn. Wisst ihr schon, dass er wieder arbeitet und seine Klienten besucht?«

Vater hatte bis jetzt nur wenig gesagt, doch plötzlich wirkte er interessiert. »Ist Ian, dein Assistent, noch bei dir?«

Ich nickte. »Ja. Er nimmt mir die Laufarbeit ab. Es lässt sich alles sehr gut an. Wie stehen die Dinge auf der Farm?«

»Furchtbar. Wir sind völlig ausgedörrt. Ich weiß ehrlich gesagt nicht, ob wir noch mehr ertragen können.«

»Wie sieht der letzte Wetterbericht aus?«

»Um es kurz zu fassen: ungewiss.«

»Nun besser, als wenn sicher wäre, dass es so weitergeht.«

»Vielleicht, doch es hilft keineswegs bei der Planung. Ich muss entscheiden, was mit der restlichen Herde geschehen soll.

Soll ich sie zu Niedrigpreisen verkaufen, oder soll ich weitermachen und hoffen?«

»In Ordnung, Jungs. Genug Geschäftsgespräche«, sagte Kate bestimmt. »Ihr seid hier, um die Babys anzuschauen und mir zu sagen, wie wunderbar ich bin, dass ich sie bekommen habe. Möchtest du eins auf den Arm nehmen, Großvater?«

Vater beugte sich über das Doppelbettchen neben Kates Bett und nahm Michael in die Arme. »Na, wirst du einmal ein Farmer, Enkel?«, fragte er.

Kate lachte. »Gib ihm fünfzehn Jahre, und frag ihn dann noch einmal. Er wird zwischen dem Arztberuf seines Vaters und der Farm seines Großvaters hin- und hergerissen sein. Früher oder später wird es sich schließlich zeigen.«

»Er ist ein geborener Farmer, und Tiffany wird eine berühmte Musikerin werden. Das ist ihr Schicksal«, sagte ich.

Kate und Amber schauten mich erstaunt an. »Warum um alles in der Welt glaubst du das?«, fragte Kate.

Ich zuckte die Achseln. »Ich weiß nicht. Ich habe mir gerade genauso zugehört wie ihr. Doch wenn ich darüber nachdenke, bin ich mir wirklich sicher.«

»Wie kannst du dir so sicher sein? Wir haben keine Musiker in der Familie«, antwortete Kate.

»Ich weiß nicht, worüber ihr redet«, meinte Bruno, der gerade eintrat, »doch ich hörte, dass es um Musiker in der Familie geht. Sowohl mein Vater als auch sein Vater waren bekannte, hervorragende Musiker.« Er beugte sich zu Kate und küsste sie. »Und wie geht es der Mutter meiner Kinder?«

»Gut, verwirrt und bereit, nach Hause zu gehen«, antwortete Kate.

»Warum bist du verwirrt?«, fragte Bruno.

Sie erzählte ihm, was ich gesagt hatte, und Bruno lachte.

»Wer weiß? Er lag auch mit den Zwillingen richtig, trotz all meiner Einwände.« Er grinste. »Vielleicht ist Adam insgeheim ein Orakel.«

Es gefiel mir nicht, in welche Richtung das Gespräch sich entwickelte, und ich bereute meine Worte. Warum hatte ich nicht den Mund gehalten? Ich war mir sicher, dass meine Vorhersage richtig war, doch ich hatte keine Ahnung, woher ich es wusste. Ein Wissen ohne Vorkenntnisse und Informationen! Ich musste mit Selph darüber sprechen. Trotz der Tatsache, dass direktes Wissen weder logisch noch vernünftig war, nahm ich an, dass es zu den möglichen Realitäten gehörte.

»Wann darfst du nach Hause, Kate?«, fragte ich und wechselte damit erfolgreich das Thema.

»Morgen Mittag. Stellt euch vor, sie lassen mich nur nach Hause, weil Mutter nach mir sieht und sie außerdem das Bett brauchen. Scheinbar wird gerade ein ganzer Schwung Babys geboren.«

Amber schaute nachdenklich und fragte Kate: »Wie wäre es, wenn Adam und ich heute Nacht bei euch bleiben? Wir könnten dich morgen abholen und nach Hause fahren. Und Mutter bereitet alles für dich vor.« Sie schaute Mutter an. »Es sei denn, du hast ganz andere Pläne.«

Mutter schüttelte den Kopf. »Nein, das passt mir gut.«

»Eigentlich hatte ich gehofft, Kate selbst abholen zu können«, sagte Bruno, »doch in der Klinik hat sich alles gegen mich verschworen, und die Wahrscheinlichkeit, dass ich es schaffe, ist äußerst gering. Ich wäre erleichtert und dankbar, wenn ihr einspringen würdet.«

Amber lächelte glücklich. »Ist das für dich auch in Ordnung, Adam?«

Ich nickte. »Ja, wenn du mir einen heiligen Eid auf einen Stapel Bibeln schwörst, dass du mich nicht mehr in die Stadt zum Einkaufen schleppst.«

»Ich schwöre es«, versprach Amber feierlich.

»Abgemacht«, grinste ich.

Wir blieben noch eine Stunde bei Kate und ihrer Familie, bevor wir uns mit Mutter und Vater auf den Weg machten.

Bruno und Kate hatten ein großes, altes Haus in einem der älteren, von Bäumen übersäten Vororte, wo wir alle mühelos Platz fanden.

Innerhalb einer halben Stunde summte der Kessel, ein Mohrrübenkuchen stand auf dem Tisch, und ein zusätzlicher Imbiss wurde vorbereitet.

»Die Zwillinge sind einfach süß«, sagte Mutter beiläufig. »Kate und Bruno haben großes Glück.«

»Wie fühlst du dich mit dem Doppelpack, Vater?«, fragte ich.

Er zuckte die Achseln. »Es kam ein bisschen unerwartet, doch als frisch gebackener Opa möchte ich es diesmal richtig machen. Ich habe meinen Job als Vater nicht gerade überragend gemeistert, deshalb bekomme ich in gewisser Weise eine zweite Chance.«

»Ich beklage mich nicht, Vater.«

»Nein, jetzt nicht mehr, doch du hast es getan – und mit Recht! Ich habe den Vaterjob ganz passabel erledigt, doch ich vergaß, dein Freund zu sein. Ich glaubte, dass sich die Freundschaft ganz automatisch einstellen würde oder dass sie mir als deinem Vater zustehe, doch so funktioniert es nicht. Ich habe in der letzten Zeit viel über dich und mich nachgedacht. Ich habe erkannt, dass es eine Sache ist, Vater zu sein, doch Vater und guter Freund zu sein, ist etwas ganz anderes.«

»Besser spät als nie«, sagte ich ernst.

»Vielleicht bist du auch bald Vater, deshalb hör mir gut zu. Die Falle, in die ich ging, war die des Rechthabens. Ich musste Recht haben, das bedeutete mir alles. Ich habe jetzt erkannt, dass es viel wichtiger ist, der Freund seiner Kinder zu sein, als Recht zu haben.«

Ich nickte. »Ja, daran werde ich denken.«

»Bei jedem Streit, den wir beide hatten, wurde ich wütend, wenn du nicht zugeben wolltest, dass du falsch lagst. Wenn ich Recht hatte, dann musstest du falsch liegen, und das war pures Schwarzweißdenken.«

Ich grinste trocken. »Bei jedem Streit, ganz gleich ob er zwischen zwei Menschen oder in einer großen diskutierenden Menge ausbricht, ist der springende Punkt, dass jeder glaubt, im Recht zu sein.« Ich lachte. »Ich weiß, Vater, du hast vollkommen Recht!«

»Das Rechthaben sichert dir vielleicht den Respekt deiner Kinder, doch nur wenn du ihr Freund bist, gewinnst du ihre Liebe.« Er schaute mich ernst an. »Glaub mir, Adam, ich werde meinen Enkeln ein wirklich guter Freund sein, und ich kann es kaum erwarten.«

Ich schüttelte bewundernd den Kopf. »Du hast dich total verändert, Vater. Ich achte und liebe dich dafür, dass du in der Lage bist, dich zu ändern. Für mich ist das ein Zeichen von innerer Größe. Die meisten Menschen hassen Veränderungen und verhindern sie mit allen Mitteln. Du machst es anders.«

Vater schaute mich verschmitzt an. »Traust du mir denn auch zu, dass ich der ökologischen Landwirtschaft eine Chance gebe?«

Mein Herz setzte beinahe einen Schlag aus. »Könntest du das?«

»Ich habe beschlossen, sobald die Dürre vorüber ist, den verdammt besten Berater für ökologische Landwirtschaft in dieser Gegend zu engagieren. Es ist nie zu spät, um neue Tricks zu lernen. Ich denke mir, wenn ich als Vater neue Tricks lernen kann, gelingt mir das vielleicht auch als Farmer.«

Ich war so überwältigt, dass ich beinahe losgeheult hätte. Einige Augenblicke lang starrte ich Vater begeistert an, dann lief ich zu ihm hin und umarmte ihn. Er kicherte mir ins Ohr.

»Es würde sich lohnen, selbst wenn es nichts anderes brächte, als dass wir beide Freunde werden, doch ...«

»Wir *sind* Freunde, Vater«, unterbrach ich.

»... doch wie ich gerade sagen wollte, ist das nicht der Grund. Ich habe kürzlich mit Joe Steadman telefoniert, und er hat mich überzeugt.«

Ich traute meinen Ohren nicht. »Du und Joe! Mensch! Das ist einfach großartig! Du wirst es nie bereuen, das verspreche ich dir.«

Wir sprachen die nächsten Stunden lang über ökologische Landwirtschaft, und ich hätte mich am liebsten gekniffen, um mich zu überzeugen, dass dieses Gespräch wirklich wahr war. Erst jetzt merkte ich, wie unglaublich sich mein Vater tatsächlich verändert hatte. Mein Rendezvous mit dem Tod war das Beste, was uns allen hatte geschehen können. Es war der Katalysator, der die Veränderungen beschleunigte. Katalysator! Ich dachte an Selph und seinen Kommentar zu diesem Thema. Wenn man ein Katalysator war, schien sich die eigene Entwicklung irgendwie fortzupflanzen, so als ob das, was mir geschehen war, sich auch auf die Menschen auswirkte, die mein Leben teilten. Wie merkwürdig!

Amber hatte sich die meiste Zeit angeregt mit Mutter unterhalten, und so berichtete ich ihr beim Zu-Bett-Gehen von dem Gespräch zwischen Vater und mir.

Während ich erzählte, beobachtete ich, wie Amber mich anschaute: ihre entschlossenen Kiefer, die fast streitlustig wirkten, die großen grünen Augen, die mich anblickten, und das kastanienbraune Haar, das in Wellen aus Feuer über ihre Schultern fiel. Und ich empfand so viel Ehrfurcht und Liebe, dass ich einfach verstummte.

»Was ist los?«, fragte sie.

»Du bist so schön, dass es mir den Atem nimmt. Ich kann kaum glauben, dass ich so viel Glück habe, von dir geliebt und begehrt zu werden.« Ich schüttelte verwundert den Kopf.

Sie grinste. »Es wäre besser, du würdest es glauben, geliebter, weil es wahr ist. Weil ich nämlich glaube, dass du genauso wunderbar bist, wie du glaubst, dass ich es bin.«

»Das gefällt mir. Das gefällt mir sehr!«

Wir liebten uns sanft und ohne Eile, und ich genoss jeden Augenblick. Ich konzentrierte mich vollständig darauf, Amber zu lieben, und Sex war nur das Mittel, wodurch es in dieser Weise möglich wurde. Die aktuelle Stimmung wirkte sich immer auf das Liebemachen aus, doch staunende Ehrfurcht eröffnet eine neue Dimension der Zärtlichkeit.

Danach kuschelten wir.

»Hast du gewusst, dass es statistisch nachgewiesen ist, dass Paare gerade dann miteinander schlafen, wenn es in der Familie eine Geburt oder einen Todesfall gegeben hat? Besonders häufig geschieht es nach einem Todesfall. Es ist, als ob wir unbewusst versuchten, uns des Lebens zu versichern«, sagte ich.

»Oh, und warum lieben wir uns dann nach einer Geburt?«

»Zweifellos, um das Leben zu feiern.«

»Haben wir uns jetzt etwa rein statistisch geliebt?«

»Nein, Liebling, unsere Seelen gingen auf eine Entdeckungsreise.«

»O Adam, manchmal sagst du die wunderbarsten Dinge.«

»Willst du damit sagten, dass ich das nicht immer tue?«

»Nicht, wenn du Kühe ins Gespräch bringst.«

»Wenn wir schon von Kühen sprechen, bin ich froh, dass ich kein Bulle bin. Sie machen keine Liebe, sie pflanzen sich einfach fort und springen im Nu rauf und wieder runter. Sie haben überhaupt keinen Spaß daran.«

Amber schwieg einen Augenblick, dann sagte sie:

»Du bist doch ein bisschen wie ein Bulle, weißt du.«

»Ich hoffe ernstlich, dass es nicht so ist!«

»Du bist es! Du bist liebenswert und bewunderungswürdig.«

Ich lachte. »Sehr schlau. Gut, ich gebe auf. Rück mal ein bisschen und mach mir Platz. Es ist Zeit zum Schlafen.«

Amber schläft gern eng an mich geschmiegt, deshalb bedeutet Platzmachen für sie, dass sie ihren Ellenbogen aus meinen Rippen nimmt und ihr Haar aus meinem Gesicht. Ich wollte gerade protestieren, dass ich noch mehr Raum brauchte, doch dabei schlief ich ein.

Am nächsten Morgen wachten wir früh auf, doch Mutter hatte das Frühstück schon fertig, als wir in die geräumige Küche traten. Wegen der Sommerhitze begannen wir den Tag gewöhnlich mit Früchten und Yoghurt oder Müsli und entrahmter Milch; der Kaffee war saisonunabhängig.

»Hast du gut geschlafen?«, fragte Mutter.

»Ziemlich gut, wenn man bedenkt, dass ich die Nacht nicht in meinem eigenen Bett verbracht habe«, antwortete ich. Tatsächlich hatte ich wieder geträumt, an der hohen Böschung des Wasserlaufs zu stehen, während die Wasserwand auf mich zukam. Nur hatte es diesmal noch in Strömen geregnet. Der Traum war nicht so schlimm wie der mit dem schrecklichen Axtmann, der meine Glieder abhackte, doch trotzdem beunruhigte er mich sehr. Ich hatte keine Ahnung, was er bedeutete.

Später genoss ich Kates alten Garten mit seinen großen, knorrigen Jacarandabäumen und dem einzeln stehenden, riesigen Morton-Bay-Feigenbaum. An einigen tiefer hängenden Ästen konnte man mit Leichtigkeit eine oder zwei Schaukeln befestigen, und es war abzusehen, dass die Zwillinge, sobald sie alt genug waren, großen Spaß daran haben würden, auf diesen Baum zu klettern und sich mit ihm anzufreunden. Kate war Gärtnerin, und ihr weitläufiger, fast verwilderter Garten zeigte die Hand eines Menschen, der die Natur so liebte, wie sie war, ohne sie übermäßig kontrollieren zu wollen. Klugerweise hatte sie unter dem riesigen Feigenbaum nur kriechende Farne gepflanzt, weshalb er zum beherrschenden Merkmal des Gartens geworden war.

Ich setzte mich ziemlich unbequem auf eine seiner stützenden Wurzeln und nahm die Energie des Baumes auf. So weit die Äste reichten, spürte ich sein mystisches Pulsieren, und da ich auf seiner Wurzel saß und mit den Händen die Rinde berührte, fühlte ich, dass sich der Baum unserer Verbindung bewusst war. Es war offensichtlich, dass viele Generationen von Menschen ihn geliebt hatten. Es gab Leute, die das Haus nur dieses Baumes wegen gekauft hätten, und ich nahm an, dass meine Schwester dazugehörte. Bei Amber und mir war ich mir sicher.

»Aaaadaaaam!«

Ich seufzte. Es war Zeit, Kate und die Zwillinge vom Krankenhaus abzuholen. »Bis bald«, flüsterte ich – wie jedes Mal – dem Baum zu. Seine Präsenz war viel zu gewaltig, um sie zu übersehen. Die meisten Menschen sprechen zu ihren Haustieren und erwarten nie eine Antwort, warum sollte man also nicht zu einem wunderbaren Baum sprechen? In der gleichen Weise wie der Geist einer Landschaft kann auch ein lebendiger alter Baum mit unserer inneren Stille verschmelzen.

Ich verließ den kühlen Schatten und ging zu Amber.

»Hast du unter dem Baum gesessen?«, fragte sie.

Ich lächelte. »Wo sonst?«

Sie küsste mich. »Es ist Zeit!«

Sie trug blassorangefarbene Shorts und ein weißes ärmelloses Top, und langsam konnte man erkennen, dass sie schwanger war. Ich streichelte den kleinen Hügel. »Gut, werdende Mutter.«

Kate war fertig angezogen, als wir ankamen, und saß wartend auf einem Stuhl neben dem Bett. Die Zwillinge lagen in ihren Bettchen.

»Habt ihr auch alles mitgebracht, was ich brauche?«, fragte sie besorgt.

Amber küsste sie. »Zwei Kindersitze, Babykleidung, alles. Entspann dich, Kate, es fehlt nichts.«

Ich setzte mich auf den freien Stuhl, während die beiden Frauen die Zwillinge anzogen. Kate hatte sich bereits abgemeldet, doch das Mädchen von der Anmeldung kam ganz außer Atem ins Zimmer gestürzt.

»Oh, welche Schande, Sie entführen die süßen Zwillinge!« Sie beugte sich über sie. »Hallo ihr Süßen, wisst ihr, wie wunderbar ihr seid?«

»Ich hoffe, Sie erwarten keine Antwort«, sagte ich ernsthaft.

Sie schaute mich an und lachte. »Nein, sie wissen, dass sie schön sind.«

»Das sollten sie. Sie sind noch nicht einmal zwei Tage alt, doch man hat es ihnen schon recht häufig gesagt.«

»Das müssen Babys hören, wissen Sie das nicht? Das sagt man ihnen einfach! Oder soll man etwa mit ihnen über das Wetter oder Politik sprechen?«

Ich nickte. »Eins zu null für Sie.«

Sie schaute Kate und Amber an und schüttelte verschwörerisch den Kopf. »Die Männer sind merkwürdig. Manchmal sind sie wirklich begriffsstutzig!«

Wir verließen die Klinik mit den guten Wünschen vieler Schwestern, die noch einen letzten Blick auf die Zwillinge werfen wollten.

»Wenn Zwillinge schon solch einen Aufruhr bewirken, dann stell dir vor, wie es mit Vierlingen ist!«

»Zwillinge reichen mir, danke, Adam«, antwortete Kate.

*

Wir verbrachten diesen und den nächsten Tag mit Kate und den Zwillingen und genossen die Gesellschaft der Familie. Es überraschte mich, wie wenig wir Bruno sahen, doch er hatte sehr viel zu tun. Wie erwartet, erwies sich Mutter als kompetent und äußerst hilfreich, wobei sie peinlich genau darauf achtete, Kate nicht die Mutterpflichten abzunehmen.

Vater fuhr am gleichen Morgen ab wie wir und freute sich auf seine geliebte Farm, obwohl er dankbar für die Unterbrechung seines gleichförmigen Lebens war.

»Wenn ich das nächste Mal mit Ian meine Runde abfahre, komme ich bei dir vorbei, Vater. Mein neuer Klient ist mir sehr wichtig.«

»Ich komme mit«, sagte Amber. »Denn ich würde dich gern bald wiedersehen.«

Das überraschte mich, und ich küsste sie. »Großartig!«

»Wird es noch vor Weihnachten sein?«, fragte Vater.

»Eher im Januar. Wer weiß, vielleicht kündigt sich bis dahin die Regenzeit an. Es sind ja nur noch sechs Wochen. Weihnachten hatte ich übrigens ganz vergessen. Ich nehme an, Mutter will, dass wir alle wie gewöhnlich zu euch kommen.«

»Darauf kannst du dich verlassen: Wenn das für Kate machbar ist, wird sie es wollen.«

»Bestimmt!«, sagte Amber. »Ich persönlich kann es gar nicht erwarten, Weihnachten wieder bei euch zu feiern. Ich habe diese Feste vermisst.«

Ich dachte an die beiden zurückliegenden Weihnachtsfeste, als sie und ich getrennt gelebt hatten. Ich hatte allein mit der Familie gefeiert, und statt die traditionelle Weihnachtsstimmung zu teilen, hatte ich jedes Mal vor Selbstmitleid geweint. Weihnachten mit Amber würde etwas ganz anderes sein.

»Wie auch immer, Mutter wird dich in etwa einer Woche anrufen. Ich muss jetzt fahren.«

Wir umarmten uns, und Amber und ich schauten ihm nach, als er davonfuhr.

»Ich hätte nie geglaubt, dass sich ein Mensch so verändern könnte wie dein Vater. Es ist unglaublich. Er ist ein ganz anderer Mann geworden.«

Ich nickte. »Ich denke oft darüber nach, dass mein beinahes Ableben einige Menschen mächtig verändert hat: dich, mich und besonders Vater.«

»Da ist noch viel mehr«, erwiderte Amber. »Es verbindet uns, verändert uns, erschafft ein Baby – neues Leben – und hat deinen Vater verändert. Doch vor allem hat es dazu geführt, dass du zu einem Menschen geworden bist, der viele Menschen verändern wird.«

»Jetzt komm ich nicht mehr mit.«

»Ich habe oft genug mit Selph gesprochen, um das zu wissen. Selbst als Berater für ökologische Landwirtschaft bist du heute anders. Er sagte mir, dass du ein mächtiger Katalysator geworden bist, ein Mensch, der die Leute verändert. Es war mir bewusst, bevor er es aussprach; er gab mir nur die Bestätigung. Früher warst du das nicht.«

»Es tut mir Leid, doch das entzieht sich meiner Kontrolle.«

»Du dummer Esel! Du bist es einfach, und es ist richtig so. Du musst dich nicht dafür entschuldigen oder versuchen, es zu kontrollieren. Sei einfach, wer du bist! Ich glaube, es ist Teil deines Potentials. Das alte Du war ein gefangener Unter-Adam.« Sie legte mir die Arme um den Hals und küsste mich leidenschaftlich. »Ich liebe das neue Du.«

Wir tranken eine letzte Tasse Kaffee mit Mutter und Kate, umarmten und küssten uns zum Abschied, und dann setzte sich Amber ans Steuer, und wir fuhren nach Hause.

Zwanzig

Weihnachten kam, wurde gründlich genossen und ging vorüber. Wir hatten gehofft, dass Selph das Fest mit uns zusammen feiern würde, doch er hatte andere Pläne. Als ich ihn fragte, ob es in seinem Realitätsrahmen auch Weihnachten gäbe, zögerte er, sich über dieses Thema auszulassen. Wie gewöhnlich bestand ich darauf.

»Für die westlichen Menschen des zwanzigsten Jahrhunderts finde ich Weihnachten angemessen, ja sogar wichtig. Bei all den Konflikten in der Welt und in persönlichen Beziehungen braucht ihr eine Zeit des guten Willens, doch dieser Feier geht jedes wirkliche Verständnis vom Ziel des Meisters ab«, sagte er.

»Was soll das heißen?«, fragte ich abwehrend.

»Der Meister ist nicht am 24. Dezember geboren, und selbst wenn der Termin stimmte, hat er euch verkündet, dass der, der ihr wirklich seid, nicht geboren wird und auch nicht stirbt. Geistig seid ihr unsterblich, auch wenn ihr euch in vergängliches Fleisch und eine Persönlichkeit kleidet. Er wollte euch dies durch seinen scheinbaren Tod und seine Auferstehung zeigen, doch es wurde immer missverstanden und falsch dargestellt. Die christliche Religion feiert Christi Unsterblichkeit, doch indem die Kirche Angst und Selbstzweifel schürt, fördert sie auch die Verleugnung der eigenen unsterblichen Wahrheit.«

Ich wollte nichts auf Weihnachten kommen lassen, weil ich es so sehr liebte, doch statt eine Diskussion zu beginnen, die ich nicht gewinnen konnte, beschloss ich, mich zurückzuziehen, um über Selphs Worte nachzudenken. Wenig später stellte ich fest, dass ich nicht wirklich anderer Meinung war, doch mir war klar, dass ihm die Massen in ihrem allgemein geteilten Realitätsbewusstsein heftig widersprechen würden. Ganz allmählich würde aber jeder Mensch einer nach dem anderen zu der größten Wahrheit finden, von der Selph gesprochen hatte. Ich persönlich hatte jedoch vor, Weihnachten weiterhin zu genießen, wenngleich ich dem Fest eine neue Bedeutung geben würde.

Amber war jetzt im vierten Monat schwanger und probierte glücklich die neu erstandene lockere Kleidung aus. Die Sommerhitze hielt uns fest in ihrem Griff, weshalb sie die Kühle suchte. Nachdem ihr klar geworden war, dass sie schwanger war, hatte sie mir gesagt, dass sie nicht beabsichtige, unter morgendlicher Übelkeit zu leiden. Ich hatte gelacht und geantwortet, das liege sicher nicht in ihrem Ermessen.

Jetzt war sie im vierten Monat, ihr war nur ein einziges Mal übel gewesen, und wenn ich auch nicht glaubte, dass sie es hatte beeinflussen können, freute ich mich, dass sie das Bild einer gesunden, blühenden Schwangeren abgab.

Eigentlich hatte ich geplant, Vater und meine anderen Klienten im Januar zu besuchen, doch die Hitzewelle, die kurz nach Weihnachten einsetzte, machte uns einen Strich durch die Rechnung. Jeden Tag stiegen die Temperaturen auf mindestens vierzig Grad Celsius und höher. Wir an der Küste hatten so etwas noch nie erlebt. Unser Garten vertrocknete, und die gut angewachsenen exotischen Büsche und Blumen starben am Hitzestress. Die Pflanzen, die am wenigsten litten, waren jene, die in unserem sonnendurchglühten Land heimisch waren.

Die Hitzewelle war in aller Munde: wie heiß es war, wie lange es schon heiß war und wie lange es wohl so heiß bleiben würde. Jeder erzählte, wie sich die Hitze auf die Familie, die Haustiere oder den Garten auswirkte. Die Hitze tötete viele ältere und kranke Menschen und belastete fast jeden. Der Asphalt schmolz, Teerspritzer verschmierten die meisten Autos. Und so ging es weiter, ein glühender Tag folgte dem anderen. Selbst die meisten Schwimmbecken boten kaum Erfrischung, weil das Wasser viel zu warm geworden war.

Wir hatten jedoch mit unserem von den umstehenden Bäumen gut beschatteten, tiefen, kühlen Pool Glück. Was sonst eher ein Nachteil war, hießen wir jetzt sehr willkommen. Ich hatte außerdem darauf bestanden, dass Amber eine Klimaanlage in ihr Atelier einbauen ließ, und während der größten Nachmittagshitze hielten wir uns dort auf und plauderten oder lasen.

Doch ich wurde immer rastloser.

Eines Vormittags waren wir geschwommen oder, richtiger, hatten im kühlen Wasser geplanscht, um unsere Energie zu schonen, und als wir uns vor dem Mittagessen von der heißen Luft trocknen ließen, beschloss ich, Selph einige Fragen zu stellen, die mich bewegten.

Wir saßen in der luftigen Küche, während die sich rasch drehenden Deckenventilatoren mit der Hitze kämpften. Wir aßen Äpfel und Bananen, und ich erzählte Selph von der Klarheit, mit der ich gefühlt hatte, dass Tiffany Musikerin und Michael Farmer werden würde.

»Ich sagte Kate, ich wüsste einfach, dass es wahr sei, aber eigentlich kann man so etwas doch gar nicht wissen! Ich *wusste* es, ohne Kenntnisse erworben oder Informationen erhalten zu haben. Stimmt es nun wirklich? Was ist geschehen? Kann ich dem trauen?«

Selph lächelte faul. »Wir haben schon einmal darüber gesprochen, doch für dich war es damals nur ein Konzept. Jetzt ist es anders. Ich habe dir schon oft gesagt, dass alle Zeit im selben Raum existiert. Dieser Raum – um ihn zu benennen – ist der Augenblick, das Jetzt. Trotz der Tatsache, dass sich die Menschen des gegenwärtigen Augenblicks nur selten gewahr sind, sind sie mental und spirituell dafür geschaffen, sich bewusst auf das Jetzt zu konzentrieren und in der Gegenwart zu leben.«

»Das ist auch nicht leicht.«

»Das sagtest du bereits. Da, wo ich herkomme, lebt jeder so. Hier nur wenige. Die Kraft und der Wert einer solchen Ausrichtung entgehen dem Bewusstsein eures zwanzigsten Jahrhunderts, doch sie ist eine Realität, die ihr schließlich annehmen werdet. Als du Kate diesen Satz sagtest, warst du im Augenblick. Du warst mit der Zeitlosigkeit einer größeren Realität verbunden, und du sprachst die Wahrheit deines Bewusstseins aus. Was du gesagt hast, stimmt, und du kannst darauf vertrauen.«

»Das ist sicher nicht logisch«, sagte ich trocken grinsend.

»Das ist die Luft- und Wasserverschmutzung oder die Ausbeutung eures Landes auch nicht, und trotzdem geschieht das alles.«

»Ja, gut, so viel zur Logik. Wie wir unsere Umwelt behandeln, ist kriminell.«

»Unwissenheit, Gier und Gewalt sind keine Verbrechen, es sind einfach die Samen von Leid, Traumata und schließlich explosionsartige Veränderungen.«

»Ja. Das nennen wir Geschichte.«

Selph schaute mich eindringlich an. »Die explosionsartigen Veränderungen stehen noch aus! Solche Veränderungen sind bereits geschehen, doch nicht während eurer allgemein akzeptierten Geschichte.«

»Wie ist das bei euch?«

»Wir schreiben persönliche Realitäten nicht mehr auf und nennen sie Geschichte. Wenn jeder direkt ›wissen‹ kann, ist niemand mehr daran interessiert. Eure Geschichte ist in überwiegendem Maße unrichtig, eine Geschichte der Vorurteile.«

Ich seufzte. »Das bezweifle ich nicht.«

Wir schwiegen einige Minuten und tranken eiskaltes Zitronenwasser. Selph gab mir immer genug Stoff zum Nachdenken. Ich beobachtete ihn heimlich eine Weile lang und war mir mehr denn je bewusst, wie sehr er sich während der Monate, die wir uns kannten, verändert hatte. Diese Tatsache beschäftigte mein Interesse seit einigen Wochen. Ich akzeptierte, dass er ein Rätsel war und dass ich keine Möglichkeit hatte, ihn jemals zu verstehen, doch ich wollte wissen, was diese Veränderungen bedeuteten. Ich beschloss, das Thema anzuschneiden. Wer konnte wissen, wohin es führte?

»Selph, versteh mich nicht falsch, doch du bist nicht mehr derselbe, den ich ganz zu Anfang am Strand getroffen habe. Damals erschienst du mir wie ein großes Kind, doch in der letzten Zeit wirkst du viel reifer, mehr so, wie ein spiritueller Lehrer sein sollte, abgesehen davon, dass du nach wie vor viel zu jung aussiehst. Doch nachdem ich dies alles gesagt habe, merke ich, dass es doch viel subtiler ist, als ich in Worte fassen kann. Ich bin mir nicht sicher, was ich zu sagen versuche oder wie ich es sagen soll, außer, dass du anders bist als der Selph, dem ich zuerst begegnet bin.«

»Du meinst, es gab keine bizarren Auftritte bei McDonald's mehr, und ich habe dich nicht mehr wütend gemacht, oder, wo ist der körperliche Schwabbelspeck der jugendlichen Unreife geblieben?«

»Ja, so ungefähr, obwohl es viel subtiler ist.«

»Und du weißt wirklich nicht, warum?«

Ich runzelte die Stirn. »Ich würde sonst nicht fragen.«

Er lächelte sein unschuldiges Lächeln. »Und das, obwohl ich immer noch meine kosmische Lehrerkleidung trage?«

Es stimmte, er trug immer noch das grässliche orangefarbene T-Shirt und die sackartigen grünen Shorts, doch ich hatte mich daran gewöhnt, es störte mich nicht mehr. Er war anders, obwohl seine Kleidung gleich geblieben war. Sollte es da einen Zusammenhang geben?

»Wenn es einen Zusammenhang gibt, dann entgeht er mir.«

»Du stimmst dich besser auf den Augenblick ein und findest es selbst heraus. Wer weiß, vielleicht *erfährst* du es ja direkt. Gibt es noch mehr, was dich beschäftigt, wenn wir schon dabei sind?«

Ich nickte. »Ja! Du bist mein Lehrer, und darüber bin ich sehr glücklich, doch ich scheine zu trudeln, ohne irgendwo anzukommen. Ich weiß immer noch nicht, wer ich bin, und ich verstehe den Sinn des Lebens auch nicht besser als früher. Ich weiß, dass du mir gesagt hast, dass ich nicht im Verstehenwollen steckenbleiben soll, das bin ich aber wahrscheinlich, obwohl ich es vermeiden möchte. Wahrscheinlich bleibe ich jetzt beim Vermeiden stecken! Es fällt mir unheimlich schwer, es einfach zu tun. Ich glaube, ich stagniere, statt bewusstseinsmäßig zu wachsen.«

»Tust du das? Und was soll ich dagegen tun?«

»Oh, das weiß ich nicht. Vielleicht brauche ich einen kräftigen Tritt in den Hintern«, sagte ich aus Spaß.

»In Ordnung«, meinte er leise.

Im nächsten Augenblick ergriff mich eine Kraft, und zu meinem Erstaunen schob sie mich in schnellem Tempo aus der Küche hinüber zum Schwimmbecken. Ich fühlte einen weichen und doch kräftigen Stoß gegen meinen Hintern, der mich weit hinaus in den Pool schleuderte.

Prustend und erschrocken über das, was gerade geschehen war, kam ich an die Oberfläche. Als ich die Stufen aus dem Pool kletterte, sah ich, dass Selph immer noch am Küchentisch saß. Tropfend lief ich zu ihm. »Mein Gott, das ist unmöglich!«

Augenblicklich ergriff mich die gleiche Kraft noch einmal, doch diesmal hob sie mich hoch und schleuderte mich mit Leichtigkeit wie einen Basketball durch die Luft, bis ich exakt im tiefsten Teil des Schwimmbeckens landete. Wieder kam ich prustend und nach Luft schnappend an die Oberfläche.

»Adam, Liebling, ist alles in Ordnung?«

Die Komik dieser bizarren Unmöglichkeit war einfach zu viel für mich, und ich lachte los.

»Es geht mir wirklich gut. Selph und ich haben gerade Fangen gespielt, und rate, was ich war?«

»Der Ball!«, rief Amber. »Das habe ich gesehen, doch ich konnte meinen Augen kaum trauen. Du stolpertest rasend schnell aus der Küche und warfst dich in den Pool. Doch das zweite Mal hatte ich Angst. Du sprangst drei Meter hoch in die Luft und schleudertest dich über eine unmöglich weite Distanz noch einmal in den Pool. Ich bin so schnell ich konnte hochgerannt.«

»In deinem Zustand solltest du nicht rennen«, sagte ich mit gerunzelter Stirn.

»Und du solltest dich in deinem nicht derart durch die Luft schleudern.«

»Äh, ja, gut. Das war aber Selph.«

»Das habe ich schon vermutet. Ich habe ihm doch gesagt, wenn er es noch einmal tut, dann setzt es Schläge!«

Jetzt brach ich vor Lachen fast zusammen, und Selph, der sich ebenfalls vor Lachen schüttelte, gesellte sich zu uns. »Du hättest dein Gesicht beim zweiten Mal sehen sollen«, gluckste er. »Du sahst aus wie ein verblüffter Fisch.«

Jetzt lachte auch Amber. »Na, dann lasst uns feiern«, rief sie und stürzte sich mitsamt ihren Kleidern in den Pool. Selph sprang gleich hinterher. Wir saßen eine Weile auf den breiten, gekachelten Stufen, spritzten einander nass und lachten, bis wir nicht mehr konnten.

»Hast du die Lektion verstanden?«, kicherte Selph.

Ich wischte mir die Augen. »Ja. Menschen können nicht fliegen.«

»Da bin ich mir aber gar nicht mehr so sicher«, meinte Amber. »Du bist wirklich toll geflogen.«

»Da war eine Lektion dabei«, gluckste Selph.

»Ich wage nicht, danach zu fragen.«

»Sie ist ganz einfach«, grinste er. »Nimm dich nie zu ernst. Lebe mit Freude, habe Spaß und spiele. Lass das Kind heraus! Zu viele Leute nehmen sich viel zu ernst. Entspanne dich. Wenn du auf einem spirituellen Weg bist, dann sei locker. Mach dich leichter, dann wirst du lichter! Verstehst du? Du warst viel zu schwermütig. Das ist gar nicht nötig.«

Ich nickte kichernd. »Ja, du hast Recht.«

»Natürlich, das habe ich immer.«

Ich lachte. »Das sagst du immer.«

»Natürlich. Ich artikuliere meine Wahrheit.«

»Einige Leute würden das arrogant oder egoistisch nennen.«

»Wen kümmert, was einige Leute sagen? Menschen, die abfällige Bemerkungen über andere machen, spiegeln damit nur ihre unbewusste Abneigung gegen sich selbst.«

»Ja, ich weiß. Ich habe das früher auch immer getan.«

»Menschen, die gut von anderen sprechen und sie loben, tun das, weil sie sich selbst mögen. Wenn dein Licht scheint, dann siehst du auch das Licht der anderen.«

»Natürlich«, grinste ich, »und mein Licht scheint.«

»Klar, doch du erkennst es an, indem du es lebst«, sagte Selph sehr ernst. »Das ist alles.«

»Danke für die spektakuläre Lektion.«

»Kein Problem. Für dich mache ich es jederzeit wieder«, gluckste Selph.

*

Das neue Jahr begann glühend heiß. Drei Wochen lang kletterten die Temperaturen immer höher und forderten immer mehr Opfer unter Menschen und Tieren. Die Menschen wurden vor längeren Aufenthalten in der Sonne und vor der Überhitzung in heißen Schwimmbecken gewarnt, während der Verkauf von Ventilatoren, Kühlschränken und Klimaanlagen neue Rekorde erreichte, bis die Geschäfte schließlich ausverkauft waren. Als zwei Neugeborene starben, wurde der Notstand ausgerufen, und ältere Menschen und Familien mit geringem Einkommen, die ihre Häuser nicht kühlen konnten, wurden in großen Stadthallen versorgt, die mit riesigen Klimaanlagen ausgestattet wurden. Selbst die herrlich kühlen Einkaufszentren leisteten einen Beitrag, indem sie Sitzplätze und kühle Getränke für Ältere und Arme bereithielten.

Es war beeindruckend, wie sich die Gemeinden gegenseitig mit Hilfeleistungen unterstützten, und nur die Tatsache, dass gleichzeitig vermehrt in Wohnhäuser eingebrochen wurde, störte das Bild. Täglich wurden Waldbrände gemeldet, und in einer Woche fielen zehn Häuser den Flammen zum Opfer. Und von Tag zu Tag wurde es schlimmer. Die Natur vertrocknete, und selbst die normalerweise grünen Vororte waren brandgefährdet. Langsam geriet die Lage außer Kontrolle. Der Rauch, der über großen Teilen des Landes hing, brachte den zermürbten, bedrängten Menschen zusätzlich noch Atemprobleme. Ich kaufte eine Pumpe, die bei Bedarf Wasser aus dem Pool ziehen konnte, doch obwohl es in der unmittelbaren Nachbarschaft brannte, hatte ich nie das Gefühl, dass unser Haus bedroht war. Ich glaube, ich kaufte die Pumpe, um den gesunden Menschenverstand zufrieden zu stellen.

Während dieser Zeit wurde ich immer unruhiger. Ich bin gern aktiv, doch die Hitze machte alle Aktivitäten außer Schwimmen im Meer und Feuerlöschen unmöglich. Amber konnte malen und befand sich in der beneidenswerten Lage, ihre Arbeiten so rasch zu verkaufen, dass sie kaum nachkam. Doch weil jedes Bild ihre Liebe zur Natur spiegeln sollte, ließ sie sich nicht drängen und arbeitete äußerst sorgfältig.

Selph war teilweise bei uns, die übrige Zeit fehlte er. Er teilte uns selten mit, wann er verschwinden würde, doch er tauchte immer im richtigen Augenblick wieder auf. Es schien, als behalte er uns im Auge.

Mutter rief häufig an, und wenn wir an der Küste unter der Hitze litten, wirkte sie sich noch viel schlimmer auf die Menschen im Inland aus. Sie erzählte, dass die Quecksilbersäule des Thermometers an einem verteufelten Nachmittag zitternd bei fünfzig Grad stehen geblieben sei. Kühe und Schafe, die sowieso schon halb verhungert waren, starben täglich zu Tausenden, und die Zeitungen übertrafen sich mit Schlagzeilen über die außerordentliche Hitzewelle, die besonders in Queensland wütete.

Vielleicht war es gar nicht so seltsam, dass mir so wenig weh tat wie schon lange nicht mehr. Die kleinen Stiche schienen regelrecht zu vertrocknen, und alle Schmerzen verschwanden. Hitze hatte mich nie wirklich gestört, und während andere Menschen vor Schwäche dahinwelkten, ging es mir prima. Wenigstens ging es mir so lange prima, wie ich unseren verwüsteten Garten nicht betrachtete. Weil wir uns wie viele andere hauptsächlich mit Regenwasser versorgten, hatten wir nur noch wenig zur Verfügung. Das Wasser im Pool verdunstete alarmierend rasch, ich musste den Fischteich auffüllen, und auch die Bonsais brauchten täglich Nachschub. Die örtlichen Wasserversorger erlebten goldene Zeiten und mussten rund um die Uhr arbeiten, um die Nachfrage nach Wasser zu bedienen.

Eines späten Abends saßen Amber und ich neben dem Pool. »Ist es nicht unglaublich, wie selbstverständlich es normalerweise für uns ist, Wasser zu haben?«, sagte Amber. »Und plötzlich wird es zu einem kostbaren Gut. Die Hitze und die Dürre sind wirklich lehrreich.«

»Das ist nur für uns Städter so, doch die Landbewohner haben schon lange gelernt, mit Dürre und Wassermangel zu leben. Ich muss zugeben, dass diese letzten Wochen mich mehr gelehrt haben, das Wasser zu achten, als ich es je zuvor getan habe. Doch für die meisten Menschen ist es eine harte Lektion, und für einige ist sie tödlich.«

Ich spielte auf die Familie an, die vor kurzem durch das heiße Inland im nördlichen Queensland gefahren war und eine Autopanne hatte. Trotz der Hitze hatte die Familie entschieden, auszusteigen und die Straße entlangzulaufen, in der Hoffnung, entweder eine Ansiedlung zu finden oder von einem vorbeifahrenden Auto mitgenommen zu werden. Es war kaum zu glauben, aber sie hatten nur zwei Liter Wasser in einer Plastikflasche mitgenommen. Die ganze sechsköpfige Familie, die aus Eltern und vier gesunden Jugendlichen bestanden hatte, war gestorben. Die Ärzte schätzten, dass sie sich zwischen fünf und acht Stunden in der Sonne aufgehalten haben mussten, bevor die Austrocknung sie umgebracht hatte. Doch wenn man die einfachen Überlebensregeln befolgte, die jeder Australier kennen sollte, musste so etwas nicht passieren. Die Hitze war die Todesursache, doch in den Nachrichten wurde betont, dass die Familie genauso ihrer Unwissenheit und Dummheit zum Opfer gefallen war.

Amber schaute mich nachdenklich an. »Wie wäre es, wenn wir, da es jetzt erträglich kühl geworden ist, eine innere Reise machten? Ich habe das starke Gefühl, dass es mir gut täte.«

Wegen der Hitze hatte auch ich die letzten beiden Wochen damit ausgesetzt, und so war ich bereit. Amber beherrschte die Technik mittlerweile, und so musste ich die Einführung nicht laut sprechen. »Gute Idee. Wir machen die Reise jeder für sich, in Ordnung?«

Etwa dreißig Minuten später öffnete ich die Augen und schaute Amber an. Wie mir liefen auch ihr Tränen die Wangen herab. Sie hatte die Augen noch geschlossen, doch als ich sie anschaute, öffnete sie sie. Sie atmete tief ein und seufzte. »Oh, toll!«

»Ja, wirklich, toll«, bestätigte ich.

»Du warst zum ersten Mal auf einer Reise bei mir!«

Ich nickte. »Genau.«

»Haben wir dasselbe erlebt?«, fragte Amber.

»Das nehme ich an.«

»Du hast mich bei meiner Reise begleitet und mir geholfen. Dann geschah etwas Unglaubliches.«

»Wenn ich es richtig verstehe, bist du erwacht.«

Sie nickte ruhig. »Wir haben dasselbe erlebt.«

»Nein. Es war deine Erfahrung. Ich habe ihr nur beigewohnt. Doch selbst das wenige, was ich erlebt habe, war mir eine Ehre.«

Amber schaute mich direkt an. »Sei ehrlich! Fühlst du dich von dem, was mir gerade geschehen ist, bedroht?«

Ich dachte sorgfältig darüber nach. Ich hatte gerade erlebt, wie Amber durch eine Einweihung in den Zustand des Erwachens geführt wurde. Dies hatte ich mir immer für mich gewünscht, ich hätte mein Leben dafür gegeben, doch es war mit Amber geschehen. Das alte Ich hätte sich mit Sicherheit bis zur Vernichtung bedroht gefühlt. Mein Ego wäre so überwältigt, ja vollständig demoralisiert gewesen. Aber was spürte ich jetzt? Ich freute mich für Amber. Es war mehr als bloße Freude, ich war begeistert, überglücklich! Doch was fühlte ich für mich? Ganz schwach empfand ich Bedauern und vielleicht Enttäuschung darüber, dass meine Zeit noch nicht gekommen war, doch überwiegend empfand ich Freude, und ich war stolz auf Amber. Ich war auch überrascht, überrascht, was mit ihr geschehen war, und überrascht, dass ich mich so gut fühlte, so wenig bedroht, so vollkommen in Ordnung.

Ich teilte ihr meine Gedanken mit.

»Und was ist mit dir? Wie geht es dir? Wie fühlt es sich an?«

Sie lächelte. »In Bezug auf dich fühle ich mich erleichtert, doch ansonsten bin ich kein bisschen überrascht. Es mag dumm klingen, doch so ist es einfach. Mir ist, als hätte ich mein bisheriges Leben in einer riesigen Milchflasche verbracht. Alles war hell und weiß und äußerst positiv. Ich hielt es für schön, weil es alles war, was ich kannte. Jetzt ist die Flasche plötzlich mit kristallklarem Wasser gefüllt. Alles ist so klar, so vollkommen und nicht mehr weiß oder positiv oder … mit irgendeinem anderen Etikett versehen. Es Ist! Ich fühle mich, als lebte ich in einem riesigen Unbekannten, und doch *weiß ich*, dass ich weiß. Es gibt kein Richtig und Falsch, kein Gut und Böse mehr, kein »Du solltest« und »Du solltest nicht«.

Sie runzelte nachdenklich die Stirn. »Es ist so, als sähe ich etwas, das ich nicht beschreiben kann, und doch fühle ich mich menschlicher und geerdeter, während ich gleichzeitig höher fliege, als ich es je für möglich gehalten hätte. Und, Liebling, ich liebe dich mehr, als du es jetzt verstehen kannst.«

Ich fühlte mich erleichtert und bemerkte dann eine versteckte Angst.

»Ich glaube, wenn es etwas gibt, das mir Angst einjagen könnte, dann ist es, dass du mich nicht mehr in derselben Weise liebst.«

Sie lächelte. »In gewisser Weise hast du Recht. Ich kann dich nicht mehr in derselben Weise lieben, weil ich ein anderer Mensch bin. Ich habe ein größeres Fassungsvermögen für Liebe und Achtung als je zuvor. Und mit all meinem Sein und mit allem, was ich bin, liebe ich dich.«

Der unerwartete Knoten, der sich gerade in meinen Eingeweiden gebildet hatte, zeigte mir, wo wir im Allgemeinen unsere tiefsten Ängste verstecken. Er entrollte sich und löste sich auf.

Ich lächelte erleichtert. »Ich hätte es nicht gern, wenn der edle Ritter überflüssig werden würde«, sagte ich scherzend.

Amber sah mich mit hochgezogenen Augenbrauen an. »Überflüssig! Du machst Witze!«

Sie stand auf, setzte sich auf meinen Schoß und bewegte sich ziemlich aufreizend, während sie die Zungenspitze um ihre Lippen gleiten ließ. »Du kannst dem edlen Ritter ausrichten, dass ich jetzt für ein Turnier bereit wäre.«

»Wie kannst du denn so bald nach einer tiefen, spirituellen Erfahrung an Sex denken?«

»Ich fühle mich nach Liebemachen, weil es genau das ist, was ich in diesem Augenblick spüre. Da gibt's nichts zu analysieren oder zu diskutieren. In diesem Augenblick bin ich, die ich bin, und ich will dich in mir.«

»Also, obwohl ich nur zugeschaut habe, war deine Erfahrung für mich so tief, dass ich mich in einem leichten Schockzustand befinde. Ich glaube nicht, dass sich der edle Ritter auf Kommando erheben kann.«

»Oh, wirklich?«

Sie räkelte sich noch etwas mehr, und plötzlich schnappte sich ihre Hand mit wissendem Griff den edlen Ritter.

Ich hatte Unrecht. Er konnte!

Wir liebten uns im Pool, und zum ersten Mal in meinem Leben stach der edle Ritter die Lanze auf den Stufen des Schwimmbeckens. Ambers Leidenschaft war unübertroffen, und intuitiv wusste ich, dass sie damit das Leben feierte, ihr neues transzendentes Sein und das neue Leben in ihr.

Als wir später erschöpft und doch seltsam energetisiert im Bett lagen, unterhielten wir uns über die innere Reise, die wir geteilt und die doch jeder unterschiedlich erlebt hatte. Ich erzählte ihr meine Version und wie außerordentlich geehrt ich mich fühlte.

»Fühlst du dich danach, mir deine Geschichte zu erzählen?«

Sie nickte, und als sie sprach, klang ihre Stimme ruhig und leise und bebte vor Staunen.

»Ich ging durch die Farben des Regenbogens und die einundzwanzig Stufen hinunter. Als ich die letzte Stufe erreichte, fand ich mich auf einer großen, breiten Straße, die in die Wüste führte. Zuerst war ich unschlüssig, weil mich die karge Gegend nicht gerade anzog, doch dann entschloss ich mich doch dazu, sie entlangzugehen. Die Straße selbst war ungewöhnlich. Es war, als hätte ein Riese eine Spule mit purpurroter Borte über dem kahlen, kargen Land abgewickelt, und diese Borte war die Straße, der ich folgen musste.

Ich ging ziemlich lange, und ich war allein. Obwohl ich in der Wüste war, spürte ich keine Hitze, denn das Land war einfach nur kühl und karg und bestand nicht nur aus Sand. Ich ging weiter und entschloss mich, dass ich der Straße auch folgen würde, wenn gar nichts geschähe. Mir war alles recht.

Dann kam ich plötzlich zu einer Oase, und da warst du. Ich hätte wissen müssen, dass du irgendwo am Wasser sein musstest. Wir unterhielten uns, und ich fragte dich, wie du zu der Oase gekommen seist, und du sagtest mir, dass die Oase an der untersten Stufe der Treppe auf dich gewartet habe.«

Ich nickte. »Ja, das stimmt. So war es.«

Sie fuhr fort: »Ich zeigte auf die Straße, die von der Oase wegführte, und fragte dich, ob du mich begleiten würdest. Du sagtest ja, und so gingen wir zusammen weiter. Ich erinnere mich, dass du voller Sehnsucht zurück zu der Oase und ihrer prachtvollen Vegetation schautest, und dann blicktest du auf das kahle Land, durch das wir gehen sollten, doch du beschwertest dich nicht.

Wieder wanderten wir lange, und mir schien, dass du zur Oase zurückwolltest, doch du gingst einfach weiter.

›Willst du zurück? Ich komme mit‹, sagte ich.

›Ja, das möchte ich, doch ich werde bei dir bleiben‹, antwortetest du. ›Ich weiß, dass dies deine und nicht meine Straße ist, und du brauchst meine Begleitung. Du musst nicht umkehren.‹

›Woher weißt du das alles?‹, fragte ich.

›Keine Ahnung‹, antwortetest du. ›Ich weiß es einfach.‹

Und so gingen wir weiter. Ich fühlte mich, als sei ich den halben Tag unentwegt gelaufen, und wollte schon aufgeben, doch du überzeugtest mich, der Straße weiter zu folgen.

Schließlich bemerkte ich, dass der endlose flache Horizont nicht mehr so weit entfernt zu sein schien, denn jetzt gingen wir einen Hügel hinauf. Anders als in der physischen Realität strengte uns das nicht an, selbst als es ziemlich steil wurde. Es war einfach. Bald standen wir oben auf dem Hügel, und vor uns lag ein kleines Tal. Wir stiegen hinab, bis wir an ein großes Schloss mit Türmen kamen, doch es wirkte so, als ob es aus der Zukunft und nicht aus der Vergangenheit stammte. Es sah aus, als bestünde es aus durchsichtigem, gekräuseltem Wasser, doch als wir näher kamen und es berührten, war das Material so fest wie Stein. Hast du es genauso gesehen?«

Ich nickte. »Ganz genauso. Seltsam und schön.«

»Fühlte es sich vertraut an, oder kanntest du es?«

»Nein.«

Amber fuhr fort. »Also, für mich war es so, als käme ich nach einer Million Jahren endlich wieder nach Hause. Ich weinte, weil das Wiedererkennen so machtvoll war, und doch konnte ich mich nicht daran erinnern, es schon einmal gesehen zu haben. Ich fühlte, wie meinem Körper, der im Stuhl saß, die Tränen über die Wangen liefen. Auf jeden Fall wusste ich, dass ich in das Schloss gehen musste. Ich fragte dich, ob du eine Tür oder einen Eingang entdeckt hättest, und du verneintest. Dann sagtest du mir, dass ich ihn finden müsse. Du sagtest, wenn ich das Tor nicht fände, könnte ich nicht eintreten und würde den Zeitpunkt verpassen.

Wieder fragte ich dich, woher du das wüsstest, doch du sagtest, es sei dir einfach eingefallen. Deshalb seist du hier.

Zusammen umrundeten wir das Schloss, doch es gab auch nicht das geringste Zeichen einer Tür oder eines Eingangs. Ich war ärgerlich. ›Wie soll ich ohne Tür da hineinkommen?‹

›Erschaffe eine‹, antwortetest du.

Ich schaute dich erstaunt an. ›Wie soll ich das machen?‹

›Das ist die Prüfung‹, sagtest du. ›Du bist bereit einzutreten, doch du musst dir deinen Weg selbst erschaffen. Ich kann es nicht für dich tun. Ich kann dich nur begleiten.‹

Ich setzte mich auf die purpurrote Bortenstraße, die um das Schloss herumführte, und dachte darüber nach, wie ich hineinkommen sollte. Nichts! Mir fiel nichts ein. Dann schlug ich vor, dass du auf mich warten solltest, während ich das Schloss noch einmal allein umrundete. Vielleicht hatte ich irgendetwas übersehen. Ich ging diesmal in der entgegengesetzten Richtung um das Schloss, doch ich fand immer noch keinen Eingang, was mich wieder ärgerte.«

»Das ist erstaunlich«, sagte ich zu Amber. »Alles, was du beschreibst, habe ich ganz genauso erlebt. Ich erinnere mich daran, dass ich auf dich wartete, als du herumgingst.«

Amber grinste. »Da wusste ich, dass ich es kapieren oder aufgeben musste. Als ich zurückkam, warst du immer noch da, und dann gabst du mir den entscheidenden Hinweis. Ganz ehrlich, ohne dich hätte ich es nicht geschafft!«

Ich fühlte mich außerordentlich geschmeichelt.

»Du sagtest mir, dass ich den Eingang ins Schloss nicht in seinen Wänden, sondern in mir selbst suchen sollte. Das tat ich. Ich setzte mich, schloss die Augen, ließ das Bedürfnis einzutreten los und visualisierte das Schloss in all seiner Pracht. Niemals wäre ich in der physischen Realität fähig, so leicht und kraftvoll wie in diesem Augenblick zu visualisieren! Es entfaltete sich buchstäblich mit solcher Klarheit und Intensität in meinem Geist, dass ich das Schloss im Schloss sah.

Ich sah dich, und ich sah mich vor einem Schloss, das nur ein schwaches, hohles Echo des wirklichen Schlosses war. Mir wurde bewusst, dass es mit uns genauso ist. Wir sehen in uns armselige, begrenzte, sterbliche Wesen, während wir in Wahrheit unglaublich mächtig und unsterblich sind, begrenzt nur durch unsere persönliche Realität.

Auf jeden Fall sah ich den Eingang ganz klar, als ich mein inneres Schloss betrachtete. Ich wusste genau, wo er sich befand und wie ich hineinkommen konnte. Ich öffnete die Augen, und das Schloss war wie zuvor – scheinbar uneinnehmbar. Begleitet von dir ging ich eine kurze Strecke an der Mauer aus Wellen entlang, bis ich den Ort erreichte, an dem der Eingang sein musste. Ich fragte dich, ob du ihn sehen könntest, und du sagtest: ›Es tut mir Leid, nein. Doch es ist Zeit, dass du hineingehst. Geh jetzt! Meine Zeit wird auch noch kommen.‹

Obwohl auch ich den Eingang nicht sehen konnte, wusste ich, dass dies die richtige Stelle war, und so ging ich einfach direkt auf die Wand zu, dort, wo ich ihn gesehen hatte. Kurz bevor ich mit der Wand zusammenstoßen musste, veränderte sich alles. Ich erkannte, dass meine Entschlossenheit der Schlüssel war. Als ich mich wirklich entschieden hatte, durch die Wand zu gehen, war es, als habe ich einen Schalter umgelegt.

Plötzlich befand ich mich auf einer großen weißen Marmortreppe in der riesigen Eingangshalle des unglaublich geheimnisvollen Schlosses. Als ich oben angekommen war, erschien ein Lichtwesen und nahm mich bei der Hand. Von nahem betrachtet hatte es eine menschliche Gestalt, doch es strahlte so sehr, dass ich keine Gesichtszüge erkennen konnte. Ich war mir jedoch auf Grund der Energie dieses Wesens bewusst, dass es asexuell war – weder männlich noch weiblich.

Das Wesen führte mich an der Hand in das Schloss, und wir gingen zu einem Lichtstrahl, der sich genau in der Mitte eines riesigen Raumes befand. Der Strahl schien von einem himmlischen Ort zu stammen und drang durch einen großen Kristall, der sich ganz oben im Dach über meinem Kopf befand. Er erleuchtete das ganze Schloss mit seinem starken, reinen Licht. Als wir den Lichtstrahl erreichten, ging ich ohne zu zögern hinein … und explodierte.

Ich kann es gar nicht anders ausdrücken. Ich explodierte in all dem Licht, das immer war und immer sein wird. Ich war aus Licht, aus zahllosen, ewigen Lichtteilchen. Ich war alles Licht und das Eine Licht. Ich wusste, dass alles gleich und doch verschieden war, das Eine und die Vielen, gleichzeitig Einheit und Getrenntheit erlebend.«

Sie lächelte verträumt. »Das war alles, wirklich. Ich schien endlos lange in diesem Zustand zu verweilen, doch als ich die Augen öffnete, war erst eine halbe Stunde vergangen. Selbst jetzt noch sprudelt alles aus mir heraus, weil es nicht in der Vergangenheit war und nie sein wird oder sein kann. Es geschieht jetzt, in diesem Augenblick. Wahrlich, es *ist* das Alles-was-Ist.«

Ich blickte sie voller Ehrfurcht an. »Auf Wiedersehen, Amber. Hallo, Superfrau«, murmelte ich.

Sie setzte sich auf. »Bitte, Adam, tu das nicht. Du gabst mir das größte Geschenk, das ein Mensch einem anderen überhaupt machen kann. Du zeigtest mir den Weg zu meiner Wahrheit. Du hast es getan, weil du ein Mensch bist. Und du weißt, dass es wahr ist, weil du es erlebt hast.«

Ich nickte. Ihre Erfahrung und meine passten perfekt zusammen. Als sie das Schloss betreten hatte, war sie verschwunden, und ich war sofort zur Oase zurückgekehrt. Jetzt wusste ich plötzlich ganz sicher, dass die Oase ein Sinnbild für den Überfluss war, und in meinem Überfluss hatte ich Amber mein Geschenk der Liebe gemacht. Es gab nichts, was ich ändern wollte oder konnte, kein noch so winziges Detail.

»Es tut mir Leid, dass ich so unsensibel war. Ich kann dir gar nicht sagen, wie ich mich für dich freue. Ich fühle mich maßlos geehrt, dass ich dabei sein durfte.«

»Ich frage mich, ob Selph es auch weiß«, sagte Amber.

»*Weißt* du das nicht?«

»Adam, ich bin in Bezug auf den Alltag nicht plötzlich allwissend. Ich kenne die Zukunft nicht, und mit Sicherheit bin ich kein zweiter Selph. Ich weiß einfach, wer ich bin und was das in Wahrheit bedeutet. Aber ich weiß nicht, wann die Dürre oder die Hitzewelle enden wird oder was du morgen tun wirst. Ich bin die Amber, die du kennst, außer, dass ich mich nicht länger nur als Person wahrnehme. Meine Person ist die Kleidung, die ›diejenige, die ich bin‹ in diesem Leben und in diesem Realitätsrahmen trägt.«

»Und wer bist du?«, fragte ich, obwohl ich die Antwort hätte wissen müssen.

»Du weißt, dass es auf solche Fragen keine wirklichen Antworten gibt, nur Erfahrungen. Oh, ich könnte viel darüber sagen, doch es wären nur bedeutungslose, leere Worthülsen. Ich sage dir das Einzige, was Bedeutung hat, das Einzige, was wirklich zählt: Adam, ich liebe dich.«

Wir küssten uns und schliefen aneinander gekuschelt ein. Oder vielleicht sollte ich sagen, ich schlief einfach weiter!

Einundzwanzig

Als ich früh am nächsten Morgen erwachte, schlief Amber noch. Eine Weile lang dachte ich über die außerordentlichen Ereignisse des letzten Abends nach. Im Rückblick erkannte ich, dass Amber nach ihrem Erwachen bewusst mit mir geschlafen hatte, weil es uns wie nichts anderes in einem Akt der Gleichheit verband. Ich wusste außerdem, dass sie damit ihre Wahrheit ausgedrückt hatte. Sie liebte mich, und ihr Liebemachen war durch und durch echt gewesen. Es war ihr Geschenk der Normalität an mich, der Beweis, dass alles zwischen uns auf Liebe beruhte, der Liebe des einen für den anderen. Ich erkannte, dass alles völlig anders und gleichzeitig beim Alten geblieben war. Ich würde mich auf das Gleichgebliebene konzentrieren, denn der Unterschied würde sich ohnehin oft genug zeigen. Welch unbeschreibliche innere Reise hatten wir gemacht! Wir hatten unter einem bemerkenswerten Einfluss gestanden. Ich zweifelte nicht daran, dass es der ihres Lehrers gewesen war, eines Wesens, das in Ambers Leben immer noch eine aktive Rolle spielte, obwohl es physisch nicht sichtbar und auch nicht leicht zu identifizieren war. Jeder hat seine Führer und Helfer auf anderen Ebenen der Realität. Leider sind es nur wenige, die sich dessen bewusst sind oder diese Möglichkeit auch nur in Betracht ziehen. Unglücklicherweise sind wir selbst unsere schlimmsten Feinde und halten uns in unserer kleinen Welt der Ängste gefangen, während wir uns gleichzeitig jede Chance auf eine größere Realität versagen. Früher habe ich es genauso gemacht, doch jetzt bin ich mein engster Freund, und ich bin aus dem Kerker heraus in eine feinere, freundlichere Welt getreten.

Amber seufzte, rollte sich zu mir und umschlang mich in vertrauter Weise, um mir ganz nahe zu sein. Sie liebte den Körperkontakt genauso wie ich. Selbst in dieser Hitze hätte sie am liebsten eng umschlungen im Bett gelegen, doch mir war es zu heiß. Ich schlug die Bettdecke zurück, und wir lagen nackt in der kühlen Morgenluft.

»Hast du gut geschlafen, Liebling?«, fragte sie.

»Ja, sehr gut, dank des Ventilators.« Ich beobachtete, wie er sich langsam drehte, um die Luft beständig durcheinander zu wirbeln.

»Und der edle Ritter? Hat er geträumt?«

Ich kicherte. Ihr Humor hatte sich nicht verändert. »Nein, er hat überhaupt nicht geträumt. Er schlief den Schlaf des Gerechten.«

Sie lachte. »Was steht heute auf dem Programm?«

»Ich weiß nicht. Ich bin mir nicht sicher, was das bedeutet, doch nach den schmerzfreien Wochen habe ich heute Morgen so starke Schmerzen wie seit Monaten nicht mehr. Alles tut mir weh, und überall sticht es.«

»Vielleicht ist das Turnier im Pool letzte Nacht schuld daran.«

Ich zog eine Grimasse, als ich mich daran erinnerte. »Ja, im Feuer der Leidenschaft übersah ich, wie hart gekachelte Stufen sind. Ich habe mich ein- oder zweimal gestoßen, und dir geht es sicher nicht anders. Wir hätten tieferes Wasser aufsuchen sollen.«

Amber lachte immer noch. »Ich war schlau. Ich habe dafür gesorgt, dass du die meiste Zeit unten warst. Wie grausam von mir!«

»Ja, daran besteht kein Zweifel. Doch Spaß beiseite, vor einigen Monaten waren mir diese Schmerzen nur zu vertraut. Ich weiß nicht, warum sie zurückkommen.«

Ich löste mich von Amber und kletterte stöhnend aus dem Bett. In der Dusche drehte ich das Wasser so heiß, wie ich es gerade noch ertrug, obwohl ich kühleres Wasser vorgezogen hätte.

Amber, die mit mir zusammen hatte duschen wollen, prüfte mit dem Fuß die Wassertemperatur und rief erschrocken: »Adam, das ist wirklich sehr heiß!«

»Ich weiß. Ich hoffe, es tut mir gut. Es hat eigentlich immer geholfen.«

Doch diesmal war es anders. Die Beharrlichkeit der Schmerzen beunruhigte mich beinahe, denn ich hatte dergleichen seit langem nicht mehr erlebt.

Ich schlurfte durch das Haus und versuchte vergeblich, meine Geschmeidigkeit wiederzuerlangen. Nachdem Amber draußen den Frühstückstisch gedeckt hatte, setzte ich mich vorsichtig.

»Ich fühle mich wie ein alter Mann. Fällt dir etwas ein?«

»Wie wäre es mit einer Massage? Vielleicht hilft dir das.«

»Gute Idee! Das könnte wirken.«

Eine Stunde später stöhnte ich, als Amber meine Glieder knetete. Sie konzentrierte sich besonders auf die Stellen, an denen die Knochen gebrochen gewesen waren, ohne jedoch den übrigen Körper zu vernachlässigen. Es half, doch es löste das Problem nicht wirklich. Zumindest linderte es die Schmerzen, die wohl durch unsere nächtliche Sitzung im Pool entstanden waren.

Fünfzehn Minuten später ging ich vorsichtig zur Kaffeemaschine, als das Telefon klingelte. Amber war irgendwo draußen, und so hob ich den Hörer ab.

»Guten Morgen, hier spricht Adam.«

»Ich freue mich, dass es für dich ein guter Morgen ist, Adam. Hier ist es unglaublich heiß.«

»Vater! Schön, dich zu hören. Der Morgen ist tatsächlich gut, immer noch kühl vom nächtlichen Seewind. Doch mir geht es nicht so gut. Ich habe heftige Schmerzen, was ich überhaupt nicht verstehe.«

Ich hörte ihn lachen. »Das ist überhaupt kein Wunder. Du hast dieselben Probleme wie unser alter Nachbar Ken Parkes.

Er fiel vor vierzig Jahren vom Pferd und hatte wirklich schlimme Brüche. Seitdem tut ihm alles weh, sobald sich das Wetter ändert. Und genau aus diesem Grund rufe ich dich an. Ich habe vor ein paar Tagen mit ihm gesprochen, und er sagte, dass er die stärksten Schmerzen seit dreieinhalb Jahren habe. Er glaubt, dass in den nächsten Wochen ein Superunwetter über uns hereinbrechen wird.«

Eine Woge der Erleichterung überflutete mich. Was er sagte, machte wirklich Sinn. Ohne Zweifel war das auch mein Problem. Obwohl ich dazu verurteilt schien, ein lebendes Barometer zu sein, bedeuteten die Schmerzen nur, dass sich das Wetter änderte. Und eine Massage konnte daran schließlich nichts ändern.

»Mensch, Vater! Du hast Recht! Hast du angerufen, um mir zu sagen, dass wir wahrscheinlich ein Unwetter erwarten?«

»Nein. Ich möchte, dass du bald kommst. Wenn es regnet, gibt es garantiert eine größere Überschwemmung. Deshalb möchte ich so viel Wasser wie möglich auffangen. Darüber hinaus möchte ich, dass du mir als mein neuer Berater alle Plätze zeigst, an denen ich auf der Farm Wasserlöcher und Dämme anlegen kann. Diese Gelegenheit ist so gut, dass wir sie nicht verpassen dürfen.«

»Doch wenn sich Ken irrt?«

»Er irrt sich nicht. Ich weiß es irgendwie. Denke an meine Worte: Diese Dürre wird mit einem der schlimmsten Stürme, die die meisten von uns je erlebt haben, zu Ende gehen. Und bei Gott, ich will verdammt gut darauf vorbereitet sein!«

»Wenn wir eine Überflutung erwarten, dann wird sie alle Dämme wegspülen, die nicht gut gesichert sind. Wasserlöcher sind kein Problem, doch wir werden große Abflussrinnen für die Dämme brauchen, die beträchtlich tiefer sind als gewöhnlich. Es ist besser, ein paar Kubikmeter Wasser zu verlieren als alles – plus den Damm. Neue Dämme müssen sehr sorgfältig angelegt werden.«

»Du bestimmst, Sohn. Wann kommt ihr? Schaffst du es bis gestern?«

Ich lachte. »Ich sage dir noch Bescheid, doch ich verspreche dir, dass es bald sein wird. Amber möchte diesmal mitkommen, deshalb muss ich zuerst mit ihr reden. Mach dir keine Sorgen, ich rufe zurück.«

Wir plauderten noch einige Minuten und beendeten dann das Gespräch. Auch ich hatte das Gefühl, dass Ken Recht hatte. Ich litt zu den Tönen derselben Melodie. Mit einem Becher Kaffee in der Hand suchte ich Amber.

Ich fand sie in ihrem Atelier, wo sie gerade dabei war, ihr neuestes Bild fertig zu stellen, und ich erzählte ihr von meiner Unterhaltung mit Vater.

»Hat die neue Amber dazu irgendwelche Gefühle?«, fragte ich spielerisch.

Sie war jedoch sehr ernst. »Ja, das habe ich. Ich denke auch, dass wir sehr bald fahren sollten, und ich habe eine furchtbare Ahnung, dass etwas Schreckliches geschehen wird.«

Meine spielerische Laune verdampfte wie Nebel in der Sonne. »O Gott! Wieder mit mir?«

Sie schüttelte den Kopf. »Das weiß ich nicht. Ich weiß nur das, was ich dir gesagt habe. Wir müssen hin, das ist sicher. Es lässt sich nicht vermeiden.«

»Was lässt sich nicht vermeiden?«

»Adam, ich weiß es nicht. Ich weiß nur, dass du, dass jeder von uns so vorsichtig wie möglich sein muss. Das Unvermeidliche wird ohnehin geschehen, doch wir müssen aufpassen.«

»Hast du Selph gesehen?«

Sie schüttelte den Kopf. »Nicht in letzter Zeit.«

Ich runzelte die Stirn. »Ich brauche ihn. Er sollte da sein.« Aus Spaß brüllte ich so laut ich konnte: »Seeeeelph!«

Die Tür des Ateliers öffnete sich, und er trat ein.

»Du musst nicht brüllen. Ich habe dich auch beim ersten Mal gehört.« Er hielt inne, schaute Amber an und riss plötzlich die Augen auf. »Gut, gut. Es ist also endlich geschehen. Herzlichen Glückwunsch. Wegen Menschen wie euch beiden ist dieses Lehrerdasein so sehr der Mühe wert.«

Er ging zu Amber, umarmte sie, trat zurück und verbeugte sich tief. Als er sich aufrichtete, war er wieder der unaussprechlich weise Alte, den ich gesehen hatte, nachdem ich aus Jacobs Leben wieder aufgetaucht war.

Er schaute Amber an und sagte: »Ich ehre dich.«

Dann verbeugte er sich noch einmal, und als er sich diesmal aufrichtete, war er wieder der normale Selph, den wir kannten.

»Was hast du damit gemeint, dass du mich schon beim ersten Mal gehört hast?«, fragte ich.

Selph grinste. »Du sagtest: ›Ich brauche ihn. Er sollte hier sein.‹ Ich kam sofort. Ich war hier, bevor du losbrülltest.«

»Ich habe nicht gebrüllt«, sagte ich beleidigt. »Ich rief laut.«

Er nickte lächelnd. »Sehr laut.«

»Woher weißt du, was mit Amber geschehen ist, und warum wusstest du es nicht früher?«

Sein Lächeln wurde eisig, und er runzelte die Stirn. »Ich bin dir keine Erklärung schuldig. Wer bist du, dass du glaubst, mich so fordernd befragen zu dürfen, als schulde ich dir eine Erklärung?«

Ich fühlte mich dumm. »Du hast Recht, und ich entschuldige mich. Die plötzliche Geschwindigkeit der Ereignisse hat mich überwältigt, angefangen mit Ambers Erwachen letzte Nacht.«

Ich erzählte ihm dann von meinem Gespräch mit Vater und Ambers Vorahnung einer Gefahr. Dies alles verwirrte mich.

Er nickte. »Das verstehe ich gut. Ich werde deine Fragen beantworten, auch wenn die Antwort in Bezug auf das, was geschehen wird, völlig unwichtig ist. Wenn ich an einem anderen Ort bin, dann fokussiere ich mich nahezu vollkommen auf die dortige Realität. Ich bin dann nur durch ein dünnes Band mit dir verbunden. Ambers Erfahrung war nicht die deine, deshalb habe ich sie nicht bemerkt. Doch als ich hier ankam, sah ich sofort an ihrer Aura, dass sie erwacht ist. Das ist nicht zu übersehen.«

»Danke«, sagte ich zerknirscht. »Darf ich dich fragen, ob du Licht auf Ambers Vorahnung werfen kannst und ob sie mich in irgendeiner Weise betrifft?«

Er schaute mich offen an. »Solange du so furchtbar höflich bist, lautet die ehrliche Antwort: Kein Kommentar.«

»Danke sehr. Ich verstehe doch richtig, dass du damit sagst: ›Ja, Freundchen, du steckst bis zum Halse drin, doch glaub mir, du würdest nicht wirklich wissen wollen, worum es geht.‹«

Selph kicherte. »Offen gesagt hast du Recht. Fühlst du dich jetzt besser?«

»Nein. Ich wünschte, ich hätte meine Gedanken für mich behalten.«

»Ach so, du wolltest ausschließlich eine positive Antwort haben! Die Lektion des Augenblicks ist allerdings sehr klar, doch wie lautet diese Lektion, Adam?«

»Lebe in der Gegenwart, und richte deine Aufmerksamkeit auf den Augenblick. Das ist aber nicht leicht«, grinste ich.

»Du hast die Lektion verstanden, doch denke daran, dass du deine Wahrheit ausdrückst. Wenn du dir weiterhin sagst, dass es nicht leicht ist, dann wird es auch so sein. Versuche zu sagen: Es ist leicht, überhaupt kein Problem für mich! Damit würdest du für dich statt gegen dich arbeiten.«

Ich nickte. »Du hast Recht, danke.«

Ich beschloss, keinen Gedanken mehr an die Vorahnung zu verschwenden. Ich konnte darüber nachdenken, bis ich verrückt würde, und es brächte mich der Lösung keinen Schritt näher. Deshalb war es das Beste, sie einfach zu vergessen. Ich würde in den nächsten Wochen vorsichtig sein, doch ich war entschlossen, vernünftige, aber keine ängstlichen Vorsichtsmaßnahmen zu treffen.

Während ich meinen Gedanken nachhing, hatte Selph sich

erzählen lassen, welche Erfahrung Amber gemacht hatte. Als sie geendet hatte, wirkte er stolz und erfreut.

Er fuhr mit der Hand dicht an ihrem Gesicht vorbei. »Ich sagte dir ja, dass es ganz nahe liegt«, lachte er, »doch es ist wundervoll, wie du den letzten großen Schritt genommen hast.« Er lachte wieder. »Nicht, dass es wirklich der *letzte* Schritt gewesen wäre«, ergänzte er. »Ich weiß nicht, ob wir jemals bis dorthin kommen.« Er schüttelte bewundernd den Kopf. »Weißt du, in ihrem Bewusstsein haben alle Menschen diesen Quantensprung mit dir vollzogen. Obwohl sie es nicht wissen, ist im Bewusstsein alles Leben ewig eins.«

Amber nickte. »Ich weiß. Ist das nicht wundervoll?«

Selph wandte sich an mich. »So, Herr Berater, ich nehme an, dass Sie Ihren Assistenten brauchen?«

»Ja, wenn du nichts dagegen hast.«

Ich erzählte ihm, dass Vater meinte, wir sollten dringend kommen, weil er die Wasserlöcher und Auffangbecken vor dem Regen fertig stellen wollte.

»Wie wäre es, wenn wir übermorgen fahren?«, fragte Amber.

Selph und ich stimmten zu. Als ich vorschlug, auch Joe und Joyce und einige andere Klienten zu besuchen, nickten Amber und Selph.

Amber wandte sich wieder ihrem Bild zu, und ich ging zurück ins Haus, um einige Telefongespräche zu führen.

Ich begann mit Joe und Joyce, doch dort nahm niemand ab. Dann versuchte ich es bei Billy Teams. Ivy, seine Frau, war am Apparat.

»Hallo, Ivy, hier ist Adam.«

»Ist es dir heiß genug, Adam?«

Ich lachte. Diese Bemerkung hatte sich in den letzten Wochen zu einem allgemeinen geflügelten Wort, ja einer Art neuer Begrüßung entwickelt.

»Ich wette, mir ist es nicht so heiß wie euch.«

»Was glaubst du, was mein verrückter Mann gerade tut?«

»Das weiß ich wirklich nicht.«

»Er sitzt draußen auf dem Traktor, gräbt wie ein Wahnsinniger Wasserlöcher und verstärkt die Dämme. Er schwört, dass es in Kürze wie verrückt regnen wird. Tatsächlich wollte er dich deswegen heute Abend anrufen. Kannst du das glauben?«

Ich schüttelte bewundernd den Kopf. »Du hast einen klugen Mann, Ivy. Mein Vater ist exakt seiner Meinung und ich auch. Aus diesem Grund rufe ich nämlich an. Doch Billy ist mir zuvorgekommen.«

»Heute Morgen bin ich mit ihm hinausgegangen und habe ihn gebeten, mir eine einzige Wolke oder irgendein Zeichen zu zeigen, das auf Regen hinweisen würde. Weißt du, was er tat? Er zeigte auf seinen Bauch. ›Hör zu, Mädel‹, sagte er, ›es regnet in meinem Bauch, deshalb hab' ich Recht.‹«

»Diese Bauchgefühle«, lachte ich.

Ivy lachte ebenfalls. »Er ist ein schlauer Kerl, das stimmt wirklich. Als ich ihm sagte, dass die Nachbarn seine Vorahnung nicht teilten, schüttete er sich aus vor Lachen. ›Damit ist die Sache entschieden‹, sagte er. ›Es muss einfach regnen!‹«

Lachend legte ich den Hörer auf und rief dann meine anderen Klienten an, von denen ich wusste, dass sie meine Warnung ernst nehmen würden. Sie dankten mir mehr oder weniger erleichtert und sagten mir, sie hätten ihre Wasserauffangbecken genauso bereit wie in den letzten leeren, wüsten Jahren.

Ich sah den Rest des Tages meine Notizen und Protokolle durch, welche die Farmen meiner Klienten betrafen, und rief mir alle Gebiete auf Vaters Farm ins Gedächtnis, die ich schon lange für geeignet hielt, um Wasser zu speichern. Die Zeit verging wie im Fluge, und das Mittagessen war nur eine kurze Ablenkung. Ich verlor mich in glücklichen Spekulationen und zeichnete gerade exakte Pläne nach Luftbildern von Vaters Farm, als mich Selph Stunden später zum Essen rief.

Ich schaute ihn verwundert an. »Mensch! Ich kann kaum

glauben, dass es sieben Uhr ist. Mein Gott! Ich habe völlig vergessen, Joe anzurufen.«

»Iss zuerst«, sagte Amber, »dann kannst du telefonieren.«

Eine Weile aßen wir schweigend, jeder in seine Gedanken vertieft, oder wenigstens ging es mir so. Ich war mir nicht sicher, ob Selph müßigen Spekulationen nachhing. Ich wusste nur, dass er sich keine Sorgen machte. Und wie ging es Amber? Sie wirkte heiter und unbesorgt.

»Mach dir keine Gedanken, wenn du mich morgen kaum siehst«, sagte Selph. »Ich muss noch anderen Verpflichtungen nachkommen.«

Ich schaute ihn ernst an. »Übermorgen, pünktlich um sechs Uhr erwarte ich dich hier zur Abreise!«

»Klar, Boss«, grinste er, »doch da gäbe es ein winziges Detail. Ich treffe euch am Eingang der Farm deiner Eltern.«

Ich starrte ihn an. »Huch! Wie zum Teufel kommst du dorthin? Außerdem kann ich dir nicht genau sagen, wann wir dort sein werden.«

Er warf mir einen ärgerlichen Blick zu. »Adam! Ich kann zu jeder Zeit an jedem Ort sein, wenn ich es will. Und ich garantiere dir, dass ich genau dreißig Sekunden vor euch da sein werde.«

Ich schaute Amber an. »Kannst du so etwas auch?«

»Es tut mir Leid«, sagte sie bedauernd, »ich wünschte, es wäre so. Ich spüre jetzt inneren Frieden und unermessliche Freude, doch reisen muss ich immer noch ganz konventionell. Ich sagte dir, ich weiß, wer ich bin, doch ich bleibe ein normaler, ganz gewöhnlicher Mensch.«

»Nach heutigen Standards bist du gar nicht normal«, wandte Selph ein, »doch rein körperlich gesehen stimmt das.«

»Ich persönlich freue mich darüber, dass du so bist, wie du bist. Ich fände es blöd, wenn du neben mir im Auto sitzen würdest, obwohl du in einem Augenblick dort sein könntest. Es würde mir gönnerhaft vorkommen.«

»Also ist jeder glücklich«, lachte Selph.

Ich antwortete nicht darauf, hauptsächlich deshalb, weil ich nicht wirklich glücklich war. Ambers Vorahnung schwebte drohend über dem fernen Hintergrund meines Verstandes, und obwohl ich sie ignorierte, wollte sie nicht verschwinden. Ich hatte das schreckliche Gefühl, dass etwas Großes, Furchtbares drohte und dass ich meinem Schicksal begegnen würde.

Nach dem Abendessen beendete Amber ihr Bild, während Selph mit einem »Kopf hoch, Adam!« aus dem Raum ging und verschwand. Ich erledigte den Abwasch, beendete meine Pläne für die Wasserbecken, und nachdem ich Vater telefonisch gesagt hatte, wann wir etwa ankommen würden und welche Vorbereitungen er treffen sollte, rief ich Joe und Joyce an.

»Hallo, lieber Adam«, sagte Joyce, »ist es heiß genug für dich? Heute war's hier wie im Backofen.«

Wir plauderten eine Weile, dann holte sie Joe, und ich sagte ihm, dass ich Vaters Gefühl teilte. Auch ich glaubte, dass es bald eine Überschwemmung geben würde.

»Danke, Adam, vielen Dank. Ich muss zugeben, dass ich gar nichts spüre, und ich sehe auch keins der üblichen Zeichen, doch wenn du und dein Vater, wenn ihr euch sicher seid, soll's mir recht sein. Morgen früh werde ich alles kontrollieren, was Wasser halten kann, doch eigentlich ist alles in Schuss. Ich hoffe, ihr kommt bei uns vorbei und bleibt über Nacht.«

»Amber wird mich diesmal begleiten.«

»Großartig! Joyce wird entzückt sein. Je mehr Besucher, desto besser. Wann können wir euch erwarten?«

»In etwa einer Woche, doch ich rufe euch von meinem Vater aus an, sobald ich es genau weiß.«

Wir plauderten noch eine Weile, dann legte ich auf.

Ich entspannte mich und sah mir noch spät einen Naturfilm im Fernsehen an. Amber kam kurz nach Mitternacht.

»Du hättest nicht auf mich warten sollen«, sagte sie vorwurfsvoll.

Ich lächelte schläfrig. »Ich kann nicht vernünftig schlafen, wenn du nicht neben mir liegst. Es macht mir nichts aus. Deine Arbeit ist für dich und für uns genauso wichtig wie meine.«

Sie lächelte. »Also, das Bild ist fertig und schon verkauft. Cyril Perkins hat einen Monat darauf gewartet, und er möchte es morgen abholen.«

Wir gingen zu Bett, und ich schlief rasch ein. Drei Stunden schlief ich friedlich, dann kam der Traum und störte meinen Frieden.

»NEEEIIIIIN!« Ich erwachte mit einem Schrei, schoss mit solcher Wucht empor, dass ich fast aus dem Bett gestürzt wäre, und fiel dann mit einem Stöhnen zurück.

Da bemerkte ich, dass Amber schon wach war, als habe sie es erwartet. Sie umarmte mich, und ein Glas kaltes Wasser stand auf meinem Nachttisch.

»Es ist alles in Ordnung. Trink das, Liebling, es war nur ein schlechter Traum.«

Sie beruhigte mich, als sei ich ein Kind, und da ich immer noch in Angst und Hilflosigkeit gefangen war, brauchte ich ihre Sicherheit und Zärtlichkeit wirklich. Ich war nass geschwitzt, doch Amber hatte auch das erwartet und rieb mich sanft mit einem kühlen, feuchten Handtuch ab.

»War es der Traum mit dem Axtmann?«, fragte sie leise.

Ich nickte schweigend und zitterte immer noch.

»Es täte dir gut, darüber zu sprechen.«

Ich hatte mich so aufgeregt, dass ich einige Minuten lang glaubte, ich müsste mich übergeben, doch das Gefühl ebbte langsam ab. Ich nickte.

»Das werde ich, wenn ich kann«, flüsterte ich bebend.

Sie hielt mich fest, drückte ihren jetzt schon runden Bauch gegen mich, und zum ersten Mal spürte ich, wie das Baby kräftig strampelte. Licht brach plötzlich in meine Dunkelheit und trotz allem musste ich lächeln.

»Ich bin gerade getreten worden«, murmelte ich staunend.

»Ich habe es auch gefühlt. So kräftig hat es noch nie ge-strampelt, und wir haben es beide gemeinsam gespürt!«

»Vielleicht war es eine Geste der Zuneigung.«

»Oder des Mitgefühls, Liebling«, sagte Amber ernst.

Plötzlich kam mir ein Gedanke: »Als Erwachte müsstest du doch das Geschlecht des Babys kennen, oder?«

Sie zögerte und nickte. »Ja.«

»Was … was ist es denn?«

»Adam, möchtest du es wirklich wissen?«

Plötzlich war mir klar, dass ich es nicht wissen wollte. Ich entschied mich für das Geheimnis. Ich wollte mir den span-nenden Augenblick nicht verderben, das Geschlecht des Kindes bei der Geburt zu erfahren. Mit Weihnachts- und Geburtstags-geschenken ging es mir genauso. Ich freute mich besonders über Überraschungen. Und das Baby war noch nicht so weit, ausgepackt zu werden.

»Nein, ich will es nicht wissen. Bitte, verrate es nicht.«

Sie lachte. »Ich kenne dich, Adam. Ich hätte es dir nur ge-sagt, wenn du es aus mir herausgequetscht hättest. Jetzt, da du dich besser fühlst, erzähle mir von deinem Traum.«

Sie hatte Recht. In dem Moment, als das Baby mich gesto-ßen hatte, war meine Angst so rasch verflogen, dass ich mich jetzt ein bisschen für meine starke Reaktion schämte.

»Woher wusstest du von meinem Traum? Du hast mich in dem Augenblick, in dem ich aufgewacht bin, getröstet, wäh-rend ich es beim letzten Mal geschafft habe, dich zu erschre-cken.« Ich grinste. »Vielleicht warst du deshalb wach, weil du schon erwacht bist.«

Sie zuckte die Achseln. »Richtig getippt.«

»Ich habe einen Witz gemacht!«

»Adam, erzähl mir deinen Traum.«

»Bist du sicher, dass du ihn nicht schon kennst?«

Sie runzelte die Stirn. »Ich würde nicht fragen, wenn es so wäre.«

427

»Also, es war genau wie immer, doch viel realer, bildhafter und erschreckender. Ich lag auf dem riesigen Holzblock, und wieder wusste ich, dass ich mich freiwillig dorthin gelegt hatte. Niemand anders hatte mir das angetan. Der Axtmann und die Axt waren noch größer als sonst, und alles geschah in Zeitlupe. Deshalb war es so erschreckend. Meine Beine wurden abgeschlagen, dann die Arme, und meine Hilflosigkeit war einfach entsetzlich. Ich war der Gnade des Axtmannes vollständig ausgeliefert. Dann schoss die Klinge herab, ich spürte denselben schmerzlosen Schnitt wie die letzten Male, und mein Unterleib mit den Beinen trennte sich vom Rest meines Körpers. Kein Blut, keine Schmerzen, doch jede Menge Horror.

Als mein Unterkörper liegen blieb, waren nur noch die Brust und der Kopf auf dem Block, und ich schaute den Axtmann direkt an. Ich sah, wie sich die Axt ganz langsam ein letztes Mal hob, und ich schwitzte vor Angst. Dann schwebte sie über mir, und ich wusste, dass ich nach diesem Schlag nicht mehr existieren würde. Ich wusste es ganz klar, und ganz tief in meinem Inneren wusste ich, dass es geschehen musste. Dann senkte sich die Axt langsam, und ich presste die Zähne zusammen, um nicht zu schreien. Doch im letzten Augenblick, genau, als die Axt meinen Kopf abschlug, brach es aus mir heraus ... und ich erwachte schreiend.«

»Du armer Liebling.«

»Was bedeutet das alles, Amber?«

»Hat die Axt wirklich deinen Kopf abgetrennt?«

»Ja. Ich kann mich daran erinnern, dass ich den Axtmann plötzlich von der Seite sah, und ich wusste, dass sich mein Kopf vom Rumpf getrennt hatte, und dann schrie ich.«

»Es bedeutet, dass du nun auf der tiefsten unbewussten Ebene endlich bereit bist, loszulassen. Auf einer bestimmten Bewusstseinsebene ist es bereits geschehen. Obwohl du es möglicherweise nicht so empfindest, bist du bereit für den letzten Akt. Du bist bereit, deiner Angst zu begegnen.«

»Letzter Akt! Diese Worte gefallen mir überhaupt nicht. Was bedeuten sie?«

»Sie bedeuten, dass du bewusst loslassen und danach handeln musst.«

»Und ›der Angst begegnen‹? Was bedeutet das?«

»Adam, obwohl es eine Antwort gibt, kann ich sie dir nicht geben. Ich kenne die Worte, doch die Zeit ist noch nicht reif.«

»Die Zeit wird nie reif sein, oder?«, fragte ich schlau.

»Nicht für mich. Du wirst es auf die einzige Weise erfahren, die wirklich Bedeutung hat: indem du es erlebst.«

»Und das bringt uns wieder zu deiner Vorahnung und all ihren furchterregenden Folgen.«

»Du weißt, was Selph sagen würde: ›Es ist deine Realität, Adam, und deine Schöpfung.‹ Was soll ich sonst sagen?«

Ich nickte grimmig. »Ja, du hast Recht. Wenn ich nicht damit fertig werde, hätte ich nie beginnen sollen. Und selbst wenn ich die Chance hätte, würde ich niemals aussteigen. Es scheint an der Zeit zu sein, dass ich aufhöre, mich so verdammt ernst zu nehmen.«

Amber hielt mein Gesicht zwischen ihren Händen und küsste mich auf die Lippen. Ihre grünen Augen schauten in meine blauen, und sie sah sehr ernst und doch bezaubernd schön aus. »Liebling, du bist nicht allein und wirst es nie sein.«

Ich begegnete ihrem Blick. »Wenn es hart auf hart geht und der gefürchtete Augenblick naht, werde ich allein sein. So ist es einfach. Und so ist es immer gewesen.«

Sie sah sehr sicher aus, als sie das sagte: »Nein. So ist es nicht, aber es *scheint* so zu sein. Doch der Schein trügt. In Wirklichkeit ist es anders. Vertraue mir!«

»Das tue ich.«

»Viel wichtiger ist, dass du dir vertraust. Darauf läuft es wirklich hinaus.«

»Habe ich irgendeine Wahl?«

»Du wirst sie bald treffen«, antwortete sie orakelhaft. Der neue Unterschied zwischen uns zeigte sich bereits.

*

Am nächsten Tag schlossen wir unsere Vorbereitungen ab. Ich bat Jack, unseren Nachbarn, während unserer Abwesenheit die Bonsais zu gießen, das Wasser im Pool nachzufüllen und ein Auge auf das Haus zu haben, und Cyril Perkins kam, um das Bild abzuholen. Von Selph keine Spur!

Wir gingen an diesem Tag früh zu Bett, und trotz meiner Schmerzen liebten wir uns leidenschaftlich und voller Energie, um schließlich erschöpft einzuschlafen.

Morgens fuhren wir um sechs Uhr los, und ich hatte ein unbeschreibliches Gefühl im Magen: vor allem Angst, doch diese Angst war gemischt mit einer unbestimmten Erwartung und einer gewissen freudigen Erregung. Ich fühlte mich so, wie sich ein Mensch fühlen mochte, der aus dreieinhalbtausend Metern Höhe aus dem Flugzeug schaut und sich, nachdem er alle Vorbereitungen getroffen hat, auf den Countdown zu seinem ersten Fallschirmsprung konzentriert.

Ich fuhr die ersten beiden Stunden, und wir plauderten und beobachteten die Tiere, die am frühen Morgen schon aktiv waren. Als wir die Brücke über den Donkey Creek passierten, fuhr Amber. Ich bat sie anzuhalten. Obwohl ich die Brücke bereits an Weihnachten auf dem Weg zu meinen Eltern überquert hatte, war ich damals nicht ausgestiegen. Jetzt fühlte ich plötzlich das Bedürfnis, dort hinunterzuschauen, wo ich vor Monaten abgestürzt war.

Ich hatte meinen grünen, zertrümmerten Nissan nie ersetzt, und wir benutzten seither Ambers rehbraunen Mitsubishi, der größer, schneller und viel bequemer war. Als ich die angenehme Temperatur des klimatisierten Autos verließ, traf mich die Hitze wie ein Feuerhauch. Begleitet von Amber ging ich über die Brücke. Das Geländer, das ich durchbrochen hatte, war durch ein neues ersetzt worden.

Ich schaute hinunter in das trockene Flussbett und staunte, dass ich diesen Sturz überlebt hatte. Obwohl sie das zerschmetterte Auto aus dem Flussbett geborgen hatten, glitzerten kleine Stückchen der zerbrochenen Windschutzscheibe in der Sonne, während verborgene Teilchen der Karosserie verstreut und verloren herumlagen.

Ich starrte mit morbider Faszination hinunter und versuchte, mich an den Schrecken des Absturzes und den plötzlichen, schockierenden Aufprall zu erinnern. Es kam nichts. Obwohl ich mich an den Sturz erinnerte, hatte ich keine Erinnerung an die Landung im steinigen Flussbett. Ich entsann mich des mit ohrenbetäubenden Lärm aufprallenden Lastwagens, der Augenblicke atemlosen Entsetzens, als ich durch das Brückengeländer brach, doch danach war gnädigerweise alles ausgelöscht.

»Hier unten starb Adam Baker«, sagte ich.

Amber schaute mich lächelnd an und schüttelte den Kopf. »Nein, hier unten begann Adam Baker mit dem Prozess seines Sterbens.«

Bei diesen Worten erblasste ich. Hier war er wieder, der Unterschied zwischen uns, und ich wusste, dass er sich immer wieder zeigen würde. Sie lebte in einer fast unvorstellbaren Weisheit und Klarheit, die mir noch nicht zugänglich waren. Amber hatte ihre Wahrheit gefunden, während ich immer noch den Traum meiner eigenen Schöpfung lebte, einen Traum, der von der Macht und Größe des allgemein geteilten Realitätsbewusstseins gestützt wurde. Und das Paradoxe daran war, dass ich allein war, während sie, eine unter Millionen, sich mit dem Alles-was-Ist verbunden hatte.

»Du hast Recht. Der Tod muss erst noch kommen.«

Sie drückte mich. »Vertraue dir, Adam, vertraue dir einfach.«

»Du könntest mir viel sagen, nicht wahr?«

Sie schaute mich an, lächelte bedauernd und schwieg. Ihr Schweigen sprach Bände. Ich schaute sie an, schön wie eine frische Rose in ihrem weiten hellgelben Kleid, und staunte über die Täuschung. Sie sah aus wie ein superfittes, schwangeres Fotomodell, und doch war sie ein seltenes Exemplar unter Millionen: Sie war eine Erleuchtete, erwacht, verwirklicht, und doch sah sie so normal aus, wie eine schöne Frau nur aussehen konnte. Sie war jemand, nach dem man sich umdrehte, gut, doch wie viele Menschen würden das größere Bild wahrnehmen?

Wie ironisch dies alles war! Weder sie noch ich würden mit Mutter und Vater, Joe oder Joyce oder unseren Freunden darüber sprechen. Wie hätten wir das tun können? Was hätten wir sagen sollen? Wie viele Menschen wussten überhaupt, was Erleuchtung war? Wie viele würden akzeptieren können, dass sie sogar im Wachzustand schliefen und den Traum träumten, den jeder ›Alltagsleben‹ nannte, und dass es darüber hinaus etwas gab, das Erwachen oder Erleuchtung genannt wurde. Wahrscheinlich würde Pete Morrow bemerken, dass Amber etwas Großartiges geschehen war, doch er würde es nie wirklich verstehen, selbst wenn ich es ihm sagte. Wusste ich denn, wie es war? Ich wusste, dass sich Amber unwahrscheinlich verändert hatte, doch ich hatte nicht die leiseste Ahnung, worin diese Veränderung bestand. Ich wusste nur, wie sie sich darstellte. Um es wirklich zu wissen, musste ich – musste man – es werden, man musste es *sein*.

Seufzend beendete ich meine nutzlosen Überlegungen und schaute ausdruckslos in das Flussbett. Schließlich bemerkte ich, dass es mir mit dem Ort meines furchtbaren Unfalls gut ging und dass die Erinnerungen daran nicht mehr traumatisch waren. Wir stiegen ins Auto und setzten unsere Reise fort. Die Klimaanlage war mehr als willkommen.

Als wir endlich die Einfahrt zur Farm erreichten, war Selph schon dort und wirkte so lässig und unbekümmert wie immer.

Wir hielten an, und er kletterte in den Wagen.

»Hast du schon lange gewartet?«, fragte ich.

Er lächelte vergnügt. »Genau dreißig Sekunden lang.«

Wir lachten und fuhren zum Haus. Als wir an Mutters Rosenbeeten vorbeikamen, erschrak ich. An Weihnachten hatten die Pflanzen schon krank und elend ausgesehen, doch jetzt war kein Blatt und keine Blüte mehr an ihnen.

Mutter musste uns kommen gesehen haben, denn sie trat aus der Tür und redete los, noch bevor das Auto hielt. Amber und ich umarmten und küssten sie, und ich fragte, wo Vater steckte.

»Er ist irgendwo draußen auf dem Traktor und wird bald zurück sein. Ist es nicht wunderbar! Er kann es kaum erwarten, dich zu sehen.«

»Was ist mit deinen Rosen passiert, Mutter?«

Ihr Blick fiel auf das Beet, wobei ihr Gesicht einen bedrückten, müden Ausdruck annahm. Die erbarmungslose Hitze forderte auch hier ihren Tribut.

»Sie sahen so krank aus, dass es mir wehtat. Ich konnte sie nicht gießen, und so entschloss ich mich zu handeln. Ich schnitt die Blüten, Knospen und Blätter ab und sagte ihnen, sie sollten schlafen wie im Winter. Ich habe einfach versucht, sie zu derselben Reaktion zu bewegen. Es ist ein Glücksspiel, doch ich musste etwas tun.«

Ich schaute sie bewundernd an. »Das ist brillant, Mutter, das Schlauste, was ich je gehört habe. Ich wette, dass es funktioniert. Doch vergiss nicht, sie nach dem Regen zurückzuschneiden. Das wird sie zu neuem Wachstum anregen.«

Das Rosenbeet war mit zerknülltem Zeitungspapier, altem, für das Vieh wertlosem Heu und Gartenabfällen gemulcht, und dieser Mulch würde eine Menge Regen aufnehmen und verhindern, dass der Boden bei einem schweren Wolkenbruch weggespült würde.

Als Vater eine Stunde später kam, wurde rasch klar, wie gründlich er sich auf die Veränderung seines Landes vorberei-

tet hatte. Er hatte jeweils zwei mittelgroße und einen sehr großen Bulldozer samt Fahrer gemietet. Die Männer würden so
lange arbeiten, wie die Arbeiten dauern würden. Nach der
unvermeidlichen Tasse Tee fuhren Selph, Vater und ich mit
dem Geländewagen hinaus, um das Land in Augenschein zu
nehmen, während Amber und Mutter angeregt plauderten.

Anhand der Karte sahen wir uns ein Gebiet nach dem anderen an, doch es stellte sich heraus, dass ich mich am besten auf
mein Gedächtnis verlassen konnte. Einige der Gebiete, die laut
der Luftkarte geeignet schienen, erwiesen sich als unbrauchbar,
doch im Ganzen gesehen bot das Land enorme Möglichkeiten,
Wasser zu speichern.

Die nächste Woche verging wie im Flug. Wir arbeiteten ste-
tig, und ich sah glücklich zu, wie mein lang ersehnter Traum
Wirklichkeit wurde. In einem Gebiet, das so beschaffen war,
als habe es ein gnädiger, freundlicher Gott bereits dafür vorbereitet, schufen wir ein ungefähr fünf Hektar großes, drei Meter
tiefes Wasserbecken – einen riesigen See. Wir verwirklichten
meine Vision, und ich hatte einen Riesenspaß. Vater hatte Des,
Harry und Len, den Fahrern der Bulldozer, angeboten, dass er
sie beherbergen, verpflegen und ihnen Überstunden zahlen
würde, wenn sie so lange arbeiteten, wie er es wollte. Sie waren
einverstanden. Wir schufteten täglich bis zu fünfzehn Stunden,
und sie unterbrachen ihre Arbeit nur widerwillig, um rasch zu
tanken und zu essen. Sie saßen auf ihren heulenden Maschinen
und gestalteten die Landschaft um. Das Abendessen aus riesigen Steaks, Kartoffeln und Soße, gefolgt von nahezu unermesslich großen Mengen kalten Apfelkuchens mit Eis, das Mutter
für sie zubereitete, hielt die Männer bei Laune. Und jeden Morgen um fünf Uhr warteten ein kräftiges Frühstück mit Speck
und Eiern, Tomaten und Pilzen, Toast und Marmelade sowie
Unmengen an Kaffee auf sie. Da die drei Männer wussten, dass
Vater Regen erwartete, arbeiteten sie bereitwillig und übertrafen sich dabei selbst.

Ich hatte nicht daran gedacht, dass wir die Arbeit mit den Bulldozern in dieser einen Woche würden abschließen können, doch ich hatte mich getäuscht. Vater hatte außerdem zwei Erdverdichtungsmaschinen gemietet, und von dem Augenblick an, als die ersten Erdwälle standen, zogen er und Rick, eine Aushilfskraft, die Vater oft beschäftigte, die mit scharfen Spitzen versehenen, vibrierenden Ungeheuer hinter Vaters größten Traktoren in jeder nur möglichen Richtung immer wieder über die Dämme. Wie üblich arbeitete Vater mit Methode und überließ nichts dem Zufall.

Ich war Planer und Chef des Ganzen, während Selph die endlose Lauferei erledigte und von Ort zu Ort eilte, um alles optimal zu koordinieren, damit weder die Kraft der Bulldozer noch kostbare Zeit vergeudet wurde. Ich war mir ziemlich sicher, dass Selph einige wundersame Sprünge vollführte, denn einmal sah ich ihn mindestens einen Kilometer weit entfernt, und als ich ihm winkte, dass ich ihn rasch brauchte, war er in der nächsten Minute schon bei mir. Ich wusste aber auch, dass niemand so einen Sprung zu sehen bekäme, wenn Selph es nicht erlaubte, und das war kaum vorstellbar.

Ich hatte wegen der vielen Männer und Maschinen ein Durcheinander befürchtet, doch es lief alles traumhaft glatt. Und es war ein guter Traum! Wir legten über die ganze Farm verstreut etwa dreißig Wasserlöcher an, die so platziert waren, dass mehr als die Hälfte von ihnen durch Wasserläufe verbunden waren. Und all das schafften wir, ohne mehr als drei Bäume opfern zu müssen. Wir trafen jedoch Vorbereitungen, um in der geeigneten Jahreszeit tausend neue Bäume zu pflanzen.

Als die Erdwälle, die den Wasserdruck aushalten sollten, vollständig komprimiert waren, bat ich Vater, mit einem dieser spitzenbewehrten Ungeheuer bei ausgeschaltetem Motor über das Land zu fahren. Obwohl der Boden eisenhart getrocknet war, bohrten sich die Spitzen durch die Schwere der Maschine etwa eine Hand tief in das Land. Genau das wollte ich.

Ich zeigte Vater die Löcher. »Normalerweise würde ich dem Boden während einer Dürre so etwas niemals antun, doch jetzt müssen wir die Regeln brechen.«

Vater wirkte verblüfft. »Das verstehe ich nicht. Du machst den Boden damit noch kompakter, und er ist, weiß Gott, schon hart genug. Wozu soll das gut sein?«

Ich zeigte ihm die tiefen gezackten Löcher im Boden: »Jedes Loch wird Wasser aufnehmen und so im Laufe der Zeit deine Bodendecke vertiefen. Ich werde dir das alles später ganz genau erklären, doch jetzt musst du mir einfach vertrauen. Ich möchte nicht, dass auch nur ein einziger Regentropfen von deinem Land läuft. Wir haben Wasserlöcher und Seen geschaffen. Das Wasser wird dem natürlichen Gefälle der Landschaft folgen und zielgerichtet dorthin fließen, wo es aufgefangen und gespeichert wird. Doch ich möchte, dass auch die Weiden so viel Wasser wie möglich aufnehmen. Wir können damit den Überfluss auffangen. Wir wollen das Wasser überall auf dem Land, denn der allerwichtigste Speicher ist die Farm als Ganzes.«

Ich zeigte auf die Löcher. »Mach es einfach! Ich werde dir die Feinheiten später erklären, doch jetzt befinden wir uns in einem Wettlauf gegen das Wetter und die Zeit. Lass uns deshalb beginnen. Vermeide die steinigen Flächen, und löchere so viel Farmboden wie möglich.«

Vater starrte mich mit einem Ausdruck offener Bewunderung und Achtung an. »Herrgott noch mal, Adam! Warum habe ich das alles nie in dir gesehen? War ich so blind?«

Ich umarmte ihn impulsiv. »Wir waren beide blind, Vater. Wir sahen nur das, was wir sehen wollten. Lass uns weiterarbeiten!«

Schon sehr bald zogen beide Traktoren die stacheligen Bodenverdichter über die Weideflächen. Da die Vibrationsmotoren ausgeschaltet waren, würden sie den Boden nicht noch mehr verdichten. Das sollten sie auch nicht, da eines der Hauptprobleme der Weiden auf der ganzen Welt der harte Boden ist.

Am Ende dieser arbeitsreichen Woche war das Projekt grundsätzlich abgeschlossen. Für einen kleineren Bulldozer gab es noch genug zu tun, und eine ganze Menge Land musste mit Traktor und Planiermaschine geebnet werden, doch der überwiegende Teil der Arbeit war getan. Wenn es jetzt regnete, würde sich Vaters Land dramatisch verändern. Er löcherte den Boden, so weit es möglich war. Ein Großteil des Lands war zu steinig, doch insgesamt war die Grundlage für die Verwandlung des Bodens und der gesamten Ökologie gelegt. Wir brauchten nur noch eines: Regen!

Als alles fertig war, blieb noch eine Kleinigkeit, die Vater fast zum Weinen brachte. Wir standen auf dem verdichteten Ufer des großen Damms, und ich scharrte mit dem Fuß in dem lockeren Boden.

»Hast du noch viel Heu übrig?«, fragte ich ihn.

»Hoffentlich genug. Warum?«

»Ich möchte, dass du eine dicke Lage Heu auf jedem Damm verteilst. Wir müssen nur die Dämme so behandeln. Der Rest wird es so schaffen.«

Vater wirkte sehr unglücklich. »Ich verstehe, dass du Sorge hast, dass die Wolkenbrüche den Damm wegspülen könnten. Glaubst du nicht, dass der Boden kompakt genug ist, um das zu überstehen?«

Ich seufzte. »Vater, du weißt, dass ein schwerer Regen ihn wegspülen wird. Daran besteht kein Zweifel. Der Boden muss bedeckt werden.«

Vater war darüber nicht sehr glücklich, denn er hielt diese Maßnahme für eine ketzerische Verschwendung von Heu, und doch wusste er, dass ich Recht hatte. Und so geschah es. Als wir später über den Damm gingen, wurde mir klar, dass die Arbeit immer noch nicht beendet war.

»Vater, du musst die Verdichtungsmaschine noch einmal anhängen und mit angeschaltetem Vibrationsmotor einige Male über das Heu fahren. Ich möchte, dass es in den Boden gestoßen wird, denn ich will sicher sein, dass weder Wind noch Regen es fortbewegen können. Die Chance ist groß, dass wir beides in Fülle bekommen. Wir haben viel zu gut gearbeitet, um die Früchte durch Sorglosigkeit zu verlieren«, sagte ich.

»Herrgott noch mal, du hast Recht! Daran hatte ich nicht gedacht. Ein Sturm vor dem Regen, und das Heu würde verdammt schnell fortgepustet.«

Er drehte sich auf der Stelle um und kam eine halbe Stunde später mit dem Traktor zurück. Die schwere Verdichtungsmaschine bohrte das Heu in den Boden, und ich sah sofort, dass ich richtig entschieden hatte. Die Stacheln leisteten ganze Arbeit. Das war die Vollendung! Vater würde fast den ganzen nächsten Tag brauchen, um alle anderen Dämme fertig zu stellen, doch dann würde seine Farm wirklich gut gerüstet sein.

Schließlich war alles, was getan werden konnte, erledigt, und die Erschöpfung holte mich ein. Acht Tage lang hatte ich meine wachsenden Schmerzen ignoriert, doch jetzt gab ich auf. Am letzten Abend nahm ich ein heißes Bad in dem kostbaren Wasser, froh, dass ich Mutters Drängen nachgegeben hatte. In der Zwischenzeit telefonierte Amber mit Joyce und sagte ihr, dass wir am übernächsten Tag kommen würden. Als mir Amber nach einer durchweichten Stunde eine Massage anbot, sagte ich nicht nein.

Ich kroch in unser großes Bett. Alles war getan und mein Geist ganz klar. Ich schlief sofort ein.

Zweiundzwanzig

In dieser Nacht träumte ich nicht, und trotz der Hitze, die schon am frühen Morgen herrschte, schlief ich lange. Als ich schließlich aus dem Bett kroch, hatte ich wieder heftige Schmerzen, und ich stöhnte bestürzt.

Ich nahm kurz eine Dusche, zog ein T-Shirt und Shorts an und ging hinunter, um mir ein Frühstück zu organisieren. Die Luft roch heute Morgen endlich nicht mehr nach gebratenem Speck. So gern ich ab und zu ein wenig Speck esse, hatte die Art der Bulldozerfahrer, ihn zu vertilgen, mir den Appetit darauf gründlich verdorben.

Das Haus war leer, deshalb nahm ich mir etwas Müsli und entrahmte Milch und schüttete beides in eine Schüssel. Dann dachte ich über den Tag nach. Im Geiste ging ich die Arbeit der letzten Woche durch und überprüfte, ob ich möglicherweise etwas übersehen hatte. Ich erwartete allerdings nicht, fündig zu werden, denn eigentlich arbeite ich sehr gründlich.

Die Tür schlug in vertrauter Weise, und ich vernahm Mutters Stimme. »Glaubst du, dass er schon wach ist?«

»Wach – erwacht«, dachte ich in einem Anflug von Ironie. Ich wünschte, ich wäre es. Manchmal verzweifelte ich bei dem Gedanken, ob es mir jemals gelingen würde. Es gab kein Rezept, keine magischen Beschwörungen, nur den kontinuierlichen täglichen Kampf, um dort anzukommen, wo immer es auch sein mochte!

Mutter und Amber traten mit Vater in die Küche, und ich wusste instinktiv, dass sie über mich gesprochen hatten. Ich denke, ich kam ganz gut weg!

Mutter lächelte mich stolz an. »Kann ich irgendetwas für dich tun? Möchtest du vielleicht Eier mit Speck?«

Ich schauderte. »Frühestens in sechs Monaten.«

»Ich weiß, was du meinst«, lachte Amber. »Ich rieche schon danach.«

Vater setzte sich neben mich. »Ich bin sicher, dass er einen großen Becher Kaffee braucht. Er hat sich noch keinen gekocht.«

Ich lächelte sie an. »Es ist sehr nett, dass ihr alle für mich sorgen wollt, doch es geht mir gut, danke. Ein Kaffee wäre jedoch nicht schlecht.«

Vater lächelte warm und freundlich, und ich staunte wieder über unsere neue Beziehung. »Ich habe den beiden in der letzten Stunde die neuen Dämme und den See gezeigt. Es sieht natürlich alles noch ein bisschen kahl aus, doch jetzt müssen wir nicht mehr lange warten. Ich habe die seltsamsten Gefühle in Bezug auf das Wetter.«

Ich seufzte. »Ja, wenn die Stärke meiner Schmerzen irgendetwas damit zu tun hat, dann ist es wohl eine gute Nachricht, dass sie viel heftiger geworden sind.«

»Die Luft fühlt sich merkwürdig an«, sagte Mutter, »als wenn sie verdichtet würde oder so ähnlich. Ich mag das gar nicht.«

Und so fing es an. Stunde für Stunde veränderte sich die Atmosphäre, wurde immer feindlicher, und doch blieb der Himmel wolkenlos klar. Wenn überhaupt etwas geschah, so wurde es heißer, während sich der Luftdruck verstärkte.

Vater ging häufig nach draußen, um den Himmel zu überprüfen.

»Ich will verdammt sein, wenn ich weiß, was hier los ist. Die Vögel sind alle verschwunden, und die Ameisen sind plötzlich höllisch aktiv, doch es ist keine Wolke zu sehen. Es ist verrückt.«

Ich ruhte mich so gut ich konnte aus und schlief am Nachmittag einige Stunden. Obwohl ich nicht darüber sprach, fühlte ich mich beschissen. Die Schmerzen waren so stark, dass mein ganzer Körper klopfte. Amber wusste Bescheid.

Wir waren am späten Nachmittag allein im Zimmer, und ich lag auf dem Sofa. Amber setzte sich neben mich und streichelte mir sanft das Haar aus dem Gesicht.

»Du fühlst dich nicht gut, nicht wahr?«

»Es geht schon. Ich habe einfach schlimme Schmerzen.«

»Glaubst du, du könntest die Sphäre der Stille besuchen?«

Ich war seit fast zwei Wochen nicht mehr dort gewesen, und als ich es heute Nachmittag versucht hatte, war ich eingeschlafen.

»Ich glaube, dass ich das schon könnte, doch ich habe das merkwürdige Gefühl, dass sie mir im Augenblick nicht zur Verfügung steht.«

Sie nickte nachdenklich. »Das ist möglich. Kannst du dich entspannen? Jede Form von Entspannung würde helfen.«

»Ich bin bereits so entspannt wie möglich. Es fühlt sich an, als sei die Luft mit elektrischer Hochspannung aufgeladen, und ich spüre deutlich die Auswirkungen.«

Die nächsten dreißig Minuten streichelte sie einfach mein Haar, wobei sie leise vor sich hin summte, und ich genoss jede einzelne Sekunde.

Obwohl Amber und ich bemerkt hatten, dass Selph verschwunden war, hatten wir keine Ahnung, wann oder wohin er zurückkehren würde, und weder Mutter noch Vater erwähnten ihn. Zweifellos hatte Selph ganze Arbeit geleistet, damit seine Abwesenheit ihrer Aufmerksamkeit entging. Selbst als ich ihn bewusst beim Abendessen erwähnte und es vollkommen klar war, dass er fehlte, fragte keiner der beiden nach. Es war, als hätte Selph aufgehört zu existieren.

Nachdem wir gegessen hatten, ging Vater zur Tür, um hinauszuschauen. »Verflucht noch mal! Schaut euch das an!«

Wir eilten hinaus und betrachteten den Himmel. Das Licht war so unheimlich bleich, wie ich es noch nie gesehen hatte. Es sah aus, als würde es von einem großen kosmischen Untier abgesaugt. Ein Teil des Himmels war mit violettrotem Dunst verhangen, der wie eine tiefe, zornige Wunde wirkte, und drumherum türmte sich Schwärze mit Einschüssen von hässlich krankem Grau.

Mutter schüttelte den Kopf. »So einen Himmel habe ich mein Lebtag noch nicht gesehen! Er gefällt mir überhaupt nicht.«

»Er sieht feindselig aus«, sagte ich, »voller Gewalt, die darauf wartet, entfesselt zu werden. Mir tut jeder Leid, der davon überrascht wird.«

»Dafür gibt es einen Grund«, flüsterte Amber mit verträumtem Blick, »doch es ist nicht leicht zu erklären.«

»Was meinst du damit?«, fragte Vater.

»Ach nichts«, antwortete sie, »ich meinte, es sieht tückisch aus. Wann es wohl losbrechen wird?«

Vater lächelte wissend. »Heute Nacht noch nicht. Irgendwann morgen. Es muss noch eine Weile kochen. Ich spüre es.«

Amber und ich hatten uns vorgenommen, am nächsten Morgen ziemlich früh weiterzufahren. Wenn das Wetter es erlaubte, wollte ich um acht Uhr auf der Straße sein. Bevor wir an diesem Abend zu Bett gingen, bedankte sich Vater noch einmal für meine Hilfe. Für mich zählte nur die Freundschaft, die jetzt zwischen uns entstanden war. Ich hatte hart genug darum gekämpft.

»Warte, bis meine Rechnung kommt«, lachte ich. »Dann nimmst du deine Worte vielleicht wieder zurück.«

In Wirklichkeit hatte ich nicht die Absicht, ihm eine Rechnung zu stellen. Dies hier war meine Angelegenheit, denn hier hatte sich ein lang gehegter Wunsch für mich erfüllt. Vater konnte mich in Zukunft für mehr Beratungen bezahlen, doch die Hälfte dieser ersten Rechnung war bereits beglichen. Die andere Hälfte würde bezahlt sein, wenn ich auf den See blicken und um die gefüllten Wasserlöcher wandern würde. Mehr wollte ich nicht.

Wir wurden mehrmals in dieser Nacht vom Donner geweckt, und der Wind verstärkte sich zusehends. Er heulte ums

Haus, zerrte mit wütenden Fingern an den Dachrinnen und verlangte Einlass. Ich war froh, dass wir das Heu auf den Dämmen in den Boden gestampft hatten.

Als wir frühstückten, war Mutter besorgt.

»Bitte, Adam, ihr solltet wirklich bleiben. Ich mag den Gedanken gar nicht, dass ihr beide bei solch einem Wetter unterwegs seid.«

»Mutter, ich muss fahren. Wenn möglich, möchte ich Joes Systeme überprüfen, bevor der Sturm losbricht. Er war mein erster Klient. Ich bin ihm das schuldig.«

»Du bist ihm gar nichts schuldig! Er ist dir etwas schuldig«, brummte Vater. »Doch ich weiß, wie du fühlst, und ich achte deine Haltung.«

Trotz aller Proteste fuhren Amber und ich kurz vor acht Uhr los, und als ich in den schwarzen, wütenden Himmel schaute, spürte ich den Klumpen der Angst in meiner Brust. Irgendetwas würde passieren. Ich konnte es am Prickeln spüren, an der Gänsehaut, die meinen Körper überzog, und an dem Loch, das dort klaffte, wo sich sonst eigentlich mein Magen befand. Und ich fühlte es an dem klopfenden Dauerschmerz, der sich in meinem Körper breit gemacht hatte. Vom Kopf bis zu den Zehen tat es weh wie bei schlimmen Zahnschmerzen.

Amber wusste, wie ich mich fühlte, und bestand darauf zu fahren. Wir hatten ungefähr zwei Stunden Fahrt vor uns. Sie plauderte, doch wenn ein Donnerschlag ihre Worte übertönte, zuckte sie jedes Mal zusammen.

Ich schaute aus dem Fenster in den Himmel und hoffte, dass der Regen noch ein bisschen auf sich warten ließe. Jetzt war es tintenschwarz über uns, und die Wolken hingen drohend tief. Wenn es erst einmal begann, würde das Unwetter unseres Lebens losbrechen. Ich hoffte, dass Joes Farm gut vorbereitet war, denn ich würde mit Sicherheit zu spät kommen, um seine Vorkehrungen zu überprüfen. Der Sturm würde nicht warten.

Ich seufzte. Wir hatten bis jetzt so viel Glück gehabt, und Vater war entzückt, dass wir rechtzeitig fertig geworden waren.

»... darum sind deine Eltern sehr stolz auf dich.«

Ich tauchte gerade rechtzeitig aus meinen Träumen auf, um Ambers letzten Satz zu hören.

»Es tut mir Leid, ich habe das meiste von dem, was du gesagt hast, verpasst. Ich dachte über Joe nach und überlegte, ob er mit seinen Vorkehrungen wohl fertig geworden ist.«

»Mach dir keine Sorgen. Joe ist fertig. Das weißt du.«

Genau diese Bestätigung hatte ich gebraucht. Sie hatte Recht. Joe und Joyce hatten immer Weitblick bewiesen. Entspann dich, Adam!

»Was hattest du gerade erzählt?«

»Ich erzählte dir, wie dein Vater Mutter und mir die Dämme und den See zeigte. Er platzte fast vor Stolz über dich und bewunderte deine Entschlossenheit und dein Wissen. Er sagte, obwohl der Streit ihm Leid täte, der dich damals von der Farm getrieben hätte, wäre es doch bestimmt das Beste für dich gewesen. Er sagte, du seist dadurch erwachsen und unabhängig geworden. Er meinte, du habest jetzt eine innere Stärke, die du früher nicht hattest.«

Ich brummte erfreut, obwohl ich wusste, dass seine Einschätzung nicht wirklich stimmte. »Das ist seine Sichtweise, und ich denke, dass sie für ihn stimmt. Doch wir stritten uns so viel, dass wir uns nie wirklich kennen lernen konnten. Er sieht vor allem an meiner Arbeit, dass ich mich verändert habe, doch du und ich, wir beide wissen, dass meine Arbeit nur der Spiegel meiner inneren Veränderung ist.«

Amber lächelte. »Mutter sagte immer wieder: ›Mensch, Amber, du bist irgendwie anders, doch ich kann es nicht genau benennen.‹ Ich antwortete, das stimme, ich sei schwanger. ›Ich glaube nicht, dass es das ist, Amber‹, sagte sie, ›doch was könnte es sonst sein?‹«

»Was eigentlich?«, lachte ich. »Und doch ist es traurig, nicht wahr? Wir leben in einer Zeit, in der die Menschen sich so sehr von ihrem allgemein geteilten Realitätsbewusstsein einsperren lassen und der größeren Wirklichkeit so verschlossen gegenüberstehen, dass es einem Menschen, der erwacht ist und die größere Wirklichkeit erlebt, unmöglich ist, darüber mit irgendjemandem zu sprechen. Und wenn wir es tun, dann höchstwahrscheinlich nicht mit unserer Familie.«

»Wir haben unsere biologische und unsere spirituelle Familie«, sagte Amber.

»Unglücklicherweise bestehen sie nur selten aus denselben Menschen.«

Wir unterhielten uns, die Straße summte unter den Rädern des Wagens, und das Fahrzeug überwand rasch die Entfernung. Schließlich waren wir fast an unserem Zielort angelangt.

Plötzlich schreckte ich auf: »Mein Gott, schau!«

Eine Wasserwand wanderte auf uns zu, und wir würden in Kürze hineinfahren müssen. Erschrocken erkannte ich, worum es sich handelte. »Es ist ein Wolkenbruch! Fahr ganz langsam!«

Die Wasserwand rauschte über uns hinweg und zog mit großer Geschwindigkeit in die Richtung, aus der wir gekommen waren. Wenn die Dämme hielten, würden Vaters Auffangbecken schon sehr bald gefüllt sein.

Die Scheibenwischer liefen auf Hochtouren, und wir fuhren langsam weiter. Wir durften keinesfalls anhalten, denn ein Wolkenbruch wie dieser konnte die Straße innerhalb von Minuten fortspülen.

»Fahr so schnell du dich traust. Es sind nur noch wenige Kilometer. Aber sei vorsichtig.«

Die Welt schien verrückt zu spielen. Es regnete so stark, dass der Staub und Dreck sich unversehens zu Schlamm verwandelten, der über die Straße strömte. Ich beobachtete das Schauspiel mit morbider Faszination.

»Da ist es«, keuchte Amber.

Das Haus der Steadmans lag nur wenige hundert Meter von der Straße entfernt. Vor langer Zeit hatte Joe zu beiden Seiten der Einfahrt je einen weiß gestrichenen Pfahl in die Erde getrieben. Wie erleichtert waren wir, sie nun zu entdecken!

Amber fuhr zwischen ihnen hindurch, und eine Minute später hielten wir vor dem Haus. Ich hatte erwartet, dass Joe mit einem Mantel herausgeschossen käme, um uns vor dem Regen zu schützen, doch wir sahen niemanden.

Ich blickte Amber erwartungsvoll an. »Stimmt etwas nicht?«

Mit dem Regen war die Temperatur rasch gefallen, und ich holte unsere Parkas vom Rücksitz. Zuerst half ich Amber in ihren, bevor ich mich in meinen zwängte.

Vorsichtig öffnete ich die Wagentür, damit der Wind sie mir nicht aus der Hand riss. Dann flitzte ich zu Amber, um ihr herauszuhelfen, und gemeinsam rannten wir durch den strömenden Regen auf die Veranda des Hauses. Wir stiegen die Stufen empor, und Amber klopfte an die Tür.

»Das werden sie nicht hören«, brüllte ich, um das Trommeln des Regens auf dem Zinndach zu übertönen. Ambers Antwort wurde von einem Donner geschluckt, der die Wände wackeln ließ.

Ich öffnete die Tür, wir stoben ins Haus und schlugen sie rasch wieder zu, dankbar, dem Unwetter entkommen zu sein.

»Ist jemand zu Hause?«, rief ich laut.

Das Haus war unnatürlich leer, und die hohle Angst in meinem Magen, die ich schon vorher gespürt hatte, kehrte voll zurück. »Das gefällt mir gar nicht«, murmelte ich.

Wir durchsuchten rasch das Haus, doch es war wirklich leer. Warum bloß? Wo konnten die Steadmens sein? Sie mussten uns doch erwarten! Wir standen gerade in der Küche und überlegten, was wir tun sollten, als Joyce durch die Hintertür hereinstürzte. Sie war völlig durchnässt und ihr Gesicht verzerrt vor Angst und Sorge.

Amber schrie auf. »Joyce, was ist passiert?«

Joyce starrte uns an, öffnete den Mund und schloss ihn wieder, bevor sie in Tränen ausbrach. »Wir können Jimmy und Liam nicht finden«, weinte sie. »Sie haben sich im Sturm verirrt.«

Amber war blass geworden und schaute mich mit weit aufgerissenen Augen an. »O Gott! Joyce, hast du irgendeine Ahnung, wo sie sein könnten?«

»Wir gingen alle hinaus, um nach dem Vieh zu sehen. Joe und Johnny gingen in die Gegend des Church Hill, Mattie zu den nördlichen Weiden, während Jimmy mich zum South End begleitete. Ich sagte Liam, er solle hier auf uns warten. Ich wollte nur eine halbe Stunde fortbleiben.«

Sie schüttelte verzweifelt den Kopf. »Als Jimmy und ich zurückkamen, war Liam weg. Gott! Ich wusste nicht, was ich tun sollte. Ich wusste nicht, ob Joe zurückgekommen war und ihn mitgenommen hatte. Er ist ja meistens mit Joe zusammen.« Sie ließ schluchzend den Kopf hängen, und Amber nahm sie in die Arme.

»Noch bevor ich Jimmy aufhalten konnte, rannte er weg, um Liam zu suchen, und ich wusste nicht, was ich tun oder in welche Richtung ich gehen sollte. Wenige Minuten später kamen Joe und Johnny zurück und bald danach Mattie. Niemand hatte Liam gesehen. In diesem Augenblick brach der Sturm los. Herrgott noch mal! Wir dachten, wir würden das Haus verlieren. Joe, Mattie und Johnny gingen wieder hinaus in den Sturm, um nach Jimmy und Liam zu suchen. Ich bin auch hinausgegangen, doch ich habe sie nicht gefunden.«

Sie schluchzte, und ihre Schultern zuckten. »O Gott, meine armen kleinen Jungen.«

Ich hatte meinen Parka ausgezogen, doch jetzt zog ich ihn rasch wieder an und verschloss ihn gut. »Ich werde sie suchen.«

»Nein!«, schrie Joyce. »Du bist nicht fit genug. Du könntest dir dort draußen alle Knochen brechen.« Sie kämpfte sich auf die Füße und lief zur Tür. »Ich kann nicht anders. Ich muss hinaus zu meinen Kindern!«

Bevor wir etwas erwidern konnten, rannte sie hinaus in den Sturm, und das Unwetter verschluckte sie, als habe sie nie existiert.

Ich schaute Amber an. »Ich kann nicht einfach hier herumsitzen. Ich gehe hinaus, doch du in deinem Zustand bleibst hier. Ein ernster Sturz, und du verlierst das Baby. Bleibe hier, und sage allen, die zurückkommen, was geschehen ist. Wir brauchen einen Koordinator.«

Amber wusste, dass sie mich nicht begleiten durfte, doch sie klammerte sich verzweifelt an mich. »O Adam, bitte, bitte, bitte, sei vorsichtig! Wo wirst du suchen? In welcher Richtung?«

Ich schaute sie mit leerem Blick an. »Ich weiß nicht. Ich … ich werde meinem Instinkt folgen.«

Ich küsste sie und rannte durch die Hintertür in die Hölle hinaus.

Wie um Himmels willen sollte ein Vierjähriger ein solches Unwetter überleben? Der Regen fegte fast waagerecht über das Land, getrieben vom wilden Wahnsinn eines überstarken Windes. Ich biss die Zähne zusammen und erkämpfte mir in gebückter Haltung schwankend meinen Weg. Wo zum Teufel sollte ich suchen? Und wo war ich überhaupt? Alle vertrauten Kennzeichen der Farm waren wie vom Erdboden verschluckt. Ich stolperte, die Füße rutschten mir weg, und ich stürzte schwer. Stiche schossen durch meine Hüfte in meine Wirbelsäule. Gott, ich war nutzlos!

Ich saß auf dem durchweichten Boden und versuchte nachzudenken. Wohin würde ein Vierjähriger gehen? Was tat er am liebsten? Er war gern mit seinem Vater auf dem Traktor. Die Möglichkeit schied aus. Was mochte er sonst? Er lernte gerade, auf einem Pony zu reiten. Konnte er bei seinem Pony sein? Verdammt noch mal, ich wusste es nicht! Das Pony war wahrscheinlich im Stall, und dort hatten sie mit Sicherheit schon nachgesehen. Was tat er sonst noch gern? Er liebte es, wenn ich ihm Geschichten vorlas. Ja, doch was half mir das jetzt? Was war seine Lieblingsgeschichte? Ach ja, eine Geschichte über die Natur.

Plötzlich hatte ich das Gefühl, die richtige Richtung zu verfolgen. Denk nach, Adam, denk nach! Wovon handelte die Geschichte? Von etwas Besonderem? Und plötzlich sprang mir etwas aus dem Gewirr meiner Gedanken entgegen: Liam war vernarrt in Yabbies, kleine hummerartige Geschöpfe, die in feuchten oder nassen Erdlöchern leben. Ich hatte ihm versprochen, dass ich, wenn es regnete, mit ihm nach ihnen suchen würde.

Ich biss die Zähne zusammen. Klein Liam konnte nicht warten! Wo zum Teufel wollte er auf Joes Farm Yabbies finden? Ich seufzte. Komm schon, Adam, denk nach! Die Geschichte, die ich Liam vorgelesen hatte, erzählte davon, wie die Yabbies vor dem Regen aus ihren Löchern kriechen. Sie riechen oder spüren das feuchte Wetter. Wo mochten hier Yabbies zu finden sein? Und dann wusste ich es mit überwältigender Klarheit: Genau am Rand von Joes Grundstück verlief ein tief eingeschnittener, jetzt ausgetrockneter Bach, der normalerweise immer etwas Wasser führte. Dort würden die Yabbies sein, und Liam, der schlaue kleine Liam, hatte das ebenfalls herausgefunden.

Ich rappelte mich auf, schaute mich in dem gespenstischen Halbdunkel um und spähte durch den stürzenden Regen. Welche Richtung war richtig? Ach ja, hier entlang. Ich versuchte zu rennen, weil ich im Geist das Wasser sah, welches das Bachbett herabstürzen würde, und ich wusste, dass ein kleiner Junge keine Chance hätte, das zu überleben. Weil ich in dem glitschigen Schlamm ausrutschte, standen die vertrauten Messer in meinem Rücken auf und stachen mir in die Hüfte und die untere Wirbelsäule. Ich rannte, rutschte, fiel, stand auf und bewegte mich so schnell wie möglich, doch es schien, als käme ich nur im Zeitlupentempo voran, gefangen in einem irrsinnigen Alptraum, dem ich nicht entkommen konnte. Ich war mir vage bewusst, dass ich mich über drei Weiden gequält hatte, weil ich jedes Mal in den Stacheldrahtzaun gelaufen war. Mein Parka war zerrissen, Hände und Gesicht aufgekratzt, doch irgendwie gelang es mir jedes Mal, den Zaun zu überwinden und ungefähr in Richtung Bach weiterzulaufen.

Die Blitze zuckten und bohrten sich zackig durch den Himmel in die Erde, während der Donner die Luft erschütterte und sie zitternd tanzen ließ, bis ich das Gefühl hatte, die Grundsubstanz des Lebens breche zusammen. Ich schleppte mich, stöhnend vor Schmerz, weiter. Immer wieder glitt ich aus, doch so erschreckend das Unwetter war, erschreckte mich der Gedanke an ein mögliches Versagen noch viel mehr.

Plötzlich schlug ein Blitz in einen kleinen Baum in meiner unmittelbaren Nähe ein, und ich spürte das kribbelnde Knistern der Elektrizität auf meiner nassen Haut. Der Donner, der fast unmittelbar mit furchtbarem Krachen folgte, ließ meine Ohren klingeln. Die Gewalt des Sturms ließ den Boden erzittern, während mir eisige Regentropfen ins Gesicht prasselten. Ich war nass bis auf die Haut und fühlte mich elend, doch die Anstrengung des Gehens hielt mich warm. Plötzlich spürte ich einen schneidenden Schmerz im Gesicht und den Geschmack von Blut auf meinen Lippen. Erschrocken fiel ich auf die Knie und betastete mein Gesicht. Als ich durch die Finger spähte, sah ich, dass ich zwischen den Bäumen kniete, die am Rande des Baches wuchsen. Einer der wild peitschenden Äste hatte mich getroffen, doch jetzt war ich fast am Ziel.

Ich wischte mir Regen und Blut aus den Augen und eilte gebückt so rasch wie möglich weiter. Mein Verstand brüllte, ich solle aufpassen, doch ich zwang mich zur Eile, da ich fürchtete, zu spät zu kommen. Dass Liam dort war, daran hatte ich keinen Zweifel. Ich wusste es einfach. Ein Baum krachte dicht neben mir mit kreischendem Knall zu Boden, und ich krümmte mich innerlich vor Angst, in diesem furchtbaren Sturm erschlagen zu werden.

Ich rutschte seitlich weiter, immer unvorsichtiger auf der Suche nach dem Wasserlauf, und plötzlich verlor ich den Boden unter den Füßen und stürzte und rutschte mit dem Kopf zuerst das steile, schlammige Ufer hinab. Ich hatte ihn gefunden!

Keuchend drehte ich mich um und setzte mich in dem knietiefen Wasser auf. Ich war erschrocken, benommen und verwirrt und versuchte zu begreifen, was gerade geschehen war. Liam! O Gott! Beweg dich, Adam, beeil dich! Ich rappelte mich auf und folgte dem Wasserlauf das Bachbetts hinunter, denn ich hatte erkannt, dass ich mich am oberen Ende befand. Der Bach verlief in vielen Kurven und war voller Steine und Felsblöcke, während das Wasser von allen Seiten hineinlief. Kam ich noch rechtzeitig?

Mir schien es, als sei ich dem Wasserlauf stundenlang gefolgt, doch wahrscheinlich waren es nur Minuten später, als ich um eine Kurve stolperte und Jimmy und Liam vor mir sah.

Jeder Junge war auf einen Felsen geklettert, und ich wunderte mich, warum sie den Wasserlauf nicht verlassen hatten. Dann sah ich den Grund: Die zwischen drei und sechs Meter hohen Uferwände des Wasserlaufs hatten sich in glitschige Rutschbahnen verwandelt, und die zerkratzten, blutigen Hände der Jungen zeigten mir, dass sie ihr Bestes gegeben hatten. Beide weinten vor Angst.

Ich schaute den Weg zurück, den ich gekommen war, und mit sinkendem Herzen wusste ich, dass ich ihn nicht würde zurückgehen können. Ich versuchte, mich von dem einen Mal her, das ich schon hier gewesen war, daran zu erinnern, was weiter unten kam. Die Logik sagte mir, dass der Bachlauf immer tiefer und das Wasser rasch steigen würde, und ich wusste, dass auch dieser Weg in eine Katastrophe führen konnte. Ich schaute nach oben und schätzte, dass das Ufer etwas über drei Meter hoch war. Ich musste die beiden Jungen genau hier aus dem Bachlauf schaffen.

Im strömenden Regen und unter krachendem Donner brüllte ich meine Anweisungen. »Ich bringe euch hier raus! Ich werfe euch da hoch. Klar? Du musst jetzt mutig sein, Jimmy. Ich möchte, dass du nach dieser langen Wurzel da oben greifst und wie verrückt versuchst, das Ufer hochzuklettern. Verstanden? Wenn du draußen bist, werde ich Liam zu dir hochwerfen. Ich will, dass du ihn dir schnappst und rausziehst. Alles klar?«

Jimmy nickte mit zusammengebissenen Zähnen. Jetzt, da ein Erwachsener bei ihm war, konnte er seine Angst beherrschen. Er wusste, dass wir in großer Gefahr waren, doch er war nicht mehr allein.

Ich nahm Jimmy, trug ihn zum Ufer und stemmte ihn mit aller Kraft so hoch ich konnte. Dann schnappte ich seinen Fuß und schob ihn noch höher.

»Greif nach der Wurzel, Jimmy«, brüllte ich und versuchte, durch den Schmutz und den Schlamm seiner Hände zu sehen. Er fuchtelte verzweifelt mit den Armen, und seine kleinen Hände griffen immer wieder nach der Wurzel, ohne sie jedoch zu erreichen. Mir war klar, dass es keine Chance auf einen zweiten Versuch gab. Jetzt oder nie! Ich hielt ihn über mir und tastete mit einem Fuß nach einem kleinen Vorsprung unterhalb meiner Knie. Schwankend stand ich da, atmete tief ein und schnellte mich mit einem Alles-oder-nichts-Sprung hoch.

Jimmys Füße waren plötzlich nicht mehr in meinen Händen, und nachdem ich zurück ins Wasser gefallen war, sah ich, wie er geschickt an der Wurzel entlang ans Ufer kletterte.

Ich seufzte zitternd. Einer war geschafft, einen musste ich noch retten. Ich schaute hoch und rief: »Mach dich bereit für Liam!«

Als ich Liam von seinem Felsen hob, schrie er vor Schmerz, und mit sinkendem Mut dachte ich, dass er wohl einen Knöchel entweder gebrochen oder schlimm verstaucht haben musste. »Ich muss dich hier rausbringen, Liam. Es kann weh tun, doch du bist jetzt ein tapferer Junge. Los!«

Liam hatte schreckliche Angst, doch ich hatte keine Zeit, ihn zu trösten. Ich stemmte sein leichteres Gewicht, hob ihn hoch über meinen Kopf, hielt ihn dann nur noch an den Knien und rutschte der Uferwand entgegen. Verzweifelt setzte ich wieder einen Fuß auf den schmalen Vorsprung, sprang hoch und warf Liam seinem Bruder entgegen.

Ich fühlte, dass er meine Hände verließ, und wartete gebückt darauf, dass er auf mich zurückfallen würde, doch nein. Das Wasser reichte mir jetzt schon bis zu den Oberschenkeln, und ich sah durch zusammengekniffene Augen, dass Jimmy den schreienden Liam festhielt und in grimmiger Verzweiflung das Ufer hinaufzog.

Ich ließ mich erschöpft zurückfallen. Mein Rücken und die Hüfte schienen schier festgefressen durch den schlimmen Missbrauch, den ich ihnen gerade angetan hatte. Als ich nach oben schaute, entdeckte ich Jimmy, der mich hilflos anstarrte.

»Was soll ich tun?«, schrie er.

»Schaff Liam vom Wasserlauf weg, steck ihn hinter ein paar Felsen und sag ihm, er soll sich nicht bewegen. Dann lauf so schnell du kannst nach Hause. Sag deinem Vater, wo wir sind.«

Er sah verwirrt aus. »Und was ist mit dir?«

»Verschwinde, Jimmy, lauf!«, brüllte ich.

Er schaute erschrocken drein, doch sein Gesicht verschwand, und ich wusste, dass er tun würde, wie ihm geheißen. Mit letzter Kraft warf ich mich die Uferwand hoch, strampelte mit den Füßen, krallte meine Fingernägel in den Schlamm, um mich zu der Wurzel hochzuziehen, doch ich war einfach vollkommen erschöpft.

Ich nahm die letzten Kraftreserven zusammen, von denen ich nicht wusste, dass ich sie überhaupt hatte, und versuchte es immer wieder, doch schließlich überwältigte mich ein furchtbarer Schmerz und umklammerte meine Wirbelsäule mit lähmendem Griff. Ich stürzte gegen Liams verlassenen Felsen. Plötzlich hörte ich ein seltsames Rumpeln und Brüllen. Voller Furcht richtete ich mich auf und starrte in den Wasserlauf. Entsetzt keuchte ich, als ich die Wand schlammigen Wassers sah, die auf mich zukam.

Alles schien wie in Zeitlupe zu geschehen, und voller Schrecken erkannte ich meinen Traum. In einem einzigen schrecklichen Augenblick wusste ich, dass ich sterben würde. Es gab keine Möglichkeit, das hier zu überleben. Ich empfand ein intensives, furchtbares Bedauern. Ich würde niemals mein Kind in den Armen halten, nie sein Lachen hören und niemals mehr Amber lieben.

Eine fatalistische Ruhe hielt mich gefangen, doch plötzlich raste die Zeit und trug die etwa drei Meter hohe Wand schmutzigen Wassers direkt auf mich zu. Ich konnte mich gerade noch von dem Felsen entfernen, doch in dem Augenblick, als mich die Flutwelle traf, brach ich zusammen und fiel mit dem Gesicht in die Welle, die über mir zusammenklatschte.

Ein zerschmetternder Druck lastete auf mir und zwang mich immer tiefer in das Wasser, während mich gleichzeitig ein immer stärker werdender Schmerz aus meinem Körper herausschleuderte. Ich fühlte, wie ich nach oben schoss und immer höher stieg, bis ich in die unermessliche, vertraute Dunkelheit eintauchte.

Dreiundzwanzig

Als ich durch den silbernen Tunnel lief, erkannte ich, dass ich hier schon einmal gewesen war. Hier war der Ort, an dem mich das Licht gerufen hatte, das Licht, nach dem ich mich so gesehnt hatte.

Doch als ich nach vorn schaute, sah ich kein Licht, und auch hinter mir konnte ich keines entdecken. Wo war ich? Der Tunnel leuchtete silbern, doch wohin ging ich? Und warum? Ich hielt verwirrt an. Wie war ich hierher gekommen? Das letzte Mal hatte ich einen Autounfall gehabt. Ich war fast gestorben. Plötzlich traf mich der Schock. Fast gestorben! Dies war ein Ort, an den man nur kam, wenn man fast tot war. Oder tot? Was war passiert?

Ich setzte mich und versuchte mich zu erinnern. Ich brauchte Selph. Selph! Natürlich. Wo war er? Das letzte Mal hatte er mich hier herausgebracht. Nein, das stimmte nicht. Er ließ mich wählen. Würde er mich auch diesmal wählen lassen?

»SELPH!«, rief ich laut. »Ich brauche dich!«

Noch nicht einmal ein Echo war zu hören. Das gefiel mir gar nicht. Das letzte Mal hatte Selph ein Kaffeehaus manifestiert, und wir hatten die bodenlosen Becher mit dem köstlichen Cappuccino serviert bekommen. Ich hatte den Film mit meinem Unfall gesehen und Ambers Worte an meinem Bett gehört.

Wie kam es, dass ich mich an das letzte Mal erinnerte, mich jedoch nicht auf das Ereignis besinnen konnte, wodurch ich diesmal hier war? Ich durchforstete mein Gedächtnis, doch da war nichts. Gut, eins nach dem anderen. Was hatte ich getan? Nichts! Mit wem war ich zusammen gewesen? Ich seufzte. Ich erinnerte mich nicht. Was sollte ich tun? Ich hatte das Gefühl, dass ich ewig absichtslos durch diesen silbrigen Tunnel hätte wandern können, ohne irgendwo anzukommen, und so beschloss ich, dort zu bleiben, wo ich war.

Ich war wahrscheinlich tot. Das war es. Doch wenn ich tot war, wo blieben die Engel? Sicher würde ein Engel kommen und mich abholen! Ich glaubte an Engel, und deshalb würden sie mir bestimmt helfen.

Ich saß auf dem Boden des Tunnels und blickte ausdruckslos nach vorn, als plötzlich eine Bewegung meine Aufmerksamkeit erregte. Von weit, weit vor mir kam eine riesige menschliche Gestalt sehr langsam auf mich zu. Ich war besorgt. Wer war das?

Diese Gestalt war nicht von Licht, sondern von Schwärze umgeben. Ein dunkler Mantel umhüllte ihren Körper. Ich stand auf, um besser zu sehen, doch was ich sah, ließ meine Knie weich werden. Ein riesiger Schattenmann kam auf mich zu und richtete seinen Blick auf mich. Er war nichts als ein Schatten, und in seiner großen Hand trug er eine riesige Axt.

Mit plötzlicher Klarheit erkannte ich in ihm den Axtmann meiner schrecklichsten Alpträume. Hier war er, der Mann, der mir alle Glieder abgetrennt hatte, um schließlich meinen Kopf zu fordern.

Und ich wusste, dass er genau deshalb gekommen war. Gott! Träumte ich? War dies wieder ein schrecklicher Alptraum? Konnte ich schreiend erwachen?

Ich öffnete den Mund und schrie so laut ich konnte, und dann schlug ich mir immer wieder hart ins Gesicht. Doch der Axtmann kam immer näher, und sein grimmiges Gesicht zeigte kein Erbarmen.

O Gott! Das war kein Traum. Obwohl es keinen Sinn machte, war dies hier Realität! Als ich ein leises Stöhnen hörte, erkannte ich, dass es mir wie verbaler Speichel aus dem Mund getropft war.

Wie die Maus vor der Schlange starrte ich den Axtmann in tranceartiger Lähmung an, und unsere Blicke trafen sich. In

diesem Augenblick begriff ich, dass der Axtmann »Angst«
hieß.

Ich wurde mir mit aufregender Klarheit bewusst, dass ich
meiner Angst gegenüberstand, und dass sie mich nie verlassen
würde. Es gab nur einen Weg, ihr zu entkommen, und das war
der Tod. Die Tatsache, dass ich sterben musste, sagte mir, dass
ich körperlich noch lebte, doch ich wusste jetzt, dass das körperliche Ich nicht mehr wichtig war. Körper und Persönlichkeiten kommen und gehen, eine nach der anderen, ein Leben
nach dem anderen, doch jetzt ging es um mein wirkliches Ich,
das, wie Selph es einmal genannt hatte, eigentliche Ich. Auf dieser größeren, wahreren Ebene meines Seins hatte ich die Angst
endlos lange mit mir herumgetragen und sie Leben für Leben
erhalten und genährt. In dieser Inkarnation wollte ich die
Sache endlich beenden.

Selph hatte mich mit List an diesen Ort gelotst, an dem ich
schließlich der Wahrheit ins Auge blicken musste: Um meine
Angst zu besiegen, musste ich mich ihr unterwerfen. Um die
Angst zu überwinden, musste Adam sterben. Adam musste
aufgeben, vor der Axt der Angst niederknien und seinen Kopf
verlieren, seine Identität. Wenn ich das tat, würde ich höchstwahrscheinlich körperlich sterben, doch das wirkliche Ich
wäre für alle Zeiten von der Angst befreit.

Ich musste Amber und mein ungeborenes Kind loslassen, die
neue liebevolle Freundschaft mit meinem Vater. Ich musste alles
loslassen, was ich als Adam wollte und schätzte, denn Adam
musste sterben. Gelang mir das? Mein Leben als Adam wäre zu
Ende. Wer ich sein würde, wenn ich mich wieder inkarnierte,
wäre unwichtig. Das wirkliche Ich konnte nicht sterben, doch
Adam konnte es. Und mit Adams Tod würde ich Amber verlieren. Ich wusste, dass der wirkliche Adam und die wirkliche Amber sich wiederfinden würden, doch erst in der Zukunft.

Der Axtmann hatte mich erreicht und hielt an. Ich wusste,
dass er meinen Entschluss erwartete. Vielleicht konnte ich ihm

entkommen, wenn ich durch zahllose weitere Inkarnationen um mein Leben liefe, doch ich hatte genug. Alles hatte seine Zeit. Zeit … Zeitpunkt! Für alles gab es den richtigen Zeitpunkt. Jetzt war der Zeitpunkt für mich gekommen, die Zeit, meine Angst loszulassen, die Zeit, mich zu ergeben. Mein Bedauern war unermesslich groß, doch ich wusste, dass mir nichts anderes übrig blieb. Der Augenblick war gekommen, jeden Wunsch aufzugeben, einfach *loszulassen.*

Ich schaute hoch zu der riesigen Gestalt, und aus dem Schatten grinste mich die Angst höhnisch an, um meine Entscheidung auf die Probe zu stellen.

Auf der Stelle kniete ich nieder und bot ihr meinen Hals.

»Ich ergebe mich.«

Der Axtmann stellte sich sorgfältig auf und hob die riesige Axt langsam immer höher, während ich immer ruhiger und entschlossener wurde.

Ich lächelte, als die Axt hoch über mir schwebte, und obwohl ich sie nicht sehen konnte, fühlte ich, dass sie mir ein letztes Mal die Gelegenheit gab, zu schreien und wegzulaufen.

»Tu es«, flüsterte ich.

Mit wütendem Knurren ließ die Angst die Axt zum letzten Schlag herunterkrachen.

Ich fühlte nichts. LICHT explodierte, und ich sah genau, wie sich die Angst in Trillionen kleine Schattenteilchen auflöste.

Mein Bewusstsein war klar, und so sah ich in dem kurzen Augenblick, in dem auch ich zu explodieren schien, wie ich von goldenem Licht umhüllt wurde, und ich wusste sofort, dass dieses Licht das Lichtwesen war, das ICH BIN. Nur die Angst und die Einsamkeit hatten die Illusion aufrechterhalten, dass ich und das goldene Licht »ICH BIN« jemals getrennt waren. Ich war mir der Ganzheit meiner selbst bewusst, als ich durch die Kontinuität aller Leben wirbelte, die das wirkliche Ich auf der physischen Erde gelebt hatte. Ich erlebte jedes lineare Leben gleichzeitig. Es schien die ganze

Ewigkeit zu dauern und war doch im winzigsten Teilchen eines Augenblicks vorbei.

Plötzlich saß ich mit Selph in dem kosmischen Kaffeehaus mit seinen höchst außergewöhnlichen Bechern.

Er lächelte mich an und strahlte vor Freude. »Eines muss ich dir lassen: Du inszenierst das Drama bis zum letzten Augenblick! Mein Gott, wie musst du Dramen lieben! Dein Axtmann hätte mir fast Angst eingejagt, obwohl ich den Ausgang der Geschichte kannte.«

Und als ich sein Lächeln erwiderte, wusste ich so viel mehr, als ich je gewusst hatte. Und doch waren es keine Kenntnisse, sondern direktes Wissen.

Adam als Person lebte noch. Meine persönliche Beziehung zum Leben war gestorben, doch meine Individualität existierte weiter. Obwohl sich mein wirkliches Ich nicht mehr auf mich als Adam bezog, hatte meine Identität ein Ziel, das ich auf der physischen Ebene erst noch ausdrücken musste. Und Selph? Er hatte seinen Namen sehr gut gewählt – Selbst! Selph war mein wirkliches Ich vor vielen, vielen Leben, oder vielleicht sollte ich besser sagen, mein Ich in einem anderen Realitätsrahmen. Alle Zeit existierte wirklich im selben Raum!

Ich wusste jetzt, dass Selph für mich getan hatte, was ich für Jacob tat. Der einzige Unterschied war, dass Selph wusste, dass er als Meister handelte, während ich als das Opfer agierte, das ich zu sein glaubte. Mein wirkliches Ich ist wie Selph, doch der Zeitplan bestimmt den Ablauf.

Jeden meiner Gedanken, jede meiner Erkenntnisse teilte ich mit Selph.

Er beobachtete mich, als ich verwundert das goldene Licht betrachtete, das mich – und ihn – einhüllte. Es schien, als ob mein Lichtkörper aus der Essenz des goldenen Lichts stammte und dass Zeit, Raum und Entfernung für diesen Körper keine Bedeutung hatten.

»Natürlich hast du Recht«, gluckste er. »Dein Licht verbindet sich mit dem Einen Licht, dem Alles-was-Ist, und nichts kann Licht von Licht trennen. Weder Zeit noch Dimensionen, weder Ignoranz noch Missbrauch, weder Verleugnung noch Hass. Liebe, die Licht ist, Licht, das Liebe ist, sind eins. Und das bedeutet: Alles Leben ist eins.« Er lachte erfreut. »Jetzt kennst du den Sinn des Lebens.«

Ich lächelte ihn schelmisch an. »Einfach gesagt ist der Sinn des Lebens der Sinn des Selbst.«

Er kicherte und wurde wieder der alte und doch alterslose Weise von morgen im ewigen Jetzt. Er verbeugte sich tief vor mir. »Ich ehre dich, Selbst.«

»Danke. Werde ich dich wiedersehen?«

Seine Antwort verblüffte mich.

»Nicht gleich, doch ich komme wieder. Dies ist sicher ein Quantensprung, eine Einweihung, doch es ist nicht mehr als der Vorläufer eines neuen Anfangs. Ich habe es außerordentlich genossen, bei dir zu sein. Grüße Amber von mir. Du wirst erfahren, dass sie den Rest der Geschichte bereits kennt.«

»Das ist die wirkliche Frage, nicht wahr«, lachte ich. »Was war zuerst da, die Henne oder das Ei?«

»Was meinst du denn?«

»Das Bewusstsein, der Ausdruck von Liebe-Licht-Gott.«

»Auf Wiedersehen, Selbst«, sagte er.

»Auf Wiedersehen, Selph«, antwortete ich lächelnd. »Und, danke!«

*

Ich merkte, dass ich vorsichtig von zwei Menschen getragen wurde. Sie hatten eine Buschtrage gemacht – indem sie ein paar Säcke auf zwei Stangen gespannt hatten –, und ich lag nun darauf. Bei jedem Schritt hüpfte mein schmerzender Körper auf und nieder. Als mich die Wasserwand traf, hatte sie mich bewusstlos geschlagen und immer tiefer unter Wasser gedrückt. Dann hatte sie wunderbarerweise meinen schlaffen Körper wie eine Lumpenpuppe oben auf das Ufer des Wasserlaufs gespuckt. Dort hatte ich gelegen, bis man mich fand – zerschlagen und schlimm verletzt, aber lebendig.

Im strömenden Regen erhob ich mein wirkliches Selbst hoch über meinen Körper und schaute prüfend auf das körperliche Ich. Ich war völlig zerschnitten. Der Stacheldraht hatte Hände und Gesicht verwüstet, und ich blutete stark. Ich sah halb ertrunken, misshandelt und verstümmelt aus. Meine Hüfte schmerzte stechend und vereinte ihre Pein mit dem Schmerz in meinem unteren Rückgrat. Ich sah, dass meine Beine und ein Arm wieder gebrochen waren. Alles in allem befand ich mich in einem katastrophalen Zustand.

»Nein, das kommt überhaupt nicht in Frage!«, dachte ich. Um ihn von Grund auf zu heilen, umfasste ich meinen Körper mit einem vollständigen, vollkommenen Bewusstsein und richtete das goldene Licht ICH BIN auf mein körperliches Ich. Jede Zelle, jedes Molekül tauchte ich in das Bewusstsein meiner Liebe. Meine Liebe für mich – sowohl für das persönliche Selbst Adam als auch für das wirkliche Selbst ICH BIN – war vollkommen. Das war jetzt möglich, denn ich hatte die Angst als die Betrügerin, die sie ist, erkannt und gebannt. Jede Zelle, jedes Molekül meines physischen Körpers wurde erhellt und von dem Licht belebt.

Augenblicklich verschwanden alle Schmerzen. Meine Hüfte und der untere Rücken wurden für immer geheilt. Die gebrochenen Knochen fügten sich zusammen, wuchsen zusammen und wurden gesund, und jeder Schritt und jeder Riss schlossen sich. Die Angst, die wie eine schwere Stahlfalle negativen Stresses als verborgene, üble Bürde tief in meiner menschlichen Seele verborgen gelegen hatte, löste sich auf. Meine natürliche Energie kehrte sofort zurück – und meine Freude war vollkommen.

Mit kristallener Klarheit wusste ich, dass Joe seinen verlässlichen Geländewagen in der Nähe geparkt hatte. Im prasselnden Regen schaute ich durch zusammengekniffene Augen zu Joyce, die den unteren Teil der Trage hielt. Unsere Blicke trafen sich.

»Es wäre viel leichter, wenn ich laufen würde.«

Joe blieb so abrupt stehen, als sei er vor eine Betonwand gelaufen, und die Trage fiel aus Joyces klammen Händen, so dass ich zu Boden plumpste.

»Gott sei Dank! Adam?«

Ich rappelte mich auf, schaute sie an und lächelte.

Sie starrten mich so erschöpft und erschrocken an, als ob sie gleich zusammenbrechen würden. Der Schock grub tiefe Linien in ihre Gesichter. Joes Beine gaben einfach unter ihm nach, und er sank schwer zu Boden. Sein Mund öffnete und schloss sich wortlos. In diesem Augenblick empfand Joe wohl ungefähr dasselbe, was ich empfunden hatte, als Selph den toten Fischadler zum Leben erweckt hatte.

»Adam? Mein Gott! Es ist ein Wunder«, brachte Joyce heraus. »Deine Beine waren doch gebrochen!« Sie schnappte nach Luft und versuchte zu verstehen. »Mein Gott! Du bist eingehüllt in … es sieht wie goldenes Licht aus. Was ist es … es verblasst!«

Ich bückte mich, legte die Hände unter Joes Achseln und hob ihn einfach hoch. Dann stützte ich ihn mit einem Arm, legte den anderen um Joyce und führte die beiden durch den Sturm zu ihrem Geländewagen, der erst ganz zuletzt hinter den Bäumen sichtbar wurde.

Wir brauchten etwa fünf Minuten. Für sie waren es fünf bestürzende Minuten, und ich bat sie, sich ihre Fragen aufzusparen und einfach vorwärts zu gehen. Als wir den Wagen erreichten, öffnete ich die Türen und lächelte die beiden blassen, erschöpften Jungen an, die in Decken gehüllt auf dem Rücksitz saßen.

»Das hast du großartig gemacht, Jimmy. Ich bin stolz auf dich.«

Er lächelte schwach, plötzlich ganz schüchtern. »Danke, Adam.«

Ich schaute Liam an und streichelte sein nasses Haar. »Und du bist ein ganz mutiger kleiner Kerl. Was macht dein Knöchel?«

Er zuckte die Achseln. »Ich glaub', er ist in Ordnung.«

Ich lächelte Joe zu. »Ich fahre.«

Er nickte betäubt, überwältigt von Ereignissen, die er nicht verstehen konnte, und kletterte auf den Beifahrersitz. Mit großen, erschrockenen Augen stieg Joyce nach hinten zu den Jungen. Sie hatte sich noch immer nicht wieder gefasst.

Wir mussten nur wenige Minuten durch das tobende Unwetter fahren, das vor kurzem noch ein lebendiger Alptraum gewesen war, durch den ich mich unendlich lange gequält hatte.

Wir erreichten das Haus, die Tür öffnete sich, und Amber stand mit Mattie und John im Türrahmen. Ich öffnete die Hintertür des Wagens, hob Liam heraus und trug ihn ins Haus, während Amber Joyce half. Joe und Jimmy liefen hinterher. Nass, verdreckt und tropfend standen wir im Hausflur, und Joe und Joyce strahlten vor Erleichterung.

Ambers Blick traf den meinen, und ich lächelte.

»Weißt du, was passiert ist?«, fragte ich.

Sie nickte, weinend vor Erleichterung. »Ja, aber nicht in allen Einzelheiten.«

Wir umarmten und küssten uns, und unsere Liebe reichte bis zu den Sternen ... und darüber hinaus. Zusammen betraten wir das zeitlose Reich des Neubeginns.

Über den Autor

Für die heutige Welt ist Michael J. Roads ein ungewöhnlicher Zeitgenosse. Er wurde 1937 in England geboren und erforschte von Kindheit an die verborgenen, stillen Geheimnisse der Natur. Er wuchs auf einem Bauernhof auf, und nachdem er die wunderbarste Frau seines Lebens geheiratet hatte, wanderten die beiden nach Australien aus. Hier zogen er und Treenie ihre vier – heute erwachsenen – Kinder auf. In den zehn Jahren als Farmer auf Tasmanien ging Michael durch tiefe innere Veränderungen. Dieser Prozess der Transformation bewirkte, dass die beiden ihre Farm aufgaben, um sich ganz der Suche nach dem Selbst zu widmen. Es folgten schwierige Jahre, doch die innere Suche trieb sie erbarmungslos voran. Nichts anderes war wichtig, als »frei« zu sein und das »Selbst« zu verwirklichen.

Nachdem Michael und Treenie eine Zeit lang in einer Gemeinschaft gelebt hatten, arbeitete Michael einige Jahre als Berater für ökologische Landwirtschaft. Er konzentrierte sich täglich darauf, seine bewusste Verbindung zur Natur zu stärken, und lernte schließlich, die Grenze zu überwinden, welche das Physische vom Metaphysischen, das Fassbare vom Unfassbaren trennt. Michael J. Roads ist ein brillanter Redner, der sein Selbst verwirklicht hat. Er kommuniziert seine Wahrheit klar, ohne Zweideutigkeiten und ohne Dogmen. Er ist humorvoll, inspirierend und offen. Michael bedeutet vielen Menschen ganz Verschiedenes – ob als Lehrer, als Freund oder als einfacher Mensch.

Informationen über Michaels Bücher, Kassetten, Videos etc. sowie aktuelle Daten ihrer jährlichen Tournee finden Sie im Internet unter www.michaelroads.de.